기독교문서선교회 (Christian Literature Center: 약칭 CLC)는 1941년 영국 콜체스터에서 켄 아담스에 의해 시작되었으며 국제 본부는 미국 필라델피아에 있습니다.
국제 CLC는 59개 나라에서 180개의 본부를 두고, 약 650여 명의 선교사들이 이동도서차량 40대를 이용하여 문서 보급에 힘쓰고 있으며 이메일 주문을 통해 130여 국으로 책을 공급하고 있습니다. 한국 CLC는 청교도적 복음주의 신학과 신앙 서적을 출판하는 문서선교기관으로서, 한 영혼이라도 구원되길 소망하면서 주님이 오시는 그날까지 최선을 다할 것입니다.

추천사

강웅산 박사
총신대학교 신학대학원 조직신학 교수

아무리 세상이 발전하고 살기 좋아진 것 같아도 다시금 복음으로 돌아가야 하는 이유와 사명은 전혀 바뀌지 않은 것 같다. 여전히 복음을 흐리는 이론들이 난무하고, 교회와 성도들의 삶을 위협하는 신학들이 멀리 있지 않다. 심지어는 복음 사역을 위해 세움 받은 목회자들도 교묘히 파고드는 위험한 신학을 구분하지 못하는 경우가 많다. 이 차제에 강철홍 박사의 "칭의와 하나님 나라" 시리즈가 출간되는 것은 매우 다행스럽고 감사할 일이다.

본 시리즈의 강점은 성경을 중심으로 신학을 쉽게 설명한다는 점이다. 신학의 호소력이 인간의 논리체계에 있는 것이 아니라 하나님 말씀 속에 있음을 다시금 각인시켜 준다. 아마도 오랜 현장 경험에서 나오는 목회자의 열정이 신학을 통해 승화되었다고 평가하고 싶다.

칭의, 언약, 믿음, 하나님 나라의 관점은 성경을 성경으로 해석하려는 마음이 있는 평신도, 신학생, 목회자라면 선택이 아닌 성경이 제시하는 복음 자체임을 받아들여야 한다. 본서는 그 작업을 해 주고 있으며 그런 점에서 독자들에게 분명한 유익이 될 것을 확신하며 추천의 말씀을 드린다.

노진준 목사
순회 설교자

현대 교회의 문제를 한마디로 말하라면 "본질의 변질"이라고 할 수 있다. 유혹이 많고 혼란한 세상에서 교회가 본질을 놓치지 않도록 하는 기능을 부여받은 신학이 교회의 시녀가 될 때 변질되었던 중세 교회처럼 이 시대를 살아가는 사람들과 소통해야 한다는, 너무도 당연하고 소중한 사명을 감당해야 하는 현대 교회에서도 신학이 성경의 가르침을 따르도록 하는 길라잡이의 역할을 제대로 해 내지 못한 것이 문제이다.

상품화된 초콜릿의 맛에 길들여지면 원래 순수한 초콜릿은 너무 진하고 써서 먹기 힘든 것처럼 소비자 성향에 길들여진 현대 교회가 성경에 근거한 일관성과 끈질긴 논리를 요구하는 신학의 본질 맛을 누리지 못한 지 이미 오래이다. 사실 꽤 오래 전부터 많은 사람이 신학이 엄연히 존재함에도 불구하고 신학의 부재처럼 정통 신학에 대한 갈증을 느껴 왔고, 소비자 입맛에 길들여져 가는 교회를 지켜 내지 못하는 신학에 불안과 불만이 깊어져 왔다.

이런 시점에 철저하게 성경에 근거한 언약, 칭의, 믿음의 하나님 나라를 다룬 책을 낸 강철홍 목사께 깊은 감사와 존경을 표한다. 신학교에서 신학생들을 가르치는 것보다는 교회를 바로 세우려는 마음으로 집필했음을 이 책 곳곳에서 느낄 수 있다. 소통의 중요성을 간과하지 않았기에 많은 성경구절을 인용하고, 신학의 주제들을 집중적으로 다루고 있음에도 이야기책처럼 술술 읽혀진다.

그러나 그 내용은 결코 가볍지도 얕지도 않다. 정통적이지만 신학적 논리 전개보다는 성경 자체를 더 많이 강조해 성경을 믿는다고 하면서도 성경의 가르침보다는 현대 사조를 따르는 교회 안에 있는 신학에 경종을 울린다.

입맛에 맞는 이야기를 듣고자 한다면 이 책은 무미건조하게 느껴질지도 모른다. 그러나 반드시 들어야 할 이야기를 듣고자 한다면, 현대 교회에서의 신학의 부재를 안타까워하는 사람이라면 꼭 읽어 봐야 할 책이다. 정통 신학의 틀을 벗어나지 않는데도 정통 신학 냄새보다 교회 냄새가 더 난다는 것이 신기하다.

박 성 일 박사
필라델피아 기쁨의교회 담임, Westminster Theological Seminary 겸임교수

저자 강철홍 목사는 "신학의 완성은 하나님 말씀에 순종하는 것임을 의심하지 않는다"는 자신의 신념대로, 목회는 사람의 주관적 생각과 출처가 불확실한 온갖 방법들에 근거한 것이 아니라, 지극히 신학적이어야 하고, 그 결과 하나님 말씀에 순종하는 성도들을 양육하는 일이라는 것을 잘 알고 실천하는 목회자이다.

이민 목회 현장, 더군다나 한인들이 많지 않는 비교적 외딴 지역에서 오랜 시간 목회를 하면, 목회자 자신이 소모될 뿐 아니라 쉽게 내면 바닥을 드러내게 된다. 부단히 말씀과 씨름하며 신학적 내공을 쌓지 않으면 결국 싸늘하게 식은 재만 남을 수 있다. 그런데 저자는 많은 날 동안 차분하게 말씀과 사람을 연구하며 신학에 몸을 담았다. 그 결과물이 "칭의와 하나님 나라"란 제목의 조직신학 시리즈이다.

이 시리즈는 세 권의 책으로 구성되어 있다. 제1권 『언약의 나라』, 제2권 『칭의의 나라』 그리고 제3권 『믿음의 나라』이다. 나는 이 세 권의 원고를 손에 들고 며칠 동안 생각에 잠겨 있었다.

저자는 무슨 생각으로 이런 방대한 내용을 저술했을까?
그가 결국 남기고자 한 신학적 고민은 무엇인가?
이것이 오늘 이 시대에 교회를 교회답게 하고 성도를 건강하게 할 수 있는 콘텐츠일까?

이 시리즈가 성경에 드러난 수많은 신학 주제를 하나의 거대한 틀에서 하나로 묶어 낸 것임을 감지하게 되었다. 즉 하나님의 말씀으로 주신 성경의 부요함과 그 풍성함을 그대로 인정하면서, 이 말씀이 구속 역사라는 큰 그림으로 일치감을 형성하고 있다는 것을 강조한다. 성경은 다양성과 통일성을 동시에 지니고 있다는 저자의 이해 틀이 빚어 낸 결과다.

아울러 저자는 구원 역사의 목적이 하나님 나라라는 사실을 분명하게 도출해 냈다. 그는 하나님 나라를 "하나님과 인간들 사이의 언약 말씀에 기초해 예수 그리스도의 구속 역사로 세워진 나라"라고 정의했다. 즉 하나님 말씀을 예수 그리스도를 중심으로 하는 구속 역사의 틀로 묶었고, 그 결과 하나님 나라의 모습이 드러나더라는 결론이다.

그리스도 안에서 이루신 하나님의 구속 역사의 수혜자인 인간들은 "어두운 데서 불러내어 그의 기이한 빛의 나라"로 들어가게 하신 것을 찬양하는 삶으로 부름 받았다. 즉, 하나님의 임재, 그의 권위와 통치 속에서 구현되는 가장 복된 삶을 살아갈 수 있는 자리에 있게 되었다는 것이다.

하나님 나라 경험은 인간들에게 두 가지 방향으로 나타난다.

첫째, '언약'과 '칭의'로 대변되는 하나님의 주권적 은혜이다. 우리가 하나님 나라의 백성이 된 것은 우리의 노력과 힘으로 얻은 것이 아니다. 우리를 그분의 백성으로 부르시고, 언약 관계로 묶으시고, 우리를 대속 원리에 따라 의로운 백성이라고 선포해 주시는 것이다.

참심판주이신 하나님 앞에 우리는 존재와 삶 전체가 계수되어야 할 피조물이다. 우리 각자가 지닌 공로란 거짓되고 비천하기 그지없고, 정죄 당함과 파멸의 심판을 모면할 어떤 근거도 우리는 갖고 있지 않다. 그런데 하나님께서 우리에게 은혜를 베푸셔서 오직 예수 그리스도의 참되고 빛나는 의의 공로에 근거해 불꽃 같은 심판주의 눈으로 우리를 보시면서 '의인'이라고 선포하셨고 그분의 나라 백성으로 살도록 이끌어 주신 것이다.

둘째, 하나님 나라 경험은 믿음으로 대변되는 우리의 응답이다. 저자는 은혜에 대한 응답으로 '믿음'을 핵심 주제로 다룬다. 믿음에 대한 진술은 결국 우리가 하나님 나라의 시민들로 이 땅 위에서 어떻게 살아야 할 것인가를 질문하고 또 답하는 것이다. 믿음조차도 하나님께서 우리 안에 태동시켜 주시는 은혜의 선물이지만, 동시에 믿음은 하나님의 은혜를 담아 내는 내적 그릇이고 성도 삶의 방편이다.

'칭의'로 대표되는 하나님의 은혜로 '하나님 나라'에 입성한 우리들이 이 세상에서 살아가는 방법은 '믿음'이고, 이 믿음은 우리를 순종의 삶으로, 또 열매 맺는 삶으로 이끌어 간다. 결국, 하나님 나라의 목적이 우리를 통해 현세 속에서도 이루어지도록 인도하시는 것이다.

저자가 펼쳐 놓은 이런 총체적 파노라마 속에 수많은 신학적 개념이 정의되고 설명되어 있다. 그리고 가끔은 이 시대가 노출하고 있는 신학적 취약점들을 지적하고 바른 신학도 제시한다. 이 시리즈는 풍성한 잔치상 같다는 생각을 하게 된다. 하지만 이것저것 다 모아 놓은 뷔페식 상차림이 아니라, 가장 숙련된 셰프의 기획에 따라 한 접시씩, 그러나 최상의 요리들이 다양하게 연이어 펼쳐지는 풀 코스 상차림 같다.

아무쪼록 저자의 값진 수고의 결과로 한국과 한인 이민 교회들이 더욱 건강해지고 신학적 풍요로움을 경험할 수 있게 되기를 기대한다.

전정구 박사
Faith Theological Seminary 성경신학·조직신학 교수

첨단 과학문명의 발달과 컴퓨터와 인터넷의 혁명으로 과거 그 어느 때보다 대륙 간에 그리고 문명 간에 사람들의 왕래와 교류가 활발해지고 빨라졌다. 하지만 우리 생애에 경험하지 못한 온 지구촌을 뒤덮은 코로나19 팬데믹으로 수많은 사람이 목숨을 잃었고 아직도 고통 가운데 신음하며 우리 모두 아슬아슬한 하루하루를 보내고 있다.

세계 선교 시대에 예수 그리스도의 복음이 편만하게 온 열방을 향해 증거되고 있지만, 지금은 그 어느 때보다 영적으로나 교리적으로 아주 혼란한 시기이다. 이런 때에 강철홍 박사의 "칭의와 하나님 나라" 시리즈 출간은 마치 사막에서 오아시스를 만난 것처럼 우리에게 큰 기쁨의 소식이다.

강철홍 박사는 아주 오랜 세월 동안 이신칭의 교리를 중점적으로 연구하고 가르쳐 온 학자이자 디아스포라 이민 교회에서 하나님의 양 무리에게 말씀을 가르치고 선포하며 돌보는 목회자이다. 이런 풍성한 경험을 바탕으로 자칫 아주 난해하고 복잡하게 다가올 수 있는 교리들을 언약 정경인 성경 말씀을 토대로 차근차근 설명해 나간다.

최근에 톰 라이트의 책들이 번역되어 한국의 일반 성도들과 목회자들에게 인기를 끌고 있다. 그런데 "칭의와 하나님 나라" 시리즈 곳곳에서 라이트의 신학 사상은 복음주의 깃발을 내걸고 이신칭의를 비롯한 성경적 교리들을 모두 해체하는 비성경적 사상이라는 것을 적나라하게 드러내 준다. 중요한 교리들을 성경 말씀을 바탕으로 배우고 참된 성도의 삶을 살아내기를 갈망하는 모든 신자와 목회자에게 선명한 이정표를 제시하는 강철홍 박사의 신학 작품에 대한 일독을 권한다.

조 진 모 박사
전 합동신학대학원대학교 역사신학 교수

본서 『칭의의 나라』는 『언약의 나라』 그리고 『믿음의 나라』와 함께 3부로 구성된 "칭의와 하나님 나라 시리즈"의 두 번째 작품이다. '칭의' 문제는 16세기 종교개혁을 유발시킨 원인이었으며, 이 시대까지도 논쟁이 지속되는 매우 중요한 신학 사상이다. 저자는 '칭의'가 신학 용어가 아닌 성경적 언어라는 것을 강조한다. 또한, '칭의'에 대한 성경적 이해가 복음과 신앙을 올바르게 정의하는 초석이 된다고 확신한다.

저자 강철홍 박사는 평생토록 칭의에 대해 남다른 관심을 가지고 연구해 왔다. 그의 박사 학위 논문을 개정한 책은 Peter Lang Publishing에 의해 출판되었는데, '그리스도의 의의 전가'의 의미, 역사와 배경을 종교개혁자들의 관점에서 명확하게 밝힌 훌륭한 작품이다. 이후 『칭의가 은혜를 말하다』라는 제목으로 CLC에서 번역, 출판되었다. 또한, 그는 '십자가 복음'이라는 주제를 쉽게 풀어 설명한 『복음의 사람: 예수님의 심장으로 사십니까?』를 저술했는데, 이 책은 '칭의'를 받은 성도가 누릴 수 있는 은혜의 삶이 어떤지를 명확하게 설명한다.

본서 『칭의의 나라』는 성경 전체에 드러난 '칭의'에 대한 가르침을 종합하고, '칭의'를 받은 '하나님 나라' 백성이 살아가야 할 모범에 대해 초점을 두고 있다. 저자는 중세 신학을 통해 '칭의'를 부정한 자들이 공통적으로 인간이 완전히 부패되었음을 인정하지 않았다는 사실을 날카롭게 지적한다. 이에 반해 아담 안에서 훼손된 의를 스스로 회복할 수 없다는 성경의 가르침을 강력히 주장한다. 저자는 인간의 노력과 공로를 통해 구원을 얻을 수 있다는 어떤 주장도 받아들이지 않는다.

이런 맥락에서 저자는 예수 그리스도의 '완전한 순종'(완전한 의)을 죄인이 칭의를 받을 수 있는 유일한 근거로 소개한다. 특히 그는 이를 '칭의의 복음'이라고 부른다. 저자는 복음을 통해 구원을 얻으려면 무엇보다 하나님의 '칭의 선언'이 필수적임을 바르게 주장한다.

현대 교회 성도들은 계몽주의 이후 인간의 이성과 자율을 근본으로 하는 강력한 인간 중심의 사상에 의해 영향을 받고 있다. 그러므로 본서는 이미 하나님의 은혜로 죄를 용서받고 의롭다 칭함을 얻은 것을 확신하는 성도들에게 경종의 역할을 한다. 원초적으로 오염된 몸을 지니고 살아가기에 언제든지 그 본성에서 죄의 더러운 행위가 나타날 수 있다는 것이다. 유일한 해결책은 그리스도 안에서 연합된 삶을 유지하며 성령의 도우심을 받으며 살아가는 것이다. 본서는 예수님의 완전한 순종을 통한 '칭의'를 올바로 이해할 때, 오직 은혜로 훼손된 하나님 형상의 회복을 깨닫고 이에 따라 경건한 삶이 가능하다는 사실을 일깨워 준다.

본서는 '칭의'를 성경적으로 이해하고 정리하는 기회를 제공해 준다. 마치 여러 편의 설교를 묶어 놓은 듯 친숙한 언어로 표현되어 더욱 쉽게 이해될 수 있다. 본서가 평신도는 물론 목회자들에게 큰 유익이 될 것으로 확신해 적극 추천한다.

박응규 박사
아신대학교 역사신학 교수

강철홍 박사는 지난 수년 간 연구해 온 "칭의와 하나님 나라"를 『언약의 나라』, 『칭의의 나라』, 『믿음의 나라』 세 권에 담아 출판하게 되었다.

그는 성경이 말하는 하나님 나라를 탐구하는 데에 관심이 있을 뿐만 아니라, 성경 자체의 언약, 복음, 칭의와 믿음으로 하나님 나라를 해설하고 답하는 데 많은 노력을 기울였다. 모든 답변과 해설은 '오직 성경으로만'(by Scripture alone: *sola Scriptura*)의 원리를 따랐다.

또한, 성경에서 사용하고 있는 다양성 속의 통일성을 추구하고자 했고, 구속사적 원리에 충실하고자 했다. 이런 원리를 가지고, 하나님 나라, 하나님의 형상, 예수 그리스도, 하나님의 말씀, 복음, 칭의, 십자가, 믿음과 순종 같은 성경의 많은 주제를 구속사적 맥락에서 하나님 나라 관점으로 탐구하고 진술했다.

"칭의와 하나님 나라" 시리즈의 제1권과 제2권은 하나님의 주권적 은혜의 역사를 중심으로 하나님 나라를 소개했다면, 제3권은 하나님 나라 시민들의 믿음의 책임성 실천에 대해 논의했다. 칭의와 하나님 나라라는 주제를 탐구하다 보면 하나님 나라 시민들의 정체성을 깊이 숙고하게 되고, 결국은 그 시민들이 하나님 나라의 믿음으로 사는 것이 어떤 것인가에 대한 고찰로 이어질 수밖에 없다.

언약과 칭의의 복음 그리고 믿음은 서로 상관되며, "믿음의 나라"도 "언약의 나라", "칭의의 나라"와의 연관성 속에서 하나님 나라를 위한 성령의 주권적 역사가 계속된다는 일관된 주장을 하고 있다.

강철홍 박사는 성경 이야기야말로 "하나님의 언약 위에 세워진 칭의의 나라에 입성한 믿음의 사람들의 이야기"라고 주장하면서, 우리가 언약의 나라와 칭의의 나라에 입성하는 순간 동시에 믿음의 나라도 입성한다고 강조한다.

이 하나님 나라를 위한 성령님의 중요한 역사는 예수님 안에서 의인이 된 하나님의 자녀들의 변화를 돕는 데에 있다. 이는 예수님 안에서 훼손된 하나님 형상의 회복(칭의)과 성장(성화)을 위한 역사다. 저자는 하나님의 자녀들의 믿음의 열매로서 하나님의 형상인 지혜, 지식, 의로움, 거룩함과 선함의 성장을 그 마음과 행동의 실제적 변화로 잘 드러내 주었다. 하나님의 자녀들의 믿음의 구체적 반응과 결과들에 대해서도 성령님의 역사와 믿음의 책임성을 강조함으로 하나님 나라와 믿음의 관계를 역동적으로, 실제적으로 잘 드러내 준 것이다.

독자들은 본서를 통해 우리의 신앙과 삶의 차원을 하나님 나라, 언약, 칭의 그리고 믿음의 큰 흐름을 따라 통시적으로뿐만 아니라, 공시적으로도 인식할 수 있는 안목을 구비하게 될 것이다. 신학자이면서 동시에 목회자인 강철홍 박사는 하나님 나라를 언약, 칭의 그리고 믿음의 차원에서 바르게 인식하고 깨달을 수 있는 영적 안목을 열어 주는 전망대 역할을 하고 있다. 정독과 일독을 권하는 바이다.

칭의와 하나님 나라 시리즈 [2]
칭의의 나라

The Kingdom of Justification (Justication and the Kingdom of God series [2])
Written by Paul ChulHong Kang
All rights reserved.
Korean Edition Copyright ⓒ 2021 by Christian Literature Center, Seoul, Korea.

칭의와 하나님 나라 시리즈 [2]
칭의의 나라

2021년 12월 10일 초판 발행

지 은 이 | 강철홍

편   집 | 전희정
디 자 인 | 이희재(표지), 서민정, 박성준
펴 낸 곳 | (사)기독교문서선교회
등   록 | 제16-25호(1980.1.18)
주   소 | 서울특별시 서초구 방배로 68
전   화 | 02-586-8761~3(본사) 031-942-8761(영업부)
팩   스 | 02-523-0131(본사) 031-942-8763(영업부)
이 메 일 | clckor@gmail.com
홈페이지 | www.clcbook.com
송금계좌 | 기업은행 073-000308-04-020 (사)기독교문서선교회
일련번호 | 2021-125

ISBN 978-89-341-2374-3 (94230)
ISBN 978-89-341-2372-9 (세트)

이 책의 저작권은 저자와 (사)기독교문서선교회가 소유합니다.
신저작권법에 의하여 한국 내에서 보호받는 저작물이므로 무단 전재와 무단 복제를 금합니다.

Justification and the Kingdom of God series [2]

칭의의 나라

The Kingdom of Justification
칭의와 하나님 나라 시리즈 [2]

어떻게 죄인들이 의인이라 칭함을 받을 수 있는가? 칭의의 은혜는 오직 예수님 안에서만 이루어진다. 칭의의 나라는 예수님의 '완전한 순종'을 통해 시작되었고, 성령님은 예수님의 완전한 의로 주어진 이 칭의의 복음으로 성도들이 늘 이기는 삶을 살 수 있도록 해 주신다.

강 철 홍 지음
Paul ChulHong Kang

목차

칭의와 하나님 나라
시리즈 [2]

칭의 나라

추천사	*1*
강웅산 박사 | 총신대학교 신학대학원 조직신학 교수	
노진준 목사 | 순회 설교자	
박성일 박사 | 필라델피아 기쁨의교회 담임, Westminster Theological Seminary 겸임교수	
전정구 박사 | Faith Theological Seminary 성경신학 조직신학 교수	
조진모 박사 | 전 합동신학대학원 역사신학 교수	
박응규 박사 | 아신대학교 역사신학 교수	
프롤로그	*21*
저자 서문	*25*
칭의와 하나님 나라 시리즈 약어표(Abbreviations)	*33*
칭의의 나라	*38*
제1장 복음, 칭의 그리고 예수님	*40*
1. 칭의(의롭다 하심)의 나라	*40*
2. 복음과 예수 그리스도	*48*
3. 복음과 칭의	*62*
1) 칭의의 부정	*63*
(1) 칭의(의롭다 하심)의 근거 부정	*64*
(2) 은혜와 내재적 의	*67*
2) 하나님의 은혜 부정	*70*
(1) 토마스 아퀴나스(Thomas Aquinas: 1225-1274)의 은혜 증가	*73*
(2) 중교개혁자들의 반격	*76*

Contents

칭의와 하나님 나라
시리즈 [2]
칭의의 나라

4. 칭의   79
  1) 칭의란 무엇인가?   80
  2) 칭의(의롭다 하심)의 조건들   84

제2장 칭의의 조건, 예수 그리스도의 완전한 순종   89

1. 칭의와 예수 그리스도의 십자가 순종   89
  1) 십자가 순종은 칭의(의롭다 하심)의
     완전한 근거인가?   90
    (1) 아담 언약의 대표자 아담의 불순종과
       십자가 순종   91
    (2) 새 언약의 대표자 예수님과 십자가 순종   93
  2) 예수 그리스도의 완전한 순종의 필요성   96

2. 칭의와 예수 그리스도의 완전한 순종   100
  1) 좁은 의미의 완전한 순종(모세 율법 중심)   103
    (1) 율법 안에 형벌의 말씀을 이루신 순종:
       십자가 순종   106
    (2) 율법 안에 사랑의 말씀을 이루신 순종:
       하나님 사랑·이웃 사랑   113
    (3) 결론   128
  2) 넓은 의미의 완전한 순종   132
    (1) 넓은 의미의 완전한 순종의 삶   134
    (2) 넓은 의미의 완전한 순종과 은혜와 언약들   146

3. 결론   196

목차

칭의와 하나님 나라
시리즈 [2]
칭의의 나라

제3장 모든 언약의 성취,
예수 그리스도의 완전한 의의 전달   199

1. 예수 그리스도와의 연합(union with Christ)   200
   1) 언약적·법적 연합(covenantal·legal union)   201
   2) 실제적 연합(actual union)   207
   3) 예수님 안에 하나 된 연합   211
   4) 결론   216

2. 예수님의 완전한 의의 전가(옮겨짐, 여기심)   218
   1) 언약적·법적 전가   222
      (1) 아담 언약   223
      (2) 아브라함 언약   224
      (3) 모세 언약   227
      (4) 이사야서의 이중 전가   230
      (5) 새 언약   233
   2) 실제적 전가   237
      (1) 실제적 구속 역사   237
      (2) 실제적 전가   240
   3) 예수님 안의 전가 (옮겨짐, 여겨짐)   242
   4) 결론   247

3. 칭의(의롭다 하심)의 믿음(이신칭의)   251
   1) 오직 은혜로만(*sola gratia*),
      오직 믿음으로만(*sola fide*)의 칭의   252
      (1) 칭의의 믿음   254
      (2) 칭의의 믿음의 기준   256
   2) 언약적·법적 칭의의 믿음   259
      (1) 로마서 4장   262
      (2) 히브리서 11장   267
   3) 결론   273

Contents

칭의와 하나님 나라
시리즈 [2]

칭의의 나라

4. 칭의, 하나님 형상의 회복 — 276
1) 칭의와 하나님의 형상 — 277
2) 칭의와 하나님 형상의 회복 — 279
  (1) 예수님 안의 하나님 형상 회복 — 279
  (2) 예수님 안의 하나님 형상 회복의 특징 — 290
3) 칭의와 죄(죄책)에서 자유 — 299
  (1) 죄책 (guilt) — 300
  (2) 죄(죄책)에서 자유 — 302
  (3) 죄 오염과 자유 — 307
4) 결론 — 309

제4장 결론 : 예수님의 완전한 순종, 완전한 의로 복음을 주셨다 — 311

부록 A 하나님 나라는 이미 시작되었다 — 316

1. 하나님 나라 — 316
  1) 영원한 하나님 나라는 언제 시작되었나? — 318
  2) 영원한 하나님 나라의 도래와 그 현재성 — 320
  3) 이 세상과 오는 세상 — 324
  4) 하나님 나라의 왕 예수 그리스도 — 328

2. 하나님 나라와 교회 — 333
  1) 영원한 하나님 나라와 교회는 관계가 있는가? — 335
  1) 지상에서 하나님 나라의 삶이 가능한가? — 339

주제 색인 — 348
성경 색인 — 368

목차

칭의와 하나님 나라
시리즈

전체 목차

제1권 『언약의 나라』
제1장 하나님 나라는 이미 시작되었다
제2장 언약의 나라
제3장 영원하신 하나님의 의
제4장 하나님의 말씀
제5장 결론: 하나님 말씀이 가장 중요하다

제2권 『칭의의 나라』
제1장 복음, 칭의 그리고 예수님
제2장 칭의의 조건, 예수 그리스도의 완전한 순종
제3장 모든 언약의 성취, 예수 그리스도의 완전한 의의 전달
제4장 결론: 예수님의 완전한 순종, 완전한 의로 복음을 주셨다
부록A 하나님 나라는 이미 시작되었다

제3권 『믿음의 나라』
제1장 믿음을 요구하시다
제2장 변화가 일어난다
제3장 믿음의 열매와 순종
제4장 요약과 결론: 말씀 순종, 하나님 나라의 목적을 이루는 삶
부록A 하나님 나라는 이미 시작되었다

프롤로그

강철홍 박사

　20여 년의 목회사역과 15년여의 가르치는 사역을 감당하는 내내 나에게는 성경의 권위에 대한 큰 도전이 있었고 동시에 성경의 중요성에 대한 큰 배움이 있었다. 항상 누적되어 있는 처리할 많은 일과 건강상의 문제는 이 "칭의와 하나님 나라 시리즈"를 끝내는 것이 인간적으로 불가능하다고 생각하게 하였다. 하지만 하나님께서는 저술 기간 내내, 내 안에 그분 말씀의 권위를 다시 새롭게 세우시고 순종을 요구하시며 성경 말씀의 중요성에 대해 깊이 각성시키셨다. 덕분에 나는 이 시리즈를 저술하면서 줄곧 성경에서 답변을 찾으려고 도전하고 노력할 수 있었다. 이것은 나에게 또 하나의 간증이다.

　"칭의와 하나님 나라 시리즈"는 하나님 나라의 실제적 존재에 관한 것이다. 이 시리즈와 하나님 나라에 관한 다른 책들과의 주요 차이점은 이 시리즈는 성경에서 하나님 나라를 세우신 목적을 찾으려고 노력하고 있다는 점이다. 그런 점에서 성경이 말하는 하나님 나라를 탐구하는 데에 관심이 있을 뿐만 아니라, 성경 자체의 언약, 복음, 칭의와 믿음을 가지고 하나님 나라를 해설하고 답변하는 데에도 관심이 있다.

　우리는 이 "칭의와 하나님 나라" 시리즈를 통해 칭의를 주신 이유를 탐구하게 될 것이다. 이에 관련된 우리의 모든 질문에 대한 최종 답변은 마땅히 하나님 말씀에서 찾아야 한다. 따라서 우리는 2가지 측면에서 성경적 답변을 찾도록 노력할 것이다.

첫째, 이 시리즈에서 찾고자 하는 모든 답변과 해설은 "오직 성경으로만"(by Scripture alone: *sola Scriptura*)의 원리를 따랐다. 즉, 성경 자체에서 답변을 찾으려고 노력했다. 이것 자체로 이 "칭의와 하나님 나라 시리즈"는 하나님 나라에 관해 다루는 많은 책과 다를 것이다. 그렇다고 이 시리즈가 기독교 역사 속에 등장한 주요 신학적 논쟁들을 무시하거나 회피하지는 않는다. 신학에 익숙하지 않은 그리스도인들을 위해 신학적 논쟁들이나 성경 원어에 대한 논의는 각주로 옮겨 놓았고, 꼭 알아야 할 사항들은 알기 쉽게 요약해서 본문에 넣어 두었다.

(때로 책 한 권에 해당하는 분량을 한두 페이지로 요약한 때도 있다. 각주에 들어 있는 내용은 나중에 따로 읽어 봐도 좋다고 생각한다.)

다만 이 시리즈는 모든 필요한 경우에 그 해설과 답변들을 성경 자체에서 찾으려고 노력했다. 우리가 신학자들의 책들이나 논쟁에서도 여러 가지를 배울 수 있지만, 이런 것들은 때로 우리가 찾아야 하는 것보다 훨씬 더 적은 것을 말해 줄 뿐이다. 신학자들의 사변적인 개념은 성경의 큰 그림 일부분만을 알려 주는 경우들이 적잖게 있다.

이 "칭의와 하나님 나라 시리즈"에서 다루고 있는 하나님 나라를 세우신 목적에의 질문인 '우리는 어떻게 살아야 할 것인가?'에 대한 최종 답변도 하나님 말씀에서 와야 한다. 이 시리즈의 저술의 목적을 이루기 위해 나는 오늘 일반적인 신학적 논쟁을 따르는 것이 반드시 필요하다고 생각하지 않는다. 따라서 이 는 모든 영역에 진리 판단의 기준이 되는 하나님의 말씀을 무시한 인간적인 사변은 배제할 것이다. 이 시리즈는 신학자들의 신학적 차이들을 분석, 비교하거나 모방하지도 않을 것이다. 다만 하나님 나라에 관한 많은 질문에 대해 성경적 최종 답변을 찾으려고 노력할 것이다.

둘째, 성경이 사용하는 다양성 속에 통일성(unity in diversity)의 원리로 최종 답변을 찾으려고 노력하였다.[1] 하나님 나라에 대한 질문들에 대해 다양한 방법으로 답변을 찾으려는 노력이 있었다. 하지만, 나는 성경이 하나님 나라와 예수 그리스도 같은 주요한 주제들에 대해 다양성 속의 통일성(unity in diversity)의 표현 방식과 구속사적 해석(redemptive historical interpretation) 원리를 사용한다는 것을 의심하지 않는다.

나는 성경 66권 전체의 큰 그림을 보기 위해 난해하고 추상적이고 복잡한 신학책들과 주석들을 열심히 살펴볼 필요가 있다고 생각하지 않는다. 때로 이런 책들은 하나님 말씀을 무시하고 이성의 능력을 중시한 중세시대의 신학이나 계몽주의적 사고의 잔재가 발견되기도 한다. 물론 우리가 이런 책들에서 무언가 배울 수도 있을 것이다. 그러나 우리는 모두 늘 하나님이 성경을 통해 알려 주시는 확실하고 분명한 것들부터 배울 필요가 있다. 성경이 말하는 분명한 것들은 이 "칭의와 하나님 나라 시리즈"의 주요 주제들인 언약, 칭의, 믿음, 순종을 잘 연결해 준다.

하나님 아버지께서 우리에게 이해 불가능한 어려운 수학 공식과 같은 성경을 주셨다는 것을 나는 상상할 수 없다. 나는 각 시대에 맞는 살아 있

---

1 신약에서 다양성 속의 통일성(unity in diversity)의 표현 방식을 잘 보여 주는 예는 예수님의 구속 사역(the saving work of Christ)이다. 신약은 예수님의 구속 사역(통일성)을 은혜, 사랑, 속죄, 화목, 희생, 구속, 대가, 승리의 관점(다양성)에서 다양하게 표현한다. 은혜(엡 2:8-9), 사랑(롬 8:35-39; 롬 5:5), 속죄(고후 5:21), 화목(롬 5:1, 5:9-11), 희생(히 9:26; 엡 5:2; 고전 5:7), 구속(롬 6:18; 딛 2:14; 골 1:13-14), 대가(마 20:28; 딤전 2:6; 롬 3:24)와 승리(골 2:13-15; 고전 15:57; 골 1:11). 『복음』, 113-138.

는 말씀을 주신 것을 믿어 의심하지 않는다. 그런 점에서 다양성 속의 통일성(unity in diversity)의 표현 방식과 구속사적 해석 원리는 이 수많은 용어를 분명하게 연결해 주는 데 큰 도움이 된다. 다양성 속의 통일성(unity in diversity)의 표현 방식은 성경에서 작은 그림들을 찾아내고, 구속사적 해석 원리는 통일성의 방식으로 모여진 작은 그림들 속에 큰 그림을 발견하는 데 지대한 도움을 주는 것도 사실이다.

따라서 나는 하나님 나라를 세우신 목적에 관해서 설명하기 위해 이 표현 방식과 이 해석 원리를 주저하지 않고 사용할 것이다. 이 표현 방식과 이 해석 원리를 가지고 하나님 나라, 하나님의 형상, 예수 그리스도, 하나님의 말씀, 복음, 칭의, 십자가, 믿음과 순종 같은 성경의 많은 주제에 대해서도 분명한 것을 탐구하려고 시도할 것이다. 나는 신학의 완성은 하나님의 말씀에의 순종이라는 것을 의심하지 않는다. 하나님 나라를 세우신 목적을 찾는 모든 노력의 기준은 하나님 말씀이 될 것이다.

2021년 8월

> 너희는 먼저 그의 나라와 그의 의를 구하라 그리하면 이 모든 것을 너희에게 더하시리라(마 6:33).
>
> 새 사람을 입었으니 이는 자기를 창조하신 자의 형상을 좇아 지식에까지 새롭게 하심을 받는 자니라(골 3:10).
>
> 이기는 자는 이것들을 유업으로 얻으리라 나는 저의 하나님이 되고 그는 내 아들이 되리라(계 21:7).

저자 서문
칭의와 하나님 나라

이 "칭의와 하나님 나라 시리즈"의 주요 핵심 요지는 의로우시고 거룩하시고 선하신 하나님께서 언약 위에 한 나라를 세우셨다는 것이다. 이 시리즈는 하나님 나라를 제3권으로 나누어서 소개한다.

제1권 『언약의 나라』
제2권 『칭의의 나라』
제3권 『믿음의 나라』

제1권과 제2권은 하나님의 주권적 은혜의 역사를 중심으로 하나님 나라를 소개하고, 제3권은 하나님 나라 시민들의 믿음의 책임성의 실천에 대해 논의한다. 나는 이 논의를 통해서 하나님 나라와 세상 나라의 차이를 분명하게 설명하도록 노력할 것이다.

우리는 이 세상에 하나님 나라를 신화적인 이야기로 만든 사람들이 꽤 많다는 사실을 기억할 필요가 있다. 하나님 나라가 먼 훗날 혹 생길지도 모른다고 생각하는 사람들도 있다. 또한, 어떤 이들은 하나님 나라의 존재성을 부인하기도 한다. 따라서 이 "칭의와 하나님 나라 시리즈"와 같은 책들을 통해서 하나님 나라에 대한 이런 오해를 불식시킬 필요가 있다고 생각한다.

하나님 나라는 무엇인가?

하나님 나라는 하나님과 인간들 사이의 언약 말씀에 기초해 예수 그리스도의 구속 역사(the redemptive history)로 세워진 나라다.[1]

> 또 주께서 가라사대 그 날 후에 내가 이스라엘 집으로 세울 언약이 이것이니 내 법을 저희 생각에 두고 저희 마음에 이것을 기록하리라 나는 저희에게 하나님이 되고 저희는 내게 백성이 되리라(히 8:10).[2]

영원에서 영원까지 주님이신 하나님(시 90:1-2)께서는 오직 은혜로 죄인된 인간들을 영원한 하나님 나라의 시민들로 삼으셨다. 그래서 하나님 나라의 역사에서 가장 중요한 핵심적인 사건들은 구속 역사(the redemptive history)의 사건들 즉, 창조와 타락과 구속의 사건들이다.[3] 따라서 하나님 나라는 예수님이 왕으로 오셔서 하나님의 은혜와 사랑으로 세우신 나라다. 예수님의 완전한 말씀 순종은 죄인들의 훼손된 하나님의 형상을 회복했다. 죄인들은 예수님 안에서 왕이신 예수님을 믿음으로 하나님 나라에 입성한다. 하나님께서는 타락한 인간에게 하나님의 자녀가 되어 말씀에 순종할 수 있는 복을 주신 것이다.

이 때문에 "칭의와 하나님 나라 시리즈"에서 '칭의와 하나님 나라'에 대한 탐구는 하나님 나라 시민들의 정체성과 그 시민들이 하나님 나라에 믿음으로 사는 것이 어떤 것인가에 대한 고찰로 이어진다.

---

[1] SBA, 25, 35-38, 53-57, 68-75, 76-93, 95-102, 146-153, 154-162, 167-203; ST, 87-91; DCL, 271-279; RHBI, 304-316; CK.

[2] 이는 예레미야 31:33의 재인용이다.

[3] DCL, 271; ST, 87-91; SBA, 101. 구속 역사에 대해 본서 제4장, '2. 하나님 말씀의 중요성'을 참조하라.

즉, '하나님 나라의 시민들은 지상에서 어떻게 살아야 할 것인가?'에 대해 같이 찾아가기를 원한다. 앞서 밝혔듯이, 이것이 "칭의와 하나님 나라 시리즈"의 저술 동기이다. 이를 위해 하나님 나라의 의미, 하나님 나라의 법과 그 시민들의 정체성과 하나님 나라에서 믿음으로 사는 방법에 대해 깊이 있게 논의할 것이다.

그 내용을 간략하게 살펴보면 다음과 같다.

제1권 『언약의 나라』에서는 제일 먼저 하나님의 나라는 하나님의 언약으로 세워졌다는 것을 살펴볼 것이다.

우리는 이를 위해 다음과 같은 질문에 대한 답을 찾으려고 노력할 것이다.
'성경에 나타난 하나님의 언약이란 무엇인가?'
'하나님께서 왜 언약을 주셨나?'

하나님의 언약에 대해서 논의하면서, 창조와 타락에 대해서도 논의할 것이다.

하나님은 아담에게 첫 언약의 말씀을 주셨다. 아담 언약을 살펴보면, 현재 나 자신의 모습과 하나님의 형상에 대한 의미를 이해하는 데에 도움이 된다. 그리고 다른 언약들도 중요하지만, 모세 언약은 구약 전체를 이해하는 데에 특히 큰 역할을 한다. 모세 율법은 하나님이 이스라엘을 다스리시고 인류를 하나님의 법인 말씀으로 다스리시는 원리를 이해하도록 해 주며, 메시아가 오셔야만 하는 이유 역시 밝히 보여 준다. 그래서 모세 율법은 제2권 『칭의의 나라』에서 논의할 칭의에 대한 이해에도 매우 중요하다.

이 때문에 우리는 모세 율법과 연결하여 하나님의 의에 대해서도 살펴볼 것이다. 제1권 제3장에서 이루어지는 이 하나님의 의에 대한 논의는 하나님의 법인 말씀을 이해하는 데에 큰 도움을 준다. 예수님도 하나님 나라의 법인 언약의 말씀에 따라 이 세상에 오셨고, 하나님의 나라의 의의 법에 따라 죄인들의 죄에 대한 실형을 받으셨다. 예수님의 구속 사역은 하나님 나라의 법에 나타난 하나님의 의가 얼마나 엄중한가 하는 것을 잘 보여 준다.

사실상 하나님의 의는 모세 율법을 넘어 성경의 하나님 말씀 전체에 잘 나타나 있다. 우리는 무엇보다 하나님 나라의 법인 하나님의 말씀을 우리를 위해 주셨다는 것을 잊지 말아야 한다. 성경의 하나님 말씀은 우리에게 법이요 유일한 진리이다. 그래서 제1권 제4장에서 하나님의 말씀의 중요한 특성들인 하나님의 주권적 속성과 생명력, 운동력과 판단력을 고찰해 볼 것이다. 하나님은 자신을 대신해서 우리에게 말씀을 주셨고, 우리가 그 말씀을 대할 때 하나님을 대하듯 하기를 원하신다(요 1:1-2).

우리의 믿음 생활의 죽고 사는 것은 '우리가 하나님 말씀을 어떻게 받아들이냐?'에 달려 있다 해도 과언이 아니다. 그리스도인은 하나님의 말씀을 만나고 믿을 때 하나님을 만날 수 있다. 언약의 나라는 이 말씀의 나라다.

제2권 『칭의의 나라』에서는 제1권과 연결해서 다음 질문에 대한 답을 찾으려고 노력할 것이다.

'칭의란 무엇인가?'

구원의 기준인 칭의에 대해 깊이 있게 다루면서, 하나님의 의를 만족하게 한 예수님의 완전한 순종과 그로 인해 가능해진 죄인들의 칭의, 즉 구원의 은혜에 대해 자세히 살펴볼 것이다.

칭의의 중요성, 즉 복음의 중요성은 아무리 강조해도 지나치지 않다. 하나님 나라 시민의 정체성이 모두 복음에서 나오기 때문이다. 그 때문에 제

2권 제1장에서 우리는 복음에 대한 정의로 시작해서 복음과 칭의의 관계성을 분명하게 할 것이다. 그리고 기독교 역사 속에 하나님의 은혜와 칭의의 필요성을 부정하는 사례에 대해 간략하게 찾아볼 것이다.

이어서 제2권 제2장에서는 하나님 자녀들의 정체성은 어디에 기초하는지 자세히 살펴볼 것이다.

어떻게 죄인들이 의로우신 하나님의 자녀가 될 수가 있는가?

어떻게 죄인들이 의인이라 칭함을 받을 수 있는가?

이 질문들에 대한 답변은 우리의 정체성과 믿음의 확신을 위해 매우 중요하다. 우리는 칭의를 다루면서 예수님의 구속 사역을 분명하게 이해하게 되고, 완전한 순종의 의미를 논의함으로써 위의 질문들에 답변할 수 있게 될 것이다. 이를 통해 우리는 칭의의 의미와 완전한 순종의 의미, 그리고 그 둘 사이의 연관성을 잘 이해하게 될 것이다. 아울러 왜 예수님의 십자가 형벌의 순종만으로는 죄인들의 칭의의 완전한 조건이 되지 못하는지도 깨닫게 될 것이다. 그것은 오직 예수님의 '완전한 순종'만이 죄인들의 칭의의 완전한 조건이 되기 때문이다.

예수님의 완전한 순종의 의미를 잘 이해하려면, 순종을 좁은 의미(모세 율법 중심)와 넓은 의미로 나누어서 볼 필요가 있다. 그리고 예수님의 완전한 순종의 삶과 구약의 언약들과의 관계에 관해 탐구해야만 한다. 이 완전한 순종에 대한 자세한 논의는 우리에게 하나님의 크신 은혜와 경륜 그리고 예수님의 순종의 값어치와 우리를 향한 사랑의 크기를 깊이 깨닫게 해 줄 것이다.

제2권 제3장에서는 예수님이 완전한 순종을 통해 이루신 완전한 의가 무엇인지 더욱 분명히 하기 위해 예수님과의 연합, 의의 전가 그리고 칭의의 믿음에 대해서 살펴볼 것이다. 이것은 죄인들의 칭의의 조건들을 더욱 분명히 알려 줄 것이고 우리가 하나님의 자녀들로서의 정체성을 확고히 갖도록 도와 줄 것이다. 이 과정에서 하나님 형상의 회복과 죄책과 죄 오염에 대한 이해 역시 같이 병행될 것이다. 이런 개념들에 대한 논의와 이해를 통해 우리는 하나님 나라는 예수님의 복음으로 세워진 나라임을 볼 것이고 오직 복음만이 하나님 나라를 입성할 수 있는 유일한 은혜의 길이라는 것을 분명히 깨닫게 될 것이다.

또한, 하나님 형상의 회복은 현재 우리 안에 실재적으로 임하신 하나님 나라의 현재성에 관한 이야기이며, 우리는 이 순간 이 자리, 나의 안에 이미 임하신 하나님 나라의 현재성을 깨닫는 동시에, 이 현재성이 영원하신 하나님에 의해 영원한 가치를 부여받았다는 사실 또한 깨달을 것이다. 결과적으로 우리는 하나님께서 그분의 구원 은혜에 대한 마땅한 반응이자 책임으로 우리의 삶에서 믿음의 순종을 요구하신다는 사실 또한 깨닫게 될 것이다.

제3권 『믿음의 나라』에서는 하나님의 나라는 언약의 말씀과 예수님을 믿는 믿음 위에 세워진 나라임을 볼 것이다.

우리는 이를 위해 다음과 같은 질문에 대한 답을 찾으려고 노력할 것이다.

'믿음이란 무엇인가?'

'하나님은 왜 믿음을 주셨나?'

'믿음으로 산다는 것은 무엇인가?'

아울러 칭의의 은혜를 허락하신 하나님께 우리가 보여야 할 믿음의 순종과 그 책임성에 대해 구체적으로 살펴볼 것이다.

우리는 『믿음의 나라』에 대한 논의가 『언약의 나라』와 『칭의의 나라』와 분리될 수는 없다는 것을 기억해야 한다. 또한, 여기서도 하나님의 나라를 다스리시기 위한 성령님의 주권적인 역사가 계속된다는 것을 전제로 한다. 우리는 제3권 제1장에서 믿음에 대해 정의를 하고 믿음의 대상은 예수 그리스도시고 믿음의 내용은 하나님의 말씀임을 먼저 논의할 것이다. 그리고 하나님의 말씀이 우리 삶의 모든 영역의 기준이라는 것에 초점을 맞출 것이다. 우리의 믿음 생활에서 하나님의 말씀을 벗어나면 하나님에게서 멀어지기 때문이다.

이어서 제3권 제2장에서는 믿음과 변화는 서로 분리될 수 없다는 것을 논의할 것이다. 하나님의 자녀들은 반드시 의롭고 거룩하시고 선하신 하나님의 형상에 따라 자라가야 한다. 믿음 생활에서 제일 중요한 것은 변화이기 때문이다.

제3권 제2장에서는 『언약의 나라』와 『칭의의 나라』를 연결해서 하나님의 형상 성장에 대해서 논의할 것이다. 이 하나님의 형상 성장은 오직 예수님을 믿는 자들에게 주신 특별한 권리이자 책임이다. 우리는 열매 맺는 삶을 위해서 하나님의 형상 성장이 지적 탁월성과 도덕적 탁월성의 성장으로 나타난다는 것을 알 필요가 있다. 이 성장은 좁은 의미로 예수님 안에서 회복된 하나님의 형상인 지혜, 지식, 의로움, 거룩함과 선함의 성장을 의미한다. 이것은 의롭다 하심, 즉 칭의를 받고 구원을 얻은 우리가 하나님의 형상을 회복하고 믿음으로 성장해감에 있어 그 마음과 행동의 실제적인 변화에 관한 이야기이다.

제3권 제3장에서는 믿음의 순종과 열매에 대해서 살펴볼 것이다. 믿음의 열매에서도 성령님의 주권적인 역사에 대한 이해가 중요하다. 그러나 믿음의 열매를 맺기 위해서 하나님 말씀에 따른 우리의 회개와 순종의 중요성도 잊지 말아야 한다. 성경은 회개와 말씀 순종을 열매 맺는 삶을 위한 가장 중요한 기본으로 가르치기 때문이다.

끝으로 성경이 말하는 하나님의 말씀 순종의 특성들에 대해서 살펴볼 것이다. 우리가 이 땅에서 예수님을 믿음으로써 행하는 모든 믿음의 삶과 순종은 하나님 안에서 영원한 가치를 가진다. 또한, 막연하거나 내 소견대로 사는 소위 '마음대로 믿음의 삶'을 지양하기 위해 믿음의 의미와 칭의로 인한 삶의 변화들, 믿음의 열매들에 대해 꼼꼼히 살펴보는 것은 꼭 필요하다. 이 모든 과정은 우리가 진리이신 말씀의 반석 위에 서서 더 힘있게 칭의의 은혜를 누리며 하나님이 원하시는 믿음의 반응, 즉 순종의 삶을 살도록 도울 것이다.

정리해서 요약하면, "칭의와 하나님 나라 시리즈"에서 다루는 하나님 나라에 대한 이해는 성령님의 도우심이 절대적이다. 하나님께서는 하나님의 형상을 닮기에 장성한 하나님의 자녀들이 차고 넘치는 나라를 세우기 원하신다. 따라서 하나님의 나라를 세우기 위해 나는 이 시리즈의 독자들이 성령님을 의지하여 말씀 순종의 삶을 살기를 강권한다.

이 시리즈에서 우리는 하나님께서 그의 나라를 세우신 목적이 모든 인간의 생각과 이론을 완전히 초월한다는 사실을 알게 될 것이다(사 55:6-9). 우리는 보이지 아니하는 하나님 나라의 비밀이 예수님에 의해서 밝히 세상에 드러난 것을 깨닫게 될 것이다. 예수님과 함께 임했던 하나님 나라가 예수님이 승천하여 하늘 보좌 우편에 오르신 후 이 지상에서 다시 사라진 것이 아니다. 하나님 나라는 이 지상에서 하나님의 자녀들 안에 있다. 이제 세상에 하나님의 나라를 보일 기회가 하나님의 자녀들에게 있다는 뜻이다.

그렇다. 지금 하나님의 자녀들은 그들의 믿음 생활을 통해 하나님 나라를 세상에 밝히 보일 수 있다. 세상 사람들은 알 수 없지만, 하나님의 은혜 역사는 여전히 계속되고 있고, 예수님에 의해 도래한 하나님의 나라는 하나님의 자녀들의 삶 속에서 계속되고 있다. 하나님께 은혜를 받고 의인이라 칭함을 받은 자들이 하나님의 말씀을 믿고 순종할 때(롬 1:17) 세상 사람들은 그들의 삶을 통해 하나님의 나라를 보게 될 것이다.

칭의와 하나님 나라 시리즈 약어표(Abbreviations)

Apologetics	John Frame, *Apologetics* (Phillipsburg, NJ: P&R Publishing, 2015).
BDAG	William Arndt, Frederick W. Danker, and Walter Bauer, *A Greek-English Lexicon of the New Testament and Other Early Christian Literature* (Chicago: University of Chicago Press, 2000).
BDB	Francis Brown, Samuel Rolles Driver, and Charles Augustus Briggs, *Enhanced Brown-Driver-Briggs Hebrew and English Lexicon* (Oxford: Clarendon Press, 1977).
BF	Anthony A. Hoekema, *The Bible & the Future* (Grand Rapids, MI: W. B. Eerdmans Publishing Co., 1979).
BT	Geerhardus Vos, *Biblical Theology: Old and New Testaments* (Grand Rapids, MI: W. B. Eerdmans Publishing Co., 1948).
CEC	John Calvin, *Commentary on the Epistle of Paul to the Corinthians* (Grand Rapids, MI: Baker Book House, 1989).
CER	John Calvin, *Commentary on the Epistle of Paul to the Romans* (Grand Rapids, MI: Baker Book House, 1989).
CGI	Anthony Hoekema, *Created in God's Image* (Grand Rapids, MI: W. B. Eerdmans Publishing Co., 1986).
CS	Michael Horton, *Covenant and Salvation: Union with Christ* (Louisville, KY: Westminster John Knox Press, 2007).

CK	Herman Ridderbos, *The Coming of the Kingdom* (Philadelphia, PA: P&R Publishing, 1962).
DCH	David J. A. Clines, ed., *The Dictionary of Classical Hebrew* (Sheffield, England: Sheffield Academic Press; Sheffield Phoenix Press, 1993–2011).
DCL	John M. Frame, *The Doctrine of the Christian Life* (Phillipsburg, NJ: P&R Publishing, 2008).
DG	John M. Frame, *The Doctrine of God* (Phillipsburg, NJ: P&R Publishing, 2002).
DKG	John M. Frame, *The Doctrine of the Knowledge of God* (Phillipsburg, NJ: P&R Publishing, 1987).
DLGT	Richard A. Muller, *Dictionary of Latin and Greek Theological Terms* (Grand Rapids, MI: Baker Books, 1985).
DSHR	D. A. Carson, *Divine Sovereignty and Human Responsibility: Biblical Perspective in Tension* (Eugene, OR: Wipf & Stock Publishers, 1994).
DWG	John M. Frame, *The Doctrine of the Word of God* (Phillipsburg, NJ: P&R Publishing, 2010).
ECRC	*Ecumenical Creeds and Reformed Confession* (Grand Rapids, MI: CRC Publications, 1988).
EDNT	Horst Robert Balz and Gerhard Schneider, *Exegetical Dictionary of the New Testament,* 3 vols. (Grand Rapids, MI.: Eerdmans, 1990).
ESV	*English Standard Version*

FA	Thomas Schreiner, *Faith Alone: the Doctrine of Justification* (Grand Rapids, MI: Zondervan, 2015).
HJ	Michael Horton, *Justification,* 2 vols. (Grand Rapids, MI: Zondervan, 2018).
ICT	Michael Horton, *Introducing Covenant Theology* (Grand Rapids, MI: Baker Books, 2006).
Institutes	John Calvin, *The Institutes of the Christian Religion,* trans. Ford Lewis Battles, 2 Vols. (Philadelphia: The Westminster Press, 1960).
IS	Meredith G. Kline, *Images of the Spirit* (M. G. Kline, 1986).
JFA	R. C. Sproul, *Justified by Faith Alone* (Wheaton: Crossway, 2010).
JSNT	James Swanson, *A Dictionary of Biblical Languages with Semantic Domains: Greek* (NT) (Oak Harbor: Logos Research Systems, Inc., 1997).
JSOT	James Swanson, *A Dictionary of Biblical Languages with Semantic Domains : Hebrew (Old Testament)* (OakHarbor: Logos Research Systems, Inc., 1997).
KP	Meredith G. Kline, *Kingdom Prologue* (Eugene, OR: Wipf and Stock Publishers, 2006).
LA	Brandon Crowe, *The Last Adam: A Theology of Obedient Life of Jesus in the Gospels* (Grand Rapids, MI: Baker Academic, 2017).
LBW	Martin Luther, *The Bondage of the Will,* trans. J. I. Packer & O. R. Robinson, (Grand Rapids MI: Fleming H. Revell, 1997).

LCG	Martin Luther, *Comentary on Galatians: Modern English Version* (Fleming H. Revell, 1999).
LTW	*Lexham Theological Wordbook, Lexham Bible Reference Series* (Bellingham, WA: Lexham Press, 2014).
MER	John Murray, *The Epistle to the Romans* (Grand Rapids, MI: W. B. Eerdmans Publishing Co., 1968).
NIV	*New International Version*
POHT	Herman Ridderbos, *Paul: An Outline of His Theology* (Grand Rapids, MI: Wm. B. Eerdmans Publshing Co., 1984).
ORF	Herman Bavinck, *Our Reasonable Faith: A Survey of Christian Doctrine* (Wm. B. Eerdmans Publshing Co., 1975).
PE	Gerhardus Vos, *The Pauline Eschatology* (Phillipsburg, NJ: P&R Publishing, 1991).
RD	Herman Bavinck, *Reformed Dogmatics,* trans. John Vriend, 4 vols. (Grand Rapids, MI: Baker Academic, 2003-8).
RHBI	Gerhardus Vos, *Redemptive History and Biblical Interpretation: The Shorter Writings of Gerhardus Vos* (Phillipsburg, NJ: P&R Publishing, 1980).
SBA	Meredith G. Kline, *The Structure of Biblical Authority* (M. G. Kline, 1989).
SBL	John M. Frame, *Salvation Belong to the Lord: An Introduction to Systematic Theology* (Phillipsburg, NJ: P&R Publishing, 2006).
SG	Anthony A. Hoekema, *Saved by Grace* (Grand Rapids, MI: W.

	B. Eerdmans Publishing Co., 1989).
ST	John M. Frame, *Systematic Theology: An Introduction to Christian Belief* (Phillipsburg, NJ: P & R Publishing, 2013).
TCR	J. V. Fesko, *The Trinity and the Covenant of Redemption* (Fearn: Mentor Imprint, 2016).
TLOT	Ernst Jenni and Claus Westermann, *Theological Lexicon of the Old Testament* (Peabody, MA: Hendrickson Publishers, 1997).
WCF	*The Westminster Confession of Faith: Edinburgh Edition* (Philadelphia: William S. Young, 1851).

『복음』	강철홍, 『복음의 사람』 (서울: CLC, 2015).
『성경론』	존 M. 프레임, 『성경론』 (서울: 개혁주의신학사, 2014).
『이신칭의』	알리스터 맥그래스, 『알리스터 맥그래스의 이신칭의』, 김성웅 옮김 (서울: 생명의 말씀사, 2015).
『조직신학 II』	존 머레이, 『조직신학 II』, 박문재 옮김 (서울: 크리스챤다이제스트, 1991).
『칭의』	강철홍, 『칭의가 은혜를 말하다』 (서울: CLC, 2014).
『칭의 교리』	가이 워터스 & 게리 존슨, 『칭의 교리에 대한 도전에 답하다』, 권오성 옮김 (파주: 솔라피데 출판사, 2012).
『하나님의 칭의론』	앨리스터 맥그래스(Alister E. McGrath), 『하나님의 칭의론』, 한성진 옮김 (서울: CLC, 2013).

칭의의 나라

하나님의 주권적 은혜의 역사로 세우신 하나님 나라는 성경 전체의 중요한 메시지이다. 제1권 『언약의 나라』에서 우리는 하나님의 나라는 언약의 나라임을 논의했다. 언약의 나라는 하나님의 의에 기초한 하나님 말씀으로 세워진 나라임을 밝혔다. 하나님은 하나님 나라를 세우신 목적을 이루시기 위해 하나님 말씀을 주셨다.

우리는 제1권에서 살아 계신 하나님의 말씀(the word of the living God)이 우리 삶의 모든 영역에서 최고의 권위임을 알았다. 하나님의 말씀을 주신 목적을 이루는 삶은 하나님의 말씀을 따라 사는 복된 삶이다.

여기 제2권은 하나님 나라가 칭의의 나라임을 논의할 것이다. 칭의의 나라는 하나님의 말씀 위에 세워진 나라다. 언약의 나라와 칭의의 나라는 서로 분리될 수 없다. 하나님 나라는 칭의의 복음으로 세워진 나라다. 칭의의 나라에 들어온 자들만이 하나님 나라에 입성한다. 하나님의 자녀들은 칭의의 복음을 전하고 칭의의 복음으로 사는 자들이다.

첫째, 하나님 나라는 칭의의 복음으로 세워진 나라다.
둘째, 하나님 나라는 칭의의 복음을 전하는 나라다.
셋째, 하나님 나라는 칭의의 복음으로 사는 나라다.

살아 계신 하나님은 우리가 하나님 나라에 입성할 수 있도록 새 언약을 이루시고 칭의의 복음을 주셨다. 예수님의 완전한 순종 위에 세워진 칭의의 나라는 은혜의 나라다. 칭의의 복음 이야기는 우리를 창조하신 하나님께서 예수님을 통해 자신의 모든 것을 다 우리에게 주신 은혜 이야기다.

하나님 나라를 세우신 목적을 이루시기 위해 하나님은 오직 은혜로 칭의의 복음을 주신 것이다. 우리에게 칭의의 복음을 주신 목적은 예수님을 믿고 말씀을 믿음으로 행하는 데 있다. 우리가 성령님의 도우심으로 계속 믿음으로 살면 하나님은 우리가 하나님 형상을 닮아 갈 수 있도록 도우신다.

제1장
복음, 칭의 그리고 예수님

1. 칭의(의롭다 하심)의 나라

성경 전체는 하나님의 언약 위에 세워진 칭의의 나라에 대한 이야기다.[1] 제1권 『언약의 나라』에서 살펴보았듯이 칭의의 나라는 하나님 나라의 법적 말씀에 의해 다스려진다. 성경이 말하는 언약의 나라는 하나님 나라 법의 기초를 제공하고, 칭의의 나라는 그 법에 따라 하나님 나라에 입성하는 길을 밝혀 준다. 따라서 하나님 나라는 언약의 나라이자 칭의의 나라다.

'칭의'란 말 그대로 하나님께서 죄인인 우리를 예수님 안에서 '의롭다 칭해 주신다. 의롭다 여겨 주신다'라는 뜻이다. 우리는 복음을 '칭의의 기쁜 소식'이라 할 수 있고, 또 다른 말로는 '구원의 기쁜 소식'이라고도 할 수 있다. 그 이유에 대해서는 본서 제1장의 '복음이란?' 파트에서 복음을 구원, 영생, 칭의로 정의하면서 밝힐 것이다.[2] 칭의(의롭다 하심)는 하나님

---

[1] 제2권 부록 A에 제1권 『언약의 나라』 '제1장 하나님 나라는 이미 시작되었다'를 실었다. 이는 제1권의 내용을 읽은 독자들은 바로 본서 '제1장 복음, 칭의 그리고 예수님'을 읽을 수 있도록 하고, 아직 제1권을 읽지 않은 독자들은 부록 A '하나님 나라는 이미 시작되었다'를 읽을 수 있도록 함이다.
[2] 복음도 성경 용어이듯이 칭의도 분명한 성경 용어다. 한국에서는 기독교가 들어오면서

나라 입성에 대한 비밀을 밝히는 복음의 핵심이다.[3]

제2권 『칭의의 나라』에서는 하나님의 나라에 칭의의 복음을 통해 죄에서 자유가 선포되었음을 알아볼 것이다. 죄에서의 자유를 위해 구약은 복음을 준비했고, 신약에서는 이를 위해 예수님에 의해 하나님 나라의 복음이 성취되었다.[4] 그래서 구속 역사적(the redemptive history)으로 이루신 예수님의 복음에서 천국과 하나님 나라가 다르지 않고 동일하다.[5] 새 언약의 대표자 예수님께서는 자신의 완전한 순종으로 칭의의 나라의 기초를 세우셨다.

예수님은 칭의의 나라를 통해 자신을 창조주요 구속주요 만왕의 왕이심을 드러낸다. 주님이 다스리시는 하나님 나라는 칭의의 복음으로 영원히 세워진 나라이고, 칭의의 복음으로 사는 나라이며, 칭의의 복음을 전하는 나라다. 이제 하나님 나라를 칭의의 복음 관점에서 3가지로 간략하게 요약하겠다.

첫째, 하나님 나라는 언약의 말씀에 따라 칭의의 복음으로 세워진 나라다.[6] 하나님은 예수님의 완전한 순종으로 '오직 은혜로만'의 칭의의 복음을 주셨다.

'의롭다 하심'을 칭의(稱義)라는 '의롭다 칭함'이라는 뜻의 한자어로 먼저 번역했다. 그래서 칭의를 신학 용어로 인식하는 그리스도인들이 꽤 있는 것 같다. 본서에서 칭의는 성경 용어임을 살펴볼 것이다. 복음이라는 단어만큼 칭의는 친숙해져야 하는 성경 용어다. 칭의는 우리가 하나님과 긴밀한 관계를 세우는 데 큰 도움이 되기 때문이다.

3   제1권 『언약의 나라』에서 보았듯이, 복음의 말씀이 가장 대표적 확신의 말씀이라면, 칭의의 복음도 가장 중요한 확신의 말씀이다. 따라서 우리는 우리 자신을 위해 칭의와 친숙해질 필요가 있다. 제1권 '제4장 하나님의 말씀'에서 '3. 하나님의 말씀을 주신 목적'을 참조하라.

4   CK, 70-76.

5   CK, 18-24.

6   『복음』, 113-147, 150-250.

복음이란 무엇인가?

복음(the gospel)은 기쁜 소식(the good news)이라는 뜻이다.[7] 마태복음 4:23(9:35, 24:14)에서 성경은 이를 천국 복음이라 부르기도 한다.

> 예수께서 온 갈릴리에 두루 다니사 저희 회당에서 가르치시며 천국 복음을 전파하시며 백성 중에 모든 병과 모든 약한 것을 고치시니 (마 4:23).

왜 복음이 좋은 소식인가?

아담 안에 있던 죄인들에게 하나님 나라의 시민이 될 수 있는 길이 열렸기 때문에 큰 기쁨의 좋은 소식이다(마 1:21-22; 눅 2:10-14). 하나님 나라는 언약의 파괴자 아담의 타락으로 끝난 것이 아니다. 오히려 그 나라는 언약의 준수자 예수님을 통해 예수님 안에서 더 강하고 영원하게 세워졌다. 신약은 왕이신 예수님께서 하나님 나라 복음의 중요성을 계속 강조하신 것을 지적한다.[8]

부활 승천하셔서 지금 하늘 보좌에 앉아 계신 주님은 하늘과 땅의 권세와 사망과 음부의 열쇠를 가지고 영원토록 다스리는 왕이시다(마 28:18-20; 계 1:18; 마 23:22; 행 7:49; 히 4:16, 8:1; 계 3:21, 4:9, 5:1, 7:15, 20:11).[9]

칭의의 복음은 예수님 안에서 의롭다 하심(칭의)의 좋은 소식이다. 아담 안에 있는 모든 인류는 칭의(의롭다 하심)의 복음이 필요하다. 누구든지 하나님 나라에 입성하려면 하나님 앞에 의롭다 하심을 받아야 한다는

---

[7] 복음의 정의는 구원, 영생과 칭의를 중심으로 바로 이어서 '2. 복음과 예수 그리스도'에서 다룰 것이다.

[8] CK, 13-60, 185-333; ST, 94-96.

[9] "곧 산 자라 내가 전에 죽었었노라 볼찌어다 이제 세세토록 살아 있어 사망과 음부의 열쇠를 가졌노니"(계 1:18).

의미다. 아담의 타락 후 아담의 불순종과 불의로 인해 온 인류는 아담 안에서 죄로 인한 저주의 포로가 되었기 때문이다(레 26:43; 애 4:22; 호 9:7; 왕하 14:6; 대하 19:10). 아담 안에 있는 자들은 실제적으로 죄로 인해 어둠의 나라 속에 살면서 두려움과 걱정, 근심 가운데 사는 자들이 되었다(마 10:28; 롬 3:20; 고전 15:56; 딤전 1:9; 히 2:2).**10**

따라서 하나님께서는 죄의 노예(요 8:34; 롬 6:6, 6:12, 6:20)요 두려움 속에 사단의 권세 아래 살던 죄인들을 구하시러 예수님을 보내셔야만 했다(행 26:18; 롬 16:20; 골 1:13; 벧전 2:9). 예수님이 주신 칭의의 복음 이외에는 죄인들을 구원할 다른 방법이 없었다. 예수님은 우리에게 죄 사함과 의롭다 하심을 주려고 오셨다. 하나님 나라는 이 칭의의 복음으로 세워진 나라다. 예수님의 구속 사역을 통해 아담 안에 죄인들이 예수님 안에서 의인들

---

10 성경에서 죽음에 대한 두려움은 주로 죄에 대한 저주와 형벌로서의 '재앙'에 대한 두려움이다. 신약에서 요한계시록(9:18, 20; 11:6; 15:1, 6, 8; 16:9, 21; 18:4, 8; 21:9; 22:18)에 '재앙'(plague; 플레게, *plēgē*, πληγή)은, 구약에서 출애굽기 7:14-12:36의 10가지 재앙(유월절 어린양의 피와 이집트 장자들의 죽음 포함) 사건이 배경이다. BDAG, 825; EDNT, 3:103.

구약에서 '재앙'이라는 단어는 주로 하나님의 죄에 대한 진노하심 때문에 생기는 저주와 형벌을 뜻한다. 이 재앙은 주로 개인과 국가의 죄에 대한 저주와 형벌 때문에 발생한다. 그리고 이 재앙은 육체적 질병이나 정신적 질병, 전염병, 죽음의 상태에 이르는 마음의 고통과 슬픔, 고난과 역경, 돌이키기 위한 하나님의 징계, 복의 결핍, 천재지변이나 죽음이 생기게 한다. 이 뜻을 위해 다양한 단어(예: 라아[*rāʻ*, רַע]; 네가[*neʻḡaʻ*, נֶגַע]; 마카[*mak·kā(h)*, מַכָּה]; 에드[*ʼêd*, אֵיד]; 케랄라[*qelā·lā(h)*, קְלָלָה])가 사용되었다. 모세 율법이 주어진 후에는 주로 율법에 불순종한 죄에 대한 저주와 형벌 때문에 발생한 재앙이나 하나님께 불의한 자의 악행 때문에 발생한 재앙이다. BDB, 948-949, 619, 646-647, 15, 887; JSNT.

따라서 구약에서 재앙은 기본적으로 불순종의 죄에 대한 저주와 형벌로서 죽음에 대한 공포와 두려움을 나타낸다. 즉, 죄로 인한 저주와 죽음의 형벌에 대한 인간의 두려움을 나타내는 것이다. 이 죄에 대한 죽음의 공포는 하나님께서 이스라엘 백성들을 노예에서 해방하시기 전에 한 바로 왕의 말에 잘 나타낸다. 바로 왕은 모세와 아론에게 "청컨대 나의 죄를 이번만 용서하고 너희 하나님 여호와께 구하여 이 죽음만을 내게서 떠나게 하라"(출 10:17)고 부탁한다.

이 되었다. 아담 안에서 언약 파괴자들(옛사람: 롬 6:6; 엡 4:22; 골 3:9)이 예수님 안에서 언약 수호자들(새 사람: 엡 2:15, 4:24; 골 3:10; 고후 5:17)이 된 것이다. 따라서 하나님 나라는 의롭다 하심을 받은 자들의 나라다. 이런 이유에서 예수님의 복음이 예수님 안의 칭의의 복음이다(롬 1:17). 성경은 로마서 3:23-24에서 칭의의 복음에 대해 이렇게 말한다.

> 모든 사람이 죄를 범하였으매 하나님의 영광에 이르지 못하더니 그리스도 예수 안에 있는 구속으로 말미암아 하나님의 은혜로 값없이 의롭다 하심을 얻은 자 되었느니라(롬 3:23-24).

이제 하나님 나라는 예수님 안에 있는 의인들의 나라다(롬 1:17). 예수님을 믿는 자만이 의롭다 하심을 받고 하나님 나라에 입성할 수 있게 된 것이다. 이 칭의의 나라는 성령님께서 예수님의 생명으로 우리에게 믿음·소망·사랑의 힘을 주시는 나라다(고전 13:13; 살전 1:3, 5:8). 성령님은 죄로 어두웠던 우리 마음에 생명의 빛을 비추어 주시고, 예수님의 생명으로 채워 주시는 것이다(요 1:4-5, 5:24, 8:12, 12:36; 행 26:18; 요일 1:5; 롬 5:5; 고후 4:6). 이 칭의의 나라의 시민이 되는 자는 예수님 안에서 자유와 기쁨과 평강 속에 살 수 있게 되었다(눅 1:79; 요 14:1, 14:27, 16:22; 고후 6:10).

둘째, 하나님 나라는 칭의의 복음을 전하는 나라다. 칭의의 복음을 전하는 나라는 예수님 안에서 의롭다 하심을 받은 복된 소식을 전하는 나라다.

만약 우리가 예수님의 엄청난 사랑을 받았다면 우리에게서 어떤 반응이 나오는 것이 정상일까?

사랑을 주신 예수님에 대해서 말하고 싶지 않을까?(롬 5:5; 고전 1:30-31; 요일 2:5, 3:10, 4:7-12, 4:18)

하나님의 전적 은혜로 의롭다 하심을 받았으면 어찌 가만히 있을 수 있을까?

복음 전파의 열정은 하늘과 땅의 권세와 사망과 음부의 권세를 가지신 하나님 나라의 왕 되신 예수님이 주신 사랑의 열정에서 온다. 이렇게 칭의의 복음을 가진 자들은 이웃의 영혼들이 보이기 시작한다. 이 열정은 지상 최대 명령의 말씀대로 행하도록 성령님께서 주시는 사랑의 열정이다(마 28:18-20; 계 1:8). 성령님께서 우리로 하여금 예수님을 주와 하나님 나라의 왕으로 점점 더 알아가게 하시고, 우리 안에 복음을 전할 힘이 자라게 하신다. 성령님께서는 우리가 칭의의 복음을 통한 하나님의 은혜를 전할 때마다 항상 함께하시고 이길 힘을 주시는 분이다(행 1:8).[11]

따라서 하나님의 은혜로 예수님을 믿음으로 의롭다 하심을 받은 자들은 복음 전파의 능력이 있는 자들이다(롬 1:16-17). 우리는 이제 그 어떠한 것도 하나님의 사랑에서 우리를 분리하지 못한다는 것(롬 8:35-38)을 기억하고 칭의의 복음을 전파하는 데 힘을 다해야 한다. 예수님의 이름(요 14:13-14, 15:16, 16:23-24; 히 2:12; 요일 2:12)으로 복음을 전할 때 하나님과 더욱 가까워질 것이다(엡 6:11; 약 4:7-8; 마 11:12).[12] 예수님의 사랑을 알고 복음을

---

[11] "오직 성령이 너희에게 임하시면 너희가 권능을 받고 예루살렘과 온 유대와 사마리아와 땅 끝까지 이르러 내 증인이 되리라 하시니라"(행 1:8). 사도행전 1:8의 "권능"은 NIV와 ESV에서 헬라어 명사형(두나미스: *dunamis*, δύναμις)을 다 같이 능력(power)로 번역했다.

[12] 예수님의 이름으로 구하라는 것은 하나님이 주신 하나님의 자녀의 권세를 가지고 구하라는 뜻이기도 하다. 또한, 예수님의 이름을 구약의 여호와처럼 예수님 자신을 대신해 사용할 수 있다는 뜻도 있다. 예수님의 이름은 "여호와의 이름과 똑같은 능력"(the same powers)을 가지고 있기 때문이다. ST, 684. 요한일서 2:12에서 예수님의 이름으로 죄 사함을 받았다는 것도 예수님에게서 죄 사함을 받았다고 한다(참고. 계 2:3, 2:13. 3:8).
"자녀들아 내가 너희에게 쓰는 것은 너희 죄가 그의 이름으로 말미암아 사함을 얻음이요"(요일 2:12).

전하면 예수님의 사랑에 대한 지식도 더 자라게 될 것이다.

셋째, 하나님 나라는 칭의의 복음으로 사는 나라다.[13] 복음을 전하는 자들에게 하나님의 약속이 있는 것처럼, 복음으로 사는 자들의 삶에도 약속이 있다. 복음으로 사는 자는 날마다 예수님을 믿는 믿음으로 사는 자다. 예수님 안에서 믿음으로 의롭다 하심을 받은 자는 칭의의 복음으로 산다. 또한, 칭의의 복음으로 사는 자는 자기 안에서 역사하시는 성령님의 역사를 믿는 자이기도 하다(롬 1:17).

> 복음에는 하나님의 의가 나타나서 믿음으로 믿음에 이르게 하나니 기록된 바 오직 의인은 믿음으로 말미암아 살리라 함과 같으니라(롬 1:17).

이 본문은 예수님 안에서 의롭다 하심(칭의)을 받고 의인이 된 자는 계속 말씀을 믿음으로 산다고 말한다. 예수님 안에서 의인이 된 자는 이 전에 사막과 같았던 자신의 삶이 옥토로 변하는 것을 믿음으로 볼 수 있는 자다(눅 8:10-15). 즉, 예수님 안의 의인은 성령님께서 사막과 같은 자신의 삶을 바꾸어 가시는 변화를 알게 된다. 예수님 안의 의인이 믿음으로 살면 성령님의 역사로 죄 된 습관과 세상을 이기는 삶을 살게 된다. 이는 성령님이 주시는 은혜의 선물이다.

성경은 의롭다 하심을 받은 우리에게 빛의 자녀로 합당한 삶을 살도록 요구한다(마 5:13-16; 엡 5:8; 살전 5:5). 복음으로 사는 믿음의 사람들이 죄 된 어두움의 일을 벗어 버리고, 항상 예수 그리스도의 복음으로 주신 빛의 갑

---

[13] 『복음』, 250-298.

옷(롬 13:12)을 입을 때 마귀가 틈을 타지 못한다(엡 4:26-27, 5:11).**¹⁴** 복음으로 사는 사람은 사단(음부)의 권세가 절대 이기지 못하는 예수 그리스도의 권세와 능력이 함께하는 나라에 살고 있기 때문이다(마 16:18-19; 행 1:8).

> 또 내가 네게 이르노니 너는 베드로라 내가 이 반석 위에 내 교회를 세우리니 음부의 권세가 이기지 못하리라 내가 천국 열쇠를 네게 주리니 네가 땅에서 무엇이든지 매면 하늘에서도 매일 것이요 네가 땅에서 무엇이든지 풀면 하늘에서도 풀리리라 하시고(마 16:18-19).

칭의의 복음으로 사는 자들은 예수 그리스도의 완전한 의를 힘입어(롬 1:17, 3:21-24; 벧전 1:1) 사는 자들이다. 이들은 예수님이 주신 생명과 기쁨과 감사의 복이 넘치는 자들이고, 성령님의 열매를 맺는 복을 받는 자들이다(요 15:1-10; 갈 5:16-24; 빌 4:6-7). 이는 참으로 무엇보다도 복된 삶이다. 그러나 우리는 구원을 이룰 때까지 하나님의 전신갑주를 입고 믿음의 선한 싸움을 싸워야 한다(빌 2:12-13; 엡 6:10-20; 딤전 6:12; 딤후 4:7).

따라서 칭의의 복음으로 사는 삶은 매일 '예수 그리스도 안에서 의롭다 하심'에 늘 감사하고 성령님을 전적으로 의지해 말씀대로 보고 듣고 말하고 생각하며 사는 삶이다(롬 1:16-17; 요 15:1-10).**¹⁵** 복음의 믿음으로 사는 자들을 성령님께서 예수님과의 더 깊은 사랑의 교제로 이끄시고, 참 하나님의 형상인 예수님의 형상을 닮아 가게 하신다(골 3:8-10, 12-17). 칭의의 복음으로 살면 살수록 날마다 하나님 나라를 세우신 목적을 이루며 하나

---

14 "밤이 깊고 낮이 가까웠으니 그러므로 우리가 어두움의 일을 벗고 빛의 갑옷을 입자"(롬 13:12).

15 『복음』, 270-286.

님의 형상을 닮아 가게 되는 것이다(딤전 4:5; 롬 8:35-39; 마 6:33).[16]

> 너희는 먼저 그의 나라와 그의 의를 구하라 그리하면 이 모든 것을 너희에게 더하시리라(마 6:33).

2. 복음과 예수 그리스도

> 곧 내가 저희 안에, 아버지께서 내 안에 계셔 저희로 온전함을 이루어 하나가 되게 하려 함은 아버지께서 나를 보내신 것과 또 나를 사랑하심 같이 저희도 사랑하신 것을 세상으로 알게 하려 함이로소이다 아버지여 내게 주신 자도 나 있는 곳에 나와 함께 있어 아버지께서 창세 전부터 나를 사랑하시므로 내게 주신 나의 영광을 저희로 보게 하시기를 원하옵나이다(요 17:23-24).

칭의의 복음으로 사는 사람은 칭의의 나라에 산다. 칭의의 나라는 창세 전에 삼위일체 하나님 사이에서만 존재하던 엄청난 사랑과 은혜를 보여 준다(요 17:23-26). 성경은 복음에 나타난 하나님의 크신 사랑을 가장 잘 보여 주는 것이 칭의(의롭다 하심)라 가르친다. 특히 신약성경에서 칭의는 성경 전체 66권을 하나님의 사랑과 은혜로 연결해 주기 때문이다. 복음의 핵심인 칭의(롬 1:17, 3:21-22)는 하나님의 의로 구약의 언약들과 연결해 주는 중요한 역할도 한다.[17]

---

16 참고. ST, 17-19, 870. 변화된 삶과 하나님의 형상을 닮아 가는 삶에 대해 제3권 '제2장 변화가 일어난다'를 참조하라.
17 『복음』, 149-269.

칭의에 대한 이해가 중요한 것은 우리 죄를 사해 주셨다는 기쁜 소식이라는 복음을 좀 더 깊고 분명하게 알게 해 주기 때문이다. 이제 우리는 복음과 칭의를 논의하도록 하겠다.

복음이란?

복음은 무엇인가?

앞서 말한 것처럼 복음은 하나님 나라에 대한 좋은 소식인 하나님 나라 복음이다(마 4:23, 9:35, 10:7).[18] 분명하게 복음은 우리에게 하나님의 은혜와 사랑을 밝혀 주는 소식이다. 실제로 하나님은 복음으로 죄인들을 위한 언약의 말씀을 지키셨다. 즉, 복음을 통해 '영원에 기초한 은혜 언약'은 인류 역사에 처음으로 나타난 것이다.[19]

한편으로 복음은 '그리스도를 내용'으로 한 '구약의 약속들의 성취'요 '구속의 좋은 소식'이다.[20]

다른 한편으로 복음은 모든 인간에게 마지막 심판의 기준이다.[21] 즉, 복음은 모든 죄인이 구원의 길을 찾아야만 하는 책임은 여전히 남아 있다는 것을 지적한다.[22] 사실 많은 경우에 다른 구원의 길이 있다고 주장하는 것은 잘못이다. 따라서 구원의 길을 알리는 복음의 정의는 중요하다.

---

18 ST, 810-811.
19 RD, 3:590.
20 RD, 4:442, 4:452-453; ST, 95.
21 RD, 4:700.
22 ST, 89, 95

우리가 구원을 받았다는 기준은 무엇인가?

일반적으로 그리스도인들은 성경만이 절대적이고 분명한 진리를 가진다고 믿는다. 이제 우리는 통일성과 다양성의 원리를 사용해 성경이 말하는 복음의 대표 정의 세 가지를 살펴볼 것이다. 우리는 이 논의를 통해 성경은 똑같은 복음에 대해 다르게 표현한다는 것을 주목할 필요가 있다.

좁은 의미와 넓은 의미에 속하는 3가지 대표 정의를 통해 복음과 칭의의 관계도 알아볼 것이다. 좁은 의미에 속한 정의는 구원과 영생에 대한 정의이고 넓은 의미는 칭의에 대한 정의이다.[23]

특히 넓은 의미에 대해서는 바울의 칭의론에 기초한 정의를 다룰 것이다. 예수님의 모든 사역을 포함한 이 정의는 속죄, 화목, 희생, 구속, 대가, 승리, 칭의, 성화와 영화를 위한 예수 그리스도의 완전한 순종과 모든 구속 사역을 포함한다. 넓은 의미의 정의는 좁은 의미의 정의들을 더 분명하게 해 줄 것이다. 이 정의들은 예수님을 중심으로 한 신약에서 말하는 복음의 대표 정의 3가지라 할 수 있다.

첫째, 복음의 가장 대표적 정의는 "예수 그리스도를 믿으면 구원을 얻는다"이다. 이 정의는 구원에 대한 좋은 소식, 구원의 복음으로 매우 잘 알려져 있다. 그리고 이 정의는 구원과 관련해 주로 "믿다"(believe: 피스튜오, *pisteuo*,

---

[23] ST, 94-96; "Gospel" in *The Oxford Dictionary of the Christian Church*, ed. E. A. Livingstone (Oxford: Oxford University Press, 1997); "Gospel," in *New Dictionary of Theology*, ed. Sinclair B. Ferguson and David F. Wright (Downers Grove: InterVarsity Press, 1988); "Gospel" in *Evangelical Dictionary of Theology*, ed. Walter A. Elwell (Grand Rapids, MI: Baker Books, 1984); Wayne Grudem, *Christian Ethics: An Introduction to Biblical Moral Reasoning*(Wheaton, IL: Cross, 2018), 85. 참고. POHT, 111, 181; CK, 184-192, 211-232, 241-269, 285-321; 『복음』, 113-138, 74-286; 『조직신학 II』, 162-68, 224-226; *Institutes*, 3.2.13.

πιστεύω)라는 헬라어 동사형을 사용한다(막 16:16; 행 16:31; 롬 10:9).

> 믿고 세례를 받는 사람은 구원을 얻을 것이요 믿지 않는 사람은 정죄를 받으리라 (막 16:16).
>
> 가로되 주 예수를 믿으라 그리하면 너와 네 집이 구원을 얻으리라(행 16:31).

이 본문들처럼 신약에서 헬라어 '구원하다'(to save: 소조, *sōzō*, σῴζω)의 동사형과 '구원'(salvation: 소테리아, *sōtēria*, σωτηρία)의 명사형은 주로 구원론적으로 사용되었다.[24] 에베소서 2:8에서 성경은 "믿음으로 말미암아 구원을 얻었나니"는 헬라어 믿음의 명사형(faith: 피스티스, *pistis*, πίστις)을 사용해서 이렇게 정의한다.

> 너희가 그 은혜를 인하여 믿음으로 말미암아 구원을 얻었나니 이것이 너희에게서 난 것이 아니요 하나님의 선물이라(엡 2:8).

---

24 (1) 구원하다(to save: 소조, *sōzō*, σῴζω)의 동사형: 마 10:22; 19:25; 24:13; 막 10:26; 13:13; 16:16; 눅 8:12; 18:26; 요 5:34; 10:9; Ac 2:21; 15:1; 16:30f; 롬 10:9, 13; 11:26; 고전 5:5; 10:33; 살전 2:16; 살후 2:10; 딤전 2:4; 벧전 4:18; 요 3:17; 행 15:11; 고전 15:2; 딤전 2:15; 행 4:12; 11:14; 롬 5:10; 행 2:40; 롬 5:9; 엡 2:5; 엡 2:8; 롬 8:24; 눅 13:23; 행 2:47; 고전 1:18; 고후 2:15; 계 21:24. BDAG, 982-983.
(2) 구원(salvation: 소테리아, *sōtēria*, σωτηρία)의 명사형: 빌 1:28 ; 고후 7:10; 살전 5:9; 히 5:9; 유 3; 벧전 1:9, 10; 눅 1:69 ; 눅 1:77; 살전 5:8; 빌 1:28; 엡 1:13; 행 13:26, 16:17; 살전 5:9; 고후 6:2ab; 히 2:10; 히 1:14; 빌 2:12 ; 딤후 2:10; 롬 1:16, 10:1, 10; 고후 7:10; 빌 1:19; 살후 2:13; 딤전 3:15; 벧전 2:2; 롬 13:11; 히 9:28; 벧전 1:5; 눅 19:9; 요 4:22; 롬 11:11; 고후 1:6; 히 2:3, 6:9; 행 13:47; 벧후 3:15, 7:10; 12:10; 19:1. BDAG, 986.

이 본문은 '예수님을 믿으면 구원을 얻는다'라는 뜻이다. 우선 이 복음의 정의는 예수 그리스도를 통한 죄에서의 구원에 대해 말한다(참고. 마 1:21, 고전 15:1-5). 그래서 예수 그리스도의 구속 사역은 삼위일체 하나님이 오직 은혜로 주신 "구원의 축복들"의 역사이다.[25] 분명하게 죄인들의 구원은 "하나님의 언약의 주 되심의 역사"(a work of God's covenant lordship)이고, "예수님의 희생적 죽음과 부활"을 통해 온 것이다.[26] 앞서 말했듯이 이 땅에서 예수님을 믿지 않는 자는 구원받지 못하고 이미 심판을 받은 자다.

둘째, 요한복음의 정의로 "예수 그리스도를 믿으면 영생을 얻는다"이다. 이는 영생에 대한 좋은 소식, 영생의 복음이다. 요한복음은 주로 믿다(believe: 피스튜오, *pisteuo*, πιστεύω)라는 헬라어 동사형을 사용해 복음을 영생과의 관계에서 정의한다(요 3:15-16, 36; 요 5:24; 요 6:40, 47).[27] 요한복음 3:16이 말하는 복음의 정의는 너무도 잘 알려져 있는 것이다.

> 하나님이 세상을 이처럼 사랑하사 독생자를 주셨으니 이는 저를 믿는 자마다 멸망치 않고 영생을 얻게 하려 하심이니라(요 3:16).
> 내가 진실로 진실로 너희에게 이르노니 내 말을 듣고 또 나 보내신 이를 믿는 자는 영생을 얻었고 심판에 이르지 아니하나니 사망에서 생명으로 옮겼느니라(요 5:24).

신약에서 믿다(believe)라는 헬라어 동사형이 가장 많이 등장하는 곳은 요한복음(96번)이다. 요한복음은 믿다(believe)라는 헬라어 동사형을 사용해

---

25 ST, 934; RD, 3:485, 3:487, 3:389, 3:569-73.
26 ST, 615.
27 JSNT.

서 주로 '예수님을 믿는 자'와 '믿는 사람들'에 대해 말한다.[28] 더욱이 요한의 정의는 예수님을 믿을 때 구원과 함께 영생을 상급으로 포함하는 정의다.[29] 즉 예수님이 주시는 생명과 영생을 연결하는 특징이 있다. 요한복음 14:6은 이렇게 말한다.

> 예수께서 가라사대 내가 곧 길이요 진리요 생명이니 나로 말미암지 않고는 아버지께로 올 자가 없느니라 (요 14:6).

이 본문은 예수 그리스도는 생명(요 14:6)이시고 그 안에 참 생명(요 1:4; 고후 4:10)이 있다고 말한다.[30] 여기서 믿는 자들에게 영생은 예수님의 생명이 영원히 함께하는 것을 뜻한다.[31] 그러나 영생은 이 땅에서 믿는 순간 이미 시작되는 것이다(요 3:15-16; 요 17:3).[32]

> 영생은 곧 유일하신 참 하나님과 그의 보내신 자 예수 그리스도를 아는 것이니이다(요 17:3).

---

[28] 요한복음에서 영생과 직접 관계된 표현들은 요 3:15, 16, 36; 5:24; 6:40. 47; 11:25, 27에서 나타난다. BDAG, 816-818; JSNT. 요한서신에는 믿다(believe: 피스튜오, *pisteuo*, πιστεύω)라는 동사형이 9번 등장한다. Ibid.

[29] RD, 4:234, 4:270, 4:579.

[30] "그 안에 생명이 있었으니 이 생명은 사람들의 빛이라"(요 1:4).
"우리가 항상 예수 죽인 것을 몸에 짊어짐은 예수의 생명도 우리 몸에 나타나게 하려 함이라"(고후 4:10).

[31] RD, 4:270.

[32] RD, 3:340; 4:270. 믿지 않는 자는 이미 심판을 받았다(요 3:18; 요 5:24). RD, 4:270; 4:700-701.

요한복음 17:3의 말씀처럼 믿는 자에게 이 땅에서 시작된 예수님의 생명은 영원하다.[33] 우리는 영원성이라는 개념을 잘 모르기 때문에 예수님의 생명이 영원하다는 것이 얼마나 놀라운 것인지 상상할 수 없다. 그러나 성경에서 영생의 삶은 '하나님을 알고'(knowing), '하나님을 섬기고'(serving God), '하나님께 예배드리고'(worshipping God), '하나님께 영광 돌리고'(glorifying God), '하나님을 찬양하는'(praising God) 것을 포함한다(요 17:3; 계 4:10-11, 5:8-10, 7:11, 11:6, 14:7, 15:4, 19:4, 22:3).[34] 믿음 생활을 통해 우리는 지금도 드러날 하나님의 영광에 참여할 수 있다.

> 이십사 장로들이 보좌에 앉으신 이 앞에 엎드려 세세토록 사시는 이에게 경배하고 자기의 면류관을 보좌 앞에 던지며 가로되 우리 주 하나님이여 영광과 존귀와 능력을 받으시는 것이 합당하오니 주께서 만물을 지으신지라 만물이 주의 뜻대로 있었고 또 지으심을 받았나이다 하더라(계 4:10-11).

---

[33] RD, 4:270; 4:693. 예수 그리스도는 구속 역사를 통해 죄인들을 "살려 주는 영"(a life-giving spirit: 고전 15:45)이 되셨다.
"기록된 바 첫 사람 아담은 산 영이 되었다 함과 같이 마지막 아담은 살려 주는 영(a life-giving spirit, ESV)이 되었나니"(고전 15:45).
신약에서 "살려 주는 영"(고전 15:45: a life-giving spirit, ESV)에서 '살려 주다'(to give life to: 조오포이에오, *zoo-poieo*, ζωοποιέω)의 동사의 주어는 주로 하나님, 예수님과 성령님인 경우에 사용되었다(요 5:21; 롬 4:17; 롬 8:11; 고전 15:22; 요 6:63; 고후 3:6; 고후 15:45). BDAG, 431-432.

[34] RD, 4:727. 요한계시록은 영생의 삶의 일환으로 하나님께 예배(경배, worship: 프로스쿠네오, *proskuneo*, προσκυνέω)드리는 것을 소개한다(계 4:10, 5:14, 7:11, 11:6, 14:7, 15:4, 19:4). 참고. BDAG, 882-883.

셋째, 바울의 복음 정의로 "예수 그리스도를 믿으면 의롭다 하심을 받는다"이다(갈 2:16).[35] 이는 칭의에 대한 좋은 소식, 칭의의 복음이다. 신약에서 칭의와 관련된 헬라어 동사형 '믿다'(believe: *pisteuo*, πιστεύω)는 바울 서신에서 가장 많이 발견된다. 바울은 복음을 헬라어 동사형 '믿다'(believe: πιστεύω)를 사용해서 언약적·법적 칭의론으로 정의한다(롬 3:22, 4:4, 10:4, 10:10).[36]

> 곧 예수 그리스도를 믿음으로 말미암아 모든 믿는 자에게 미치는 하나님의 의니 차별이 없느니라(롬 3:22): 새 언약
>
> 성경이 무엇을 말하느뇨 아브라함이 하나님을 믿으매 이것이 저에게 의로 여기신 바 되었느니라(롬 4:4): 아브라함 언약

이 본문들의 정의는 구약의 언약들이 요구한 순종으로 인한 죄(sins)의 문제와 의(righteousness)의 문제를 기초한 것이다. 즉, 이는 칭의의 조건들인 죄 문제와 의의 문제를 해결하신 새 언약의 대표자 예수님의 완전한 순종에 기초한 정의다.[37] 신약은 아담 안에 있는 죄인들이 의롭다 함(칭의)을 받기 위

---

[35] 바울은 고린도전서 15장에서 복음을 좁은 의미(고전 15:1-5)로 시작해 점차적으로 넓은 의미(고전 15:3-8, 9-11, 12-28, 35-58)로 설명해 나간다. 그는 고린도전서 15:3-8은 죽으심과 부활, 15:9-11은 은혜, 15:12-28은 부활 그리고 15:35-58은 영화를 설명한다. 마태복음 1:21은 예수님의 사역과 구원과 죄를 연결한다.
"아들을 낳으리니 이름을 예수라 하라 이는 그가 자기 백성을 저희 죄에서 구원할 자이심이라 하니라"(마 1:21).

[36] 요한복음 외에 '믿다'(believe: 피스튜오, *pisteuo*, πιστεύω)라는 동사형도 바울 서신에서 가장 많이 발견된다(48번). BDAG, 816-818; JSNT.
"그리스도는 모든 믿는 자에게 의를 이루기 위하여 율법의 마침이 되시니라"(롬 10:4): 모세 언약
"사람이 마음으로 믿어 의에 이르고 입으로 시인하여 구원에 이르느니라"(롬 10:10).

[37] 앞으로 본서 제2장에서 죄인들의 칭의를 위한 조건들인 죄 사함과 의의 문제에 대해서 더 분명하게 논의할 것이다.

해 예수님의 완전한 순종의 필요성을 지적한다. 이 예수님의 완전한 순종에 기초한 복음의 정의는 성경 전체를 큰 그림으로 이해하는 데 매우 유용하다. 그래서 우리는 본서 제2장에서 칭의에 대해 더 분명하게 살펴볼 것이다. 우리는 이제 칭의에 기초한 복음의 정의를 "오직 예수님의 완전한 순종으로만 오직 예수님을 믿음으로만 의롭다 하심을 받는다"라 할 수 있다. 로마서 3:26과 5:1은 헬라어 명사형 '피스티스'(πίστις, pistis, faith)를 사용해 칭의의 복음을 정의한다.

> 곧 이 때에 자기의 의로우심을 나타내사 자기도 의로우시며 또한 예수 믿는 자를 의롭다 하려 하심이니라(롬 3:26).
> 그러므로 우리가 믿음으로 의롭다 하심을 얻었은즉 우리 주 예수 그리스도로 말미암아 하나님으로 더불어 화평을 누리자(롬 5:1).

회심 전 율법학자였던 바울은 헬라어 명사형 '피스티스'(πίστις, pistis, faith)를 사용해 로마서와 갈라디아서를 중심으로 오직 믿음으로만 의롭다 하심(이신칭의)을 모세 언약의 율법과 비교 대조하면서 칭의의 복음에 대해 분명하게 설명한다. 칭의를 설명하기 위해 믿음의 헬라어 명사형 '피스티스'(πίστις)를 율법과 대조해 사용하기도 했다(롬 3:22, 26, 28; 4:5, 9, 11; 5:1; 10:6; 갈 3:8, 11, 24; 빌 3:9).[38]

흥미로운 것은 바울이 칭의 복음을 정의하는 방식이다. 그의 정의는 하나님의 의(righteousness)를 중심으로 예수님의 완전한 순종과 언약들과 율

---

[38] BDAG, 816-818; JSNT.

법을 연결한다(롬 1:16-17, 3:26, 5:1, 3:21-22).[39] 로마서 3:21-26은 이 칭의론적 복음의 정의를 가장 위대하게 요약한다.[40]

> 이제는 율법 외에 하나님의 한 의가 나타났으니 율법과 선지자들에게 증거를 받은 것이라 곧 예수 그리스도를 믿음으로 말미암아 모든 믿는 자에게 미치는 하나님의 의니 차별이 없느니라 모든 사람이 죄를 범하였으매 하나님의 영광에 이르지 못하더니 그리스도 예수 안에 있는 구속으로 말미암아 하나님의 은혜로 값없이 의롭다 하심을 얻은 자 되었느니라 이 예수를 하나님이 그의 피로 인하여 믿음으로 말미암는 화목제물로 세우셨으니 이는 하나님께서 길이 참으시는 중에 전에 지은 죄를 간과하심으로 자기의 의로우심을 나타내려 하심이니 곧 이 때에 자기의 의로우심을 나타내사 자기도 의로우시며 또한 예수 믿는 자를 의롭다 하려 하심이니라(롬 3:21-26).

우리는 지금까지 신약이 말하는 3가지 대표적 복음의 정의들을 살펴보았다. 우리는 이 복음의 정의들을 통해 매우 중요한 점을 발견한다. 이 3

---

[39] 바울의 새 관점 학파의 대표인 라이트(N. T. Wright)의 잘못된 기독론과 구원론 그리고 칭의론은 비성경적 복음의 정의를 낳게 한다. 이에 대한 그의 신학은 비성경적 문제들이 많다. 참고. 톰 라이트, 『바울의 복음을 말하다』(*What St. Paul Really Said?*)(평택: 에클레시아북스, 2011); 톰 라이트, 『칭의를 말하다』(*Justification: God's Plan & Paul's Vision*)(평택: 에클레시아북스, 2011); 톰 라이트, 『톰 라이트의 바울』(*Paul: In Fresh Perspective*)(서울: 죠이선교회, 2012); N. T. Wright, *The Challenge of Jesus: Rediscovering Who Jesus Was and Is*(Dowers Grove, IL: IVP Academic, 1999). 라이트는 로마서에 담긴 바울 신학의 핵심을 "왕의 신학"이라고 부른다. 『바울의 복음을 말하다』, 83. 예수 그리스도의 의는 "하나님의 언약에 대한 신실함"으로 대체한다. 『바울의 복음을 말하다』, 172-185; 『칭의를 말하다』, 201-202(빌 3:9), 220-226(고후 5:20-21), 314-315. 이와 같이 라이트 신학의 오류는 근본적으로 성경의 용어들을 자신의 용어들로 바꿔 버리는 데서 온다.

[40] 리더보스(Ridderbos)는 로마서 3:21-26이 바울의 복음을 가장 위대하게 요약한 것으로 본다. POHT, 141.

가지 정의들은 공통점과 차이를 가지고 있다는 것이다. 이 정의들은 다 같이 공통적으로 예수님과 믿음을 사용하는데 그 정의의 결론은 다르게 보인다.

그렇다면 이 복음 정의들의 결론이 다르게 보이는 이유는 무엇인가?

복음의 조건들이 다르기 때문인가?

조건들이 다르기 때문이 아니라 같은 진리를 다르게 표현하기 때문이다. 즉 이 3가지 복음의 정의들은 다 똑같이 '오직 예수 그리스도를 믿는 믿음'의 조건을 말한다.[41] 그렇다. 예수님을 믿을 때 구원과 영생을 얻고 의롭다 하심을 받는다. 이 3가지 정의가 다른 것은 단지 같은 복음(통일성)을 다른 관점(다양성)으로 다른 용어들을 사용해 설명하기 때문이다.[42]

따라서 죄인들에 대한 구원과 영생과 칭의의 조건은 오직 예수님을 믿는 믿음에 있다. 하나님의 은혜가 너무도 놀랍지 않은가?

우리 스스로는 구원과 영생을 얻고 의롭다 하심을 받을 수 있는 자격이나 능력이 전혀 없다. 즉, 지금까지 본 구원과 영생과 칭의는 우리가 예수님을 믿고 하나님의 자녀가 되었을 때 값없이 주시는 하나님의 선물이다. 이는 전적으로 예수님 안에서 주시는 하나님의 놀라운 은혜다.

더불어 우리는 이 3가지 복음의 정의들에서 공통적인 특징을 발견했다. 그것은 예수 그리스도라는 똑같은 믿음의 대상이 있다는 것이다. 성경이 이렇게 다양하게 우리에게 설명하는 이유는 우리의 이해를 돕기 위해서다. 다양한 복음의 정의를 통해 성경은 이 기쁜 소식이 하나님의 사랑과

---

41 칭의의 복음 조건으로서의 믿음에 대해서는 본서 제3장에서 '3. 칭의의 믿음'을 참조하라.

42 바울은 예수님의 구속 사역(통일성)을 속죄, 순종, 희생, 화목 제물, 화목, 구속이나 대가라 설명(다양성)하기도 한다. 『복음』, 123-136; 『조직신학 II』, 152.

하나님의 의를 동시에 드러낸다고 말한다. 그러나 우리 믿음의 대상에는 전혀 차이가 없다. 구원과 영생과 칭의의 유일한 믿음의 대상은 한 구속주이신 예수 그리스도시다.

우리가 지금까지 본 바대로, 복음에 대한 좁은 의미(구원, 영생)와 넓은 의미(칭의)의 정의는 실제적 차이가 없다. 우리가 그 기본적이고 실제적인 차이가 없다는 것을 이해한다면, 좁은 의미와 넓은 의미의 기본 조건이 같다는 것도 알게 될 것이다.

신약은 우리에게 다른 정의들을 통해 하나님의 위대하신 은혜를 더 깊이 이해하게 도움을 준다. 예수님도 "의인들은 영생에 들어가리라"(마 25:46)고 하시면 칭의와 영생을 연결해서서 말씀하셨다. 성경은 이와 같이 성경의 독자들이 관심 있어 하는 구원과 다소 생소한 영생과 칭의를 연결하면서 우리의 이해를 돕고 있는 것이다. 우리가 지금까지 좁은 의미와 넓은 의미로 살펴본 것도 이를 증명한다.

사복음서의 복음의 정의는 주로 '예수님를 믿으면 구원받고 영생을 얻게 된다'는 좁은 의미의 정의이다. 이에 비해 바울은 복음을 넓은 의미로 '예수 그리스도를 믿으면 예수님 안에서 의롭다 하심을 받는다'로 정의할 수 있다. 그러나 우리가 지금까지 본 바대로 바울이 다른 정의들과 그 기본적 조건에 차별을 두는 것은 아니다. 다만 칭의를 통해 복음의 정의가 의미하는 바를 자세히 설명해 주고 있는 것이다.

바울은 하나님의 의의 관점에서 그 복음의 정의를 설명하고 있다. 구원(롬 10:10)과 영생(롬 5:21)의 조건을 그리스도의 완전한 의와 연결해 다시 정의해 주는 것이다. 예를 들어, 바울은 로마서 10:10에서 구원과 의를 동의어로 사용한다.[43] 이는 우리가 기본적으로 하나님의 은혜가 하나님의 의에 대한 것임을 이해하는 데도 지대한 도움을 준다(롬 5:21).[44]

> 사람이 마음으로 믿어 의에 이르고 입으로 시인하여 구원에 이르느니라(롬 10:10). 이는 죄가 사망 안에서 왕 노릇 한 것 같이 은혜도 또한 의로 말미암아 왕 노릇 하여 우리 주 예수 그리스도로 말미암아 영생에 이르게 하려 함이니라(롬 5:21).

칭의가 예수님의 완전한 의에 의한 것이라는 것이 우리에게 매우 중요하다. 바울은 칭의를 사용해서 우리의 시선을 구원과 영생에서 구약 전체로 옮긴다.[45] 바울에게 구원과 영생의 모든 것의 기초도 칭의와 다르지 않다. 죄인들의 구원과 영생과 칭의의 조건은 예수님의 완전한 의라고 말한다.[46] 따라서 하나님께서 죄인들에게 예수님 안에서 '오직 예수 그리스도를 믿는 믿음'이라는 조건을 주신 것은 오직 하나님의 전적 은혜다. 우리의 구원과 영생과 칭의는 성령님께서 주시는 믿음의 선물로 시작되기 때문이다.

바울의 해석과 표현이 놀랍지 않은가?

이 바울의 선언은 예수님의 완전한 순종이 없었으면 불가능한 선언이다. 예수님의 완전한 순종으로 획득하신 예수님의 의가 구원과 영생과 칭의의 조건이요 기초다.[47] 오직 예수님의 완전한 순종만이 우리가 구원받

43　POHT, 181.
44　바울은 로마서 5:21에서는 의와 영생의 문제를 연결한다.
45　구약의 언약들과 예수님의 완전한 순종의 관계는 본서 제2장에 '2-2) 넓은 의미의 완전한 순종'을 참조하라.
46　RD, 4:226-27; 4:452-454.
47　RD, 3:393-398; 4:635.

고 영생을 얻고 의롭다 하심을 받게 된 근거요 원인인 것이다. 앞으로 우리는 본서 제2장에서 성경이 말하는 예수님의 완전한 순종에 대해 더 많이 논의할 것이다.

칭의의 관점에서 바울은 예수님이 구원과 영생을 위한 믿음의 대상이 되시는 이유를 잘 설명해 준다.[48] 바울은 복음을 하나님의 의로 재해석하면서 복음의 참된 의미를 더 폭이 넓고 더 깊이 있고 더 풍부하게 한다. 바울에게 그리스도는 구속사적으로 율법의 마침이 된다(롬 10:4).[49] 바울에게 아브라함 언약과 모세 언약의 중심은 바로 예수님이신 것이다. 이와 같이 바울은 다른 두 정의와 성경 전체를 연결해 재해석을 해 준다. 바울의 이 재해석이 우리에게 큰 도움이 된다.

지금까지 살펴본 바대로, 우리는 이제 칭의의 복음의 정의를 '오직 예수님의 완전한 순종 때문에 오직 예수님을 믿음으로만 의롭다 하심을 받는다'로 할 수 있다.[50] 물론 여기서 '오직 믿음으로만의 의롭다 하심'의 믿음은 성령님께서 역사하시는 믿음이다. 예수님을 믿고 예수님 안에서 의인이 된 자는 율법의 저주와 율법의 의(righteousness)의 '속박'(bondage)에서 자유자로 선포된다(갈라디아서 3-4장).[51]

---

[48] 로마서는 구원(salvation: *sōtēria*, σωτηρία)이란 단어를 14회 사용한다. 롬 1:16; 5:9, 5:10; 8:24; 9:27; 10:1, 9, 10, 13; 11:11, 14, 26; 13:11; 15:31. EDNT, 3:327. 영생이라는 단어를 5회 사용한다(롬 6:23; 갈 6:8; 딤번 6:12; 딛 1:2; 딛 3:7).

[49] POHT, 137.

[50] 바울의 복음에 대해 다시 쓰면 다소 길지만 '오직 예수님을 믿으면 예수님 안에서 예수님의 의(완전한 순종)의 전가로 하나님께서 의롭다 하시는 법적 선언이 선포되는 것이다'라고 할 수도 있다.

[51] CS, 245. 율법과 예수님의 완전한 순종과의 관계는 본서 제2장에 '좁은 의미의 완전한 순종(모세 율법 중심)'을 참조하라.

따라서 다른 복음의 정의와 칭의의 복음의 정의는 크게 다를 바가 없다. 오히려 복음의 내용을 가장 잘 설명해 주는 것은 예수님 안의 칭의(의롭다 하심)의 복음이다. 복음의 핵심은 예수님 안의 칭의인 것이다.

3. 복음과 칭의

우리는 지금까지 하나님 나라는 칭의의 나라로 부를 수 있음을 살펴보았다. 앞서 본대로 칭의는 복음의 핵심이다. 우리가 칭의를 알면 알수록, 복음이 왜 하나님의 전적 은혜인지를 더 잘 알게 된다.[52] 칭의는 구약의 언약들과 예수 그리스도의 구속 사역도 연결해 준다. 칭의는 구약의 언약들에 나타난 하나님의 의와 복음을 잘 연결하는 것이다. 예수님 안의 칭의

---

[52] 복음과 칭의론에서 N. T. 라이트(N. T. Wright)의 언약 개념의 오류는 메시아 예수 그리스도를 "이스라엘의 대표자"로 보는 것에서 시작한다. 예수님을 새 언약의 대표자나 믿는 자들의 대표자로 보지 못하는 것이다. 라이트의 잘못된 언약적 개념은 칭의론은 잘못된 방향을 이끌 수밖에 없다. 라이트, 『바울의 복음을 말하다』, 74, 114, 136; 라이트, 『칭의를 말하다』, 174, 279. 라이트는 아브라함 언약과 복음과 연결해서 아브라함의 단일 가족을 이루기 위해 예수님이 오신 것으로 해석한다. 여기서 복음과 믿음의 동의어적 해석이 등장한다. 라이트, 『바울의 복음을 말하다』, 152; 라이트, 『칭의를 말하다』, 283, 290, 294-303, 319.

라이트(N.T. Wright)는 복음을 "언약 가족이 되었다는 선언"으로, 칭의를 "기독교인이 되었다는 선언"이라 정의한다. 또한, 동시에 믿음을 "하나님의 언약 백성의 일원 됨의 표지"로 주장한다. 그는 이렇게 복음과 믿음과 칭의를 동의어로 취급하며 사람들을 혼란에 빠지게 한다. 라이트는 이렇게 칭의의 본 개념인 하나님 앞에 '의롭다 하심'의 의미를 희석해 버리는 오류를 범한다. 라이트, 『바울의 복음을 말하다』, 208, 214-217, 221; 라이트, 『칭의를 말하다』, 178. 그에게 복음도 언약 일원의 표지이다. 그는 또 복음을 "하나님의 신실하심을 나타내심"이라고 말한다. 라이트, 『바울의 복음을 말하다』, 220-222; 라이트(Wright), *The Challenge of Jesus*, 124. 라이트의 신학은 복음에서 하나님의 신실하심의 개념과 잘못된 구약적 언약의 개념을 강조함으로 비성경적 구원론으로 흘러간다.

는 예수님의 구속 사역에 나타난 죄에 대한 하나님의 심판에도 법적인 의미가 있다는 것을 잘 보여 준다.[53] 이처럼 구원에도 하나님 의로우신 본성의 법에 따른 법적인 칭의가 포함되어 있는 것이다.

죄인들의 칭의에 대해 더 자세하게 보기 전에 우리는 기독교의 역사 속의 칭의론을 아주 간략하게 살펴볼 필요가 있다. 이에 대한 논의는 성경적 칭의의 논쟁이 사실상 종교개혁에서 시작되었음을 보게 해 줄 것이다. 또한, 우리는 이 논쟁의 시작을 통해 칭의의 기본 뿌리가 무엇인지 보게 될 것이다.

이제 기독교 역사에서 매우 중요한 논제인 칭의의 부정과 하나님 은혜의 부정을 살펴보겠다. 그런 후에 본서 제2장에서 하나님의 의와 칭의에 대해서 더 자세히 논의할 것이다. 복음에서 칭의의 부정과 하나님의 은혜 부정이 우리 신앙생활에 얼마나 치명적인 해를 끼치는지 볼 수 있기를 바란다.

1) 칭의의 부정

기독교 역사를 통해 많은 사람이 다양한 방법으로 칭의(의롭다 하심)의 기초인 예수 그리스도의 완전한 의의 필요성을 부정해 왔다. 그러나 예수님의 완전한 의는 우리 칭의의 근거다. 칭의의 핵심은 예수님의 완전한 순종으로 이루신 완전한 의에 있다. 이 칭의의 핵심인 예수님의 완전한 의의 부정은 결국 복음의 부정으로 가게 된다.

중세 신학에서 칭의의 근거 부정은 아담에게 주신 하나님의 형상인 원의(original righteousness)에 대한 잘못된 해석에서 시작되었다. 아담의 타락

---

[53] CK, 213-216. 제1권 제3장에서 '2. 구원의 기준인 하나님의 의'와 본서 제2장에서 '2-1) 좁은 의미의 완전한 순종(모세 율법 중심)'을 참조하라.

으로 훼손된 하나님 형상의 의미를 바르게 파악하지 못한 것이다. 누구든지 이런 중세 신학의 주장에 빠지면 칭의의 근거인 예수님의 완전한 의의 필요성을 부인하는 잘못된 결론에 도달할 수밖에 없다.

이 중세 신학에 대한 논의는 왜 그들이 잘못된 칭의론에 빠지게 되었나를 볼 수 있게 할 것이다. 기본적으로 중세 신학자들의 오류는 이 모든 진리 판단의 기준인 말씀을 인간 이성의 능력으로 대체한 데서 왔다. 이제 중세 신학자들에 대한 비판은 기독교 역사에 가장 중요한 핵심이 되는 2가지 명제에 대한 것임을 기억하기 바란다.

첫째, 잘못된 원죄론은 잘못된 칭의론으로 이끈다.
둘째, 잘못된 원죄론은 진리의 기준을 말씀에서 이성으로 대체한다.

(1) 칭의(의롭다 하심)의 근거 부정

칭의의 근거 부정이란 무엇인가?

먼저, 칭의(의롭다 하심)의 근거 곧 죄인들을 의롭다 하시는 하나님의 근거가 무엇인지 알아봐야 한다. 다시 말하면, 죄인들에게 왜 칭의(의롭다 하심)가 필요한가 하는 질문하고 그 답을 찾아봐야 한다. 칭의의 근거가 뜻하는 바를 알기 위해 우리는 개신교와 로마가톨릭 관점의 주된 차이점을 돌아 볼 필요가 있다.

잘못된 칭의의 근거에 대한 분석은 중세 신학과 현대 신학의 성경 해석 접근 방법을 비판하는 데도 유용하다. 이 부류의 신학자들은 하나님 말씀을 자율적 이성의 능력을 중시하는 접근 방법으로 해석하려고 노력해 왔다. 자유주의신학도 성경과는 다른 해석 방법을 취한다. 우리는 이제 하나님의 말씀과 인간의 능력을 동일시하는 모든 신학의 뿌리도 잘못된 원죄론에서 출발했다는 것을 간략하게 살펴보도록 하겠다.

중세 로마교회의 신학에서 잘못된 원죄론의 출발은 잘못된 아담 타락의 개념에서 왔다. 이 신학은 아담이 타락한 후에도 그에게는 하나님의 형상으로 주신 의(의로움: righteousness)가 훼손되지 않고 그대로 남아 있었다는 잘못된 주장을 했다. 여기서 우리는 이들의 주장이 어디서 잘못되었나를 잘 관찰해야 한다. 이 신학자들의 잘못된 원죄론의 기초는 아담의 타락 전과 후 아담의 의를 자연적 의(natural righteousness)와 원의(original righteousness)로 분리시킴으로 시작되었다. 그래서 이 잘못된 원죄론은 죄인들을 위한 칭의의 근거가 필요 없다고 주장하게 된다. 그러나 이 주장은 많은 점에서 비성경적이다.

이 잘못된 원죄론으로 인한 칭의 근거의 필요성 부정은 결국 아담의 타락 후에도 그에게는 구원 능력과 이성 능력이 그대로 남아 있다는 결론으로 이끈다. 따라서 칭의 근거의 필요성을 부정하고 타락 후 이성의 능력을 옹호하는 주장은 그 뿌리가 아담의 죄에 대한 잘못된 해석에서 온 것임을 알 수 있다. 현대 신학도 표현은 다르지만 인간의 구원 능력과 이성 능력을 중시하는 현상을 보인다. 이는 본서에서 가끔 논의하는 하나님 형상의 관점에서 보면 좀 더 이해하기가 쉬울 것이다.[54]

중세 로마교회에 의하면, 창조 때 아담에게 자연적 의(natural righteousness)가 주어졌고, 이렇게 아담이 타락하기 전에 그에게 주신 자연적 의에 기초해 아담은 그의 행위에 대한 '원의'(original righteousness)를 선물로 받았다. 이 이론에 따르면 아담 타락의 결과는 단지 '하나님께 선물로 받은 이 원의'를 상실한 것이다. 그러나 중세 로마교회는 성경에서 말하는 하나의

---

54 훼손된 하나님의 형상에 대해 제1권 '제2장 언약의 나라'에서 아담 언약의 '아담의 타락 후 (창 3:15-19)'를 참조하라.

원의를 2가지 의(righteousness)의 개념으로 분리하지 말았어야 했다.

이 신학에 의하면 '아담이 창조 시' 받은 하나님의 형상은 '자연적 의'이고, 타락 전 아담의 '공로적 행위'로 인해 받은 것은 '원의'(original righteousness)라는 '선물'이다.[55] 즉, 아담이 타락하기 전에 받은 자연적 의에 대한 '공로적 행위로 원의'라는 선물을 하나님께 받은 것이다.

문제는 성경이 결코 원죄에 대한 이런 잘못된 정의를 전혀 옹호하지 않는다는 것이다. 개신교회에 이 '자연적 의'와 분리한 '원의'라는 선물 개념 자체가 없다. 아담에게 2가지 의가 존재했다고 주장하는 것은 잘못된 것이다. 성경에 어디에도 하나님께서 아담이 가진 자연적 의에 '원의를 선물로 주셨다'는 단서가 전혀 없다.

중세 로마교회 신학의 문제는 창조 시 아담이 지닌 자연적 능력(자연적 의)에 따라 아담이 행했더니 하나님께서 초자연적 은사(선물)인 원의를 주셨다는 데에 있다.[56] 이 잘못된 주장은 아담이 선악과를 따먹고 타락하기 전에 자연적 의와 원의를 동시에 지녔다고 가르친다. 아담이 타락 전에 스스로 행동한 것에 대한 보상으로 원의가 생겼다는 것은 잘못된 주장이다. 그러나 개신교회는 아담이 타락하기 전에는 '원의'(original righteousness) 하나만 있었다고 가르친다.

지금까지 보아온 것처럼 중세 로마교회의 은혜 개념도 이 자연적 의와 원의의 개념에서 출발한다. 이 신학에 따르면 자연적 의와 원의도 다 하나님의 은혜로

---

[55] 참고. 『이신칭의』, 155-162, 209; DLGT, 96, 192; 최홍석, 『인간론』(서울: 개혁주의신행협회, 2012), 105-107.

[56] 자연적 의(*iustitia naturalis*: natural righteousness)는 자연적 능력(natural ability)이라 부르기도 한다. 원의(original righteousness)는 원초적 의라 부르기도 한다. 중세 신학에서 초자연적 은사(*donum superadditum*: superadded gift)와 원의(original righteousness)는 동의어이다. 중세 신학에서 타락 후 아담의 자연적 의가 남은 것은 타락 후에도 성경적 원의가 남은 것으로 둔갑하는 것이다. 종교개혁자들은 이에 강하게 반대했다.

주신 것이다. 이는 성경적 하나님의 은혜 개념에서 이탈한다. 그리고 이 잘못된 하나님의 은혜 개념은 지금까지도 많은 그리스도인을 혼란에 빠지게 한다.[57] 이런 견해들에 기초한 복음과 칭의론은 잘못될 수밖에 없다.

(2) 은혜와 내재적 의

왜 잘못된 원죄론을 이해하는 것이 그리 중요한가?

칭의의 조건을 알기 위해서는 원죄론을 논의할 필요가 있기 때문이다. 또한, 하나님의 은혜 개념을 바로 아는데도 원죄론은 중요하다. 우리는 이제 잘못된 원죄론이 어떻게 잘못된 은혜론으로 이끄는지 살펴보도록 하겠다. 만약 인간은 스스로 구원에 이르는 능력이 있다고 믿는다면, 하나님의 은혜가 무엇인지에 대해 잘 모르는 것이 틀림없다. 잘못된 원죄론에서 출발하기 때문이다.

앞서 살펴본 바와 같이 인간의 능력을 중시하는 잘못된 신학을 판별하는데 중세 로마교회 신학이 주장했던 아담의 원의론(original righteousness)은 큰 도움을 준다. 우선 이런 신학은 인간의 능력을 중시하는 신학으로도 발전하게 된다. 이것은 그동안 끊임없이 기독교 역사를 통해 원죄론을 부인하면서 일어났던 일이기도 하다.

---

57 중세 신학과는 차이가 있지만, 라이트(N. T. Wright)의 은혜 개념은 인간의 능력으로 불가능한 죄와 의의 문제 해결에서 출발하지 않는다. 그의 은혜는 "창조 안에서, 구속 안에서, 자신의 세계로부터 악과 죄와 사망을 제거한 일에서, 그리고 죽음 가운데서 삶을 불러일으키는 일에서 자신을 내주고 자신의 사랑이 흘러넘치게 하시는 하나님을 표현"한 것이다. 라이트에게는 하나님의 은혜에 대한 강조를 찾기 힘들다. 라이트, 『바울의 복음을 말하다』, 95. 라이트에게 예수 그리스도의 복음도 "하나님의 의를, 하나님의 언약적 신실함을 드러내는 것"(로마서 4장)을 강조한다. Ibid., 216. 라이트의 은혜론도 성경의 용어들을 자신의 용어들로 대처하는 그의 신학적 특색을 보인다.

잘못된 원죄론을 주장한 신학자들은 죄인들의 칭의를 위해 예수님의 완전한 순종의 전가(옮겨짐, 여기심)가 필요없다고 믿어 왔다. 이들은 종국에는 칭의를 위한 인간의 행위를 중시하고 '하나님의 은혜가 필요 없다'고 주장하게 된다. 또한, 잘못된 은혜론은 잘못된 인간론으로도 이끈다. 따라서 잘못된 원죄론은 인간론, 그리스도론, 구원론과 칭의론에서 온갖 종류의 잘못된 신학을 낳아 온 것이다. 따라서 중세 로마교회의 원죄론은 기독교 역사를 통해 교회에 매우 나쁜 영향을 주어 왔다.

그렇다면 중세 신학의 원죄론은 어떻게 발전되어 왔나?

우리는 이를 위해 중세 신학이 주장하는 아담의 의의 개념 발전을 간략하게 다시 살펴볼 필요가 있다. 이 주장에 따르면, 아담 타락 후에도 자연적 의는 상실하지도 훼손되지도 않은 것이다. 즉, 자연적 의가 훼손되지 않았다는 것은 아담이 죄의 영향을 받지 않았다는 뜻이다.[58]

그렇다면 아담이 죄를 지었는데도 그에 대한 책임이 없다는 것 아닌가?

아담이 죄를 짓지 않았다면 창조 시에 받은 하나님의 형상인 의(義)가 그대로란 것이다. 분명하게 중세 신학은 아담의 타락 후에도 인간의 능력이 남아 있다고 말하는 것이다. 그러나 앞서 보았듯이 아담의 죄의 결과는 이 세상에 죽음과 저주를 가져왔다.

그래서 중세 신학처럼 아담의 죄의 결과를 부인하면 복음에서 인간의 공로적 행위를 인정하게 된다. 물론 칭의에서도 마찬가지다. 하나님 은혜의 필요성을 부정하는 심각한 문제를 일으킨다. 그러나 종교개혁자들은 아담이 타락 후 죄의 결과로 훼손된 원의를 갖게 되었다고 보았다. 하지만

---

[58] DLGT, 166; 최홍석, 『인간론』, 107, 105-109. 중세 로마교회는 초자연적 은사들만 상실하고 자연적 은사들은 상실하지 않았다고 주장한다. 참고. 최홍석, 『인간론』, 106-107.

중세 신학은 아담 타락 후에도 아담의 후손들에게는 훼손된 원의가 전가되지 않는다고 생각했다.

종교개혁자들이 이 중세 신학의 자연적 의와 원의의 개념에 기초한 자유의지론을 집중적으로 공격한 이유다. 중세 신학의 자유의지론의 중요한 핵심은 아담의 죄가 아담의 후손들에게 아무 영향을 받지 않았다는 것이다. 그래서 이 자유의지론은 중세 신학의 원의의 개념이 그 뿌리다. 즉, 아담의 죄에도 원의가 훼손되지 않았으니 내재하는 의가 있다고 믿는다. 중세 신학에서 모든 인간은 원의나 내재하는 의(내적 의: inherent righteousness)를 가지고 태어나는 것을 믿는 것이다.[59]

중세 로마교회는 이 자연적 의(또는 성경적 원의)가 모든 인간 안에 내재하는 은혜(indwelling or inherent grace)나 내재하는 의(indwelling or inherent righteousness)로 발전했다.[60] 그들의 잘못된 칭의론을 이해하기 위해 이 내재하는 의에 대한 개념은 반드시 기억해야 한다. 타락 후에도 하나님의 형상에서 성경적 원의가 내재하는 의로 남아 있으면, 당연히 예수님이 죄인들을 위해서 오실 필요가 없기 때문이다.

아담이 타락했는데 어찌 여전히 내재하는 의가 남아 있을 수 있는가?

이런 주장은 총체적으로 예수님의 구원 사역의 필요성을 부인할 수밖에 없게 된다. 물론 칭의에서도 예수 그리스도의 완전한 의의 필요성을 부인하게 된다. 이 중세 신학은 기독교의 가장 중요한 구원론을 허물어 버리게 된다. 오히려 인간의 능력을 중시하게 되고 성경 말씀을 무시하는 길로

---

[59] 중세 로마 신학에서 자연적 의의 존재는 성경에서 말하는 원의가 존재한다는 뜻이 된다. 『칭의』, 155, 174, 172, 173, 197.

[60] 이 자연적 의의 건재설은 중세 신학을 잘 설명하는 "그 안에 있는 무엇을 행함"(*facere quod in se est*: to do what is in one's self)이라는 구절에 잘 표현되어 있다. DLGT, 113; 『칭의』, 69-71, 155.

가게 된다. 이렇게 중세 신학이 잘못된 신학의 길을 가는 경로를 관찰하는 것은 매우 유익하다. 이는 잘못된 신학이 어떻게 탄생하는지를 보게 해 주기 때문이다.

현대로 들어오면서 중세 신학의 비성경적인 자연적 의의 개념은 자연적 능력(natural ability), 인간의 능력(human ability)이나 이성의 능력(rational ability)을 강조하는 신학적 개념들을 낳게 된다.[61] 이런 견해들은 구원론에서 인간이 스스로 구원할 능력이 있다는 잘못된 신학을 낳는다. 또한, 이런 주장들은 모든 진리에 대한 이성의 자율성과 이성의 능력도 강조하는 매우 위험한 신학을 낳게 된다. 하나님의 말씀을 이성의 능력으로 분석하려는 현대 신학, 자유주의신학의 기초도 여기서 나온다. 다시 말해서 아주 단순해 보이는 아담의 원죄에 대한 잘못된 가르침이 엄청난 결과를 낳는 잘못된 주장으로 발전하게 되는 것이다.

2) 하나님의 은혜 부정

원죄론에 대한 연구에서 우리는 잘못된 신학이 어떻게 발전해 가는지를 살펴보았다. 이제 우리는 잘못된 신학이 구체적으로 어떻게 나타났는지를 볼 것이다. 그 후에 종교개혁자들이 이에 대해 어떻게 대응했는지도 알아볼 것이다. 이 관찰을 통해 아무리 복잡하고 난해해 보이는 신학자들의 주

---

61 중세 신학의 원죄론은 하나님 형상의 훼손이 없다고 주장하게 된다. 즉 아담의 타락으로 인한 넓은 의미(지적 탁월성과 도적적 탁월성)에서의 하나님 형상의 훼손이 부재하는 것이다. 이런 신학은 아담의 타락으로 인한 지적 탁월성(이성의 능력)의 훼손이 없으면 '이성의 능력'을 강조할 수밖에 없다. 바른 원죄론이 매우 중요한 이유다. 제1권 제2장의 '2-1) 아담 언약에서 하나님의 형상 훼손에 대한 논의'와 제2권 제3장의 '4. 칭의, 하나님 형상의 회복'을 참조하라.

장도 그 뿌리만 파악하면 이해하기 어려운 것이 아니라는 것을 알게 되기를 원한다.

우리는 지금 엄청난 정보가 쏟아져 나오는 시대에 살고 있다. 잘못된 신학의 뿌리를 찾아내는 능력이 필요한 시대다. 그래서 우리가 칭의에 대해 살펴보기 전에 중세 신학의 대표적 신학자인 토마스 아퀴나스와 종교개혁자들의 반격을 간단히 살펴보도록 하겠다.

중세 로마교회의 내재하는 의(inherent righteousness)의 개념은 당시 어떻게 발전했을까?

다시 말하면 이는 이 내재하는 의의 개념으로 어떻게 실제적으로 사람들을 설득했을까 하는 문제다. 중세 신학자들은 '당신은 하나님께 인정을 받는 능력이 있는 사람이니 하나님이 당신의 행위에 대한 합당한 보상을 해 주실 것이다'라고 설득했다. 당시 이런 가르침은 목회 현장에서 상당히 효과적이었을 것이라고 쉽게 짐작할 수 있다. 지금도 마찬가지일 것이다.

하나님께서 나의 행위를 합당한 나의 공로로 인정하신다는 데 싫어할 사람이 누가 있겠는가?

중세 신학자들은 하나님께 인정받는 '나의 공로'를 계속 쌓아 나가도록 강하게 설득했다. 따라서 이들의 신학을 '공로 쌓기 신학'이라고 부를 수 있다. 이들에게 하나님의 은혜는 내가 쌓아 갈 수 있는 은혜가 되어 버렸다. 구원을 위해서도 내가 내 생각대로 행동하면 하나님의 은혜를 생산해 낼 수 있는 사람이 되어 버린 것이다. 이렇게 의로우신 하나님의 기준이 파괴되어 버렸다.

중세 신학자들의 신학의 발전은 우리에게 새로운 신학의 출현이 그리스도인들에게 얼마나 위험할 수 있는가를 증명한다. 따라서 새로운 신학과 새로운 용어들은 우리가 매우 주의해야 할 것들이다. 이같이 성경 말씀 위에 세워지지 않은 신학은 사실상 발전하는 것이 아니라 퇴보하는 것이기 때문이다. 자유주의신학과 마찬가지로 이런 신학이 새로운 용어들을 만들어 내는 이치를 잘 알면, 다른 유사한 잘못된 신학들을 분별하는 데 큰 도움이 된다.

이런 잘못된 신학의 용어 변천을 잘 관찰할 수 있기를 바란다. 즉, '잘못된 자연적 의'의 개념이 '잘못된 내재하는 의'의 개념으로 바뀐 것뿐이다. 이들에게 '자연적 의'와 '내재하는 의'는 동의어다. 근본적으로 달라진 것은 없다. 이 잘못된 내재하는 의의 개념은 다시 '우리 안의 의(righteousness)'나 '우리 안의 은혜'(내재하는 은혜)의 개념으로 바뀐 것뿐이다. 발전이 아니라 퇴보하는 신학이요 성경의 진리를 파괴하는 인간적 이론일 뿐이다.

칭의론에서 중세 로마교회의 '우리 안'의 내재하는 은혜 개념은 결국 하나님 은혜의 필요성을 부정해 버린다.[62] 중세 로마교회는 모든 인간의 자유의지 안에 이미 '내재하는 은혜'나 '내재하는 의'에 따른 행위를 하나님께 '합당한 공로'(condign merit)로 인정해 버린다. 이는 내재하는 은혜가 '은혜의 양적 증가론'으로 변하는 것이다.

중세 신학에서는 하나님께서 인간 자유의지의 행위의 공로를 인정하셔서 '의롭게 하는 은혜'(a justifying grace)를 주입(infusion)하신다고 본다. 이는 인간 행위로 의롭다 하심을 받는 잘못된 칭의론이다. 중세 신학의 칭의론에서 '우리 안의 의(righteousness)'는 인간 공로 행위에 의한 은혜의 양적 증가론으로 발전한다. 인간의 능력을 중시하는 신학이 칭의론에서 인간 공

---

[62] 이 내재하는 은혜(내재하는 의) 개념의 신학적 영향력은 "적합한 공로"(*meritum de congruo*: congruous merit)라는 신학 경구에도 잘 나타나 있다. 모든 인간의 행위는 이 내재하는 은혜로 인해 하나님께 인정받는 적합한 공로와 합당한 공로가 된다. 『이신칭의』, 194-209; 『칭의』, 69, 71-73, 82, 133, 153.

로 행위를 중시하는 신학으로 변질된다.

이런 잘못된 신학의 발전은 중세 신학에서만 아니라 현대 신학이나 자유주의신학에서 자주 나타난다. 이런 견해는 칭의론에서 잘못된 공로주의적 행위-의(works-righteousness)의 개념을 낳게 된다.

이제 중세 신학에서 이런 잘못된 은혜론의 대표자인 토마스 아퀴나스에 대해 간략하게 알아보겠다. 토마스 아퀴나스에 대한 논의를 통해 세계적 신학자라도 어떻게 잘못될 수 있나 잘 관찰할 수 있기를 바란다.

(1) 토마스 아퀴나스(Thomas Aquinas: 1225-1274)의 은혜 증가

중세 신학의 대표자 토마스 아퀴나스는 그의 『신학대전』(Summa Theologiae)에서 주장하는 "은혜의 증가"(the increase of grace)론으로 중세 로마교회 신학의 은혜 개념을 잘 보여 준다. 이는 지금까지 살펴본 원죄론에 기초한 은혜의 양적 증가론이다. 아퀴나스는 그의 『신학대전』(Summa Theologiae)에서 "인간은 모든 공로적 행위에 의해 그에 따라서 은혜의 완성인 영생까지 은혜의 증가를 보상받을 만하다"라고 주장했다.[63]

아퀴나스의 주장은 잘못된 원죄론에서 비롯된 사고가 어떻게 인간 능력을 중시하는 은혜론의 개념으로 발전하는지를 잘 보여 준다. 앞서 본 것처럼 이런 은혜의 양적 증가론은 공로주의적 구원론과 칭의론으로 갈 수밖에 없는 것이다. 이 견해에 따르면 인간의 도덕적 행위가 하나님 앞에 의롭다 하심을 받을 수 있는 수준까지 도달할 수 있다. 인간의 공로주의적 행위가 하나님께서 요구하시는 죄인들의 칭의 조건도 만족시켜 드릴 수

---

[63] 이는 저자가 "By every meritorious act a man merits the increase of grace equally with the consummation of grace which is eternal life"를 번역한 것이다. TAST, 『신학 대전』(Summa Theologiae), vol. 16, Q. 114, A 8, 2a, 510.

있는 것이다.

　토마스 아퀴나스가 주장하는 은혜의 증가론은 기본적으로 내적 은혜(indwelling or inherent grace)나 내재하는 의(indwelling or inherent righteousness)에 기초한다. 아퀴나스는 인간의 공로적 행위에 의한 "보상"(reward)은 "공로의 조건"(the term of merit)이라며, 이에 따라 "은혜의 증가는 합당한 공로에 해당된다"(And thus the increase of grace falls under condign merit)고 주장한다.[64] 아퀴나스의 신학에서 인간의 공로적 행위는 은혜를 양적으로 증가할 수 있고, 하나님 앞에 "적당한 공로"(congruous merit)에서 인정받기 시작해서 의롭다 하심을 받을 수 있는 "합당한 공로"(condign merit)가 된다.[65]

　여기서 중요한 것은 타락 후 훼손된 하나님의 형상으로서의 원의(original righteousness)에 대한 개념 파악이다. 인간은 타락 후에도 하나님 앞에 적당하거나(congruous) 합당한(condign) 공로적 행위로 인정받을 수 있는 원의를 소유한 것이다. 아담의 원죄에 대한 잘못된 개념이 잘못된 공로주의를 만들어 내는 과정을 잘 보여 주는 것이다.

　아퀴나스와 같은 은혜의 양적 증가론은 공로주의적 칭의론으로 갈 수밖에 없다.[66] 따라서 이런 공로주의적 은혜론은 자기 행위-의(works-righteousness)의 칭의론을 만들어 낸다. 결국 아퀴나스의 신학도 칭의론에서 하나님 은혜의 필요성을 부인한다. 우리는 이런 신학이 죄인들의 칭의를 위한 예수님의 완전한 순종의 필요성도 부인한다는 사실을 기억해야 한다. 왜냐하면, 이런 은혜의 양적 증가론과 유사한 신학이 기독교 역사 속에 계속 존재해 왔고 지금도 나타나기 때문이다. 로마가톨릭교회의 성인 사상

64　TAST, vol. 16, 510. Cf. DLGT, 296.
65　『칭의』, 69-74, 155.
66　『칭의』, 69, 155.

도 이 은혜의 양적 증가론에 기초한다.

중세 신학의 은혜의 양적 증가론에 기초한 칭의론은 트렌트 종교회의 (1545-1563)에서 칭의를 "죄 사함만 아니라 또한 성화와 속사람의 변화"라고 한 것에 다시 등장한다.[67] 이렇게 트렌트 종교회의는 칭의론에서 하나님 은혜의 필요성을 부인하고 칭의론을 성화론으로 대체하게 된다. 중세 신학에서 내재하는 은혜(내재하는 의)는 원죄론의 부정과 칭의론에서 은혜의 필요성을 부인하는 방향으로 발전했다.[68]

이런 공로주의적 행위-의의 칭의론은 하나님의 은혜를 증거하는 성경에서 이탈한다. 그리고 인간의 능력을 중시함으로 우리의 관심을 성경에서, 소위 인간의 사변적 이론으로 가득 찬 '타락한 인간의 능력'으로 돌리게 한다. 이런 견해는 결국 성경의 권위를 훼손하고 우리를 하나님에게서 멀어지게 한다. 때로 이렇게 우리 생각에는 신선해 보이는 신학적 접근 방식은 중대한 성경적 오류에 빠질 수 있다.

우리도 같은 오류에 빠지지 않으려면 성경의 진리는 인간의 지혜를 초월한다는 사실을 늘 기억해야 한다. 우리가 지금까지 본 바대로, 잘못된 원죄론인 원의(original righteousness)의 개념에서 출발한 공로주의를 중심으로 한 논의는 두 가지 면에서 우리에게 큰 교훈을 준다.

---

67   이는 저자가 "not only a remission of sins but also the sanctification and renewal of the inward man"를 번역한 것이다. Michel Horton, "Traditional Reformed View," in *Justification: Five Views* (Downers Grove, IL: InterVasity Press, 2011), 69. 이는 트렌트 신조의 제본서 제2장의 내용에서 인용한 것이다. Mark A. Noll, ed., *Confessions and Cathecisms of the Reformation* (Vancouver, BC: Regent College Publishing, 1997), 176.

68   내재적 은혜는 "적합한 공로적 기질"(a congruously meritorious disposition)로 전환이 이루어졌다고 할 수 있다. MID, 1:163, 1:86-90; ORF, 205-215; 『칭의』, 41, 155, 172-74, 197.

첫째, 잘못된 신학의 출발은 성경을 떠난 가설(hypothesis)에서 시작된다. 중세 로마교회는 원죄를 인정하는 것 같지만 사실상 부인하는 것이다. 성경에 근거가 없는 가설이나 상상에서 나온 것이 이 원의 사상이다. 타락 전의 아담의 행위가 하나님 앞에 공로(merit or reward)로 인정되었다는 것이다. 중세 로마교회의 원의 사상은 성경에서 말하는 아담의 타락 결과를 인정하지 않는 잘못된 사고방식에 기인한다.

둘째, 신학을 포함한 모든 영역의 진리 판단의 기준은 하나님 말씀이다. 성경은 아담이 타락해서 하나님과의 언약 말씀의 파괴자라고 가르친다. 물론 타락하기 전에도 의롭다 하심을 받은 자가 아니다. 타락하기 전에는 아직 하나님 앞에 의롭다 하심을 받을 정도로 말씀 순종을 하지 못한 상태였다.

중세 로마교회는 성경이 말하는 공로 개념을 잘못 이해했다. 오직 죄 없으신 예수님의 공로만 하나님께 인정될 수 있다. 이렇게 하나님 말씀에 기초하지 않은 원죄론은 허구다. 하나님 말씀을 떠난 원죄론은 물론 신론, 인간론, 기독론, 구원론, 칭의론, 성령론, 교회론도 다 잘못된다. 이와 같이 하나님 말씀을 떠난 인간의 논리나 사변에 의한 가설적 이론(hypothetical theory)에서 나온 사상은 다 허구다.

(2) 종교개혁자들의 반격

중세 신학의 잘못된 주장에 대해 중세 개혁자들은 어떻게 대응했나?

이제 중세 신학자들의 잘못된 원죄론에 대한 반응이 종교개혁에서 어떻게 나타났나를 간략하게 보도록 하겠다.

종교개혁자인 루터는 어떻게 이들의 원죄론이 성경적으로 잘못되었는지 답변한다. 루터의 이 답변은 칭의론의 역사(history)에서 매우 중요한 자리를 차지하고 있다. 루터는 칭의론에서 "우리 밖에서"(*extra nos*: outside of us)라는 개념으로 하나님 은혜의 필요성을 강조하면서 바로 반격에 나섰다.[69] 이 "우리 밖에서"(*extra nos*: outside of us)는 그야말로 중세 신학의 맹점을 찌르는 매우 훌륭한 표현이다. 우리는 이 표현을 기억할 필요가 있다. 이는 죄인들의 경우 '하나님께 의롭다 하심을 받을 수 있는 의'는 그들 밖에서 와야 한다는 뜻이다.

루터의 "우리 밖에서"(*extra nos*: outside of us)는 성경적 칭의론의 역사에서 한 획을 긋는 매우 중요한 것이다. 그는 이것으로 중세 신학의 잘못된 '내재하는 의'의 핵심을 강타한 것이다. 루터는 아담의 타락으로 모든 인간들에게 내재하는 은혜(의)가 존재할 수 없다고 주장한 것이다. 즉, "우리 밖의 의"로 중세 신학자들의 "우리 안의 의"(내재하는 의: inherent righteousness)에 기초한 그들의 칭의론을 강하고 효과적으로 공격했다. 그래서 '예수 그리스도의 의'는 우리 안에 내재해 있지 않다는 뜻이다.

루터의 칭의론 핵심은 죄인들의 칭의를 위한 "우리 밖의 의"(외적 의: *iustitia aliena*, alien righteousness)인 예수 그리스도의 의의 필요성을 주장한 것이다.[70] 죄인들의 칭의를 위해서는 하나님의 은혜로 주시는 예수님의 완전한 의가 "죄인들 밖에서 와야" 한다. 루터는 이 "우리 밖의 의"로 중세 신학의 은혜의 양적 증가론을 공격한다.

루터에 따르면 죄인들에게는 하나님의 은혜가 내재(내재하는 은혜)해 있지 않기 때문에, 은혜가 우리 밖에서 와야만 한다. 오직 하나님의 은혜로만 "죄인들 밖에 의"인 "예수 그리스도의 의"가 죄인들에게 와야 의롭다

---

69 『칭의』, 15, 84-93.
70 『칭의』, 15, 84, 110, 114, 118, 127, 131-32.

하심을 받을 수 있는 것이다. 이 "죄인들 밖에서" 와야만 하는 예수님의 완전한 의의 필요성은 성경적 칭의론의 매우 중요한 기초가 된다.

우리가 지금까지 살펴본 바대로, 중세 신학의 주요 문제는 인간 안에 내재하는 은혜를 사용해서 누구든지 믿음과 행위로 의롭게 될 수 있다는 주장에 있다.[71]

종교개혁자 칼빈도 루터처럼 오직 하나님의 은혜로만의 이 "믿음-의"(-faith-righteousness)로 토마스 아퀴나스를 따르는 중세 스콜라주의자들의 "공로주의적 행위-의"(works-righteousness)를 공격했다.[72] 캘빈도 죄인들의 칭의를 위한 하나님 은혜의 절대적 필요성을 강하게 주장한 것이다. 이제 우리는 칭의에 대해 살펴보기 전에 성경적 원죄론에 기초한 칭의론의 유익을 2가지로 간략하게 요약해 보겠다.

첫째, 성경적 원죄론은 하나님의 은혜에 기초한 성경적 칭의론으로 이끈다.
둘째, 성경적 원죄론은 칭의론의 기준도 하나님의 말씀임을 증명한다.

우리는 이미 제1권 『언약의 나라』에서 하나님의 의가 하나님 나라의 법적 기준임을 다루었다. 이제 우리는 이 하나님의 의와 칭의의 관계에 대한 논의를 할 필요가 있다.[73] 성경 전체의 큰 그림을 보기 위해서도 이 둘 사이의 관계를 파악하는 것은 중요하기 때문이다. 칭의론은 하나님의 의

---

71 『칭의』, 75-93.
72 칼빈의 믿음-의(faith-righteousness)는 비공로주의적 칭의론이라 부를 수 있다. *Institutes*, 2.10.4; 2.17.3; 『칭의』, 84.
73 제1권 '제2장 언약의 나라'에서 모세 언약과 '제3장 영원하신 하나님의 의'를 보라.

의 관점에서 구약과 신약을 잘 연결해 준다.

따라서 죄인들의 칭의의 조건에 대한 논의의 중요성은 구약의 메시아와 신약의 예수 그리스도를 잘 연결해 주는 데에 있다. 특히 바울의 서신서들이 성경의 66권과 예수 그리스도의 완전한 순종과 연결해 주는 매우 중요한 일을 한다. 예수님의 완전한 순종은 우리 삶에서의 말씀 순종과도 아주 밀접한 관계가 있다. 이제 이를 검토하고 자세히 살펴보자.

4. 칭의

왜 칭의가 우리에게 그렇게 중요한가?

예수님을 믿고 구원받았다는 것만 알면 충분하지 않은가?

칭의에 대해 아는 것이 중요한 이유는 복음의 핵심은 칭의이고, 칭의의 핵심은 하나님의 은혜이기 때문이다. 만약 누구든지 하나님의 은혜를 더 깊이 알기를 원한다면 칭의를 알기를 추천한다. 하나님 사랑의 의미를 좀 더 이해하기 원한다면 칭의에 대해 좀 더 관찰하기를 추천한다. 칭의를 알면 알수록 하나님의 은혜가 참으로 경이롭고 놀랍다는 것을 알게 되기 때문이다.

1) 칭의란 무엇인가?

성경에서 칭의는 말 그대로 "의롭다 하심"(to be justified)이란 뜻이다.[74] 즉, 칭의는 하나님이 우리를 예수님 안(연합)에서 보셔서 예수님의 완전한 의를 우리 것(전가, 여기심)으로 받아 주셔서 '우리를 의롭다' 하시는 하나님 은혜의 역사다. 이는 오직 하나님의 주권적 은혜의 역사다. 따라서 종교개혁자들의 칭의는 "오직 은혜로만, 오직 그리스도로만, 오직 믿음으로만의 의롭다 하심"(칭의)이라 정의할 수 있다.[75]

앞서 우리는 칭의를 '오직 예수님의 완전한 순종으로만 오직 예수님을 믿음으로만 의롭다 하심'이라 정의했다.[76] 이 정의는 종교개혁자들의 정의에서 '오직 그리스도만'을 '오직 예수님의 완전한 순종으로만'으로 대체한 것이다. 그러나 사실 이 정의는 그들의 것과 기본적으로 다르지 않다. 다만 우리의 정의는 예수님의 완전한 순종의 중요성에 초점을 맞춘 것이다. 이제 우리는 칭의를 성경적으로 정의하기 위해 그 기준을 논의할 필요가 있다.

우리가 지금까지 원죄론에 대한 논의에서 본 바대로, 기독교 역사를 통해 칭의(의롭다 하심)의 기준을 세우는 것도 쉬운 일은 아니었다.[77]

---

[74] 참고. 『복음』, 150. 눅 18:14; 행 13:39; 롬 2:13; 3:4, 20, 24, 26, 28, 30; 4:2, 5 , 25; 5:1, 9 , 16, 18; 6:7; 8:30, 33; 고전 4:4; 6:11; 갈 2:16; 3:24; 5:4; 딤전 3:16; 딛 3:7; 약 2:21, 24, 25 (한글개역 : 1989).

[75] 참고. 『칭의』.

[76] 본서 제1장에서 '2. 복음과 예수 그리스도'(바울의 복음 정의)를 보라.

[77] 앨리스터 맥그래스(Alister E. McGrath)의 책, 『하나님의 칭의론』은 칭의론 발전의 역사에 대한 탁월한 소개를 하는 중요한 교과서적인 책이라 할 수 있다. 칭의론의 역사적 발전에 대한 중요한 자료이다. 하지만, 칭의론에 대한 성경적 정의와 결론을 내리지 않는 아쉬움이 있다. 맥그래스는 칭의의 개념에 대해 "미래를 향해 열려 있다"라고 주장한다. 『하나님의 칭의론』, 548-549.

칭의의 기준을 세우는 일이 왜 그렇게 어려웠을까?

한편으로는, 잘못된 신학의 발전이 성경적 칭의론을 세우는 데 크게 방해를 해 왔기 때문이다. 종교개혁자들의 칭의론 이후에도 잘못된 신학이 계속 발전되어 왔다.

다른 한편으로는, 비성경적 신학의 발전이 오히려 하나님 말씀의 중요성을 파괴해 온 것이다. 성경적 접근 방법을 파괴한 스콜라주의신학과 현대 신학의 이성주의이나 자유주의신학의 발전이 그것이다.

그러나 우리는 칭의(의롭다 하심)의 기준을 세우는 데 힘들게 하는 가장 본질적인 이유는 무엇인가를 좀 더 살펴볼 필요가 있다. 칭의의 기준을 세우기 어려운 가장 본질적 이유는 사람들이 그 기준을 성경이 아닌 다른 곳에서 찾기 때문이다. 여기서 우리가 기억할 것은 성경이 어렵게 느껴지는 이유가 성경의 진리는 인간의 지혜를 초월하기 때문이라는 것이다. 앞서 살펴보았듯이, 하나님 나라의 법정 체계는 하나님의 의에서 기초했다. 그래서 칭의의 기준은 하나님의 의이다. 칭의의 기준은 어느 사회나 나라의 법정 체계나 인간 사변에 의한 법에서 비롯된 것이 아니다.

성경적 칭의의 기준은 하나님이 직접 세우신 하나님 나라의 법적 체계에서 온다. 살아 계신 하나님의 의가 칭의의 기준이다. 즉, 하나님 나라의 법인 말씀이 칭의의 기준이 된다. 따라서 우리는 칭의의 기준을 '오직 성경에서만' 찾아야 한다. 로마서 1:17과 3:21-22에서 칭의의 기준인 하나님의 의는 기본적으로 율법과 복음에서 발견할 수 있다고 말한다.

> 복음에는 하나님의 의가 나타나서 믿음으로 믿음에 이르게 하나니 기록된 바 오직 의인은 믿음으로 말미암아 살리라 함과 같으니라(롬 1:17).
>
> 이제는 율법 외에 하나님의 한 의가 나타났으니 율법과 선지자들에게 증거를 받은 것이라(롬 3:21).

이 본문들은 칭의의 기준에 대해 가장 중요한 핵심을 말한다. 즉, 하나님의 의가 칭의의 기준임을 분명하게 가르친다. 이 본문들은 율법과 복음에 다 같이 하나님의 의(righteousness: 디카이오수네, *dikaiosune*, δικαιοσύνη)가 나타났음을 분명히 지적한다.[78] 이는 하나님의 의에 대한 바른 이해가 있어야 율법과 복음에 나타난 하나님의 의를 이해할 수 있다는 것을 뜻한다.

따라서 우리는 칭의의 조건들을 살펴보기 전에, 앞서 본 성경 말씀에 나타난 3가지 핵심적인 하나님의 의의 의미인 '다스리시는 법적 기준, 구원의 기준과 선한 삶의 기준'을 다시 살펴볼 필요가 있다.[79]

---

[78] 바울의 '의'(righteousness: 디카이오수네, *dikaiosune*, δικαιοσύνη)의 개념은 '선에는 보상하고 악에는 벌을 주는 공의'(justice)와 죄인들을 위한 '구원 계획'의 성취와 관련이 있다. BDAG, 247.
신약의 헬라어 명사형 '의'(righteousness: *dikaiosune*, δικαιοσύνη)는 사복음서와 사도행전을 제외한 부분에 하나님의 의와 관련해 다음과 같이 쓰였다.
① 구속 역사와 법적 상태의 의(롬 1:17, 3:5, 3:9-18, 3:21f, 3:25, 3:26, 4:3ff, 4:5f, 4:9, 4:11, 4:13, 4:22, 5:17, 5:21, 6:13, 6:16, 6:18ff, 9:30, 10:3, 10:4, 10:5, 10:6, 10:10; 고전 1:30; 고후 3:9, 5:21; 6:7; 갈 2:21, 3:6, 3:21, 5:5; 빌 3:9f; 벧후 1:1; 히 11:7, 약 2:23).
② 의의 삶의 특징(롬 6:16, 6:18-20, 9:30, 14:17; 고후 6:14, 11:15; 엡 4:24, 5:9, 6:14; 빌 1:11; 딤전 3:5, 6:11; 딤후 2:22, 3:16, 4:8; 히 1:9, 5:13; 7:2; 12:11; 약 1:20, 3:18; 벧전 2:24; 벧후 1:1, 2:5, 2:21, 3:13; 요일 2:29, 3:7, 3:10; 계 22:11).
③ 하나님 법적 기준의 의의 삶(롬 1:16f; 3:21-31, 3:21-5:11, 롬 9-11, 10:5; 갈 2:21, 3:21; 빌 3:6, 3:9; 약 1:20).
BDAG, 247-249.

[79] 성경에 나타난 하나님의 의의 기준을 위해 제1권 '제3장 영원하신 하나님의 의'를 참조하라.

첫째, 성경에서 하나님의 의는 하나님이 다스리시는 법적 기준을 보여 준다(시 9:7-8).

둘째, 성경에서 하나님의 의는 심판하시는 의(a judging righteousness)이자 구원하시는 의(a saving righteousness)의 기준이다.[80]

셋째, 성경에서 하나님의 의는 인간에게 선한 삶(the good life)의 기준을 보여 준다.

성경이 아닌 다른 곳에서 찾는 것 외에 성경적 칭의를 이해하기 어려운 또 다른 이유가 있다. 성경적 칭의는 넓은 의미로 보면 성경에 나와 있는 신론, 인간론, 그리스도론, 구원론, 성령론, 교회론, 종말론 그리고 기독교 윤리학과 같이 신학 전반과 관계가 있기 때문에 칭의를 이해하는 것이 쉽지 않다. 그러나 우리는 이런 이유들에도 불구하고 하나님의 의의 기준과의 관계에서 봐야 한다는 사실을 기억할 필요가 있다.

상당히 많은 신학자가 성경적 칭의의 조건들의 문제를 다루어 왔다. 그러나 우리는 여기서 제1권 『언약의 나라』와 종교개혁자들의 신학 토대에서 칭의의 조건들에 대한 지침을 살펴볼 것이다. 그리스도인들은 누구나 칭의의 조건을 어떻게 세우는가에 대해 분명한 지침을 받을 필요가 있기 때문이다. 이에 대한 논의는 칭의의 조건에 대한 문제가 최근에 시작된 것

---

[80] 제1권 제3장에서 '2. 구원의 기준인 하나님의 의'에 대한 논의를 참조하라. 앞서 모세 언약에서 보았듯이, 모세 율법은 칭의에서 죄인들의 의를 판결하는데 그들의 형벌을 조사하는 법의 역할을 한다. CS, 265. 예수 그리스도 안에서 죄인들을 판결하는 데 사용되는 심판하시는 의인 율법의 말씀이 복음에서 구원하는 의로 주어진다(롬 1:17, 3:21-22). 참고. ORF, 451-453, 457-458; FA, 144-145, 171-172. 예수님은 우리를 대신해 하나님의 심판하시는 의로 인한 죄의 형벌을 받으시고, 완전한 말씀 순종을 통해 우리의 구원하시는 의가 되신다. ORD, 451-453, 457-458; FA, 144-145, 171-172. 나는 본서에서 하나님의 구원하시는 의를 예수님의 완전한 순종과의 관계에서 본다.

이 아님을 알게 할 것이다. 그리고 칭의의 기본적 조건들에 대해 가능한 성경적 해결 방안이 존재한다는 것을 아는 것은 좋다.

2) 칭의(의롭다 하심)의 조건들

칭의(의롭다 하심)의 조건들에는 무엇이 있나?
우선 칭의론은 기본적으로 다음과 같은 질문을 다룬다.
'죄인들은 하나님 앞에 무엇을 해야 의롭다 하심(칭의)를 받을 수 있나?'
대표적 종교개혁자인 칼빈(John Calvin: 1509-1564)은 하나님의 의를 기준으로 칭의의 조건들을 논의할 때, 칭의(의롭다 하심)의 주체는 하나님이시라고 바르게 주장했다. 기독교 역사상 칼빈의 칭의론의 중요성은 죄인들의 칭의(의롭다 하심)를 위해 '죄와 의'의 문제를 해결해야 함을 인지했다는 데 있다. 칼빈의 이 칭의의 조건들은 칭의론에서 가장 핵심적인 요소들임에 틀림없다.

종교개혁자들은 아담의 타락으로 인해 죄인의 '의롭다 하심'을 위한 2가지 조건을 보았다.[81] 바로, 이 조건들은 죄 용서의 필요성과 예수 그리스도의 의의 필요성이다.[82] 이 2가지 칭의의 조건은 우리가 죄인들의 칭

---

[81] 아담의 죄의 문제에 대해 제1권 '제2장 언약의 나라'에서 '아담 언약'을 참조하라.
[82] 칼빈은 중요한 성경 구절들을 사용해 칭의를 정의(*Institutes*, 3.11.2.)했다. 갈 3:8; 롬 8:33-34; 행 13:38-39; 눅 18:14; 엡 1:5-6; 롬 3:24; 롬 4:6-7; 시 32:1-2; 고후 5:21; 롬 5:19ff. *Institutes*, 3.11.3-4. 칼빈의 칭의론을 잘못 이해한 신학자들은 칼빈이 죄인들의 칭의를 위한 조건으로 오직 죄 용서만 주장했다고 말한다. 참고. 칼빈의 이중 전가의 개념 사용(고후 5:21). *Institutes*, 3.11.22. 하지만, 칼빈은 의와 화해가 서로 연결된 것과 이중 전가(우리 죄가 예수님에게 전가와 예수님의 의가 우리에게 전가)를 설명한다(고후 5:21).
칼빈의 칭의론을 잘못 이해한 신학자들은 칼빈에게 죄인들의 칭의를 위해 죄의 용서와 의는 같다고 한다(행 13:38-39). 그러나 칼빈은 칭의를 위해 죄 용서와 의를 똑같은 의

의를 바로 이해하는 데 매우 중요한 방향을 설정해 준다. 종교개혁자들의 죄인들의 칭의(의롭다 하심)를 위한 조건들을 요약해 정리한 것이 아래 표 2-A다.

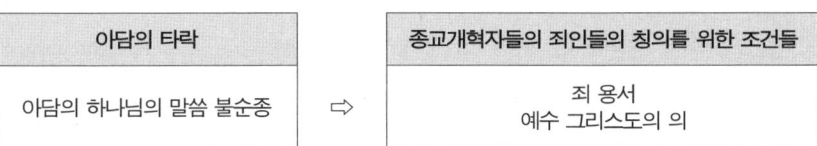

표 2-A 죄인들을 위한 칭의(의롭다 하심)의 조건들

우리는 앞으로 칭의에 대한 논의를 위해 이 칭의의 조건들을 계속 기억할 필요가 있다. 이 조건들은 바로 하나님 은혜의 필요성이 무엇인지 구체적으로 밝혀 주기 때문이다. 즉, 이 조건들은 중세 신학의 공로주의에 대한 성경적 답변이기도 하다. 종교개혁자들은 이 2가지 조건들을 가지고 칭의는 '오직 하나님의 은혜로만'의 역사라고 중세 신학을 신랄하게 비판했다. 그리고 죄인들의 칭의는 오직 예수님의 순종에 기초한 죄 용서와 예수 그리스도의 의의 전가에 있다고 주장했다.[83]

미라고 주장하지 않는다. 칭의론에 대한 설명에서 칼빈은 의와 화해를 연결하듯이, 칭의의 개념을 위해 죄 용서와 의를 연결한다. 따라서 칼빈에게 죄 용서는 죄인들의 칭의에 필요한 조건 중 하나다. 칼빈에게 죄인들의 칭의를 위한 조건은 죄 용서와 예수 그리스도의 의의 전가다. *Institutes*, 3.11.3-4; 3.11.2; 3.11.21-22. 참고. 이중 전가. 『칭의』, 23, 112, 133, 194, 314, 395, 448; 『복음』, 152, 157, 165, 166, 195, 201, 202, 218-220, 225, 226. 본서 '제3장 모든 언약의 성취, 예수 그리스도의 완전한 의의 전달'을 보라.

[83] 의의 전가에 대해 앞으로 '4. 예수 그리스도의 완전한 의의 전달'에서 상세히 논의할 것이다.

종교개혁자들은 이 조건들로 "오직 은혜로만, 오직 그리스도로만, 오직 말씀으로만, 오직 믿음으로만"의 칭의를 주장했다. 특히 칼빈은 이 죄와 의에 대한 설명으로 진정 외적 의(우리 밖의 의: 예수님의 의, alien righteousness)가 무엇을 뜻하는지를 밝혔다. 캘빈은 중세 신학의 내재적 의(우리 안의 의)의 공로주의적 칭의론을 외적 의(우리 밖의 의: 예수님의 의, alien righteousness)의 칭의론으로 공격한 것이다.[84] 이렇게 종교개혁자들은 성경적 칭의론의 기초를 세웠다.

종교개혁 이후 500년

하나님께서는 효과적으로 부르신 자들을 또한 값없이 의롭다고 하신다. 이 칭의는 의(righteousness)를 그들에게 주입(infusing)해 줌으로써가 아니라, 그들의 죄를 용서해 주시고 그들의 인격(their persons)을 의롭게 여겨 받아 주심으로 (by accounting and accepting) 되는 것이다. 또한, 그들 안에서 이루어진 것, 그들이 행한 것, 그들의 믿음 자체, 그들의 믿음 행위 혹은 다른 어떤 복음적 순종이 그들에게 그들의 의로 전가(by imputing: 옮겨짐)되서가 아니라 오직 그리스도로만 된다. 부르신 자들은 믿음으로 그리스도와 그분의 의를 받아들이고 의존할 때, 그리스도의 순종과 만족(the obedience and satisfaction of Christ)이 그들에게 옮겨짐(by imputing)으로써 의롭다 함을 받는 것이다. 이 믿음도 그들에게서 온 것이 아니고, 하나님이 주시는 선물이다 (제11장 1항).[85]

---

84 『칭의』, 15, 84, 110, 114, 118, 127, 131, 132, 171, 197, 259, 307, 447, 455, 456, 466.
85 이 본문은 필자가 번역한 웨스트민스터 신앙고백서(1646) 제11장 1항이다. Westminster Assembly, *The Westminster Confession of Faith: Edinburgh Edition* (Philadelphia:

종교개혁 이후의 칭의론의 논쟁은 기본적으로 오직 하나님의 은혜로만의 칭의론과 인간의 행위 공로 칭의론과의 싸움으로 계속되었다. 물론 지난 500여 년간 성경적 칭의의 정의가 무엇인지를 밝히기 위해 많은 연구와 노력이 계속되었다.

그동안 수많은 신학자가 여러 가지 개념으로 칭의론을 논의하고, 칭의의 정의와 칭의를 위한 기본 조건들을 찾아왔다. 은혜, 보상, 내재적 의, 외적 의, 예수 그리스도의 의, 공로주의, 능동적 의, 수동적 의, 능동적 순종, 수동적 순종, 계몽주의, 도덕주의, 자유주의, 율법주의, 화해, 법적 칭의, 연합, 전가, 유보적 칭의, 하나님의 심판하시는 의와 구원하시는 의의 개념들이 그것들이다.[86] 여기서 몇 가지 중요한 질문들이 제시된다.

이런 개념들 중에 가장 성경적인 논의는 무엇일까?

William S. Young, 1851), 66-67. "Those whom God effectually calleth he also freely justifieth; not by infusing righteousness into them, but by pardoning their sins, and by accounting and accepting their persons as righteous: not for any thing wrought in them, or done by them, but for Christ's sake alone: not by imputing faith itself, the act of believing, or any other evangelical obedience, to them as their righteousness; but by imputing the obedience and satisfaction of Christ unto them, they receiving and resting on him and his righteousness by faith: which faith they have not of themselves; it is the gift of God." 참고. A. A. Hodge, *The Confession of Faith* (Carlisle, PA: The Banner of Truth Trust, 1992), 179-190.

웨스트민스터 신앙고백서의 칭의의 정의는 "그들의 죄들을 용서해 주시고 그들의 인격(their persons)을 의롭게 여겨서 받아 주심으로 (by accounting and accepting)으로써 되는 것"이라고 정의하며 그리스도의 의의 전가 개념을 말한다. 그리고 이어서 칭의를 "그리스도의 순종과 만족(the obedience and satisfaction of Christ)이 그들에게 옮겨짐(by imputing)"이라며 그리스도의 순종 전가의 개념도 말한다. 웨스트민스터 신앙고백서는 그리스도의 의의 전가와 순종의 전가 개념을 말해 준다. 앞서 말한 대로, 이는 칭의를 "죄 용서와 예수 그리스도의 의의 전가"라고 정의한 칼빈의 주장에 좀 더 설명을 추가한 것이다. *Institutes*, 3.11.2; CEC, 93.

[86] 참고. 『이신칭의』; 『하나님의 칭의론』.

죄인들의 칭의(의롭다 하심)를 위한 조건들을 찾는 데 가장 성경적인 방법은 무엇일까?

여기서 성경적 개념이라는 것은 성경 전체와 연결해 주는 개념, 구약과 신약을 연결해 주는 개념, 하나님의 언약들과 연결되는 개념, 율법과 복음을 연결해 주는 개념이 되어야 한다는 뜻이다. 그리고 성경적 개념이라는 것은 본서에서 반복 강조하듯이 말씀 순종과도 연결된 개념이 되어야 한다는 뜻도 내포되어 있다.

우선 칭의의 조건들을 상세히 논의하기 전에, 의롭다 하심(칭의)이라는 용어가 신학자들이 만들어 낸 것이 아니고, 성경에서 왔다는 사실을 기억할 필요가 있다. 의롭다 하심(칭의)도 인간의 지혜를 초월하기 때문에 하나님의 말씀을 가지고 기도하는 마음으로 접근해야 한다는 뜻이다. 칭의의 조건에서 가장 중요한 주제는 예수 그리스도의 십자가 순종이다. 따라서 칭의와 십자가 순종과의 관계 분석은 칭의의 조건들을 파악하는 데 큰 도움을 줄 것이다.

제2장
칭의의 조건, 예수 그리스도의 완전한 순종

그동안 종교개혁 이후로 지금까지, 칭의의 조건으로서 예수님의 완전한 순종에 대한 가장 중요한 논의는 주로 예수님의 십자가 순종에 대한 것이라 할 수 있다. 앞서 살펴보았듯이, 웨스트민스터 신앙고백서(1646)도 칭의의 근거로 예수님의 순종을 다뤘다. 우리는 이제 칭의를 위한 예수님의 순종이 십자가 순종만을 뜻하는가를 성경적 관점에서 간단하게 살펴볼 것이다.

1. 칭의와 예수 그리스도의 십자가 순종

이제 우리는 십자가 순종과 관련해 중요한 질문들을 할 필요가 있다.

예수님의 십자가 순종이 죄인들의 칭의(의롭다 하심)를 위한 유일한 조건인가?
십자가의 죄 용서가 죄인들의 칭의를 위한 유일한 조건인가?
달리 말하자면, 예수님의 완전한 순종과 십자가 순종을 동의어로 볼 수 있는가?[1]

---

[1] 바울의 새 관점 학파의 대표인 N. T. 라이트(N. T. Wright)도 죄인들의 칭의(의롭다 하심)를 위해 죄의 형벌을 대신 당하신 예수님의 십자가 죽음이 충분하다고 주장한다. 라

1) 십자가 순종은 칭의(의롭다 하심)의 완전한 근거인가?

종교개혁자들은 칭의의 조건들로 죄 용서와 의의 문제를 연결함으로 이 칭의의 조건에 대한 질문에 답변했다. 성경은 예수님의 십자가 죽으심은 죄인들의 죄 용서의 기초가 된다고 가르친다. 이제 우리는 간단하게 십자가 순종이 죄인들의 칭의를 위한 완전한 조건인가에 대해 살펴볼 것이다. 이를 위해 우리는 가장 중요한 두 언약적 대표자들인 아담과 예수님과 십자가 순종에 관계를 살펴보도록 하겠다. 그리고 모세 율법과 십자가 순종

이트는 이 주장으로 종교개혁자들의 그리스도의 의의 전가(옮겨짐)를 부정하고 공격한다. 십자가의 죄 용서로 의의 문제도 해결되었다고 주장하는 것이다. 라이트는 기본적으로 '하나님의 의'를 '하나님의 언약에 대한 신실하심'이라고 정의함으로 하나님의 '심판하시는 의'에 대한 개념을 상실한다. 라이트, 『바울의 복음을 말하다』, 160, 175-185, 207-208; 라이트, 『칭의를 말하다』, 220-226, 238-241, 267-274. 성경은 하나님의 의와 하나님의 언약에 대한 신실함을 동의어로 취급하지 않는다. 제1권 『언약의 나라』에서 보았듯이, 성경에서 하나님의 의는 하나님 언약의 기초이지 동의어가 아니다. 하나님의 의는 다스리심의 기준, 구원의 기준 그리고 선한 삶의 기준이다.

라이트는 칭의론에서 언약의 개념을 설명할 때 주로 아브라함을 중심으로 하나님의 언약 가족이 되었다고 주장한다. 아브라함 언약을 은혜 언약으로 보지 않는다. 또 믿음으로 하나님의 언약 백성의 일원이 되는 '언약적 지위'를 '하나님의 의' 즉 '하나님의 신실하심'으로 본다. 라이트는 죄인들의 칭의가 하나님의 의의 기준을 만족시켜야 한다는 것을 이해하지 못했다. 라이트, 『바울의 복음을 말하다』, 154, 203, 207-208, , 212-215; 라이트, 『칭의를 말하다』, 178-180, 288. 라이트는 복음을 믿고 '하나님의 자녀'가 되는 것보다 '하나님의 언약 가족'이 된다고 주장함으로 성경적 개념의 구원론에서 벗어나기 시작한다. 라이트는 성경적 새 언약의 개념도 잘못 이해한 것이다. 라이트의 잘못된 언약적 구원론은 결국 하나님의 심판하시는 의에 대한 법정 선언을 부정하는 결과를 낳게 한다. 이 견해는 구약적 언약 개념을 복음과 구원론과 칭의론에 적용해서 오는 큰 오류이다.

라이트의 칭의론 문제는 성경 외 자료인 1세기 유대 문헌의 사상에서 온 유대교적 기독론과 칭의론에 근거한다는 데에 있다. 라이트, 『바울의 복음을 말하다』, 144, 194(유대교적 기독론); 196-199(유대교적 칭의론). 참고. 라이트, 『바울의 복음을 말하다』, 99-122, 196-223; 라이트, 『칭의를 말하다』, 304-310. 라이트의 칭의론을 칭의의 법정 선언을 미래에 유보하는 '미래 유보적(최종적)' 칭의론이라 할 수 있다. 라이트, 『바울의 복음을 말하다』, 160-165. 211; 라이트, 『칭의를 말하다』, 276, 317, 323-324.

과의 관계는 앞으로 다룰 좁은 의미의 완전한 순종(율법 중심)에서 다룰 것이다. 이 십자가 순종에 관한 논의에 이어서 칭의의 조건에 대한 성경의 답변을 찾도록 노력할 것이다.

(1) 아담 언약의 대표자 아담의 불순종과 십자가 순종

아담은 언약 파괴자라 했다. 우리도 아담 안에서 언약의 파괴자이기 때문에 아담의 불순종 의미를 아는 것은 우리에게도 중요하다. 앞서 보았듯이, 우리는 죄 용서 문제의 기원을 아담에게서 그 뿌리를 찾았다. 마찬가지로, 의 문제의 기원도 아담에게서 찾아볼 필요가 있다. 다시 말하면, 아담 안에 있는 우리 죄인들에게 죄 용서와 언약의 말씀 순종의 문제에 대해 살펴볼 필요가 있다는 뜻이다.

아담이 하나님과 언약을 파기하고 타락한 사건은 하나님의 말씀을 불순종한 사건이다. 우리는 여기서 아담이 타락했을 때 무슨 일이 일어났는지를 잘 분석해야 한다. 아담이 타락한 사건은 아담 안에 있는 우리에게 죄 용서 문제와 말씀대로 순종하지 못한 숙제가 남겨진 사건이다. 즉, 아담의 타락 때문에 아담 안에서 아담의 자손들은 하나님 앞에 의롭다 하심(칭의)을 받으려면 죄 용서 문제와 말씀 불순종에 대한 문제를 해결해야만 한다. 그래서 아담 안의 모든 인류는 의롭다 하심을 받으려면 먼저 죄 용서를 위해 죄에 대한 책임(guilt)인 형벌을 받아야 하고, 더불어 하나님 앞에 의로운 행위를 인정받을 수 있어야 한다.

예수님의 십자가 순종은 칭의를 위해 무슨 역할을 하는가?

예수님의 십자가 순종으로 죄에 대한 죗값을 다 지불하셔서 죄 용서를 이루셨다.[2]

만약 아담이 타락한 후에 아담에게 예수님의 죄 사함의 은혜가 주어졌다면 어떤 결과가 있을까?

만약 아담이 타락한 후에 죄에 대한 형벌을 받고 그에게 죄 용서가 주어졌다면, 이 죄 용서는 아담을 타락 전 상태로 돌아가게 할 것이다. 즉, 아담이 타락 전에 선악과에 대한 명령(창 2:15-17)을 받은 상태로 돌아가게 할 것이다. 여기서 우리가 조심스럽게 관찰해야 할 것은, 아담이 타락 전에는 아직 선악과의 말씀대로 행하지 않은 상태라는 것이다. 아담은 타락 전에 아직 하나님의 언약 말씀에 순종하지 않은 상태다.

그렇다면 아담이 타락 전에 하나님께 의롭다 하심을 받았는가?

아담 타락 전에는 그에게 하나님의 명령 말씀이 주어졌지만, 아직 말씀에 대한 순종을 이루지 못한 상태다. 즉, 타락 전에는 아담이 아직 말씀 순종으로 인한 의롭다 함을 받지 못했다. 아담의 경우를 예로 보면 예수님의 십자가 순종으로 인한 죄 용서로 아담의 타락 전으로 돌이키는 것만으로는 하나님 앞에 의롭다 하심을 받을 수 없다는 결론에 쉽게 도달한다.

---

2 라이트(N. T. Wright)가 성경적 단어들을 사용하는 것 같지만, 그의 복음과 은혜의 정의는 비성경적 속죄론에서 비롯되었다. 그의 은혜론과 복음의 관점을 봤을 때 그의 속죄론은 그리스도께서 하나님의 의를 현시하고 하나님의 통치를 회복하시기 위해 오셨다. "죄를 벌하시려고 오셨지, 인간 구원이 최고의 목적이 아니었다"는 통치론적 속죄론(governmental theory)의 주장과 기본적으로 유사하다. 라이트, 『바울의 복음을 말하다』, 95, 94-97, 147-148. 이 속죄론은 하나님께서 그리스도를 통해 이루신 "악의 권세"에 대한 "승리"를 염두에 둔 정의로 보여진다. Ibid., 94-97, 148. 이런 통치론적 속죄론은 하나님의 통치 회복이 최고의 목적이고, 그리스도를 통한 인간 구원 목적의 속죄는 2차적 문제이다. 참고. 강철홍, 『칭의』, 206-209, 224, 243, 247, 260. 이와 같이 라이트는 "바울에게 있어서 '복음'이란 개인적이고 비역사적 의미에서 '한 개인이 어떻게 구원을 받는가'에 대한 메시지가 아니었다는 것이다"라고 주장한다. 라이트, 『바울의 복음을 말하다』, 94, 147.

이를 비유로 다시 말하면, 감옥에서 범죄로 인해 형을 치르고 있는 죄인이, 특별 사면으로 죄 용서를 받는 경우도 이와 다르지 않다. 특별 사면을 받고 감옥에서 나와도 모든 사람에게 도덕적으로 의로운 사람이라는 칭호를 받을 수 없다. 그래서 아담 안에서 죄인 된 아담의 후손들도 예수님의 십자가 순종을 통한 죄 용서만으로는 하나님 앞에 의롭다 하심을 받을 수 없다.

(2) 새 언약의 대표자 예수님과 십자가 순종

예수님은 칭의와 십자가 순종의 관계에 대해 가르치신 적이 있으신가?
예수님은 의의 문제를 언급하신 적이 있으신가?
나는 이 질문들에 답변하기 위해 예수님의 말씀을 중심으로 3가지 핵심 질문을 제시해 보겠다.

첫째 질문은 세례와 연관이 있다.
예수님께서 세례 요한에게 세례를 받으시면서 "모든 의를 이루는 것이 합당하다"(마 3:15)고 하신 이유는 무엇일까?

> 예수께서 대답하여 가라사대 이제 허락하라 우리가 이와 같이 하여 모든 의를 이루는 것이 합당하니라 하신대 이에 요한이 허락하는지라 (마 3:15).

예수님이 세례를 받으시는 것과 모든 의를 이루는 것과 무슨 관계가 있나?
세례와 십자가의 죽으심이 무슨 관계가 있나?
모든 의를 이루신다는 것은 무엇을 뜻하나?

십자가에서 죽으심만이 죄인들의 의롭다 하심을 위한 유일한 조건이라는 뜻인가?

둘째 질문은 십자가와 관련되어 있다.

왜 예수님께서 십자가상에서 숨을 거두시기 전에 왜 "다 이루었다"라고 하셨을까?

예수님의 십자가상의 말씀은 십자가에 죽으심으로 죄인들의 의롭다 하심을 위한 모든 조건을 다 이루셨다는 뜻인가?

아직 숨을 거두시기 전에 "다 이루셨다"라고 하셨다.

죽으시고 부활도 하셔야 하지 않는가?

> 예수께서 신 포도주를 받으신 후 가라사대 다 이루었다 하시고 머리를 숙이시고 영혼이 돌아가시니라(요 19:30).

셋째 질문은 모세 율법과 관련되어 있다. 예수님은 공생애 초기에 모세 율법에 대해 말씀하셨다. 그러나 예수님께서는 공생애 초기에 십자가 순종에 대해서는 언급하지 않으셨다.[3] 오히려 예수님께서는 "모세의 율법과 선지자를 완전케" 하려고 오셨다(마 5:17)고 말씀하셨다.[4]

완전케 하신다는 말씀은 십자가 사건만을 뜻하신 것일까?

---

[3] 모세 율법과 십자가 순종과의 관계는 앞으로 다룰 '좁은 의미의 완전한 순종(율법 중심)'을 참조하라.

[4] 이 마태복음 5:17에 관련된 논의는 '좁은 의미와 넓은 의미의 완전한 순종'에서 계속할 것이다. 특히 '넓은 의미의 완전한 순종의 삶'을 참조하라.

> 내가 율법이나 선지자나 폐하러 온 줄로 생각지 말라 폐하러 온 것이 아니요 완전
> 케 하려 함이로다 (마 5:17).

이 본문은 기본적으로 천국 입성과 의의 문제에 대한 가르침이다. 예수님은 여기서 아직 십자가의 죽으심을 말씀하지 않으셨다. 예수님께서는 천국에 입성하는 조건으로 서기관과 바리새인의 의보다 월등한 의를 제시하신다 (마 5:19-20). 예수님에 의하면, 천국에 입성하려면 말씀 순종이 이들보다 훨씬 월등해야 한다 (마 5:20). 분명히 십자가 순종만을 뜻하는 것이 아니다. 마태복음 5:17에서 예수님께서 이 땅에 오심은 모세 율법의 말씀과 선지자들의 말씀을 다 이루려고 오신 것이라고 말씀하신다.

예수님께서 부활하셔서 주신 누가복음 24:44 말씀도 마태복음 5:17과 다르지 않다.[5] 부활하신 예수님께서 "모세의 율법과 선지자의 글과 시편"에 예수님에 대한 기록된 모든 말씀의 성취를 말씀하셨다. 따라서 예수님의 초림은 모세 율법의 말씀과 예수님에 대한 모든 말씀을 이루시기 위해 오신 것이다.

그렇다면 십자가의 죽으심이 "모세의 율법과 선지자와 시편 말씀"을 다 이루신 것인가?

여기서도 예수님께서는 십자가 순종을 다시 강조하시지 않으셨다.

> 또 이르시되 내가 너희와 함께 있을 때에 너희에게 말한바 곧 모세의 율법과 선지자의 글과 시편에 나를 가리켜 기록된 모든 것이 이루어져야 하리라 한 말이 이것이라 하시고 (눅 24:44).

---

[5] 앞으로 본서 본서 제2장에서 '좁은 의미와 넓은 의미의 완전한 순종'을 논의할 때 이를 다시 다룰 것이다.

만약 십자가의 죽으심만으로 죄인들이 '의롭다 함'을 받을 수 있다면, 예수님이 이 구절들에서 단지 십자가를 통한 죄 용서만을 계속 강조하시지 않으셨을까?

우리는 지금까지 십자가 순종이 칭의의 유일한 조건인가를 살펴보았다. 우리의 간략한 분석의 결론은 십자가 순종은 죄인들의 칭의의 조건이 될 수 없다는 것이다. 앞으로 이 십자가 순종은 좁은 의미의 완전한 순종에서 더 분명하게 논의할 것이다.

이제 이 결론을 가지고 위의 3가지 질문에 대한 답변과 함께 예수님의 완전한 순종의 필요성을 살펴볼 것이다. 그리고 이어서 완전한 순종의 좁은 의미와 넓은 의미를 논의할 것이다.

2) 예수 그리스도의 완전한 순종의 필요성

이제 우리는 십자가 순종에 대한 결론이 종교개혁자들의 칭의론과 긴밀하게 연관되어 있다는 것을 주목할 필요가 있다. 즉, 성경은 죄인들의 칭의는 십자가 순종만으로는 해결될 수 없다고 가르친다. 십자가의 죄 용서만으로는 죄인들이 하나님 앞에 의롭다 하심을 받을 수 없다.

이런 주장은 예수 그리스도의 구속 사역의 가치를 축소시키는 행위가 될 수 있다. 왜냐하면 예수님의 구속 사역은 십자가 순종을 포함해 전 생애를 통한 엄청난 희생과 순종을 통해 이루어졌기 때문이다. 죄인들의 칭의도 예수님의 전 생애를 통한 완전한 말씀 순종으로 이루셨다. 물론 바울도 십자가의 죄 용서가 우리를 의롭다 하심에 기여했다는 것을 알았다(롬 5:9).

> 그러면 이제 우리가 그 피를 인하여 의롭다 하심을 얻었은즉 더욱 그로 말미암아 진노하심에서 구원을 얻을 것이니(롬 5:9).
>
> 한 사람의 순종치 아니함으로 많은 사람이 죄인 된 것 같이 한 사람의 순종하심으로 많은 사람이 의인이 되리라(롬 5:19).

새 언약의 중보자 예수님의 십자가는 하나님께서 죄인들의 죄에 대한 하나님의 심판하시는 의의 형벌의 장소임에는 틀림없다(롬 5:9). 따라서 십자가 순종을 통한 죄 용서는 죄인들의 죄를 사해 주신 곳이기에 죄인들을 의롭다 하심에 기여한 것도 사실이다.

그러나 우리는 로마서를 좀 더 주의 깊게 분석할 필요가 있다.[6] 이 로마서에 대한 분석은 죄 용서의 문제와 의의 문제가 예수님의 완전한 순종을 통해서만 해결될 수 있다는 것을 볼 수 있게 할 것이다.

죄인들의 칭의는 예수님 전 생애를 통한 모든 말씀의 완전한 순종을 통해 이루어졌다.

누가 이 전 생애를 통한 완전한 순종을 다만 십자가 사건만으로 국한시키려 하는가?

이 엄청난 하나님 은혜의 역사를 십자가 사건만으로 축소시키려고 하는 것은 비성경적이다.

종교개혁자들이 칭의론에서 예수님의 의의 필요성을 인지한 것이 기독교 역사에 큰 공헌을 한 이유다. 우리 인간들 안에는 하나님 앞에 인정받을 수 있는 예수님의 의와 동등하게 받아들일 만한 말씀 순종의 능력이 없다. 하나님이 인정하실 의로운 행위를 할 능력이 우리 안에는 없다. 즉, 우

---

[6] DG, 219; 『복음』, 88. 로마서 3:5과 3:25-26은 이 심판하시는 하나님의 의를 나타낸다. 이런 면에서 죄인들의 칭의는 '하나님의 거룩과 의'를 변호하고 있다. FA, 171-2.

리의 의롭다 하심(칭의)을 위해서 예수님의 완전한 말씀 순종을 통한 공로가 필요하다. 예수님의 완전한 말씀 순종을 통해 이루신 예수 그리스도의 완전한 의(righteousness)는 우리 밖에서(*extra nos*, outside of us) 와야만 하는 것이다. 죄인들은 오직 하나님의 은혜로 예수님의 완전한 순종의 공로 때문에 의롭다 하심을 받는다.[7]

한편으로는 성경에서 하나님의 언약은 항상 거룩하고 의롭고 선한 말씀 순종(롬 7:12)을 요구한다.
다른 한편으로는 하나님의 언약들 저변에는 죄인들을 위한 예수님의 순종에 대한 기대가 깊게 흐르고 있다.

그래서 예수님께서는 우리들을 대신해 언약들의 저변에 흐르고 있던 말씀 순종의 기대를 이루셨다. 하나님 아버지가 주신 모든 말씀을 순종하셔서 그 모든 의의 기준을 만족시켜 드리셨다.[8] 예수님께서는 죄인들을 대신해서 죄인들을 위해 완전한 의를 획득하신 것이다. 오직 예수님만이 하실 수 있는 일이다.

로마서 3:21-22에서 성경은 예수님의 의를 이렇게 말한다.

---

[7] 칼빈은 로마서 4:25에서 예수님의 순종을 통해 획득하신 의의 필요성을 강하게 주장한다. CER, 185. 예수님께서는 구원을 위해 필요한 모든 의(마 3:15)를 이루셨다. 『조직신학 II』, 163. 참고, CER, 146(롬 3:26), 197(롬 5:8-9), 208(롬 5:16), 212(롬 5:19).

[8] 하나님의 의의 기준을 위해 제1권 '제3장 영원하신 하나님의 의'를 보라. 누구든지 이 기준에 통과된 행위를 해야만 하나님 앞에 의롭다 함을 받을 수 있다. 물론 이 기준은 어떤 특정 사회나 국가의 법적 체계나 의의 기준이 아니다. 이는 오직 전지전능하시고 완전하신 하나님만의 기준이다.

이제는 율법 외에 하나님의 한 의가 나타났으니 율법과 선지자들에게 증거를 받은 것이라 곧 예수 그리스도를 믿음으로 말미암아 모든 믿는 자에게 미치는 하나님의 의니 차별이 없느니라(롬 3:21-22).

이 본문의 의는 예수님의 완전한 순종을 통해 이루신 우리들을 위한 예수님의 완전한 의다.[9] 앞서 보았듯이, 이 예수님의 완전한 의가 구원과 영생과 칭의의 기초다.[10] 따라서 누가복음 10:25-37(예수님)과 로마서 1:18-3:20과 3:21-22(바울)과 같은 본문들은 죄인들의 칭의를 위한 메시아 예수 그리스도의 완전한 순종의 필요성을 말한다. 이를 다시 정리한 것이 아래 표 2-B이다.

종교개혁자들의 칭의를 위한 조건	"칭의와 하나님 나라 시리즈"의 칭의를 위한 조건	
죄 용서 예수 그리스도의 의 ⇨	예수 그리스도의 완전한 순종	칭의를 위한 십자가의 말씀 순종(롬 5:9; 고후 5:21)[11]
		칭의를 위한 모든 말씀 순종(롬 5:18)[12]

표 2-B 죄인들을 위한 칭의(의롭다 하심)를 위한 조건

---

9 RD, 4:226-27; 4:452-454.
10 RD, 3:393-398; 4:635.
11 "그러면 이제 우리가 그 피를 인하여 의롭다 하심을 얻었은즉 더욱 그로 말미암아 진노하심에서 구원을 얻을 것이니"(롬 5:9).
"하나님이 죄를 알지도 못하신 자로 우리를 대신하여 죄를 삼으신 것은 우리로 하여금 저의 안에서 하나님의 의가 되게 하려 하심이니라"(고후 5:21).
12 "그런즉 한 범죄로 많은 사람이 정죄에 이른 것 같이 의의 한 행동으로 말미암아 많은 사람이 의롭다 하심을 받아 생명에 이르렀느니라"(롬 5:18).

이제 우리가 칭의의 조건들을 찾기에 왜 예수님의 완전한 순종이 가장 성경적인지를 4가지로 간략하게 요약해 보겠다.

첫째, 예수님의 완전한 순종은 하나님 나라와 연결해 준다.
둘째, 예수님의 완전한 순종은 성경 전체를 하나로 연결해 준다.
셋째, 예수님의 완전한 순종은 하나님의 은혜와 인간의 책임성의 관계를 가장 균형 있게 보여 주는 원형(the prototype)이다.[13]
넷째, 예수님의 완전한 순종은 언약적·법적으로 연합과 전가의 기초가 된다.

2. 칭의와 예수 그리스도의 완전한 순종

우리가 지금까지 본 대로 예수님의 완전한 순종은 의롭다 하심(칭의)의 유일한 근거다. 이제 완전한 순종의 의미를 좁은 의미와 넓은 의미로 더 논의하기 전에 먼저 이에 대한 칼빈의 주장을 살펴보기를 원한다.

칼빈은 예수님의 순종에 대해 무엇이라고 했는가?

우리는 앞서 칼빈이 『기독교 강요』에서 예수님의 순종을 칭의의 조건들인 죄 용서와 예수님의 의의 전가의 기초로 보았다고 했다. 칼빈은 예수님께서 "전 순종의 과정"을 통해 우리를 위한 의(righteousness)를 얻으셨다고 말한다.

---

[13] 참고. DSHR, 203. 예수님의 완전한 순종은 칭의를 통한 하나님의 주권적 은혜와 인간의 믿음 순종의 책임성에 대한 우리 믿음의 삶의 최고 모델이다.

이제 누가 묻는다.

"그리스도께서 어떻게 죄를 철폐하시고, 우리와 하나님 사이를 분리한 것을 없애 버리시고, 하나님께서 우리를 인자하고 친근하게 대하시게 하는 의(righteousness)를 얻으셨는가?"

우리는 이에 대해 일반적으로 "그리스도께서 **전 순종의 과정**(the whole course of his obedience)에 의해 이를 이루셨다"라고 답할 수 있다.[14]

칼빈은 예수님께서 "**전 순종의 과정**"(the whole course of his obedience)에 의해 죄인들을 위한 예수님의 의를 취득하셨다고 바르게 주장했다. 그는 예수님의 순종을 통해 획득하신 죄 용서와 예수님의 의가 칭의의 조건이라고 믿는다. 칼빈은 예수님의 순종으로 획득하신 완전한 의가 하나님의 은혜로만 죄인들에게 전달(연합과 전가)된다고 설명한다.[15] 칼빈의 이 "전 순종의 과정"의 의미는 하이델베르그 교리문답에서 "완전한 순종"으로 표현된다.[16]

우리가 지금까지 살펴본 바대로, 칼빈의 "전 순종의 과정"이나 하이델베르그 교리문답(1653)의 "완전한 순종"과 웨스트민스터 신앙고백서(1646)의 "순종"은 칭의의 조건에 대해, 성경의 "순종"을 같은 방식으로 해석한

---

14 이 본문은 저자의 번역과 강조다. *Institutes*, 2.16.5, 507.
15 칼빈은 이렇게 칭의의 조건들인 죄 용서와 예수님의 의가 예수 그리스도와의 하나 됨(연합)과 전가(옮겨짐)로 죄인들에게 전달되는 것으로 증명하려고 했다. 이 죄인들의 죄가 예수님께로 옮겨지고, 예수님의 의가 죄인들에게 옮겨지는 것을 "이중 전가"(the double transfer)라 부른다. 『칭의』, 125-136, 23, 112, 133, 194, 314, 395, 448; 『복음』, 194-233, 152, 157, 165, 166. 이는 종교개혁자들의 이중 전가론이다. 우리는 말씀 순종의 관점으로 종교개혁자들의 이중 전가를 하나로 합쳐서 '예수님의 완전한 순종의 전가'라 부를 것이다. 연합과 전가는 앞으로 본서 제3장에서 더 자세하게 다룰 것이다.
16 하이델베르그 교리문답은 죄인들의 칭의를 위한 예수님의 순종을 완전한 순종(perfectly obedient)의 의미로 말한다. ECRC, 38.

다.[17] 이 해석은 지금까지 우리가 칭의의 조건에 대해 본 결론과 다르지 않다. 즉, 죄인들의 칭의의 조건은 예수님의 완전한 순종의 전가라는 것에 서로 동의하는 것이다. 여기서 좁은 의미와 넓은 의미의 완전한 순종에 대해 살펴보기 전에 한 가지 분명하게 해 둘 것이 있다.

예수님의 완전한 순종은 무엇에 대한 완전한 순종인가?

여기서 '순종'은 하나님 말씀에 대한 완전한 순종이다.

구체적으로 무슨 말씀을 뜻하는가?

구약에 나타난 예수님에 대한 모든 말씀을 완전히 순종함이다. 다시 말하면, 하나님께서 예수님에게 주신 모든 명령의 말씀을 완전히 순종하신 것이다. 따라서 여기서 '순종'은 '예수님의 완전한 말씀 순종'이라는 뜻이다.

예수님의 완전한 순종에 대한 논의는 우리가 성경 전체의 큰 그림을 볼 수 있도록 도와줄 것이다. 특히 좁은 의미와 넓은 의미로 완전한 순종에 대한 관찰은 하나님의 사랑을 더 깊게 알게 해 줄 것이다. 이 관찰은 성경이 칭의의 조건인 예수님의 완전한 순종(통일성)을 말씀 순종의 개념으로 다양하게 가르치고 있다는 것(다양성)도 보게 할 것이다. 이런 관찰과 분석을 통해 독자들이 하나님과의 관계가 더 가까워지고, 하나님의 사랑에 대한 호기심이 더 많이 일어나기를 바란다.

17　*Institutes*, 2.16.5, 507; ECRC, 38; WCF, 66-67. 조나단 에드워즈(Jonathan Edwards)도 앞서 본 중세 신학의 "내재적 의"(inherent righteousness)에 반대해 "그리스도의 완전한 순종"(Christ's perfect obedience)의 전가를 말한다. EJFA, 63; 『칭의』, 171-174.

1) 좁은 의미의 완전한 순종(모세 율법 중심)

왜 좁은 의미의 완전한 순종(모세 율법 중심)을 아는 것이 중요한가?

율법은 성경 전체를 해석하는 데 가장 중요한 핵심 용어들(keywords) 중에 하나이기 때문이다. 율법이 성경 해석에서 차지하는 그 중요성은 아무리 강조해도 지나치지 않다. 율법을 바로 알아야 복음도 바로 이해할 수 있다. 율법을 알아야 예수님의 완전한 순종의 필요성도 구체적으로 알 수 있다. 물론 복음을 알아야 율법도 바로 이해할 수 있지만, 그 반대도 맞다는 뜻이다.

그래서 우리는 모세 율법에서 예수님의 완전한 순종에 대해 무엇을 말하는지 살펴볼 필요가 있다. 따라서 성경 전체의 주요 요지를 이해하기를 원하는 사람도 기본적으로 율법부터 이해해야 한다.

앞서 본 것처럼, 이스라엘이라는 나라에 주신 율법은 하나님께서 하나님 나라의 법적 통치의 수단으로 하나님의 말씀을 사용하신다는 것을 보여 준다. 하나님은 율법 말씀을 지키는 자들에게 복을 약속하셨고, 불순종하는 자들에게 벌과 고통을 약속하셨다. 그러나 율법은 하나님의 자녀가 될 수 있는 것에 대한 약속은 아니었다는 것도 잊지 말아야 한다.

우리가 예수님 안에서 율법을 보면 우리가 어떻게 하나님의 자녀가 되는지도 볼 수 있다. 즉, 예수님 안에서 율법을 다시 보면, 율법이 의롭다 하심(칭의)을 받기 위한 말씀 순종의 기준을 제공한다는 것을 볼 수 있다.

우리가 예수님 순종의 관점으로 율법을 보면 우리는 매우 흥미로운 점들을 발견할 수 있다. 우리는 율법 안에서 세상에서는 서로 공존할 수 없는 상반된 사랑(love)과 의(righteousness)가 긴밀하게 연관되어 있는 것을 발견할 수 있는 것이다. 그리고 우리가 예수님의 순종을 통해 모세 율법을 보면, 우리는 하나님의 언약에서 발견되는 하나님과 인격적 관계도 볼 수 있다. 우리가 예수님의 순종 관점에서 보면 모세 율법에 나타난 하나님의 의와 하나님의 사랑을 더 분명히 볼 수 있는 것이다.

첫째, 하나님의 의
첫째, 하나님의 사랑

따라서 만약 율법에 나타난 의와 사랑의 요소들을 보기를 원한다면, 예수님 안에서 율법을 다시 살펴봐야 한다. 예수님 안에서 모세 율법 안에 있는 하나님의 의와 하나님의 사랑을 같이 발견할 수 있기 때문이다. 예수님 안에서 하나님의 의와 하나님의 사랑이 서로 상반된 것이 아니라는 사실을 주목하기 바란다.

하나님은 우리를 사랑하시기 때문에 우리가 죄에 빠지지 않도록 말씀을 주셨다. 같은 이유로 하나님은 이스라엘 백성에게 죄에 빠지지 않도록 율법을 주셨다. 사랑하시기 때문에 우리에게도 이스라엘 백성에게도 명령의 말씀을 주신 것이다. 이 비밀이 예수님의 구속 사역을 통해 분명히 밝혀졌다.

예수님이 하나님의 의에 기초한 율법의 말씀을 순종하심은 오직 우리를 위한 것이었다. 하나님의 의의 기준에 따라 순종하시고 하나님의 사랑을 증명하신 것이다. 이런 면에서 예수님을 믿는 자들에게 율법은 은혜를 가져온다. 하나님의 자녀들은 율법이 사랑의 법으로 다시 보이기 시작한다는 것이다. 그래서 예수님의 사랑을 알면 알수록 율법의 말씀을 감사함으로 지키게 된다(롬 8:1-4).

예수님의 완전한 순종을 통해 모든 믿는 자를 위해 이루신 의(righteousness)의 의미를 찾게 된다. 우리가 좁은 의미의 완전한 순종으로 모세 율법을 보면 예수 그리스도를 발견하게 되는 것이다(롬 10:4).

> 그리스도는 모든 믿는 자에게 의를 이루기 위하여 율법의 마침이 되시니라 (롬 10:4).

이 좁은 의미로 보는 예수님의 순종은 우리를 대신해 행하신 율법 말씀의 "완전하고 절대적인 순종"(perfect and absolute obedience to the law)이다.[18] 예수님의 완전한 순종은 죄인들의 칭의를 위해 율법이 요구하는 모든 하나님의 의의 요구를 완전히 만족시키셨다.[19] 이 예수님의 순종은 율법을 완전케 하신 말씀 순종이다(마 3:15, 5:17-20).[20] 그리고 이것은 우리의 칭의를 위해 "우리가 행해야 할 완전한 순종"이었다.[21] 이것이 좁은 의미의 완전한 순종이다. 모든 율법 말씀의 완전한 순종의 요구를 이루신 예수님은 우리의 칭의를 위한 완전한 의를 이루신 것이다.

앞서 보았듯이, 많은 신학자가 죄인들의 칭의의 유일한 조건으로 십자가 순종만을 말한다. 그들의 관점에서는 칭의를 위한 예수님의 순종은 오직 십자가 순종이라는 뜻이다. 이제 이들의 주장이 성경적으로 어떻게 잘못되었는지 함께 살펴볼 것이다. 그리고 칭의에서 좁은 의미의 완전한 순

---

[18] 이는 칼빈의 로마서 3:22에 대한 설명이다. CER, 138.
"곧 예수 그리스도를 믿음으로 말미암아 모든 믿는 자에게 미치는 하나님의 의니 차별이 없느니라"(롬 3:22).

[19] CER, 141, 152(롬 2:23), 212-13(롬 5:19).

[20] 『복음』, 84-94, 156-68, 188, 200, 214, 250.

[21] 『복음』, 188.

종의 의미를 찾기 위해 예수님의 십자가 순종의 의미와 예수님께서 행하신 사랑의 의미를 분석해 볼 것이다. 이제 우리는 율법 안에 존재하는 의와 사랑의 요소를 예수님의 순종 관점에서 크게 두 부분으로 다시 나누어 볼 것이다.

첫째, 율법 안에 형벌의 말씀을 이루신 순종: 십자가 순종
둘째, 율법 안에 사랑의 말씀을 이루신 순종: 하나님 사랑·이웃 사랑

(1) 율법 안에 형벌의 말씀을 이루신 순종: 십자가 순종

이제 율법과 십자가 순종과의 관계를 살펴보도록 하자. 하나님은 죄인들의 죄에 대한 형을 십자가에서 집행하셨다. 그 이유는 십자가에서 죄인들의 죄를 사하셔야만 그들을 하나님의 자녀로 삼으실 수 있기 때문이다. 이렇게 십자가는 모세 율법에 나타난 엄정하신 하나님의 의의 법을 집행하신 장소다.

십자가는 참으로 가혹한 형벌이 예수님께 쏟아 부어진 곳이다. 그래서 십자가는 죄들에 대해 자신의 법에 따라 반드시 실행하시는 의로우신 하나님의 속성을 가장 잘 보여 주는 곳이다. 그런데 하나님은 죄인들의 죗값을 독생자 예수님의 십자가에게서 찾으신 것이다. 예수님께서는 십자가에서 너무도 가혹한 형벌을 우리 대신 당하셨다. 따라서 예수님 안에서 모세 율법의 제사법에서 우리는 죄에 대한 형벌을 당하신 이 예수님의 십자가를 보아야 한다.

모세 율법은 하나님 나라 법의 예표로 하나님의 법적 의의 구조를 가장 잘 보여 준다.[22] 우리가 제1권 제2-3장에서 보았듯이, 모세 율법은 사회법(재판법: 출 21:1-23:13), 제사법(의식법: 출 25:1-30:38; 레 1:1-8:36, 16:1-34; 민 15:1-31) 그리고 도덕법(하나님 사랑과 이웃 사랑: 출 20:1-17)으로 구성되었다. 모세 율법과 십계명은 예수님께서 이 땅에 오시기까지 한 나라의 법으로서 이스라엘이라는 나라를 이끌어 갔다.[23] 여기서 우리가 주목할 사실은 이스라엘이 하나님 앞에 죄를 범할 때마다 하나님께서는 진노를 나타내셨다는 것이다(민 16:22; 대하 6:36; 전 5:6; 사 64:5).

> 범죄치 아니하는 사람이 없사오니 저희가 주께 범죄함으로 주께서 저희에게 진노하사 저희를 적국에게 붙이시매 적국이 저희를 사로잡아 원근을 물론하고 적국의 땅으로 끌어간 후에(왕상 8:46).
>
> 무릇 어느 성읍에 거한 너희 형제가 혹 피를 흘림이나 혹 율법이나 계명이나 율례나 규례를 인하여 너희에게 와서 송사하거든 저희를 경계하여 여호와께 죄를 얻지 않게 하여 너희와 너희 형제에게 진노하심이 임하지 말게 하라 너희가 이렇게 행하면 죄가 없으리라(대하 19:10).

이 본문들은 죄에 대한 하나님의 진노하심을 말해 준다. 모세 율법의 제사법(의식법: 출 25:1-30:38; 레 1:1-8:36, 16:1-34; 민 15:1-31)도 하나님의 죄에 대한 진노하심을 상세하고 가혹하게 보여 준다. 구약에서 나타난 죄에 대한 하나님의 진노하심의 결과는 재앙의 형벌이나 죽음의 형벌이다(참고.

---

22 제1권 '제2장 언약의 나라' 중 '4) 모세 언약'에서 '(2) 모세 율법'을 보라.
23 SBA, 56-57.

창 2:16-18). 특히 율법은 죄에 대한 형벌의 심각성뿐만 아니라 죄인들의 죄 용서의 필요성을 심각하게 보여 준다. 예수님은 율법의 제사법이 보여 주는 죄 용서에 대한 대가를 십자가에서 지불하신 것이다(마 5:17-18). 이런 면에서 마태복음 5:17은 예수님이 율법을 완전케 하러 오셨다고 말한다. 제사법도 완전케 하러 오신 것이다.

> 내가 율법이나 선지자나 폐하러 온 줄로 생각지 말라 폐하러 온 것이 아니요 완전 케 하려 함이로다(마 5:17).

예수님이 오시기 전에 이스라엘 백성은 제사법의 말씀대로 자신들의 죄에 대한 하나님의 진노를 가라앉히기 위해 동물로 희생 제물을 하나님께 드렸다. 예수님이 오신 후에도 신약에서 죄에 대한 하나님의 진노는 사라진 것이 아니다. 다만 신약은 하나님의 진노가 쏟아지는 장소로 십자가를 소개하고 있을 뿐이다. 예수님을 믿지 않으면 죄에 대한 하나님의 진노는 영원히 사라지지 않는다. 로마서 4:15에서 성경은 율법에 나타난 죄에 대한 하나님의 진노를 이렇게 말한다(롬 1:18, 3:20, 4:15; 골 3:5-6).[24]

> 율법은 진노를 이루게 하나니 율법이 없는 곳에는 범함도 없느니라(롬 4:15).

만약 하나님이 우리에게 모세 율법을 주시지 않았으면 어떤 일이 일어났을까?

---

[24] "그러므로 땅에 있는 지체를 죽이라 곧 음란과 부정과 사욕과 악한 정욕과 탐심이니 탐심은 우상 숭배니라 이것들을 인하여 하나님의 진노가 임하느니라"(골 3:5-6).

모세 율법이 없었으면 우리가 얼마나 크고 깊은 죄의 구덩이에서 구원을 받았는지 알 수 없었을 것이다(롬 3:20). 모세 율법이 없었으면, 아직도 크신 예수님의 사랑을 모르고 심지어 그 사랑을 의심하고 있을지도 모른다. 따라서 모세 율법은 우리가 하나님의 깊으신 은혜를 이해하는 데 큰 도움을 준다. 다시 말하면, 우리가 모세 율법을 예수님 안에서 다시 볼 때 우리는 죄인들의 칭의가 얼마나 위대한 하나님의 사랑의 역사였는가를 볼 수 있는 것이다. 따라서 우리는 모세 율법을 알고 십자가를 봐야 한다.

십자가 순종

우리는 이제 십자가 순종에 대한 모세 율법과의 관계를 칭의의 측면에서 좀 더 논의할 필요가 있다. 칭의의 측면에서 율법을 가장 많이 논의한 사람은 역시 바울이다. 바울은 예수님이 십자가 순종으로 율법이 말하는 하나님의 진노의 형벌을 받으셨음을 말한다. 예수님의 십자가 죽으심은 죄인들의 저주(갈 3:10, 13)와 형벌을 담당하신 죽으심이다(롬 6:6).[25] 따라서 예수님의 십자가 순종은 죄인들의 칭의를 위해 필요한 말씀 순종이기도 하다(빌 2:8).

> 그리스도께서 우리를 위하여 저주를 받은바 되사 율법의 저주에서 우리를 속량하셨으니 기록된바 나무에 달린 자마다 저주 아래 있는 자라 하였음이라(갈 3:13).
>
> 우리가 알거니와 우리 옛 사람이 예수와 함께 십자가에 못 박힌 것은 죄의 몸이 멸하여 다시는 우리가 죄에게 종노릇하지 아니하려 함이니(롬 6:6).
>
> 사람의 모양으로 나타나셨으매 자기를 낮추시고 죽기까지 복종하셨으니 곧 십자가에 죽으심이라(빌 2:8).

---

25 『복음』, 215, 90-93.

이 본문들은 우리의 저주를 담당하신 십자가 순종을 말한다(고전 1:18; 골 1:20, 22; 골 2:15; 히 2:9).

한편으로는 예수님의 십자가 순종은 율법의 제사법이 말하는 죄와 저주를 담당하신 순종이다(마 26:28; 골 1:20). 예수님께서 우리 죄 때문에 십자가에서 피를 흘리시고 살을 찢는 엄청난 고통을 담당하신 것이다.

다른 한편으로는 십자가 순종은 이스라엘 백성에게 모세 율법을 주신 목적도 밝혀 주시는 순종이다. 앞서 보았듯이 모세 율법을 주신 목적은 죄 용서의 필요성과 메시아의 필요성에 대해 깨닫는 데 있었다. 모세 율법에서 메시아의 십자가 순종을 통한 죄 사함을 믿음으로 미리 보게 하신 것이다.

분명한 것은 십자가 순종이 죄에 대한 하나님의 심판하시는 의의 기준을 만족시킨 것이다. 따라서 예수님께서 하나님의 죄에 대한 진노하심을 담당하지 않으셨다면 죄인들의 칭의는 완전히 이뤄질 수 없었다(롬 5:9). 이런 이유에서 십자가 순종을 통한 죄 사함은 칭의를 위해서도 필요하다(마 26:28; 롬 3:23-26, 5:9; 고후 5:21). 로마서 5:9에서 성경은 칭의를 위한 십자가 순종을 말한다.

> 그러면 이제 우리가 그 피를 인하여 의롭다 하심을 얻었은즉 더욱 그로 말미암아 진노하심에서 구원을 얻을 것이니 (롬 5:9).

그러나 우리가 지금까지 본 바대로 십자가 순종이 죄인들의 칭의를 위한 모든 조건을 다 이룬 것은 아니다. 하나님께 죄인들이 의롭다 하심을 받는다는 것은 죄 용서와는 다른 차원의 문제이기 때문이다. 누구든지 하나님이 인정하시는 의로운 행위 없이 죄 용서만으로는 하나님 앞에 의롭다 하심을 받을 수 없다는 의미다. 십자가 순종이 율법의 제사법이 말하는 요구와 저주에서 자유하게 된 것은 분명한 사실이다.[26]

하지만 죄 용서만으로는 율법의 도덕법이 요구하는 하나님 사랑과 이웃 사랑을 행하는 요구에 대해서는 자유하지 못하다.[27] 그래서 로마서 2:13은 율법의 도덕법이 말하는 요구를 만족시킨 자를 "오직 율법을 행하는 자"라 부른다.

> 하나님 앞에서는 율법을 듣는 자가 의인이 아니요 오직 율법을 행하는 자라야 의롭다 하심을 얻으리니(롬 2:13).

이 본문에 의하면 십자가 순종은 제사법이 말하는 죄 용서의 부분만 해결한 것이다. 누구든지 하나님 앞에 의롭다 하심을 받으려면 율법이 말하는 모든 순종의 요구를 이루어야 한다. 칭의는 예수님의 완전한 순종으로 이루신 완전한 의의 선물을 받지 않고는 불가능한 것이다(롬 3:21-22; 고전 6:11).[28] 로마서 3:21-22에서 이 '완전한 의'를 예수님이 우리를 위해 이루신 "하나님의 의"라고 말한다.

---

[26] ORF, 466-467.
[27] 이는 다음에 논의할 '(2) 율법 안에 사랑의 말씀을 이루신 순종: 하나님 사랑·이웃 사랑'에서 더 자세히 살펴볼 것이다.
[28] ORF, 466-467.

이제는 율법 외에 하나님의 한 의가 나타났으니 율법과 선지자들에게 증거를 받은 것이라 곧 예수 그리스도를 믿음으로 말미암아 모든 믿는 자에게 미치는 하나님의 의니 차별이 없느니라(롬 3:21-22).

결론적으로, 모세 율법에서 제사법이 보여 준 하나님의 심판하시는 의는 죄 용서의 필요성을 밝혀 준다. 그래서 모세 율법에 따르면 십자가는 하나님의 심판하시는 의에 대한 형벌이 실행된 곳이다. 새 언약의 대표자인 예수님은 십자가에서 죽으심으로 율법에 나타난 죄인들이 담당해야 할 죄와 저주에 대한 모든 형벌을 대신 담당하신 것이다(롬 3:5, 25-26). 예수님은 십자가의 죽으심으로 죄인들의 죗값을 지불하신 것이다(행 2:36; 롬 8:3, 6:6; 엡 2:16; 골 1:20). 따라서 우리는 십자가와 율법의 제사법에서 자신의 법에 따라 가혹하게 죄를 심판하시는 하나님의 의로운 속성을 발견한다.

더불어 우리가 감사한 것은 잔혹한 심판의 형벌을 집행하신 십자가에서 우리는 하나님의 크신 사랑을 발견한다는 것이다. 우리에게 십자가의 형벌이 잔혹하게 보이면 보일수록 하나님의 사랑이 더 크게 보이는 것이다(롬 8:31-39). 그래서 예수님을 믿는 자(요 3:16)는 하나님의 의의 심판에서 구원을 받은 자가 되었다(요 3:17-18). 모든 죄에 대한 모든 책임(죄책)에서 자유하게 된 것이다.

하나님은 새 언약의 대표자 예수님의 십자가 순종 때문에 우리 죄를 다 용서하신다. 우리는 십자가의 순종 때문에 우리 죄에 대한 형벌을 영원히 받을 필요가 없게 되었다. 사형 집행 장소인 십자가의 자리에서 오히려 죄인들의 칭의를 이루기 위해 예수님이 죽임을 당하셨다. 이렇게 해서 죄인들에게 하나님의 자녀가 되는 길이 열린 것이다(요 3:17-18).

하나님이 그 아들을 세상에 보내신 것은 세상을 심판하려 하심이 아니요 저로 말미암아 세상이 구원을 받게 하려 하심이라 저를 믿는 자는 심판을 받지 아니하는 것이요 믿지 아니하는 자는 하나님의 독생자의 이름을 믿지 아니하므로 벌써 심판을 받은 것이니라(요 3:17-18).

따라서 율법이 말하는 형벌의 말씀을 이루신 십자가 순종은 하나님께서 죄인들을 심판하시는 의를 만족시켜 드린 하나님의 사랑의 역사다. 하지만 칭의를 위해서는 십자가의 죄 용서가 다가 아니다. 물론 우리는 십자가 순종이 죄인들의 칭의를 위한 죄 용서의 문제를 해결했다는 데에는 동의했다. 하지만 앞서 본 아담의 불순종을 통한 의의 문제가 아직 남아 있다는 것을 잊지 말아야 한다.

이제 우리는 죄인들의 칭의를 위한 또 다른 조건에 대해 살펴볼 필요가 있다. 이는 율법의 도덕법이 말하는 하나님 사랑과 이웃 사랑을 행함에 대한 요구다. 이것에 대한 분석은 완전한 순종의 좁은 의미가 무엇을 뜻하는지를 더 분명히 할 것이다.

(2) 율법 안에 사랑의 말씀을 이루신 순종: 하나님 사랑·이웃 사랑

이제 좁은 의미의 완전한 순종을 좀 더 분명히 이해하기 위해 말씀 순종의 측면에서 더욱 구체적으로 살펴보겠다. 앞서 보았듯이, 이는 율법에 나타난 죄 용서의 필요성 이외에 하나님 앞에 완전한 의(righteousness)의 필요성에 관계된 문제이다. 여기서 완전한 의의 필요성은 율법에서 도덕법이 요구하는 것이다.

도덕법의 요구이자 모세 율법과 십계명의 요약은 하나님 사랑과 이웃 사랑이다. 제1권 제2장에서 보았듯이, 모세 율법에서 죄인들을 향한 하나님의 의의 요구가 하나님 사랑과 이웃 사랑으로 나타났던 것이다. 이 도덕법의 요구를 바로 이해하기 위해 우리는 로마서 2:13의 "오직 율법을 행하는 자"가 무슨 뜻인지 좀 더 살펴볼 필요가 있다.

> 하나님 앞에서는 율법을 듣는 자가 의인이 아니요 오직 율법을 행하는 자라야 의롭다 하심을 얻으리니(롬 2:13).

이 "오직 율법을 행하는 자"와 관련해 여기서 몇 가지 질문들을 제기할 수 있다.

우리가 하나님 앞에 의롭다 하심을 받으려면 모세 율법에 있는 모든 명령의 말씀을 다 순종해야만 하나?[29]

예수님께서도 모세 율법의 모든 명령의 말씀을 일일이 다 순종하셨나?

이 질문들에 답변하기 위해 먼저 예수님과 율법과 칭의를 살펴보고, 이어서 사도 바울과 율법과 칭의를 간략하게 볼 것이다.

① 예수님과 율법과 칭의

앞서 우리는 칭의의 완전한 조건으로 십자가 순종을 통한 죄 용서뿐만 아니라 죄인들의 의의 문제도 해결되어야 함을 보았다. 이제 우리는 이 의(righteousness)의 문제를 하나님께서 어떻게 해결하셨나에 대해 관찰하려 한다. 우리가 죄 용서 이외에 의의 문제를 잘 다루면 완전한 순종의 좁은 의

---

[29] 성경에는 모세 율법의 전체 숫자가 나와 있지 않지만, 연구한 사람들에 의하면 율법에는 총 613가지 명령이 있다고도 한다. 참고. John Sailhamer, *The Pentateuch as Narrative* (Grand Rapids, MI: Zondervan, 1992), 481. 하지만 여기서 우리의 주요 관심사는 몇 개의 하나님의 명령들이 있냐가 아니다. 우리는 칭의와 관계해서 하나님께서 모세 율법을 주신 목적과 그 주요 요지가 무엇인가를 바로 알아야 한다.

미를 좀 더 분명하게 할 수 있을 것이다. 이는 죄인들의 칭의를 모세 율법의 도덕법의 측면에서 분석하는 것이기도 하다. 감사하게도 예수님은 율법의 도덕법을 하나님 사랑과 이웃 사랑으로 요약해 주셨다(마 22:34-40; 막 12:28-34; 눅 10:25-27). 그래서 우리는 예수님이 죄인들의 의의 문제를 해결하기 위해 율법의 요약인 하나님 사랑·이웃 사랑을 행하셨나를 알아볼 필요가 있다.[30] 따라서 좁은 의미의 완전한 순종에서 가장 중요한 질문은 '예수님은 율법과 관련해서 칭의에서의 의의 문제를 언급하신 적이 있으신가?'이다.

칭의에 관련된 의(righteousness)라는 용어는 예수님의 공생애의 첫 말씀에 등장한다(마 3:15). 따라서 우리는 예수님께서 공생애를 시작하시자마자 세례 요한에게 세례를 받으시면서 하신 첫 말씀이 "모든 의"에 대한 것이라는 사실을 주목할 필요가 있다(마 3:15).[31] 흥미롭게도 마태복음 3:15은 '모든 의'를 이루시기 위해 십자가 순종 이외에 세례도 포함하는 것으로 보인다.

> 우리가 이와 같이 하여 모든 의를 이루는 것이 합당하니라(마 3:15).

물론 예수님께서 제자들을 부르시거나 설교를 처음으로 하시기 전이기에 이 말씀의 뜻이 정확히 무엇인지 질문한 사람이 있다는 기록은 없다. 예수님의 의에 대한 언급은 마태복음 5:17-20의 첫 설교에서 다시 등장한다(마 5:17-20). 이 설교도 흥미로운 것은 서기관과 바리새인의 의를 비판

---

30 CK, 292-293, 300-305.
31 CK, 292-293, 300-305. 율법의 순종을 '능동적 순종'(active obedience), 율법의 형벌을 받으신 것을 '수동적 순종'(passive obedience)이라고도 한다. 수동적 순종이라 함은 형벌을 받는 입장에서 수동적이라는 의미이다. 하지만 예수님께서는 자발적으로 순종하셨음을 기억하고 이 용어들을 접해야 한다. 예수님의 순종은 완전히 자발적인 말씀 순종이다. 하나님께서는 우리도 예수님처럼 자발적으로 말씀을 순종하기를 원하신다. 참고. 『칭의』, 192-193.

(마 5:20)하시면서 천국 입성의 조건과 율법을 연결하신다는 데에 있다(마 5:17-18). 예수님께서는 여기서 율법의 말씀을 순종하는 자들에게 임할 큰 복(마 5:19)을 약속하셨다.

> 내가 율법이나 선지자나 폐하러 온 줄로 생각지 말라 폐하러 온 것이 아니요 완전케 하려 함이로다 진실로 너희에게 이르노니 천지가 없어지기 전에는 율법의 일점 일획이라도 반드시 없어지지 아니하고 다 이루리라 그러므로 누구든지 이 계명 중에 지극히 작은 것 하나라도 버리고 또 그같이 사람을 가르치는 자는 천국에서 지극히 작다 일컬음을 받을 것이요 누구든지 이를 행하며 가르치는 자는 천국에서 크다 일컬음을 받으리라 내가 너희에게 이르노니 너희 의가 서기관과 바리새인보다 더 낫지 못하면 결단코 천국에 들어가지 못하리라(마 5:17-20).

여기서 우리가 주목할 것은 마태복음 5:17-20이 말하는 칭의(천국 입성)의 기본 조건이다. 이 예수님의 가르침의 중요성은 천국 입성의 조건의 기본틀을 율법 순종으로 제시하는 데 있기 때문이다. 더욱이 앞서 살펴본 대로 천국 입성의 조건과 칭의의 조건은 동일하기에 때문에 이 본문의 칭의에 대한 논의도 매우 중요하다. 이 본문은 율법 순종을 칭의의 조건을 위한 기본 틀도 제시한다.

따라서 마태복음 5:17-20은 우리가 좁은 의미의 완전한 순종에 대한 기본적인 의미를 설정하는 데 매우 중요한 구절이라 할 수 있다. 이 본문에 따르면 천국에 입성하기 위해 서기관이나 바리새인보다 나은 율법의 말씀 순종이 있어야 한다(마 5:17-20; 롬 2:13). 우선 여기서 천국 입성과 칭의의 조건에 대해 좀 더 분명하게 고찰해 볼 필요가 있다.

마태복음 5:17-20은 당시 오직 예수님만 죄인들의 칭의를 위한 완전한 조건을 알고 계셨다는 것을 말한다. 주님만 죄인들을 위해 율법 말씀의 완전한 순종의 필요성을 인지하고 계셨다는 것을 암시한다.

마태복음 3:15과 5:20의 "의"(righteousness)는 하나님이 천국에 입성할 자들에게 '요구하시는 모든 것'을 만족케 하는 '완전한 의'를 뜻한다.[32] 이 본문들은 예수님의 완전한 순종을 통해 이루실 완전한 의(perfect righteousness)의 필요성을 지적한다. 이 의는 죄인들의 칭의를 위해 율법에 나타난 하나님의 모든 의(righteousness)의 기준을 만족시킨 완전한 의다. 이 예수님의 완전한 의는 믿는 자들에게 하나님 나라에 입성할 수 있는 자격과 권리를 주는 의다(마 5:17-20; 롬 3:21-22).

천국 입성의 기준을 말하는 다른 본문은 마태복음 19:16-20(부자 청년의 이야기)이다. 부자 청년의 이야기는 이 기준을 더 분명하게 해 준다. 주님께서는 여기서 천국 입성의 조건을 설명하기 위해 율법과 영생을 사용하신다. 그러나 기본적으로 메시지의 핵심은 마태복음 5:17-20과 같다. 이 모든 표현(마 5:17-20; 19:16-22)은 천국 입성의 조건을 강조하는 것이다. 천국 입성의 조건은 영생의 조건이요 칭의의 조건이다.[33]

마태복음 19:16-17에서 예수님은 영생을 얻으려면 율법의 "계명들을 지키라"고 말씀하신다. 예수님은 부자 청년에게 "네가 영생을 얻으려면 십계명의 말씀을 순종하라"고 명령하신 것이다.

---

[32] CK, 290-296.
"너희는 먼저 그의 나라와 그의 의를 구하라 그리하면 이 모든 것을 너희에게 더하시리라(마 6:33)."

[33] 앞서 복음의 3가지 정의에서 보았듯이, 구원과 영생과 칭의의 조건은 다 같다. 우리는 여기서 이에 관련해 좀 더 논의할 것이다. 이를 위해 앞서 본 '2. 복음과 예수 그리스도'에서 복음의 정의 3가지를 참조하라. 참고. '부자 청년과 영생'(눅 18:18-30).

어떤 사람이 주께 와서 가로되 선생님이여 내가 무슨 선한 일을 하여야 영생을 얻으리이까 예수께서 가라사대 어찌하여 선한 일을 내게 묻느냐 선한 이는 오직 한 분이시니라 네가 생명에 들어가려면 계명들을 지키라 (마 19:16-17).

율법의 말씀을 순종하는 것과 구원이나 영생과 관계가 있나?
당연히 관계가 있다.
그렇다면 그 관계는 무엇인가?
제1권 제2장에서 보았듯이, 율법의 요약은 도덕법인 십계명이고, 십계명의 요약은 하나님 사랑·이웃 사랑이다(마 22:34-40; 막 12:28-34; 눅 10:25-27).[34] 마태복음 5:17-20(천국 입성 조건과 율법)과 19:16-22(영생과 율법)의 요지는 하나님 사랑·이웃 사랑을 행함이 영생의 조건이라는 뜻이다. 예수님은 여기서 율법으로 영생의 조건을 소개하신 것이다. 따라서 이 예수님의 가르침은 복음과 칭의의 조건을 이해하기 위해 매우 중요한 것이다.

더불어 우리는 위의 본문들이 구원에서 하나님의 주권도 강조한다는 것을 기억해야 한다. 죄인들이 영생을 얻는 것은 오직 하나님께서만 하실 수 있다(마 19:25-26).

그렇다면 하나님 사랑과 이웃 사랑의 말씀 순종이 죄인들의 칭의와도 관계가 있을까?

당연히 관계가 있다. 앞서 복음의 정의에서 보았듯이, 천국 입성과 영생과 칭의의 조건은 다 같다.[35]

---

[34] CK, 293; ICT, 168. 마태복음 22:34-40의 율법사 이야기도 모세 율법의 요약은 도덕법인 십계명이고, 십계명의 요약은 하나님 사랑·이웃 사랑임을 분명히 한다.

[35] CK, 293.

예수께서 가라사대 네 마음을 다하고 목숨을 다하고 뜻을 다하여 주 너의 하나님을 사랑하라 하셨으니 이것이 크고 첫째 되는 계명이요 둘째는 그와 같으니 네 이웃을 네 몸과 같이 사랑하라 하셨으니 이 두 계명이 온 율법과 선지자의 강령이니라 (마 22:37-40).

누가 의롭다 하심을 받았는지 어떻게 알 수 있을까?
예수님의 말씀(마 5:17-20, 19:16-22, 22:34-40)에 의하면, 하나님 사랑·이웃 사랑을 행함으로 모든 율법의 요구를 이룬 사람은 의롭다 하심을 받는다(마 19:25-26; 22:34-40). 그러나 문제는 인류 역사에서 과거에도 이 요구를 이룬 사람도 없고, 앞으로도 이룰 수 있는 사람도 전혀 없다는 것이다. 오직 예수님만이 이 영생의 조건을 이루실 수 있다.

오직 예수님만 우리가 영생을 얻고, 칭의(의롭다 하심)을 받을 수 있도록 하나님 사랑·이웃 사랑을 행하실 수 있다(마 5:17-20; 19:16-22, 19:25-26; 22:34-40). 이는 만고불변의 진리다. 오직 죄 없으신 오직 예수님만 이를 행하실 수 있는 것이다.

누가복음 10:25-37에서의 율법 전문가인 율법사의 영생에 대한 질문도 매우 흥미롭다. 율법 전문가가 목수인 예수님께 질문하기 때문이다. 여기서 예수님이 선한 사마리아의 비유로 영생과 모세 율법의 말씀 순종과 연결하시는 것도 평범하지가 않다. 그러나 율법사의 영생의 조건에 대한 질문은 부자 청년의 것과 본질적으로 같다. 우선 여기서도 율법과 영생의 용어를 사용하신다.

그리고 예수님께서 선한 사마리아 비유(눅 10:25-37)를 통해 '하나님 사랑과 이웃 사랑'이 모든 율법의 말씀이라고 가르치셨다. 예수님께서 부자 청년이야기처럼, 모세 율법의 정체를 밝히시고 율법의 말씀을 순종하는 자는 영생을 얻는다고 가르치신다. 예수님께서는 이 선한 사마리아 비유를 통해서도 영생과 칭의와 연관해 매우 중요한 2가지 가르침을 주신다.[36]

첫째, 하나님 사랑과 이웃 사랑은 모세 율법의 요약이다.
둘째, 하나님 사랑과 이웃 사랑은 영생의 조건이다.

예수님은 이렇게 영생의 조건과 함께 칭의의 조건도 밝히신다. 따라서 예수님의 부자 청년 이야기와 선한 사마리아인 이야기의 가르침(마 19:16-22; 눅 10:25-37)은 복음의 핵심인 칭의에 대한 가장 중요한 선언이라 할 수 있다. 이 가르침들은 율법을 사용해 영생과 칭의(의롭다 하심)를 받을 수 있는 기본 조건을 제시하기 때문이다.

그 기본 조건은 모세 율법 말씀의 완전한 순종이다. 다시 말하자면 모든 율법 말씀의 요약인 '하나님 사랑과 이웃 사랑'에의 말씀 순종이다. 누가복음 10:27에서 예수님은 복음의 핵심인 칭의를 받을 수 있는 방법도 소개하시는 것이다.

> 대답하여 가로되 네 마음을 다하며 목숨을 다하며 힘을 다하며 뜻을 다하여 주너의 하나님을 사랑하고 또한 네 이웃을 네 몸과 같이 사랑하라 하였나이다
> (눅 10:27).

우리는 예수님 당시에 위의 두 이야기를 칭의와 연결해 생각했던 사람들은 거의 없었을 것이라고 짐작할 수 있다. 그래서 성경 말씀을 깨닫게

---

[36] CK, 292-293, 300-305.

되는 것도 구원함을 받는 것도 의롭다 하심(칭의)를 받는 것도 오직 하나님만 하실 수 있다(마 19:25-26). 이제 우리는 칭의의 조건이 무엇인가 알게 되었다. 마태복음 19:16-22과 누가복음 10:25-37과 같은 본문은 예수님이 죄인들의 칭의를 위해 죄 용서의 문제와 죄인들의 의의 문제를 해결하러 오셨다는 것을 증명한다.

정리해서 요약하면, 성경은 예수님께서 죄인들의 의롭다 하심(칭의)을 위해 모세 율법의 모든 말씀을 순종하셨음을 가르친다. 예수님께서는 마태복음에서 자신의 삶을 통해 죄인들을 대신해 율법에 나타난 하나님의 의를 만족시키실 것을 말씀하신다. 예수님께서는 죄인들을 위해 자신의 완전한 순종을 통해 율법의 요구인 하나님 사랑·이웃 사랑에 대한 명령까지도 완전한 순종을 통해 완전한 의를 이루실 것을 미리 아셨다. 주님께서는 모세 율법 안에서 자신의 존재를 미리 보신 것이다. 이제 우리는 이 예수님의 가르침에 대한 바울의 설명을 살펴보도록 하자.

② 사도 바울과 율법과 칭의

예수님 다음으로 칭의론에 관해 주목해야 할 사람은 당연히 바울이다. 그는 예수님이 주신 복음의 참 뜻을 율법과 관계에서 누구보다 잘 이해했기 때문이다. 하나님은 바울을 사용하셔서 성경 전체와 복음의 핵심인 칭의를 연결해 설명하신다.

종교개혁자들은 오직 은혜로만의 칭의를 강조하면서 갈라디아서에 나타난 '율법의 행위'를 모든 율법 전체 순종을 가리키는 것이라 주장했다.[37] 이들은 사실 바울의 오직 하나님의 은혜로만의 칭의론에 동의한 것

---

37 종교개혁자들은 "율법의 행위"(갈 3:10)를 모든 율법 전체 순종을 기준으로 한다. 하지만 라이트(N. T. Wright)는 모든 율법의 순종을 '안식일, 음식법, 할례'로 제한하

이다. 예수님 앞에 나오기 전에 바울은 구약의 언약들과 모세 율법에 정통한 율법학자였다는 것은 잘 알려져 있다. 바울은 회심 후 성령님의 도우심으로 구약의 언약들, 모세 율법 그리고 예수님의 말씀과의 연관성을 찾아냈다. 예수님이 모세 율법과 복음의 중심이신 것을 알게 된 것이다. 그래서 누구보다도 바울은 예수님의 완전한 순종을 통한 칭의에 대해서도 정통한 사람이다. 따라서 우리는 죄인들의 칭의가 어떻게 가능한지 바울에게 물어야 할 것이다.

바울은 복음으로 아담 안에 있는 아담의 후손들과 예수님 안에 있는 하나님의 자녀들 사이의 엄청난 신분의 차이를 보았다. 그리고 그 차이를 결정 짓는 것은 인간의 행위가 아니라 오직 하나님의 은혜라는 것도 보았다. 위에서 보았듯이, 바울은 예수님을 통해 하나님께서 이스라엘 백성에게 하나님을 사랑하라고 모세 율법을 주신 것도 알게 되었다.[38] 누구든지 의롭다 하

는 실수를 범한다. 라이트, 『바울의 복음을 말하다』, 220; FA, 249-250. 라이트(N.T. Wright)의 주장처럼 바울은 율법의 행위를 식탁 교제나 할례나 음식법으로 제한하지 않는다. "민족주의"(nationalism)에 입각한 특정한 "경계표지들"(boundary marks)도 율법의 일부를 뜻하지 않는다. FA, 105-8, 239-252.
이런 신학적 오류는 라이트(N.T. Wright)가 대표적이다. 그는 모세 율법의 순종에 대해 외적 행위와 관련해서만 보고, 내적 행위(도덕법)와 관련해서는 보지 못한다. 그는 율법의 순종을 '모든 율법 말씀을 순종함'으로 보지 않기 때문이다. 이 견해는 모든 율법 말씀에 대한 예수님의 완전한 순종을 부분적 순종으로 본다. 이런 해석학적 접근은 실천을 강조함으로 인해, 공로주의적 칭의론, 유보적 칭의론이나 율법주의로 이끌 위험이 있다. 구원론에서 인간 행위의 공로를 인정하는 율법주의나 공로주의로 빠질 위험성이 매우 크다. 바울은 로마서와 갈라디아서에서 구원론과 칭의론에 관련해서 율법주의나 행위공로사상을 집중적으로 공격한다.
중세 로마교회의 해석도 율법의 행위를 '의식법'(ceremonial law)에 제한하였지만 루터나 캘빈 같은 종교개혁자들에게 바울의 율법 행위는 '모든 율법'(the entire law)을 포함 시킨다. FA, 42(각주 32). 참고. 루터와 캘빈의 견해에 대해 슈라이너(Shreiner)의 FA(Faith Alone)를 참고하라.

38 구약의 신명기에서는 '하나님 사랑'과 '말씀 순종'이 동의어로 사용되었다. 신명기에서 하나님을 사랑하는 자는 말씀을 순종한다.

심을 받으려면 죄 용서의 문제와 의의 문제를 해결해야 됨을 본 것이다.

바울은 예수님이 가르치신 복음과 칭의를 그의 서신서들에서 구체적으로 재해석해서 설명한다. 그의 서신서들은 사도들 중 율법학자 출신인 바울이 예수님의 말씀을 기초로 성경적 칭의론을 확립하였다는 것을 보여 준다. 그래서 우리는 그의 서신서들을 통해 복음의 핵심인 칭의가 예수님의 완전한 순종을 통해 모든 율법 말씀의 요구를 이루신 것을 잘 배울 수 있다(요 3:16; 마 5:17; 롬 1:17, 3:20-21, 8:1-4, 13:8-10; 갈 5:14). 이런 이유에서 바울의 깨달음은 우리에게도 매우 중요하다.[39]

바울의 서신서들에 나타난 칭의에 대한 설명이 왜 그렇게 중요한가?

바울은 현대 신학이 자랑하는 이성 능력을 중시하는 복잡하고 난해한 신학을 말하는 것이 아니기 때문이다. 그의 서신서들은 칭의에 대한 지식이 바울의 마음속까지 깊숙이 스며들어 있었을 뿐만 아니라, 그 살아 있는 진리 지식이 자신의 삶 속에서도 나타났다는 것을 증명하기 때문이다. 바울은 그 진리 지식대로 믿음으로 살면서 그것을 전파하고, 하나님의 말씀이 진리임을 증명한 인물이기 때문이다. 하나님은 이렇게 모세 율법으로 잘 훈련된 바울(빌 3:5; 행 22:3-4)을 사용하셔서 우리에게 오직 은혜로만의 칭의를 가르치신다(롬 3:20-24; 빌3:9).

바울의 서신서들의 주요 요점은 복음의 핵심인 예수님 안의 칭의다.[40] 바울이 구약과 신약을 예수님의 완전한 순종과 의롭다 하심(칭의)으로 연

---

39 당시 초대 교회의 율법에 대한 오해는 칭의론에 대한 매우 큰 논쟁을 일으켰다. 율법에 대한 바울의 깨달음은 사도행전 13장의 그의 설교에 잘 나타나 있다. 사도행전 13장에 기록된 초대 교회의 율법 논쟁은 본서 제2장 '2-2)-(1) 예수님의 완전한 순종의 삶'을 참조하라.

40 로마서는 하나님의 의의 기준으로 율법(롬 2:5, 3:5, 3:21)과 복음(롬 1:17)을 대조하면서 칭의론의 기초를 세운다. 여기서는 로마서를 중심으로 좁은 의미의 완전한 순종을 간략하게 다룰 것이다.

결하는 것은, 우리가 칭의론을 이해하는 데 매우 중요하다.

하나님께 의롭다 하심을 받으려면 우리는 어떻게 해야 하나?

바울은 율법과의 관계에서 이를 어떻게 설명하고 있나?

로마서 2:13에서 성경은 율법을 사용해서 이 질문들에 답한다. 이 본문은 죄인들의 칭의를 위한 가장 중요한 기준을 율법의 관점에서 제시한다.

> 하나님 앞에서는 율법을 듣는 자가 의인이 아니요 오직 율법을 행하는 자라야 의롭다 하심을 얻으리니 (롬 2:13).

로마서 2:13이 중요한 이유는 구약의 율법과 관련해서 의롭다 하심(칭의)을 받을 수 있는 기준을 제시해 주기 때문이다. 이 기준은 성경 전체로 이어지고, 칭의와 예수님의 순종과의 관계 설정에도 중요하다. 즉, 이 본문은 우리가 지금 살펴보고 있는 완전한 순종의 좁은 의미를 반영한다. 로마서 2:13에서 성경은 칭의의 기준을 위한 2가지 중요한 명제를 제시한다.

첫째, 오직 죄 없으신 예수님만 율법을 행하실 수 있다.

둘째, 죄인 된 인간은 의로운 율법을 행할 능력이 없다(롬 3:9-12, 7:12).

로마서 2:13은 당시 로마교회 교인들에게 잘 알려진 율법을 사용해서 죄인이 하나님 앞에 의인이 될 수 있는 조건은 제시한다. 의인의 조건은 "오직 율법을 행하는 자"라야 한다. "오직 율법을 행하는 자"는 모든 율법의 말씀을 순종하는 자라는 것을 의미한다.

바울의 하나님 사랑·이웃 사랑

바울의 로마서의 결론에 따르면 로마서 2:13의 "오직 율법을 행하는 자"의 조건에 맞출 수 있는 사람은 없다.

그렇다면 죄인 된 아담의 후손들은 어떻게 하나님 앞에 의롭다 하심을 받을 수 있나?

이제 우리는 율법에서 죄에 대한 하나님의 심판하시는 의의 기준을 볼 수 있어야 한다. 앞서 본 것처럼, 모세 율법은 제사법과 도덕법을 통해 칭의의 기본적 조건을 밝혀 준다.

다시 말하면, 우리는 죄 용서와 모든 율법을 행함으로만 하나님 앞에 의롭다 하심을 받을 수 있다(롬 2:13). 우리가 앞서 본 예수님의 설교(마 3:15; 마 5:17-20; 마 19:16-22; 눅 10:25-37)에 따르면 죄 용서와 하나님 사랑·이웃 사랑의 말씀을 실천해야만 한다. 그러나 죄인 된 우리는 하나님에게 죄 용서함을 받고 하나님 사랑·이웃 사랑을 실천할 능력이 전혀 없다. 오직 예수님만이 제사법과 도덕법의 모든 요구를 이루는 완전한 순종(좁은 의미: 율법 중심)을 이루셔야만 한다.

바울도 칭의를 위한 도덕법의 요구인 하나님 사랑·이웃 사랑을 인지하고 있었을까?

이제 우리는 바울의 로마서도 예수님께서 설교하신 것처럼 모세 율법의 요약인 하나님 사랑과 이웃 사랑에 대해 언급했는가를 살펴볼 필요가 있다. 로마서 13:8-10은 바울도 이 중요한 율법의 요약에 대해 알고 있었다는 것을 증명한다.

> 피차 사랑의 빚 외에는 아무에게든지 아무 빚도 지지 말라 남을 사랑하는 자는 율법을 다 이루었느니라 간음하지 말라, 살인하지 말라, 도적질하지 말라, 탐내지 말

라 한 것과 그 외에 다른 계명이 있을지라도 네 이웃을 네 자신과 같이 사랑하라 하신 그 말씀 가운데 다 들었느니라 사랑은 이웃에게 악을 행치 아니하나니 그러므로 사랑은 율법의 완성이니라 (롬 13:8-10).

이 본문은 우리가 앞서 본 예수님의 칭의에 관한 중요한 가르침 2가지(마 19:16-22; 눅 10:25-37)를 기억나게 한다.[41] 이런 본문들이 칭의의 기본 조건을 제시하기 때문에, 우리는 복음의 핵심인 칭의에 대한 가장 중요한 선언이라고 했다. 이제 앞서 보았던 예수님의 가르침을 다시 한 번 요약해 보자.

첫째, 하나님 사랑과 이웃 사랑은 모세 율법의 요약이다.
둘째, 하나님 사랑과 이웃 사랑은 영생의 조건이다.

지금까지 논의한 대로 우리는 하나님 앞에 의롭다 하심을 받을 수 없다. 예수님의 가르침과 바울의 재해석은 다르지 않다. 아무도 하나님 앞에 의롭다 하심을 받을 수 있도록 율법을 행할 수 있는 사람은 없다(롬 2:13, 3:20). 바울은 예수님처럼 로마서 1:18-3:20에서 모든 인간을 절망으로 몰아넣는다. 하지만 바로 로마서 3:21-22에서 다시 예수님의 의로 소망을 준다.

> 이제는 율법 외에 하나님의 한 의가 나타났으니 율법과 선지자들에게 증거를 받은 것이라 곧 예수 그리스도를 믿음으로 말미암아 모든 믿는 자에게 미치는 하나님의 의니 차별이 없느니라 (롬 3:21-22).

---

41 CK, 292-293, 300-305.

죄인들에게는 이 본문이 말하는 예수 그리스도의 의만이 유일한 소망이다. 이 의는 예수님께서 모든 율법을 다 행하는 완전한 순종을 통해 획득하신 '완전한 의'이다. 우리는 이 진리를 항상 기억해야만 한다. 죄인들이 의롭다 하심(칭의)을 받으려면 죄가 없으신 메시아 예수 그리스도께서 오셔서 죄인들 대신 모든 율법의 요구대로 행하셔야만 했다. 죄 없으신 예수님만이 죄인들의 칭의를 위해 모든 율법을 행하실 수 있기 때문이다(롬 2:13). 예수님께서 완전한 순종을 통해 죄인들을 위해 의롭다 하심을 받으셔야만 했다(롬 3:26). 다른 길은 전혀 없었다.

> 곧 이 때에 자기의 의로우심을 나타내사 자기도 의로우시며 또한 예수 믿는 자를 의롭다 하려 하심이니라 (롬 3:26)

이 본문은 예수님이 모든 율법 말씀을 완전히 순종하심으로 '의롭다 하심'(칭의)을 받으셨다는 것을 말한다. 이것이 좁은 의미의 완전한 순종이다. 즉, 예수님은 우리를 위해 십자가 순종으로 제사법이 말하는 죄의 값을 지불하시고, 모세 율법의 도덕법이 말하는 하나님 사랑과 이웃 사랑을 행하심으로 의롭다 하심(칭의)을 받으셨다.

따라서 예수님께서 완전한 순종을 통해 획득하신 '의롭다 하심'(칭의)은 우리의 '의롭다 하심'(칭의)의 근거가 된다. 죄인들은 오직 하나님의 은혜로만 의롭다 하심을 받는다. 오직 예수님 안에서 예수님의 완전한 순종으로 획득한 완전한 의의 전가로 의롭다 하심을 받는다.[42] 우리 죄인들은 오직 은혜로만, 오직 예수님의 완전한 의로만, 오직 믿음으로만, '오직 예수님 안에서

---

42 연합과 전가는 앞으로 본서 제3장에서 상세히 논의할 것이다. 특히 로마서 5장의 아담의 불순종과 예수님의 순종의 비교는 '예수님과의 연합'에서 다룰 것이다.

만 의롭다 하심'을 받을 수 있다(롬 3:21-22; 갈 3:10-11). 아래 표 2-C우리가 지금까지 살펴본 좁은 의미의 완전한 순종을 다시 정리한 것이다.

죄인들의 칭의를 위한 조건		좁은 의미의 완전한 순종(율법 중심)
예수 그리스도의 완전한 순종으로 이루신 완전한 의	⇨	율법 안에 형벌의 말씀을 이루신 순종: 십자가 순종(롬 5:9; 고후 5:21)[43] 율법 안에 사랑의 말씀을 이루신 순종: 하나님 사랑·이웃 사랑(마 22:37-40; 롬 13:8-10)

표 2-C 죄인들을 위한 칭의(의롭다 하심)을 위한 좁은 의미의 완전한 순종

(3) 결론

왜 예수님은 모든 율법의 요구를 다 성취하셨을까?

왜 예수님은 성전, 절기, 안식일, 성전세, 옷에 대한 율법의 규례들까지 다 지키셨을까?

우리가 지금까지 보았듯이 예수님이 율법이 말하는 모든 말씀을 완전히 순종하신 것은 우리의 칭의의 조건을 이루시기 위한 것이었다.

이제 우리는 다음과 같은 질문에 답변할 수 있어야 한다.

'하나님께서 율법을 주신 목적이 무엇인가?'

우리는 하나님께서 율법을 주신 목적을 오직 예수님의 완전한 순종을 통해서 볼 수 있다. 우선 율법은 우리가 죄인들임을 밝혀 주고 예수님의 완전한 순종의 필요성을 보게 한다.

---

[43] "그러면 이제 우리가 그 피를 인하여 의롭다 하심을 얻었은즉 더욱 그로 말미암아 진노하심에서 구원을 얻을 것이니"(롬 5:9).
"하나님이 죄를 알지도 못하신 자로 우리를 대신하여 죄를 삼으신 것은 우리로 하여금 저의 안에서 하나님의 의가 되게 하려 하심이니라"(고후 5:21).

한편으로는 율법은 우리가 예수님의 완전한 순종으로 죄 용서와 의의 문제를 해결하신 것을 볼 수 있게 한다. 율법은 예수님만이 우리 칭의를 위한 유일한 소망 되심을 분명하게 한다.

다른 한편으로는 모세 율법은 예수님께서 이 땅에 오셔서 십자가 순종과 하나님 사랑·이웃 사랑에 대한 말씀 순종을 이루셔야만 하는 이유를 보게 한다.

이렇게 좁은 의미의 완전한 순종은 복음이 율법의 요구인 예수님의 십자가 순종과 하나님 사랑·이웃 사랑의 말씀 순종을 이루셨다는 것도 알게 해 준다. 즉, 율법은 완전한 순종의 필요성을 복음은 완전한 순종의 성취를 나타낸다. 그러나 이 둘 사이의 차이점도 있다. 율법은 아담 안에 있는 모든 인간의 말씀 순종에 대한 무능력을 드러낸 반면, 복음은 예수님 안에 있는 하나님의 자녀들의 말씀 순종의 자격과 권리와 능력을 드러낸다.

이제 우리는 믿음으로 모세 율법 안에서 메시아 예수 그리스도를 발견할 수 있다. 우리는 믿음으로 예수님이 우리를 위해 모든 율법의 계명들을 완전히 순종하신 것을 본다. 이렇게 이 좁은 의미의 완전한 순종은 우리가 율법을 이해하는 데도 큰 도움을 주는 것이다.

예수님은 율법이 보여 준 메시아의 구속 사역을 위한 법적 근거의 틀대로 죄인들을 위해 완전한 순종을 하셨다.[44] 이제 우리는 이 좁은 의미의 완전한 순종을 말씀 순종과 믿는 자들과의 관계에서 2가지 중요한 요점을 요약할 수 있다.

---

[44] RHBI, 248-254; CK, 304-321.

첫째, 좁은 의미는 칭의를 위한 모세 율법의 모든 말씀 순종의 필요성을 밝혀 주기 때문에 중요하다. 이렇게 좁은 의미의 완전한 순종은 모세 율법에서 예수 그리스도를 발견하게 한다. 좁은 의미의 예수님의 완전한 순종은 율법에 나타난 죄인들을 위해 하나님의 의를 만족시키기 위한 모든 조건들을 다 이루신 것을 보게 해 준다.[45]

이 완전한 순종은 십자가 순종을 통해 '율법 형벌의 말씀'을 이루신 순종과 하나님 사랑과 이웃 사랑의 말씀 순종으로 '율법 순종의 말씀'을 이루신 순종이다. 이 예수님의 완전한 순종만이 우리의 의롭다 하심을 위한 유일한 조건이다(롬 3:23-26, 31).[46] 이는 죄인들의 칭의의 근거인 '예수님의 완전한 의'이다.

> 모든 사람이 죄를 범하였으매 하나님의 영광에 이르지 못하더니 그리스도 예수 안에 있는 구속으로 말미암아 하나님의 은혜로 값없이 의롭다 하심을 얻은 자 되었느니라 이 예수를 하나님이 그의 피로 인하여 믿음으로 말미암는 화목제물로 세우셨으니 이는 하나님께서 길이 참으시는 중에 전에 지은 죄를 간과하심으로 자기의 의로우심을 나타내려 하심이니 곧 이 때에 자기의 의로우심을 나타내사 자기도 의로우시며 또한 예수 믿는 자를 의롭다 하려 하심이니라(롬 3:23-26).

둘째, 좁은 의미는 예수님의 칭의(의롭다 하심)를 받은 자들의 율법의 요구를 이루는 삶의 방식을 제시하기 때문에 중요하다. 예수님의 말씀 순종

---

45 바울은 로마서 1:17과 3:21-22에서 마태복음 5:17-20의 예수님의 '의'의 개념과 율법과 복음에 나타난 하나님의 의를 구속과 연결해 설명한다.

46 "그런즉 우리가 믿음으로 말미암아 율법을 폐하느냐 그럴 수 없느니라 도리어 율법을 굳게 세우느니라"(롬 3:31).

은 우리에게 바른 삶의 방식을 제시한다. 그래서 예수님께서는 이 면에서 우리 삶의 최고 교사가 되시고, 우리 삶의 최고 모범이 되신다. 우선 지금까지 살펴본 바대로, 하나님은 예수님의 완전한 순종으로 하나님의 자녀들에게 말씀 순종을 할 수 있는 자격과 권리와 능력을 부여하셨다.

성령님께서는 예수님 안에 있는 자들에게 예수님의 이 완전한 의가 우리의 의가 되도록 역사하신다(고전 1:30).

> 너희는 하나님께로부터 나서 그리스도 예수 안에 있고 예수는 하나님께로서 나와서 우리에게 지혜와 의로움과 거룩함과 구속함이 되셨으니 (고전 1:30).

예수님께서 우리를 위해 완전한 순종을 통해 취득하신 완전한 의는 우리 신앙생활에 결코 흔들리지 않는 견고한 반석이다. 그래서 우리는 이 믿음의 반석 위에 굳게 서서 예수님의 사랑으로 무장하면 세상에게 우리에게 다가오는 모든 일(환난, 곤고, 박해, 기근, 적신, 위험, 죽음)에 넉넉히 이길 수 있다(롬 8:37). 성령님은 이 칭의에 대한 믿음으로 사는 자들을 세상에서 넉넉히 이기게 도와주시는 것이다(롬 8:37; 요일 5:4-5).

> 그러나 이 모든 일에 우리를 사랑하시는 이로 말미암아 우리가 넉넉히 이기느니라 (롬 8:37).
> 대저 하나님께로서 난 자마다 세상을 이기느니라 세상을 이긴 이김은 이것이니 우리의 믿음이니라 예수께서 하나님의 아들이심을 믿는 자가 아니면 세상을 이기는 자가 누구뇨 (요일 5:4-5).

그런데도 우리는 성령님의 역사를 무조건 기다려서는 안 된다. 우리에게 믿음의 선물을 주신 하나님께 감사하며 범사에 믿음으로 반응해야만 한다(롬 1:17; 엡 2:8-9). 하나님이 다 알아서 하실 것이라고 기다려서는 안 된다. 주신 말씀에 따라 믿음으로 반응하고 순종하려고 할 때 믿음의 역사가 있기 때문이다. 예수님께서 스스로 자신의 완전한 순종으로 이 믿음의 삶의 모범을 보여 주신 것이다. 주님도 이 땅에 계실 때 신성의 능력을 사용하지 않고 하나님 아버지와 성령님을 전적으로 의지하며 기도하셨다.

성령님께서 우리에게 죄 용서와 함께 율법의 요구(하나님 사랑·이웃 사랑)를 이룰 수 있는 사랑의 능력을 부어 주시는 이유도 다르지 않다(롬 5:5; 8:4, 14; 갈 5:14).[47] 우리는 하나님의 참 형상인 예수님을 본받아서 오직 믿음으로 열심히 살아야 한다.[48] 하나님께 의롭다 하심을 받고 나서 하나님의 말씀을 믿음으로 순종하고 살아갈 때 맺는 열매를 갈라디아서 5:22-23에서 성령의 열매라고 한다. 이 열매는 믿음으로 의롭다 하심을 받은 하나님의 자녀들이 반드시 맺어야 할 열매다. 이 성령님의 열매가 우리를 의롭다 하신 이유요 목적이기 때문이다.

2) 넓은 의미의 완전한 순종

좁은 의미의 완전한 순종에서 우리는 주로 율법에 나타난 죄인들의 칭의의 기준에 대해서 말했다. 좁은 의미는 모세 율법으로 예수님의 완전한

---

[47] "육신을 좇지 않고 그 영을 좇아 행하는 우리에게 율법의 요구를 이루어지게 하려 하심이니라"(롬 8:4).
"무릇 하나님의 영으로 인도함을 받는 그들은 곧 하나님의 아들이라"(롬 8:14).

[48] 하나님 형상의 회복과 그 성장의 주제는 본서 제3장의 '4. 칭의, 하나님 형상의 회복'과 제3권 '제2장 변화가 일어난다'에서 자세히 논의할 것이다.

순종의 중요성을 보는 데 큰 도움을 주었다. 이제 넓은 의미를 살펴보기 위해, 우리는 우리의 눈을 율법에서 성경 전체로 옮길 것이다.

성경 전체는 예수님의 완전한 순종에 대한 하나님의 약속과 성취를 말한다. 구약에는 오실 메시아의 완전한 순종에 대해 말하고, 신약은 오신 메시아의 완전한 순종에 대해 말한다. 성경은 우리 칭의를 위해 계획하시고 행하신 하나님의 위대한 역사를 말하는 것이다.

우리의 넓은 의미에 대한 탐구는 예수님께서 우리를 위해 얼마나 많은 하나님의 말씀을 순종하셨는지를 생각할 수 있게 도와줄 것이다. 따라서 이 탐구는 예수님과 우리를 성경 전체 66권과 연결해 주고, 성경의 작은 조각들을 연결해 큰 그림으로 볼 수 있게 해 줄 것이다.

또한, 넓은 의미는 우리가 성경에 나타난 하나님의 위대한 구원 계획 속에서 하나님의 놀라운 지혜와 능력을 볼 수 있게 도와준다. 위대하신 능력의 하나님께서 자신의 형상으로 지으신 인간들에 대한 놀라운 사랑을 성경은 말한다. 성경이 말하는 하나님의 사랑은 지금도 살아 있는 사랑이다. 그래서 이 하나님의 사랑은 우리가 말씀을 순종하고 살 수 있는 힘을 준다.

우리는 이 넓은 의미의 탐구를 통해 예수님께서 율법 말씀 외에 나타난 구약의 모든 약속의 말씀들까지 순종하신 것을 살펴볼 것이다. 우선 넓은 의미가 우리에게 주는 유익들을 2가지로 간략하게 요약할 수 있다.

첫째, 넓은 의미는 칭의와 예수님의 전 생애와 구약 전체를 연결해 준다.

둘째, 넓은 의미는 칭의와 예수님의 순종과 구약의 언약들을 연결해 준다.

우리는 이에 따라 완전한 순종을 넓은 의미로 관찰하기 위해 예수님의 전 생애와 언약들을 살펴볼 것이다. 이 관찰을 통해 독자들이 하나님의 크신 은혜를 보는 시야가 더 넓어지기를 바란다. 우리는 이를 2가지로 나누어서, 넓은 의미의 예수님의 완전한 말씀 순종의 삶 그리고 완전한 순종과 은혜와 언약들의 관계를 다룰 것이다.

(1) 넓은 의미의 완전한 순종의 삶

예수님의 전 생애는 죄인들의 칭의를 위해 하나님의 모든 말씀을 완전히 순종하신 삶이었다. 예수님은 하나님께 받으신 모든 말씀을 우리를 위해 완전히 순종하셨다. 넓은 의미는 죄인들의 칭의의 근거가 십자가 사건만이 아니라는 것을 명백히 보여 준다. 넓은 의미의 탐구는 예수님의 완전한 말씀 순종의 삶이 우리 칭의의 근거라는 것을 보여 주기 때문에 중요하다. 그래서 우리는 말씀 순종의 관점에서 예수님의 삶에 대해 간략하게 살펴볼 필요가 있다

이에 예수님의 완전한 말씀 순종의 삶에 대해 사복음서와 사도행전에 나타난 예들을 설명할 것이다.

예수님의 완전한 말씀 순종의 삶은 구약에서 이미 예언하고 준비했다. 신약이 구약의 많은 성경 구절을 인용하는 이유이기도 하다. 예수님의 삶은 우리를 위한 삶이었다. 아기 예수로 나시고, 세례를 받으시고, 3년간 다니시며 가르치신 것도 오직 죄인들의 칭의(의롭다 하심)를 위한 완전한 순종을 이루시는 여정이었다. 특히 예수님의 전 생애 중에 십자가의 죽으심은 예수님의 완전한 순종의 삶의 최고봉이었다.[49] 예수님은 오직 우리

---

49 『복음』, 94-111; 『조직신학 II』, 165.

의 구원과 의롭다 하심(칭의)를 위해 하나님 아버지의 명령의 말씀들에 죽기까지 순종하신 것이다.[50]

> 이를 내게서 빼앗는 자가 있는 것이 아니라 내가 스스로 버리노라 나는 버릴 권세도 있고 다시 얻을 권세도 있으니 이 계명은 내 아버지에게서 받았노라 하시니라 (요 10:18).
> 내가 내 자의로 말한 것이 아니요 나를 보내신 아버지께서 나의 말할 것과 이를 것을 친히 명령하여 주셨으니 (요 12:49).

좁은 의미의 완전한 순종에서 보았듯이, 율법에는 동정녀 탄생, 말구유 탄생, 십자가, 부활, 승천에 대한 구체적 명령과 예언의 말씀들이 부재한다. 달리 말하자면, 예수 그리스도의 공생애와 삶 전체는 율법에 나타난 모든 명령의 말씀을 순종한 것과 율법에 나타나지 않은 예수님께 주신 모든 명령을 순종하신 것을 포함한다(눅 24:44; 마 5:17).

① 사복음서

우선 신약의 복음서들이 예수 그리스도의 계보를 전개하는 것을 보면 경이롭다. 마태복음은 요셉에서 아브라함(마 1:1-17)까지 올라가고, 누가복음은 요셉에서 아담에 이어 하나님(눅 3:23-38)까지 그리고 요한복음(요 1:1-3)은 창조주까지 올라간다.

---

[50] 참고. 하나님 아버지의 뜻(마 11:26, 12:50), 아버지의 나라(마 13:43; 눅 22:29), 십자가와 아버지의 뜻(마 13:43; 막 14:36), 아버지의 뜻대로 행함(요 5:19), 아버지의 증거(요 5:19), 아버지의 가르치심(요 6:45, 8:28, 15:15), 아버지의 말씀(요 12:50, 17:14, 17:17), 아버지의 계명(요 15:10).

즉, 예수님은 인간의 몸을 입고 태어났으나 하나님이시라는 것이다. 신성과 인성을 지니신 예수님의 삶의 시작은 말구유이지만, 삼위일체 하나님의 성자 하나님은 창세 전부터 존재하신 것이다. 인자(the Son of Man)이신 예수님은 주(the Lord)와 왕으로서 세상을 다스리신다. 예수님의 계보를 설명한 후 마태복음 1:22-23은 예수님의 탄생부터 이사야 선지자의 말씀을 순종하신 것으로 말한다.

> 이 모든 일의 된 것은 주께서 선지자로 하신 말씀을 이루려 하심이니 가라사대 보라 처녀가 잉태하여 아들을 낳을 것이요 그 이름은 임마누엘이라 하리라 하셨으니 이를 번역한즉 하나님이 우리와 함께 계시다 함이라 (마 1:22-23).

신약을 시작하면서 예수님의 탄생이 하나님의 말씀 순종이라는 지적은 우리에게 의미하는 바가 크다. 신약은 사복음서들처럼 구약의 많은 예언의 말씀을 인용했기 때문이다. 우리가 이 많은 구약의 예언을 여기서 다룰 수는 없다. 하지만, 신약이 구약의 예언 말씀들을 인용한 사실은 예수님의 삶이 구약의 예언 말씀들을 완전히 순종하신 것이라는 것을 말한다. 일례로 마태복음 4:13-14은 예수님의 평범해 보이는 일상도 사실 선지자의 말씀을 이루신 것이라고 말한다.

> 나사렛을 떠나 스불론과 납달리 지경 해변에 있는 가버나움에 가서 사시니 이는 선지자 이사야로 하신 말씀을 이루려 하심이라 일렀으되 (마 4:13-14).

우리는 마태복음 12장에서 당시 사람들이 예수님이 많은 병자를 고치시는 것을 보고 따랐다는 인상을 얻게 된다. 그러나 이것도 사실 선지자 이사야의 말씀(사 7:14)을 이루신 것이었다(마 12:15-21). 이런 본문들은 예수님이 전 생애를 통해 하나님의 약속의 말씀들을 계속 순종하셨다는 것을 증명한다. 이렇게 신약성경의 기자들은 예수님 순종의 의미를 분명하게 밝혀 준다.

신성과 인성을 지니신 인자(the Son of Man)이신 주님(the Lord)이 왕으로서 하늘 보좌에 앉으셔서 이 세상을 다스리시는 것도 약속의 말씀을 이루시는 순종의 행위인 것이다. 지금도 예수님은 예언하신 말씀대로 순종하고 계시는 것이다(마 19:20, 25:31; 눅 22:30; 행 7:49; 히 1:8, 8:1, 12:2; 계 3:21, 4:10, 5:1, 12:5, 19:4, 20:11, 22:3). 이 주님의 다스림에 대한 순종은 현재 진행 중이다.

신약성경 기자들은 예수님의 마음속에 숨겨졌던 비밀들을 인용해 다시 설명하기도 한다. 앞서 보았듯이, 예수님께서 세례를 받으시면서 "모든 의를 이루는 것이 합당"(마 3:15)하다고 하신 것도 숨겨진 비밀인 죄인들의 의의 문제 해결에 대한 것이다. 이 말씀은 죄인들을 위해 모든 의를 이루기 위해서는 모든 말씀의 순종이 있어야 한다는 뜻이었다.

서기관과 바리새인들의 의보다 더 나은 의(마 5:20)가 있어야 천국에 입성할 수 있다는 것도 모든 말씀 순종에 대한 것(마 5:17-20)이었다. 앞서 보았듯이, 죄인들의 의의 문제는 천국 입성의 문제와 의롭다 하심(칭의)의 문제(마 5:20)에 관계된 문제다.

마태복음 5:20은 예수님의 순종으로 이루실 예수님의 의를 이렇게 말한다.

> 내가 너희에게 이르노니 너희 의가 서기관과 바리새인보다 더 낫지 못하면 결단코 천국에 들어가지 못하리라(마 5:20).

신약성경의 기자들의 이런 설명이 없었으면 우리는 예수님의 모든 행동들이 무엇을 의미하는지 알기 힘들었을 것이다.

그들의 설명이 없다면 예수님의 탄생, 십자가의 죽으심, 승천하심과 다스리심을 통한 순종이 우리에게 무슨 의미가 있는지 어떻게 알 수 있겠는가?

우리는 칭의를 생각할 때마다 오직 예수님만이 우리 죄인들을 대신해 모든 말씀을 순종하셔야만 했다는 사실을 항상 기억해야만 한다. 마태복음 5:17-20도 왜 예수님의 순종이 필요했는지 하나님의 의의 관점에서 말하고 있는 것이다. 우리를 의롭다 하시기 위해 순종하신 것이다. 예수님께서 오직 우리를 위해 율법의 말씀과 선지자들의 말씀(마 5:17)을 순종하신 것이다(마 5:17-20).

따라서 예수님의 순종은 율법의 모든 요구와 예수님에 대한 예언의 말씀들을 이루신 것을 다 포함한다. 부활하신 후 예수님께서 "모세의 율법과 선지자의 글과 시편에 나를 가리켜 기록된 모든 것이 이루어져야 하리라"(눅 24:44)고 하신 말씀도 이와 다르지 않다.[51]

> 또 이르시되 내가 너희와 함께 있을 때에 너희에게 말한 바 곧 모세의 율법과 선지자의 글과 시편에 나를 가리켜 기록된 모든 것이 이루어져야 하리라 한 말이 이것이라 하시고(눅 24:44).

한 번은 예수님께서 부활하신 후에 엠마오 도상에서 두 사람(눅 24:25-27)에게 그리고 제자들에게 나타나셔서 복음의 깊은 것을 깨닫게 하셨다

---

51 이 구절은 아래 '넓은 의미의 완전한 순종과 은혜와 언약들'에서 다시 다룰 것이다.

(눅 24:44-49). 예수님은 이렇게 부활하신 후(참고. 요 21:1-23)에야 제자들에게 "모세의 율법과 선지자의 글(마 5:17, 7:12; 눅 16:16; 요 1:45)과 시편"에 예수님에 대해 "기록된 모든 것"이 이루어져야 한다는 뜻이 무엇인지 풀어 설명해 주신 것이다(눅 24:44-45).

> 또 이르시되 내가 너희와 함께 있을 때에 너희에게 말한 바 곧 모세의 율법과 선지자의 글과 시편에 나를 가리켜 기록된 모든 것이 이루어져야 하리라 한 말이 이것이라 하시고 이에 저희 마음을 열어 성경을 깨닫게 하시고 (눅 24:44-45).

이는 아직 제자들이 예수님의 순종과 구약의 말씀들을 연결해 생각하지 못했을 때의 일이다. 그러나 예수님은 약속의 말씀대로 하나님의 자녀들을 위해 고통당하시고 죽으시고 부활하신 것이다. 마태복음 5:17과 누가복음 24:44과 같은 본문들은 모세 율법과 선지자들의 예언 말씀의 성취를 말한다.[52] 이런 본문들은 예수님이 이루신 율법 요구의 성취뿐만 아니라 다른 수많은 예언의 말씀들의 성취도 암시한다. 예수님은 때로 스스로 율법의 요구에 대한 완전한 성취와 선지자들의 예언의 완전한 성취를 지적하신다(마 5:17; 눅 24:44).

예수님은 새 언약의 대표자께서 육신을 입고 오셔야만 했다는 사실을 스스로 밝혀 주셨다. 신성과 인성을 지니신 인자(the Son of Man)께서 이 땅에 오신 이유는 우리가 하나님 앞에 완전히 의롭다 하심을 받게 하시기 위한 것이었다. 우리 때문에 예수님은 의로우신 하나님 아버지께서 지시하신 모든 명령의 말씀을 완전히 순종하신 것이다. 따라서 예수님의 삶은 하

---

52 CK, 292-295.

나님의 모든 의의 기준을 만족시키는 완전한 순종의 삶이다.

② 사도행전

초대 교회에는 예수님이 말씀하신 "모세의 율법과 선지자의 글(마 5:17, 7:12; 눅 16:16; 요 1:45)과 시편(눅 24:44)"을 언급한 칭의론의 논쟁이 있었다. 바울이 관련된 이 논쟁은 지금도 일어날 수 있다. 초대 교회에서 모세 율법에 익숙한 유대인들과 율법과 복음을 잘 아는 바울 사이에 계속적인 갈등을 잘 보여 주는 사건이 발생했다(행 15:1-20). 이 사건은 초대 교회에 칭의론의 논쟁이 어떻게 발생했는지를 잘 보여 주는 사건이다.

당시에 발생한 이 논쟁의 핵심은 무엇이었을까?

이 사건의 발단은 유대인 그리스도인들이 "모세의 법대로 할례를 받지 아니하면 능히 구원을 얻지 못하리라"는 주장에서 시작되었다(행 15:1).[53] 이 논쟁은 결국 당시 기독교의 본부와 같은 역할을 한 예루살렘교회 공회로 사람들을 보내게 되었다. 예루살렘 공회에서도 같은 주장이 일어났다 (행 15:4-5).

> 예루살렘에 이르러 교회와 사도와 장로들에게 영접을 받고 하나님이 자기들과 함께 계셔 행하신 모든 일을 말하매 바리새파 중에 믿는 어떤 사람들이 일어나 말하되 이 방인에게 할례주고 모세의 율법을 지키라 명하는 것이 마땅하다 하니라(행 15:4-5).

---

[53] 이 유대주의(Judaism) 영향하에 있던 유대인 그리스도인들은 이방인들이 구원을 얻거나 칭의(의롭다 하심)를 받으려면 모세 율법에서 지켜야 할 것들이 있다고 주장했다(갈 2:1-16; 행 15:1-2, 21:17-36). Everett Ferguson, *Background of Early Christianity* (Grand Rapids, MI: Wm. B. Eerdmans Publishing Co., 1993), 576. 참고. Eduard Lohse, trans. John E. Steely, *The New Testament Environments* (Nashville: Abington Press, 1990), 159, 123.

이 사건은 예루살렘교회의 회의를 통해 이방인들에게 "우상의 더러운 것과 음행과 목매어 죽인 것과 피를 멀리하라"(행 15:20)는 결정으로 끝난다. 바울은 복음에 대한 잘못된 이해에 기인한 이 모세 율법 논쟁의 중심에 있었다(행 15:1-21). 사실 이런 구원과 모세 율법에 대한 논쟁은 주로 '하나님 사랑·이웃 사랑'이 모세 율법 요약이라는 것을 모르는 것에서 기인했다.

사실 우리는 이 사도행전 15장의 논쟁에 대한 바울의 실제 답변을 안디옥에서 있었던 일을 기록한 사도행전 13장에서 찾을 수 있다.[54] 사도행전 13장에는 칭의론 논쟁에 대한 바울의 뛰어난 변론이 기록되어 있다. 하루는 안식일에 안디옥 회당장들이 "율법과 선지자의 글을 읽은 후"에 바울에게 이에 대한 가르침을 부탁한다(행 13:15).

> 율법과 선지자의 글을 읽은 후에 회당장들이 사람을 보내어 물어 가로되 형제들아 만일 백성을 권할 말이 있거든 말하라 하니(행 13:15).

바울은 탁월한 솜씨로 구약의 언약들에 대한 지식과 앞서 예수님이 말씀하신 "모세의 율법과 선지자의 글(마 5:17, 7:12; 눅 16:16; 요 1:45)과 시편"을 자연스럽게 연결해 준다. 사도행전 13장의 짧은 설교에는 예수님이 말씀하

---

[54] 바울은 안디옥 설교와 예루살렘교회사건(AD 48-50) 이후에 갈라디아서를 썼다. 그 이후에 그는 데살로니가전서와 후서 그리고 고린도전서와 후서(AD 50-56)를 쓴 이후에 로마서(AD 56-57; 행 20:1-3)를 썼다. 신학자들 간에 서신서들이 쓰여진 연도에 대해서는 서로 아주 작은 차이를 보이기도 하지만, 쓰여진 순서에 대해서는 거의 동의한다. 참고. D. A. Carson, Douglas J. Moo & Leon Morris, *An Introduction to the New Testament* (Grand Rapids, MI: Zondervan Publishing House, 1992); Henry C. Thiessen, *Introuction to the New Testament* (Grand Rapids, MI: Wm. B. Eerdmans, 1980). 우리는 여기서 바울이 로마서를 썼을 때는 이미 교회들에서 일어난 모세 율법과 말씀 순종의 문제를 뼈저리게 경험한 후라는 것을 기억할 필요가 있다. 따라서 바울은 완전한 순종의 좁은 의미와 넓은 의미를 그의 서신서들에서 잘 보여 준다.

신 "율법과 선지자와 시편"(마 5:17; 눅 24:27, 44)에 대한 분명한 이해가 담겨 있다(행 13:5, 27, 29, 33-37).

바울은 이 설교에서 구약언약들의 주요 인물들인 아브라함(행 13:17, 26), 모세(행 13:17-19, 39), 다윗(행 13:20-23, 36)과 예수 그리스도를 연결한다. 그리고 그는 예수님이 다윗의 씨에 대한 하나님의 약속을 이루러 오신 분이심도 알린다(행 13:23). 예수님을 "모세 율법"과 그들이 안식일마다 외웠던 "선지자의 말"(행 13:27)을 이루러 오신 메시아로 소개한다. 사도행전 13:33-35에서는 예수님의 성육신과 부활을 말할 때 시편들(시 2:7, 16:10)과 선지자의 글(사 55:3)을 인용한다.[55]

> 곧 하나님이 예수를 일으키사 우리 자녀들에게 이 약속을 이루게 하셨다 함이라 시편 둘째 편에 기록한 바와 같이 너는 내 아들이라 오늘 너를 낳았다 하셨고 또 하나님께서 죽은 자 가운데서 저를 일으키사 다시 썩음을 당하지 않게 하실 것을 가르쳐 가라사대 내가 다윗의 거룩하고 미쁜 은사를 너희에게 주리라 하셨으니 그러므로 또 다른 편에 일렀으되 주의 거룩한 자로 썩음을 당하지 않게 하시리라 하셨느니라(행 13:33-35).

주님은 자신에 대해 기록된 모든 하나님의 말씀을 다 이루러 오신 메시아이신 것이다(행 13:27, 29, 33).[56] 즉, 예수님은 죄인들의 칭의를 위해 죄

---

[55] 사도행전 13:33과 35절은 시편 2:7과 16:10을, 그리고 사도행전 13:34은 이사야 55:3을 인용했다. 그리고 사도행전 13:41은 하박국 1:5을 인용했다.

[56] "예루살렘에 사는 자들과 저희 관원들이 예수 및 안식일마다 외우는 바 선지자들의 말을 알지 못하므로 예수를 정죄하여 선지자들의 말을 응하게 하였도다"(행 13:27). "성경에 저를 가리켜 기록한 말씀을 다 응하게 한 것이라 후에 나무에서 내려다가 무덤에 두었으나"(행 13:29).

용서의 문제와 의의 문제를 해결하러 오신 하나님의 아들이시다(행 13:38-39, 33). 이 설교의 주요 요지는 예수님은 죄인들의 칭의를 위해 자신에 대한 모든 하나님의 말씀을 완전히 순종하시고 이루셨다는 데에 있다. 바울은 사도행전 13:38-39에서 예수님을 '힘입어 믿는 자마다 의롭다 하심'을 얻는다고 결론짓는다.

> 그러므로 형제들아 너희가 알 것은 이 사람을 힘입어 죄 사함을 너희에게 전하는 이것이며 또 모세의 율법으로 너희가 의롭다 하심을 얻지 못하던 모든 일에도 이 사람을 힘입어 믿는 자마다 의롭다 하심을 얻는 이것이라(행 13:38-39).

따라서 사도행전 13:15-39은 예수님의 구속사적 이야기(the redemptive historical story of Jesus Christ)와 예수님의 완전한 순종의 삶과 연결한다. 이 바울의 설교는 사복음서가 말하는 완전한 순종의 삶의 내용과 다르지 않다. 바울은 예수님을 자신에게 주신 모든 말씀을 이루신 완전한 순종의 삶으로 죄인들의 칭의를 이루신 메시아로 소개하는 것이다.

③ 결론

예수님이 어떻게 그 수많은 말씀을 완전히 순종하셨는지 이해하기는 어렵다. 하지만 예수님이 완전한 말씀 순종의 삶을 통해 구약에 나타난 주님(the Lord)에 대한 예언의 말씀들을 다 이루신 것을 우리는 잊지 말아야 한다. 이 지식보다 더 중요한 신앙생활의 기초는 없다. 요한복음 17:4-5도 주님이 하나님 아버지께서 주신 명령의 말씀들을 다 이루셨다는 것을 말한다.

아버지께서 내게 하라고 주신 일을 내가 이루어 아버지를 이 세상에서 영화롭게 하였사오니 아버지여 창세 전에 내가 아버지와 함께 가졌던 영화로써 지금도 아버지와 함께 나를 영화롭게 하옵소서(요 17:4-5).

이 본문은 새 언약의 대표자 예수님이 오직 모든 믿는 자들을 위해 탄생에서 죽기까지, 하나님 아버지의 명령의 말씀들에 따라 전적으로 완전한 순종의 삶을 사신 것을 의미한다.[57] 하나님 아버지의 모든 말씀들에의 완전한 순종은 죄인들의 속죄, 화목, 희생, 구속, 대가, 승리, 칭의와 성화의 전 과정을 위한 순종이었다.[58]

특히 예수님의 '인성'(the human nature)을 고려해 볼 때, 예수님은 하나님 아버지의 모든 뜻에 따른 완전한 순종의 삶을 사셨다. 예수님은 모든 커가는 성장 과정을 통해서도 의로우신 하나님 아버지의 모든 명령의 말씀을 순종하셨다. 예수님의 전 생애는 완전한 말씀 순종을 통해 하나님의 의의 기준을 만족시킨 것이다.

예수님은 "성장, 발전, 진보"의 단계에서도 하나님 아버지의의 뜻에 따라 완전한 순종의 삶을 사셨다.[59] 즉, 예수님의 순종은 "모든 상황들"과 "그의 낮아지심의 모든 국면"(at every stage of his humiliation)에서도 하나님 아버지의 "요구에 완전한 순종"이었다.[60]

---

57 『복음』, 88-94.
58 『복음』, 74-286; 『조직신학 II』, 162-68, 224-26.
59 『조직신학 II』, 164.
60 "모든 상황들(In all circumstances)"은 저자의 번역이다. 『조직신학 II』, 164-65; John Murray, *Collected Writings of John Murray*, vol. 2 (Carlisle, PA: The Banner of Truth Trust, 1968), 153.

이것이 넓은 의미의 완전한 순종의 삶이다. 이 넓은 의미의 완전한 순종의 삶은 예수님 안에 있는 죄인들에게 하나님 말씀을 순종할 자격을 열어놓았다. 동시에 모든 믿는 자들에게 성령님의 전적 도우심으로 예수님 형상을 닮아 갈 수 있는 모범도 보여 주셨다. 우리가 예수님의 완전한 말씀 순종의 삶을 알면 알수록 우리는 주님께 대한 우리의 감사가 더 많아지게 된다.

정리해서 요약하면, 예수님의 완전한 말씀 순종의 삶은 죄인들에 대한 하나님의 놀라운 은혜와 사랑을 보여 준다. 예수님의 완전한 순종의 삶은 우리에게 놀라운 소식이다. 입법자이자 재판관이신 하나님께서 스스로 구속주가 되셔서 죄인들을 위해 엄청난 희생을 하셨다는 충격적인 소식이다. 이 소식은 죄인들의 완전한 칭의를 위한 법적인 근거가 예수님의 완전한 말씀 순종의 삶이라는 것이다.[61] 따라서 새 언약의 법적 대표이신 예수님의 완전한 말씀 순종은 모든 믿는 자의 의롭다 하심(칭의)를 위한 언약적·법적 기초가 된다.

이제 우리는 예수님의 전 생애를 순종의 의미에서 2가지로 간략하게 요약할 수 있다.

첫째, 예수님의 전 생애는 칭의를 위한 율법의 요구도 이루시고, 주신 하나님 아버지의 모든 말씀들도 이루셨다.

둘째, 예수님의 전 생애는 의롭다 하심(칭의)을 받은 자들에게 말씀 순종의 삶에 대한 최고의 모델이다.

---

61 『조직신학 II』, 168; CER, 150(롬 3:30).

예수님이 죄인들의 의롭다 하심을 위해 '전 생애의 완전한 순종의 삶'을 통해 획득하신 공로(merit, reward)가 완전한 순종(완전한 의)이다. 그리고 죄인들을 위해 완전한 순종을 행하신 예수님은 자신의 삶을 통해 하나님의 자녀들의 말씀의 순종의 중요성도 가르치시는 것이다. 즉, 주님은 직접 삶의 모범을 보이시고 하나님을 사랑하고 이웃을 사랑하라고 명하신다. 따라서 성경 전체에서 사랑은 가장 중요한 핵심 주제가 된다. 이 사랑의 주제는 율법과 복음에서 강조된다. 그래서 예수님은 자신의 완전한 순종을 본받아 "서로 사랑하라"고 명하시는 것이다(참고. 요 13:34-35, 15:12, 17).

(2) 넓은 의미의 완전한 순종과 은혜와 언약들

예수님의 완전한 말씀 순종의 삶은 당연히 개인을 위해서만이 아니었다. 하나님 나라 안에서 연합된 많은 하나님의 자녀들을 위해 완전한 말씀 순종의 삶을 사신 것이다. 하나님은 성경 전체를 통해 각 개인뿐만 아니라 노아와 아브라함과 모세와 다윗을 자신에게로 이끄셨다. 실로 하나님은 예수님 안에서 하나님의 가족을 모으셨다. 하나님의 언약들에서 완전한 순종의 의미에 대한 탐구는 이 사실을 확실히 보게 해 준다. 하나님은 하나님의 은혜로 언약들을 주시고 거룩한 백성을 부르신 것이다.

구약의 언약들에서 예수님의 순종을 관찰해 보는 것이 중요한 이유다. 앞서 보았듯이, 성경은 예수님의 탄생이 구약에 나타난 언약의 체결자들과도 관계가 있었다는 것을 밝힌다(마 1:1-17; 눅 3:23-38; 요 1:1-3). 구약의 모든 언약(아담 언약, 노아 언약, 아브라함 언약, 모세 언약과 다윗 언약)은 오실 메시아를 계시하고 모든 인간에게 말씀의 완전한 순종을 요구한다. 구약의 언약들은 직접·간접으로 오실 메시아의 완전한 순종의 필요성을 암시한다.

우리는 제1권 제2장에서 하나님의 언약에 대해 이미 논의했다. 그러나 넓은 의미의 완전한 순종과 언약들과의 관계에 대해서는 논의하지 않았다. 이제 우리는 예수님의 완전한 순종이 성경 전체의 언약이 요구하는 말씀 순종을 완전히 이루신 순종임을 볼 것이다. 언약적으로 주님의 순종은 구 언약과 새 언약의 성취이다.

오직 하나님 은혜의 역사인 예수님의 완전한 순종은 우리에게 과거·현재·미래에 대한 하나님의 모든 약속을 열어 준다. 새 언약의 대표자 예수님의 완전한 순종은 하나님의 언약들의 모든 약속의 비밀을 여는 열쇠가 되는 것이다.

> 하나님의 약속은 얼마든지 그리스도 안에서 예가 되니 그런즉 그로 말미암아 우리가 아멘 하여 하나님께 영광을 돌리게 되느니라(고후 1:20).

따라서 넓은 의미의 완전한 순종과 은혜와 언약들에 대한 고찰은 우리가 성경 전체에서 예수님을 볼 수 있게 해 줄 것이다. 또한, 이 관찰은 구약의 언약들에 왜 은혜 언약이 저변에 흐르고 있다고 하는지도 보게 해 줄 것이다.

① 은혜 언약

우리는 제1권 제2장에서 구속 언약은 창조 전에 구원에 대한 삼위일체 하나님의 내적 역사(internal)이고, 은혜 언약은 구원 역사가 인간 역사의 섭리 속에 나타난 삼위일체 하나님의 외적 역사(external)임을 보았다. 은혜 언약의 의미가 중요한 것은 성경의 모든 언약을 새 언약의 대표자 예수님으로 서로 연결해 볼 수 있게 도와주기 때문이다. 예수님은 완전한 순종으로 은혜 언약을 성취하신 것이다.

  은혜 언약의 당사자이신 예수님은 새 언약의 대표자로서 완전한 순종을 통해 모든 언약의 요구를 이루셨다. 이는 우리를 위해서 하신 것이다. 예수님은 죄인들의 칭의를 위해 의로우신 하나님의 은혜 언약의 조건을 다 성취하셨다. 죄인들을 위한 하나님의 의로우신 기준을 다 만족시키셨다. 하나님의 은혜는 모든 언약의 저변에 흐르고 있다.

  우리가 다시 상기할 것은 인간들을 향한 은혜 언약의 기초는 하나님의 의라는 것이다. 물론 은혜 언약도 하나님의 의가 기초인 말씀에 대한 인간 순종의 책임성이 내재되어 있다. 그래서 성경 전체의 언약들은 하나님께서는 죄인들에게 은혜도 주시지만 하나님의 의가 기초인 말씀 순종에 대한 인간의 책임성도 요구한다.

  이제 우리는 구약의 모든 언약과 예수님의 순종과의 관계를 분석할 것이다. 그리고 이어서 새 언약과 모든 언약과의 관계를 관찰할 것이다. 이 관찰을 통해 우리는 칭의를 위한 완전한 조건이 십자가 순종에만 국한된 것이 아니라는 사실도 다시 확인하게 될 것이다. 이 관찰을 통해 구약의 언약들 속에 메시아 예수 그리스도를 만날 수 있기를 바란다.

② 아담 언약과 은혜로만의 완전한 순종

  중세 신학과 같이 현대에도 칭의를 위해 하나님의 은혜가 불필요하다는 주장은 아담의 원죄의 부정과 그 원죄와 인류와의 연결성을 부인하는 것에서 왔다. 물론 하나님 은혜의 역사의 부정은 그릇된 칭의론으로 이끈다. 누구든지 온 인류의 언약적 대표자(a covenantal representative) 아담에게서 온 인류의 죄의 근원을 부인하면 예수님의 완전한 순종의 필요성을 부정하게 되는 것이다. 우리가 아는 바와 같이 인류의 죄의 근원은 아담의 하나님 말씀 불순종이다. 이제 아담 언약과 은혜로만의 완전한 순종과의 관계를 2가지 측면에서 간략하게 살펴보겠다.[62]

첫째, 아담 언약은 하나님의 심판하시는 의의 근거를 보여 준다.

아담 언약은 모든 인류와 아담과의 연결성을 말한다. 이 연결성은 하나님이 아담을 모든 인류의 대표로 세우신 언약에서 찾아볼 수 있다. 우리는 아담의 언약에서 우리와 아담과의 연결성을 찾게 되고, 우리가 이 연결성을 통해 근본적으로 하나님 앞에 죄인임을 알게 된다. 우리에게 임한 죄책(guilt: 우리 죄에 대한 책임)과 죄 오염(pollution)의 근원을 하나님이 세우신 아담과의 언약적 관계에서 찾을 수 있다.[63]

하나님께서는 온 인류의 대표인 아담과 언약을 체결하셨다. 하나님은 선악과 계명(창 2:17-18)으로 반드시 지켜야 할 언약의 법을 주셨다. 아담 언약은 의로우신 하나님께서 인간에게 처음으로 말씀 순종을 요구한 언약이다. 그러나 아담이 말씀을 불순종한 죄로 인해 세상에 죽음과 저주가 임했다. 따라서 아담 안에서 온 인류는 하나님과의 언약을 파기한 자요 말씀을 불순종한 불의한 죄인들이다. 온 인류의 대표자 아담 안에서의 연결성으로 모든 인간은 죄로 오염되어서 죽음과 저주 속에 태어난다(롬 5:12). 로마서 5:12은 이 연결성을 이렇게 말한다.

---

62   이를 위해 제1권 '제2장의 언약의 나라'와 앞으로 논의할 새 언약과 다른 언약들의 관계에 대한 논의도 참고하라.

63   CGI, 148-9, 143, 150-54. 죄책과 죄 오염에 대한 간략한 설명은 우선 본서 제3장 '4. 칭의, 하나님 형상의 회복'을 보라.

> 이러므로 한 사람으로 말미암아 죄가 세상에 들어오고 죄로 말미암아 사망이 왔나니 이와 같이 모든 사람이 죄를 지었으므로 사망이 모든 사람에게 이르렀느니라 (롬 5:12).

그래서 우리는 아담의 원죄의 결과와 온 인류의 죄의 오염(죄 된 본성)의 연결성을 인정할 필요가 있다. 이 인정은 메시아의 완전한 순종의 필요성과 연결되기 때문이다. 우리와 아담과의 연결성으로 인한 죄의 오염은 우리 스스로 짓는 실제적 죄(본죄)를 양산한다.[64] 이 죄의 근원은 죄인들에 대한 하나님의 심판하시는 의(창 3:16-17; 롬 2:1-16)를 볼 수 있게 한다.

아담 언약은 우리 모두가 하나님의 심판을 피할 길이 없게 된 것을 알려준다. 하나님의 형벌을 피하고 의롭다 하심을 받을 수 있는 유일한 길은 오직 여자의 후손이신 메시아가 오시는 것밖에는 없다(창 3:15). 예수님이 죄인들을 대신해 주신 모든 말씀을 완전히 순종을 하시는 길 밖에는 없는 것이다.

> 내가 너로 여자와 원수가 되게 하고 너의 후손도 여자의 후손과 원수가 되게 하리니 여자의 후손은 네 머리를 상하게 할 것이요 너는 그의 발꿈치를 상하게 할 것이니라 하시고(창 3:15).

앞서 보았듯이, 아담의 죄에 대한 하나님의 심판하시는 의로 인한 판결은 죽음이라는 형벌이다. 아담의 후손들은 죽음의 형벌을 받아야만 죄에 대한 하나님의 의의 요구를 만족시킬 수 있다. 그래서 새 언약의 대표자 예수님은 십자가 순종으로 아담 안에 있는 죄인들을 대신해 죽음의 형벌

---

[64] CGI, 143. 아담의 타락으로 인한 죄 오염의 인정은 우리로 스스로 짓는 본죄(actual sins)를 인정하게 한다.

을 당하셨다. 아담이 불순종한 죄에 대한 대가인 "정녕 죽으리라"(창 2:17)는 죽음의 형벌을 예수님께서 십자가 순종으로 담당하신 것이다. 따라서 아담 언약은 하나님의 심판하시는 의의 기초를 보여 준다.

둘째, 아담 언약은 새 언약의 대표자이신 예수님의 완전한 순종의 필요성을 제시한다.

아담 언약을 언약적 대표자의 개념으로 볼 때 완전한 순종의 필요성이 더욱 뚜렷해진다. 신약은 칭의에 대해 말하면서 아담 언약의 대표자의 불순종과 새 언약의 대표자 예수님의 완전한 순종을 대조한다(롬 5:12-21). 온 인류의 언약적 대표자는 아담이고, 모든 믿는 자의 언약적 대표자는 예수 그리스도시다. 아담 언약과 새 언약은 하나님의 심판하시는 의와 하나님의 구원하시는 의를 나타낸다. 로마서는 두 언약으로 온 인류를 아담 안에 있는 자들과 예수님 안에 있는 자들로 분리해 버리는 것이다.

우리가 앞서 본 바대로, 온 인류는 아담 안에서 죄를 짓는 자로 언약의 말씀을 불순종하고 불법을 행한다. 따라서 온 인류는 언약 파기로 인한 죄의 불법과 불의를 회복하려면 하나님 앞에 완전한 말씀 순종을 통한 칭의(의롭다 하심)의 회복이 필요하다. 바울은 로마서 4장에서 죄와 불법을 동의어로 취급해서 칭의를 설명한다. 특히 로마서 4:7은 다윗의 고백을 통해 죄와 불법으로 인한 칭의(의롭다 하심)의 필요성을 강조한다.

> 그 불법을 사하심을 받고 그 죄를 가리우심을 받는 자는 복이 있고(롬 4:7).

아담의 후손(창 3:15)에서 나신 예수님께서는 말씀대로 성육신하셔서 예언의 말씀도 완전한 말씀 순종으로 이루신다. 예수님은 이 땅에 오셔서 "정녕 죽으리라"(창 2:17)라고 하신 말씀을 십자가에서 이루시고, 원시복음의 예언 말씀(창 3:15-17)도 다 이루셨다.

그래서 바울은 로마서 5:12-21에서 아담 언약의 당사자인 아담의 불순종(롬 5:12-17; 롬 5:18-19)과 새 언약의 당사자인 예수님의 완전한 순종(롬 5:15-19, 5:21)을 비교한다.[65] 예수님의 순종은 모든 믿는 자를 대표한 완전한 순종이다.[66] 이렇게 아담 언약을 성취하신 새 언약자 예수님의 완전한 말씀 순종은 하나님 앞에 '의로운 행동'이다(롬 5:18).[67] 로마서 5:18에서 "의의 한 행동"은 예수님의 완전한 순종을 뜻한다.

> 그런즉 한 범죄로 많은 사람이 정죄에 이른 것 같이 의의 한 행동으로 말미암아 많은 사람이 의롭다 하심을 받아 생명에 이르렀느니라 한 사람의 순종치 아니함으로 많은 사람이 죄인 된 것 같이 한 사람의 순종하심으로 많은 사람이 의인이 되리라 (롬 5:18-19).

이 의로운 행동은 아담과 그 후손들의 죄와 불순종에 대한 하나님의 의를 완전히 만족시키는 완전한 순종이다.[68] 죄인들은 오직 은혜로만 이 완전한 순종에 힘입어 의로우신 하나님 앞에 나갈 수 있다. 이 완전한 순종은 많은 죄인들에게 "미치는"(reached) 완전한 의로 하나님 앞에 그들을 의인이 되게 한다.[69]

---

65 LA, 7-11, 67-68.
66 LA, 7.
67 로마서 5:18에 언급된 "의의 한 행동"의 헬라어(디카이오마, *dikaioma*, δικαίωμα: righteous deed)와 로마서 5:17의 "의의 선물"에서의 "의"(디카이오수네, *dikaiosune*, δικαιοσύνη: righteousness)의 헬라어가 다르지만 다 예수 그리스도의 완전한 순종을 염두에 두고 있다. BDAG, 249-250.
68 LA, 86, 88.
69 칼빈도 로마서 5:18에서 이 "의의 한 행동"을 설명하면서 "그리스도에게 주어진

따라서 아담 언약에서 죄의 근원인 말씀에 대한 불순종을 인정하지 않으면, 예수님의 완전한 순종의 필요성을 거부했던 중세 신학과 현대 신학의 오류를 답습하게 한다. 결국 이런 견해는 예수님의 완전한 의의 전가를 부인하게 되고, 잘못된 구원론과 기독론에 빠지게 된다. 종국에는 이런 주장은 칭의에서 하나님의 은혜를 부인하고, 인간의 구원의 능력을 인정하는 만인구원설에 이르게 한다. 하나님의 은혜가 없으면 복음도 없고 죄인들의 칭의(의롭다 하심)도 없다.

결론적으로, 아담 언약은 칭의의 관점에서 죄에 대한 하나님의 심판하시는 의의 기초를 보여 준다. 신약은 아담 언약에 나타난 하나님의 심판하시는 의와 새 언약에 나타난 하나님의 구원하시는 의는 대조를 이루며 죄인들의 칭의를 통한 하나님의 은혜를 보여 준다.

아담 언약에 나타난 죄에 대한 하나님의 진노는 새 언약의 대표자 예수님께서 다 담당하셨다. 예수님의 십자가 죽으심과 모든 말씀 순종으로 우리의 죄들과 불의한 행위에 대한 하나님의 진노가 사라지게 된 것이다. 오직 하나님 은혜의 역사다. 이렇게 예수님 안에서 죄인들에게 옮겨지는 예수님의 완전한 의는 의로우신 하나님의 본성을 만족시켰다.[70]

아담 언약은 예수님의 완전한 순종의 필요성도 밝혀 준다. 예수님은 완전한 순종으로 죄인들의 칭의를 위해 완전한 의를 성취하셨다. 이제 누구든지 이 사실을 알게 되면 하나님의 은혜를 갈망하지 않을 수 없다. 이 갈망은 사실 메시아 예수 그리스도께서 성취하신 완전한 의에 대한 갈망이다. 그래서 아담의 원죄에 대한 바른 이해는 은혜의 필요성과 예수님의 완

의"(the righteousness with which he was endued)란 표현을 쓴다. CER, 211(롬 5:18).
[70] ST, 262-268.

전한 순종의 필요성을 깨닫게 하는 것이다.

③ 노아 언약과 은혜로만의 완전한 순종

노아 언약도 메시아 예수 그리스도의 순종을 암시한다. 우선 노아 언약은 아담 언약의 불순종으로 인한 죄의 결과를 보여 주는 아담의 자손들의 불의한 행위에 대해 말한다.[71]

노아 시대에 아담의 모든 자손들의 죄악은 세상에 가득했고, 모든 사람들의 행위의 사악함은 하나님의 큰 진노를 일으켰다(창 6:5-7, 11-13). 노아 언약 시대적 배경은 아담 언약에서 보여 준 죄들에 대한 하나님의 심판하시는 의가 있다는 뜻이다. 그래서 노아 언약에 나타난 하나님의 의의 개념을 예수님과 연관해 2가지로 간략하게 논의하기를 원한다.

첫째, 노아 언약의 홍수는 하나님의 심판하시는 의로 인한 형벌을 상징한다. 노아 언약의 홍수의 심판은 죄에 대한 하나님의 최후의 심판과 형벌을 예표한다(마 24:37-39; 눅 17:26-27; 히 11:7; 벧전 3:20-22; 벧후 2:5, 3:5-6). 우리가 지금까지 본 바대로 예수님께서 십자가의 죽음으로 그 형벌을 담당하셨다. 예수님께서 십자가 순종으로 죄인들의 죗값을 지불하시고 죄인들을 죽음의 형벌에서 영원히 구원하신 것이다. 노아는 홍수 심판 후 방주에서 나와 하나님께 예수님의 희생을 상징하는 희생 제물도 드렸다(창 8:20).

> 노아가 여호와를 위하여 단을 쌓고 모든 정결한 짐승 중에서와 모든 정결한 새 중에서 취하여 번제로 단에 드렸더니(창 8:20).

---

[71] 노아 언약에 대해 제1권 '제2장 언약의 나라'에서 '2) 노아 언약'과 앞으로 논의할 새 언약 부분도 참조하라.

앞서 보았듯이, 신약은 노아 언약을 믿는 자들의 세례를 예수님의 십자가의 죽으심과 부활하심의 연합과 연결해서 해석한다(롬 6:1-11). 하나님은 노아의 방주 안에 있는 자들을 오직 은혜로 예수님 안에 죽었다가 살아난 자들로 받아들이는 것이다. 신약은 노아 언약과 새 언약의 대표자 예수님의 완전한 순종과 연결한다.

> 옛 세상을 용서치 아니하시고 오직 의를 전파하는 노아와 그 일곱 식구를 보존하시고 경건치 아니한 자들의 세상에 홍수를 내리셨으며 (벧후 2:5).

따라서 노아의 방주 안에 있는 자들도 오직 은혜로만, 오직 믿음으로만, 예수님의 완전한 의의 전가로 의롭다 하심을 받은 자들을 예표한다. 그래서 예수님 안에서 의인된 자들은 이에 합당한 삶을 살아야 한다(벧전 2:24, 3:12, 3:18, 4:18; 벧후 1:1, 2:5, 2:7-8, 3:13).

> 우리는 그의 약속대로 의의 거하는 바 새 하늘과 새 땅을 바라 보도다 그러므로 사랑하는 자들아 너희가 이것을 바라보나니 주 앞에서 점도 없고 흠도 없이 평강 가운데서 나타나기를 힘쓰라 (벧후 3:13-14).

둘째, 노아 언약의 방주는 하나님의 구원하시는 의를 상징한다. 노아의 방주는 새 언약의 대표자 예수님의 완전한 순종을 통한 구원을 상징한다.

한편으로는 하나님께서 홍수에서 구원받은 노아에게 주신 자연 보존의 언약은 여자의 후손(창 3:15)의 씨이자 노아의 아들인 셈을 보존하신다는

하나님의 약속이다(창 9:7, 9-11, 26-28; 10:21-31; 11:10-26).[72]

다른 한편으로는 노아 언약은 노아의 후손인 새 언약의 대표자 메시아의 성육신을 보장하는 하나님의 약속이다. 그래서 노아 언약은 예수님께서 완전한 순종의 삶을 살 수 있는 길을 약속한다. 따라서 칭의를 위한 완전한 순종의 요구는 은혜 언약과 아담 언약(창 2:17, 3:15)에 이어 노아 언약에서 계속되고 있다.

> 내가 너희와 언약을 세우리니 다시는 모든 생물을 홍수로 멸하지 아니할 것이라 땅을 침몰할 홍수가 다시 있지 아니하리라(창 9:11).
>
> 또 가로되 셈의 하나님 여호와를 찬송하리로다 가나안은 셈의 종이 되고 하나님이 야벳을 창대케하사 셈의 장막에 거하게 하시고 가나안은 그의 종이 되게 하시기를 원하노라 하였더라(창 9:26-27).

결론적으로, 노아의 홍수 심판과 노아의 방주는 새 언약의 대표자 예수님의 완전한 순종을 통한 죄인들의 구원과 칭의를 예표한다. 역시 노아 언약에도 하나님의 심판하시는 의와 하나님의 구원하시는 의의 요소가 내재되어 있다. 따라서 하나님의 은혜를 받은 노아(창 6:8)는 오직 은혜로 구원받고 의롭다 하심을 받은 자들을 예표한다. 또한, '방주를 지으라'는 하나님의 명령의 말씀을 순종한 노아의 삶(창 6:22)은 예수 그리스도의 완전한 순종을 예표한다.

> 노아가 그와 같이 하되 하나님이 자기에게 명하신 대로 다 준행하였더라(창 6:22).

---

[72] 참고. Gerard Van Groningen, *Messianic Revelation in the Old Testament* (Grand Rapids, MI: Baker Book House, 1990), 126-129.

④ 아브라함 언약과 은혜로만의 완전한 순종

아브라함 언약은 앞서 본 아담 언약과 노아 언약의 연장선상에서 주어졌다. 그래서 아브라함 언약에도 하나님의 심판하시는 의가 존재했다. 아담 언약 이후에 인류의 타락으로 인한 노아 홍수로도 인류의 죄의 뿌리는 여전히 굳건히 존재했던 것이다. 아브라함 시대도 죄악된 타락의 시대였다. 노아 홍수 이후로 인간의 타락은 바벨탑 사건으로 이어졌다(창 11:1-9).

하나님은 바벨탑 사건 이후로 영원한 하나님 나라의 백성을 일으키시기 위해 아브라함과 언약을 맺으셨다(창 12:1-2, 15:5-7, 17:4-7).[73] 그러나 아브라함 언약 시대는 모세 언약 이전 시대이다. 아브라함 시대는 복음이 없던 시대다. 예수 그리스도의 성육신이 이루어지기 훨씬 전 시대다.

그렇다면 아브라함 시대에 '죄인들의 칭의를 위한 하나님의 은혜가 존재했는가'에 대한 질문이 생긴다. 이 질문에 대해 답변을 하기 위해 2가지 측면에서 살펴볼 필요가 있다.

첫째, 아브라함 언약은 칭의의 조건의 하나인 십자가 순종에 나타난 하나님 은혜의 의미를 보여 준다. 이는 하나님의 심판하시는 의에 대한 하나님의 은혜를 뜻한다. 물론 아브라함(창 10:21-31; 11:10-26)에게서 하나님 은혜 역사의 시작은 우상 숭배 죄의 늪지대에서 나오게 한 사건이라 할 수 있다(창 11:27-12:1). 그러나 이어서 하나님의 심판하시는 의와 십자가 순종을 분명히 보여 주는 2가지 중요한 사건이 일어났다.

먼저 아브라함이 하나님의 은혜로 의롭다 하심(창 15:6; 롬 4:3)을 받은 후에 일어난 사건이다. 즉, 언약 맹세의 표로 희생 제물을 하나님 앞에 드린 사건이다(창 15:9-11). 아브라함은 하나님 명령의 말씀대로 순종해 동물들

---

[73] 아브라함 언약을 위해 제1권 '제2장 언약의 나라'에서 '3) 아브라함 언약'과 앞으로 논의할 새 언약 부분도 참조하라.

을 죽여서 쪼개고 서로 마주보게 놓았다. 솔개들이 사체 위에 내릴 때는 아브라함이 그것들을 쫓았다(창 15:11). 하나님께서는 큰 어두움 속에 심히 두려워하는 아브라함에게 약속을 하신다(창 15:12-16).

하나님께서는 횃불로 쪼갠 동물들 사이(창 15:17)로 지나가게 하시고 아브라함과 언약을 세우신다(창 15:18-21). 이 횃불은 죄에 대한 하나님의 진노를 상징한다. 이 장면은 모세 율법의 제사법의 죄에 대한 희생 제물을 상기시키고, 횃불은 죄에 대한 하나님의 진노를 상징하는 번제단을 상기시킨다. 하나님께서는 아브라함에게 죄에 대한 하나님의 진노를 보여 주신 것이다.

우리에게 동물들의 사체는 하나님의 심판하시는 의에 대한 형벌을 담당하신 예수님의 십자가의 죽음을 상기시킨다. 여기서 아브라함이 죄 사함을 받은 것은 오실 메시아의 십자가 순종으로 인한 하나님의 전적 은혜임을 지적한다.

또 다른 사건은 아브라함이 모리아 산에서 아들 이삭을 하나님께 번제(the burnt offering)로 드리려 했던 사건이다(창 22장). 우리가 알고 있듯이, 아브라함이 아들 이삭을 동물 대신 하나님께 번제로 드리려 했던 것은 매우 충격적인 사건이다.

여기서 우리가 주목할 것은 창세기 15장처럼 죄에 대한 희생 제물과 하나님의 진노를 상징하는 불(번제)이 다시 등장한다는 사실이다. 그러나 창세기 22장은 15장보다는 더 구체적으로 "세상 죄를 지고 가는 하나님의 어린 양"(요 1:29)을 계시한다. 이삭은 아브라함에게 눈에 넣어도 전혀 아프지 않는 자식이다. 독생자 예수 그리스도는 하나님께 그 이상이다. 하나님은 희생 제물로 수양을 미리 준비하셨고, 이삭을 바친 아브라함에게 '하나님의 어린 양'에 대한 약속을 하신다. 이 하나님의 어린 양은 새 언약의 대표자 메시아에 대한 약속이다(창 22:16-17).

> 가라사대 여호와께서 이르시기를 내가 나를 가리켜 맹세하노니 네가 이같이 행하여 네 아들 네 독자를 아끼지 아니하였은즉 내가 네게 큰 복을 주고 네 씨로 크게 성하여 하늘의 별과 같고 바닷가의 모래와 같게 하리니 네 씨가 그 대적의 문을 얻으리라(창 22:16-17).

창세기 15장의 희생 제물과 22장의 이삭 제물 사건은 십자가에 죽으시기까지 완전한 순종을 이루신 메시아 예수 그리스도를 예표한다. 모세 율법의 제사법을 주시기 훨씬 이전의 이야기다. 이는 이스라엘 백성에게 너무도 잘 알려진 사건이다. 이는 메시아 예수 그리스도께서 십자가에서 죽으심으로 하나님의 심판하시는 의를 만족시키실 것을 미리 보게 하신 것이다. 아브라함이 믿음으로 본 예수님은 약속대로 죄인들의 칭의를 위한 영원한 희생 제물이 되신다. 로마서 4:7-8에서 성경은 다윗의 말을 인용해서 아브라함에게 주신 죄 사함의 은혜를 말한다.

> 그 불법을 사하심을 받고 그 죄를 가리우심을 받는 자는 복이 있고 주께서 그 죄를 인정치 아니하실 사람은 복이 있도다 함과 같으니라(롬 4:7-8).

따라서 창세기 22장에서 새 언약의 대표자 메시아 예수 그리스도는 "천하 만민이 복"을 얻게 할 아브라함의 씨로 소개된다(창 22:16-18). 하나님은 아브라함에게 메시아가 오실 것을 약속하신 것이다. 노아와 셈의 자손인 아브라함은 오직 하나님의 은혜로 여자의 후손의 씨이자 메시아이신 예수 그리스도의 조상이 된다(창 10:21-31; 11:10-26).

하나님께서는 아브라함을 예수 그리스도의 계보(the genealogy of Jesus Christ)에 들어가게 하신 것이다(마 1:1). 아브라함의 이삭을 바치는 말씀 순종 사건을 통해 하나님은 약속하셨다. 이 약속에 따르면 오실 메시아는 완전한 순종을 통해 "대적의 문"을 얻을 자다(창 22:17). 아브라함 언약은 칭의를 위한 예수님의 십자가 순종과 완전한 순종의 필요성을 미리 보여 준 것이다.

둘째, 아브라함 언약은 칭의를 위한 예수님의 완전한 순종이 하나님의 전적 은혜임을 보여 준다.

아브라함은 어떻게 하나님 앞에 의롭다 하심을 받았는가?

오직 하나님의 은혜로만 의롭다 하심(칭의)을 받았다(롬 4:1-3).

이 질문에 답변은 성경 전체에서 하나님 은혜의 의미를 이해하는 데 매우 중요하기 때문에 좀 더 논의할 필요가 있다. 죄인들의 칭의를 위한 예수님의 완전한 순종의 동기는 하나님의 전적 은혜이다. 아브라함도 행위에 의해서가 아니라 오직 하나님의 은혜로만 의롭다 하심을 받았다. 로마서 4:1-3은 이 하나님의 은혜를 이렇게 말한다(창 15:6).

> 그런즉 육신으로 우리 조상된 아브라함이 무엇을 얻었다 하리요 만일 아브라함이 행위로써 의롭다 하심을 얻었으면 자랑할 것이 있으려니와 하나님 앞에서는 없느니라 성경이 무엇을 말하느뇨 아브라함이 하나님을 믿으매 이것이 저에게 의로 여기신바 되었느니라(롬 4:1-3).

이 본문(롬 4:1-3)은 바울이 모세 율법으로 칭의를 정의한 후(3:21-31)에 이어서 아브라함 언약으로 칭의를 설명하기 때문에 성경 전체에서 매우 중요하다. 여기서 아브라함 시대의 사람들과 율법 시대의 사람들을 은혜로 연결시켜 주기 때문이다.

　더불어 구약의 언약 백성들의 칭의 문제에 대한 답변도 제시해 준다. 즉, 믿음-의(믿음으로 의롭다 하심, 롬 4:13)의 주제로 아브라함 언약(창세기 15장과 22장)과 성경 전체를 자연스럽게 연결해 준다. 아브라함과 모세는 다 같이 오직 은혜로만 오직 예수님의 완전한 순종으로만 의롭다 하심(칭의)를 받는다는 것이다.[74] 바울이 아브라함 언약으로 성경 전체와 '믿음으로 의롭다 하심'을 매우 뛰어나게 연결해 준다.

　이렇게 바울은 아브라함 언약을 통해서 칭의가 '왜 오직 은혜로만의 칭의'인지를 잘 설명한다. 예를 들어, 로마서 4장은 먼저 아브라함 언약 안에 있는 자들과 예수님의 순종을 연결한다. 오직 하나님의 은혜로 예수님의 완전한 순종이 아브라함 언약 안에 있는 자들에게도 예수님 안에서 전가되는 것이다. 그래서 아브라함 언약하에 있는 자들과 모세 언약하에 있는 자들은 전혀 다르지 않다(롬 1:18-3:31).[75] 타락한 아담의 자손(롬 3:10)인 아브라함도 우리와 똑 같이 오직 은혜로만 의롭다 하심을 받는다(롬 4:4-5).

> 일을 아니할지라도 경건치 아니한 자를 의롭다 하시는 이를 믿는 자에게는 그의 믿음을 의로 여기시나니 일한 것이 없이 하나님께 의로 여기심을 받는 사람의 행복에 대하여 다윗의 말한 바 그 불법을 사하심을 받고 그 죄를 가리우심을 받는 자는 복이 있고 주께서 그 죄를 인정치 아니하실 사람은 복이 있도다 함과 같으니라 (롬 4:4-5).

---

[74]　"아브람이 여호와를 믿으니 여호와께서 이를 그의 의로 여기시고(창 15:6)."

[75]　갈라디아서 3:18-19에서 성경은 로마서 4장과 같은 메시지를 전한다.
"만일 그 유업이 율법에서 난 것이면 약속에서 난 것이 아니리라 그러나 하나님이 약속으로 말미암아 아브라함에게 은혜로 주신 것이라"(갈 3:18-19).

로마서 4장은 죄인들의 칭의를 증명하기 위해 '여기시다'(전가하다, 옮기다)라는 뜻의 헬라어(로기조마이, *logizomai*; λογίζομαι)를 사용한다. 바울은 이 단어로 예수님의 완전한 순종이 죄인들의 칭의의 조건을 만족케 한 근거임을 분명하게 증명한다.[76] 아브라함의 칭의(의롭다 하심)를 위한 완전한 조건도 예수님의 완전한 순종이다. 믿음의 조상인 아브라함의 믿음도 죄인들을 위한 칭의의 믿음(이신칭의)인 것이다.[77] 바울에 따르면 하나님은 예수님 안(예수님과 연합)에서 예수님의 완전한 순종을 통한 완전한 의를 우리의 것으로 여기시는(전가) 분이시다.

우리는 이 아브라함의 믿음이 히브리서 11장에 다시 등장하는 것을 주목할 필요가 있다. 앞서 보았듯이, 히브리서 11:1-2은 구약의 믿음이 무엇인가 소개한다. 즉, 아브라함의 믿음을 시작으로 해서 구약의 믿음의 사람들을 소개한다. 앞서 본 로마서 4장과 히브리서 11장의 칭의는 전혀 다르지 않다. 그리고 여기서 구약의 믿음의 사람들이 받은 믿음의 '증거'는 기본적으로 약속의 말씀이다(히 11:1-2, 39).[78]

> 믿음은 바라는 것들의 실상이요 보지 못하는 것들의 증거니 선진들이 이로써 증거를 얻었느니라(히 11:1-2).

---

[76] '전가하다'(옮기다: 로기조마이, *logizomai*; λογίζομαι)의 의미는 위해 아래 '2. 예수님의 완전한 의의 전가 (옮겨짐, 여기심)'에서 '1) 언약적·법적 전가'를 보라.

[77] 칭의의 믿음(이신칭의)은 전가에 대해서 논의한 후에 '칭의의 믿음(이신칭의)'에서 더 논의를 할 것이다.

[78] 히브리서 11장에서 '증거를 얻었다'는 헬라어 동사(마르투레오, *martyreō*, μαρτυρέω)는 히브리서 11:2(믿음의 증거), 11:4(아벨의 믿음의 증거), 11:39(믿음의 증거)에서 사용되었다.

제2장 칭의의 조건, 예수 그리스도의 완전한 순종 163

로마서 4장과 히브리서 11장의 칭의에 대한 주요 요지가 같다는 것은 넓은 의미의 완전한 순종을 살펴보는 우리에게 매우 중요하다. 이 두 장은 다 예수님의 순종을 구약과 신약의 믿음의 사람들에 대한 칭의의 기초로 제시하기 때문이다. 히브리서 11장에서 말하는 모든 믿음의 사람의 칭의도 오직 하나님의 은혜로만 가능하다. 이에 대해 좀 더 논의가 필요하다.

그래서 우리는 히브리서 11:1-2이 바로 앞 10:38-39의 "오직 나의 의인은 믿음으로 말미암아 살리라"와 연결되었다는 것을 주목할 필요가 있다(참고. 롬 1:17).

> 오직 나의 의인은 믿음으로 말미암아 살리라 또한 뒤로 물러가면 내 마음이 저를 기뻐하지 아니하리라 하셨느니라 우리는 뒤로 물러가 침륜에 빠질 자가 아니요 오직 영혼을 구원함에 이르는 믿음을 가진 자니라(히 10:38-39).

히브리서 11:1-2의 '증거를 얻었다'는 헬라어 동사(마르투레오, *martyreō*: μαρτυρέω)는 하나님이 주신("영혼을 구원함에 이르는"[히 10:39]) '메시아에 대한 믿음의 증거를 얻었다'는 뜻으로 쓰였다.[79] 따라서 히브리서 11장에서 말하는 구약의 하나님 나라 백성들의 믿음은 '오직 오실 메시아'에 대한 약속의 말씀을 믿는 믿음인 것이다.[80] 히브리서 11장의 믿음의 사람들은 메시아에 대한 '약속을 받았으나' 메시아를 받지는 못했다. 그러나 하나님

---

79 BDAG, 617-618. 하나님께 믿음의 증거를 받은 사람들이 바로 믿음의 "허다한 증인들"(히 12:2, 마르투레오, *martyreō*, μαρτυρέω의 명사형 μάρτυς 사용)이다. 신약에는 이 동사가 75번 사용되었다. JSNT.

80 요한복음 8:56도 예수님과 아브라함의 만남을 소개하고 예수 그리스도에 대한 아브라함의 믿음을 증언한다. 예수님께서 직접 아브라함과의 만남을 증언하셨다. 아브라함은 성자 하나님을 만난 것이다.
"너희 조상 아브라함은 나의 때 볼 것을 즐거워하다가 보고 기뻐하였느니라"(요 8:56).

은 오직 은혜로 히브리서 11장의 믿음을 오실 메시아에 대한 믿음으로 받아 주시는 것이다(히 11:39-40).

> 이 사람들이 다 믿음으로 말미암아 증거를 받았으나 약속된 것을 받지 못하였으니 이는 하나님이 우리를 위하여 더 좋은 것을 예비하셨은즉 우리가 아니면 그들로 온전함을 이루지 못하게 하려 하심이라(히 11:39-40).[81]

따라서 구약의 믿음의 사람들은 오직 '믿음의 주'인 메시아 예수님에 대한 믿음의 말씀을 믿은 '증인들'이다. 이는 하나님의 전적 은혜의 역사다. 바울의 말처럼, 예수님의 완전한 순종이 구약의 믿음의 사람들에 대한 칭의의 조건을 만족시킨 것이다. 또한, 히브리서 11장의 믿음의 사람들은 12:1-2의 '허다한 증인들'이기도 하다.

> 이러므로 우리에게 구름 같이 둘러싼 허다한 증인들이 있으니 모든 무거운 것과 얽매이기 쉬운 죄를 벗어 버리고 인내로써 우리 앞에 당한 경주를 경주하며 믿음의 주요 또 온전케 하시는 이인 예수를 바라보자 저는 그 앞에 있는 즐거움을 위하여 십자가를 참으사 부끄러움을 개의치 아니하시더니 하나님 보좌 우편에 앉으셨느니라(히 12:1-2).

정리하면, 로마서 4장과 히브리서 11장의 아브라함에 대한 믿음의 평가는 하나님의 평가다. 이에 따르면 아브라함의 믿음은 오직 하나님의 은혜로만 하나님에 대한 믿음이자 복음의 말씀을 믿은 믿음으로 받아들여진

---

[81] 개역개정 4판(2005).

다. 아브라함의 믿음은 복음의 말씀을 믿은 믿음이요 오실 새 언약의 성취자 예수님을 믿는 믿음이다. 따라서 아브라함의 믿음은 오직 은혜로만의 칭의(이신칭의)의 믿음인 것이다.

신약에서 아브라함 언약에 대한 해석은 하나님의 엄청난 은혜를 분명하게 보여 준다. 우리가 앞서 보았듯이, 예수님이 이 땅에 육신을 입고 오시기 전에 하나님께서는 이미 하나님의 은혜를 베푸셨던 것이다. 단지 아브라함 언약을 통해서는 하나님의 사랑이 다르게 표현되었을 뿐이다. 아브라함의 믿음이 하나님 나라에 입성할 수 있는 자격을 얻은 것은 오직 하나님의 사랑 때문이다.

따라서 하나님의 눈에는 구약의 모든 믿음의 사람들도 우리와 같이 오직 하나님의 은혜로 새 언약의 성취자 예수님을 믿고 받아들이는 믿음을 가진 자들이었다. 이들은 죄인 된 우리와 같이 오직 하나님의 크신 은혜로 영원한 하나님 나라에 입성할 자격과 영생을 얻은 자들이다.[82]

아브라함 언약에서 말한 모든 민족을 복 주시겠다는 약속이 예수 그리스도의 완전한 순종으로 성취되었다.

아브라함 이야기는 구원이 인간의 행위에 의한 것이 아니라, 오직 하나님의 은혜로 주신 선물임을 최고로 증명하는 이야기이다(엡 2:8-9). 믿음의 조상 아브라함은 오직 하나님의 은혜로만 구원받은 자들의 대표자이다. 바울

---

[82] 예수님께서도 마태복음 8:11에서 아브라함과 많은 사람들이 천국에 있을 것이라고 말씀하셨다. 또한, 예수님께서 아브라함, 이삭, 야곱과 많은 사람들이 천국에 입성할 것이라고 말씀하셨다(마 8:11).
"또 너희에게 이르노니 동서로부터 많은 사람이 이르러 아브라함과 이삭과 야곱과 함께 천국에 앉으려니와"(마 8:11).
"너희가 그 은혜를 인하여 믿음으로 말미암아 구원을 얻었나니 이것이 너희에게서 난 것이 아니요 하나님의 선물이라 행위에서 난 것이 아니니 이는 누구든지 자랑치 못하게 함이니라"(엡 2:8-9).

의 아브라함 언약에 대한 재해석은 이 언약이 죄인들이 구원이 하나님의 크신 은혜임을 잘 증명한다. 이런 이유에서 아브라함 언약은 칭의론에서 매우 중요하다. 이 언약은 예수님의 완전한 순종으로 성경 전체에서 죽을 수밖에 없는 죄인들과 하나님의 은혜를 연결해 주기 때문이다(롬 4;16, 24).[83]

> 그러므로 후사가 되는 이것이 은혜에 속하기 위하여 믿음으로 되나니 이는 그 약속을 그 모든 후손에게 굳게 하려 하심이라 율법에 속한 자에게뿐 아니라 아브라함의 믿음에 속한 자에게 도니 아브라함은 하나님 앞에서 우리 모든 사람의 조상이라(롬 4:16).
> 의로 여기심을 받을 우리도 위함이니 곧 예수 우리 주를 죽은 자 가운데서 살리신 이를 믿는 자니라(롬 4:24).

결론적으로, 성경 전체의 언약들 중에서 아브라함 언약은 칭의의 관점에서 2가지 매우 중요한 역할을 한다.

첫째, 아브라함 언약은 하나님 은혜의 의미를 분명하게 보여 준다.
즉, 이 언약은 칭의의 관점에서 은혜 언약의 특징을 잘 보여 준다. 이는 모세 언약을 주시기 훨씬 전에 이야기이다.

둘째, 아브라함 언약은 예수님 안에서 구약의 하나님의 백성과 신약의 하나님의 자녀들과 연결해 준다. 예수님 안에서 구약의 믿는 자들과 신약

---

[83] 성경은 아브라함 언약을 계속 언급한다. 참고. 창 17:9, 21:27; 출 2:24; 레 26:42; 왕하 13:23; 대상 16:16; 시 105:9; 행 3:25, 7:8; 롬 4:13.
"내가 야곱과 맺은 내 언약과 이삭과 맺은 내 언약을 생각하며 아브라함과 맺은 내 언약을 생각하고 그 땅을 권고하리라"(레 26:42).

의 믿는 자들은 차이가 없다는 것을 보여 준다.

바울은 아브라함 언약으로 구약의 모든 시대(아담 언약, 노아 언약, 모세 언약, 다윗 언약)에서 나타난 칭의의 은혜를 변호한다. 그러나 아브라함 언약의 저변에도 아담 언약의 죄의 문제와 말씀 순종의 요구도 흐르고 있다. 은혜 언약의 핵심을 잘 보여 주는 아브라함 언약은 우리가 하나님께 감사와 찬양과 영광을 돌려야 하는 이유를 잘 보여 준다(갈 3:8, 18).[84] 오직 은혜로만의 복음은 아브라함 시대에도 이미 전해졌다.

> 또 하나님이 이방을 믿음으로 말미암아 의로 정하실 것을 성경이 미리 알고 먼저 아브라함에게 복음을 전하되 모든 이방이 너를 인하여 복을 받으리라 하였으니(갈 3:8.).
>
> 만일 그 유업이 율법에서 난 것이면 약속에서 난 것이 아니리라 그러나 하나님이 약속으로 말미암아 아브라함에게 은혜로 주신 것이라(갈 3:18).

⑤ 모세 언약(율법)과 은혜로만의 완전한 순종

우리가 지금까지 본 바대로, 모세 언약은 넓은 의미의 완전한 순종의 기초를 가장 구체적으로 제시해 준다.[85] 신약성경에 따르면 율법을 행하는 자는 결코 의롭다 하심을 받고 구원함에 이를 수 없다(롬 1:18-3:20). 물론 모세 언약 말씀을 순종하는 자들에게는 하나님께서 복을 약속하셨지만, 모세 언약에는 율법의 행위를 통한 칭의의 약속이 없다.[86]

---

[84] 바울은 갈라디아서 3:8과 18에서도 아브라함의 칭의를 오직 하나님의 은혜로만의 칭의로 소개한다.

[85] 특히 앞서 본 '좁은 의미의 완전한 순종(모세 율법 중심)'을 보라. 또한, 바로 아래 '⑦ 새 언약(복음)과 은혜로만의 완전한 순종'에 대한 논의도 보라. 참고. FA, 150-152; ICT, 32.

[86] 아담 타락 후의 아담 언약과 모세 언약(모세 율법)에서 행위언약적 개념과 행위 원리

이 율법의 행위는 구원과는 별개의 문제였다. 이제 앞서 살펴본 좁은 의미의 완전한 순종(율법 중심)을 기준으로 넓은 의미의 측면에서 모세 언약에 대해 간략하게 2가지를 논의할 것이다.

첫째, 모세 언약은 넓은 의미의 완전한 순종의 기본 틀을 제공한다. 우리는 이 완전한 순종의 기본 틀에 대한 내용은 좁은 의미에서 이미 많이 논의했다. 따라서 이에 대해서는 짧게 살펴볼 것이다. 우리는 앞서 좁은 의미에 대해서는 율법 형벌의 말씀을 이루신 순종(십자가 순종)과 율법 순종의 말씀을 이루신 순종(하나님 사랑·이웃 사랑의 말씀 순종)으로 나누어서 보았다.

우리가 앞서 본 바대로, 아담 언약에서 말씀 불순종은 하나님의 심판하시는 의의 근거를 간단히 제시하지만, 모세 언약은 죄를 깨달을 수 있도록 말씀 불순종의 내용을 상세히 밝혀 준다. 즉, 우리는 예수님의 순종을 통해 모세 율법 안에 있는 죄에 대한 하나님의 심판하시는 의와 하나님의 은혜인 하나님의 구원하시는 의를 볼 수 있다.[87] 그래서 모세 율법은 구원과 칭의의 기준을 제시해 주지만 구원의 최종 방법이 될 수는 없다.

새 언약은 예수님의 완전한 순종으로 모세 율법에 나타난 죄인들의 칭의를 위한 2가지 조건을 다 이루었다. 그러나 모세 언약은 율법으로 칭의를 위해 우리가 담당해야 할 죄에 대한 형벌과 모든 말씀 순종의 필요성을 보여 준다. 그래서 우리는 율법에 따라 예수님의 완전한 순종을 죄의 형벌을 담당한 십자가 순종과 하나님 사랑·이웃 사랑을 이루신 모든 말씀 순종이라 정의할 수 있었다. 즉, 좁은 의미의 완전한 순종(율법 중심)은 우리

의 개념에 대한 논의는 제1권 제2장의 '4) 모세 언약'을 참조하라.
[87] 제1권 '제3장 영원하신 하나님의 의'를 참조하라.

가 영생과 구원과 칭의의 조건으로서의 완전한 의를 이루신 예수님의 순종을 볼 수 있게 해 준다. 우리는 모세 율법을 통해 죄인들의 칭의의 조건으로서의 완전한 의의 필요성을 볼 수 있다.

모세 언약의 율법은 구속 역사(the history of redemption)에서 이미 '그리스도'를 바라보고 있다.[88] 모든 인간의 죄 때문에 율법도 하나님의 은혜로만의 칭의의 필요성을 강하게 주장하는 것이다. 모세 율법은 구원과 칭의를 위해 결국 오직 예수 그리스도만의 은혜의 필요성을 밝혀 준다. 이런 이유에서 모세 언약은 넓은 의미의 완전한 순종의 기본 틀을 제공한다.

둘째, 모세 언약에 나타난 하나님의 의는 율법과 복음을 예수님의 완전한 순종으로 연결한다. 모세 언약은 모든 언약 중에서 죄에 대한 하나님의 심판하시는 의와 은혜에 대한 하나님의 구원하시는 의의 구조를 가장 잘 보여 준다고 했다. 이런 의미에서 신약은 율법과 복음으로 죄인들에 대한 하나님의 의의 요구를 분명하게 보여 준다(롬 1:17; 3:21-22).

> 복음에는 하나님의 의가 나타나서 믿음으로 믿음에 이르게 하나니 기록된 바 오직 의인은 믿음으로 말미암아 살리라 함과 같으니라(롬 1:17).
>
> 이제는 율법 외에 하나님의 한 의가 나타났으니 율법과 선지자들에게 증거를 받은 것이라 곧 예수 그리스도를 믿음으로 말미암아 모든 믿는 자에게 미치는 하나님의 의니 차별이 없느니라(롬 3:21-22).

---

[88] CS, 95.

행위-의(works-righteousness)와 믿음-의(faith-righteousness)

바울은 복음으로 율법의 행위를 믿는 '행위-의'를 믿는 자들과 예수님을 믿는 '믿음-의'를 믿는 자들을 비교·대조하면서 죄인들의 의의 문제를 제시한다(롬 1:17, 3:20-21). 초대 교회나 지금이나 칭의의 조건으로 율법의 행위를 믿는 자들의 오해는 모세 율법을 주신 목적에서 비롯되었다. 아담 안의 모든 인간은 죄인이기 때문에 율법의 행위로 의롭다 하심을 얻을 수 있는 사람은 아무도 없다(롬 3:20, 28; 롬 4:2; 갈 2:16).

> 그러므로 율법의 행위로 그의 앞에 의롭다 하심을 얻을 육체가 없나니 율법으로는 죄를 깨달음이니라(롬 3:20).
>
> 그러므로 사람이 의롭다 하심을 얻는 것은 율법의 행위에 있지 않고 믿음으로 되는 줄 우리가 인정하노라(롬 3:28).

모세 율법은 아담 안에 있는 모든 죄인에게 죄를 깨닫게 하고, 그들에게 말씀 순종의 능력이 없음을 깨닫게 한다. 모세 율법이 지적하는 것은 하나님이 요구하시는 의(義)의 조건을 만족시킬 수 없는 죄인인 인간의 의(righteousness)에 대한 무능력의 문제다. 모세 율법은 하나님의 의로 죄의 문제와 말씀 순종의 무능력을 지적하는 것이다. 하나님이 하나님의 의와 관련해 모세 율법을 주신 2가지 이유가 있다. 이 이유들은 메시아의 필요성과도 관계가 있다.[89]

---

[89] 이는 제1권 『언약의 나라』 제3장에서 '2. 구원의 기준인 하나님의 의'에서 언급했다.

첫째, 율법은 인간들이 죄를 깨닫게 한다(롬 3:20, 9-10).[90]

둘째, 율법은 인간들이 거룩하고 의롭고 선한 하나님의 말씀을 순종할 능력이 없음을 깨닫게 한다(롬 7:12).[91]

이런 이유에서 신약은 새 언약의 대표자 예수님의 완전한 순종으로 모세 언약을 해석하면서, 율법과 복음에서의 하나님의 의의 요구를 밝혀 준다.[92] 오직 은혜로만의 예수 그리스도는 구속 역사적인 면에서도 "율법의 마침"(the end of the law)이 되고 동시에 "율법 저주의 끝"(termination)이다.[93]

---

[90] "그러므로 율법의 행위로 그의 앞에 의롭다 하심을 얻을 육체가 없나니 율법으로는 죄를 깨달음이니라"(롬 3:20).

[91] "이로 보건대 율법도 거룩하며 계명도 거룩하며 의로우며 선하도다"(롬 7:12).

[92] 제1권 '제3장 영원하신 하나님의 의'에서 '2. 구원의 기준인 하나님의 의'를 참조하라.

[93] CS, 95. 율법을 율법 저주의 시작으로 보고, 복음을 율법 저주의 끝으로 보면, 율법은 복음에 대조적(antithesis)이라 할 수 있다. 종교개혁자 루터(Luther)는 율법이 지니는 '정죄하고 판단' 하는 기능과 복음이 지니는 '그리스도 안의 은혜'로 이 둘을 서로 대조(antithesis)적으로 본다. 즉, 루터의 구원론에서 율법은 인간을 죄로 인한 죽음(하나님의 진노)으로 인도하고, 복음은 그리스도의 구속의 능력에 나타난 하나님의 은혜를 선포한다. LCG, 101, 186, 208-209, 219, 244, 324; Paul Althaus, *The Theology of Martin Luther*, trans. Robert C. Shultz (Philadelphia, PA: Fortress Press, 1966), 256. 칭의론에서는 루터의 율법과 복음의 대조는 인간 공로주의와 하나님의 은혜 면에서 율법과 복음의 대조(antithesis)로 나타난다. 이를 우리는 칭의론에서 '인간의 공로'와 하나님의 은혜에 의한 '예수님의 공로'의 대조(antithesis)나 행위-의(works-righteousness)와 믿음-의(faith-righteousness)의 대조(antithesis)로 부를 수 있다. 루터는 중세 로마교회의 칭의론에서 "우리 밖에서"(outside of us: *extra nos*)의 개념으로 양적(quantitative) 인간공로주의(human meritism)를 공격하면서, "칭의에서 오직 그리스도의 공로로만"을 강조한다. 즉, 그에게 칭의는 "인간의 공로냐 예수님의 공로냐"의 문제다. LBW, 289, 294-296; 『칭의』, 75-82. 루터는 이 책에서처럼 완전한 순종이나 언약신학으로 율법과 복음의 차이를 말하지 않는다. 언약신학은 개혁주의 내에서 주로 발전해 왔다. RHBI, 234-67. 참고. 제1권 '제3장 영원하신 하나님의 의'에서 '2. 구원의 기준인 하나님의 의', 본서 제1장에서 '3. 복음과 칭의'와 '4. 칭의', 특히 '3. 복음과 칭의'에서 '은혜와 내재적 의' 그리고 '아퀴나스(Aquinas)의 은혜의 증가'에 대한 논의를 참조하라.

그렇다. 예수님은 죄인들을 심판하시는 의에 대한 형벌을 혼자 다 담당하심으로 '율법의 마침'이 되셨다(롬 10:4). 율법의 저주는 완전한 순종을 통해 이루신 예수님의 완전한 의에서 끝났다.

> 그리스도는 모든 믿는 자에게 의를 이루기 위하여 율법의 마침이 되시니라 (롬 10:4).

"율법(구 언약)과 복음(새 언약)"은 죄인 된 인간들에게 하나님의 의를 요구 면에서는 다 완전히 동일하다.[94] 단지 이 요구를 만족시킨 것은 새 언약의 성취자이신 예수님의 완전한 순종이다. 그래서 '구속 역사적'(re-demptive-historical)으로 칭의의 조건이 구 언약과 새 언약이 함께 "전체적으로 일치"하는 것이다.[95] 모세 언약에 나타난 하나님의 의의 요구는 예수님의 완전한 순종(완전한 의)으로 이루어졌다(롬 1:17; 3:21-22).[96] 예수님을 믿는 믿음으로 의롭다 하심을 받는 믿음-의의 길이 열린 것이다(롬 3:28, 30, 롬 4:5, 롬 5:1; 갈 2:16, 3:24).

---

[94] CS, 88; Poythress, *The Shadow of Christ in the Law of Moses* (Phillipsburg, NJ: P & R Publishing, 1991), 120-124.

[95] 참고. CS, 89.

[96] 『칭의』, 60-136; 『복음』, 149-254. 참고. LBW (Luther, *The Bondage of the Will*). 구속 역사적인 면에서 리더보스(Ridderbos)는 예수 그리스도께서 서기관들과 바리새인들의 공로주의를 공격하신 것을 지적한다. 그는 공로주의적 칭의, 공로주의적 율법주의와 공로주의적 죄 용서 개념과는 대조적(antithetical)인 하나님의 절대적 은혜를 주장한다. CK, 214-232, 296-321. 리더보스는 구원론에서 양적 보상주의(quantitative reward)도 같이 공격한다. 이렇게 구원은 자기-의(self-righteousness)의 공로가 아니라 예수 그리스도의 공로로만, 오직 하나님의 은혜로만 가능하다.

사람이 의롭게 되는 것은 율법의 행위에서 난 것이 아니요 오직 예수 그리스도를 믿음으로 말미암는 줄 아는 고로 우리도 그리스도 예수를 믿나니 이는 우리가 율법의 행위에서 아니고 그리스도를 믿음으로써 의롭다 함을 얻으려 함이라 율법의 행위로서는 의롭다 함을 얻을 육체가 없느니라(갈 2:16).

이같이 율법이 우리를 그리스도에게로 인도하는 몽학선생이 되어 우리로 하여금 믿음으로 말미암아 의롭다 함을 얻게 하려 함이니라(갈 3:24).

신약은 죄인들에 대한 이 하나님의 의의 요구를 성취하신 예수님의 완전한 순종으로 율법과 복음을 연결한다. 죄인들을 위한 완전한 순종(완전한 의)를 성취하신 예수 그리스도는 은혜 언약의 당사자 그리고 모든 언약들의 성취자이자 새 언약의 모든 믿는 자의 언약적 대표자이시다. 이 예수님의 완전한 순종이 죄인들에게 살 길을 열었다. 자신의 구속 사역을 통해 이루신 예수님의 완전한 의를 오직 믿음으로만 죄인들에게 주신다. 이는 하나님의 전적 은혜의 역사이다.

정리해서 요약하면, 모세 언약은 예수님의 십자가 순종과 하나님 사랑·이웃 사랑을 실천하신 이유를 제시한다. 즉 모세 언약은 넓은 의미의 완전한 순종의 기초를 제공하는 것이다. 이런 면에서 모세 언약은 죄인들에게 형벌과 말씀 순종에 대한 책임을 요구하며 다른 언약들보다 훨씬 더 순종할 말씀의 내용을 세밀화했다.

모세 언약은 무엇보다 다른 언약들과 달리 넓은 의미의 완전한 순종의 기본 틀을 분명히 제공하는 점에서 큰 차이가 있다. 모세 언약은 이 기본 틀로 성경 전체의 큰 그림을 보게 해 주기 때문에 매우 중요하다. 즉, 직접 "언약적·법적" 판결에 대한 형벌을 당하시고 모든 율법 말씀인 하나님 사

랑과 이웃 사랑을 행하신 것이다.[97]

모세 언약이 중요한 또 다른 이유는 하나님의 의로 율법과 복음을 연결해 주는 데 있다(롬 1:17, 3:20-21). 바울에 따르면 율법과 복음은 성경 전체에서 가장 중요한 하나님의 법적 구조를 보게 해 주기 때문에 중요하다. 바울은 복음으로 율법의 행위를 믿는 '행위-의'를 믿는 자들을 공격한다(롬 3:20, 28; 롬 4:2; 갈 2:16). 그는 예수님을 믿는 '믿음-의'를 믿는 자들에게 그들의 믿음의 기초는 예수님의 완전한 순종(완전한 의)임을 강력하게 주장한다(롬 3:28, 30; 롬 4:5, 롬 5:1; 갈 2:16, 3:24).

모세 언약에 나타난 하나님의 의는 율법과 복음을 통해 왜 예수님께서 완전한 순종하셔야만 했는지 그 이유를 보여 준다. 또한, 하나님의 의가 나타난 율법과 복음의 중요성은 이스라엘 백성뿐만 아니라 아담 안에 있는 모든 자도 예수님의 완전한 순종이 의롭다 하심(칭의)의 기초임을 확인시켜 주는 데에 있다. 우리는 하나님의 의로 예수님 안에서 율법과 복음을 같이 이해해야 하는 것이다(롬 1:17, 3:20-21).

⑥ 다윗 언약과 은혜로만의 완전한 순종

다윗 언약의 특색은 새 언약의 성취자 예수님을 주되신 왕이자 메시아로 소개하는 데 있다.[98] 성경에서 다윗 왕과 예수님의 관계를 설명하는 것을 보면 참으로 흥미롭다. 일례로 다윗 언약은 예수님을 다윗의 자손으로 소개(역대상 17:11-14)를 하는데, 시편과 신약은 예수님을 다윗을 창조하신 주님으로 소개한다. 따라서 신약의 사복음서에서 예수님이 말씀하신 하나

---

[97] CS, 172.
[98] 다윗 언약에 대한 논의는 제1권 제2장에서 '5) 다윗 언약'과 아래 새 언약 부분을 참조하라.

님 나라와 다윗 언약의 나라는 다르지 않다(대상 17:14; 막 1:15).

> 내가 영영히 그를 내 집과 내 나라에 세우리니 그 위가 영원히 견고하리라 하셨다 하라(대상 17:14).
>
> 가라사대 때가 찼고 하나님 나라가 가까웠으니 회개하고 복음을 믿으라 하시더라(막 1:15).

결국 성경은 다윗을 영원한 하나님 나라의 왕이신 예수님께 은혜를 받은 자로 소개한다. 예수님의 완전한 순종을 통한 칭의(의롭다 하심)가 이 사실을 더 분명하게 해 준다. 이제 우리는 다윗 언약과 예수님의 관계를 2가지로 간략하게 요약하도록 하겠다.

첫째, 다윗 언약은 새 언약의 대표자 예수님을 영원한 하나님 나라의 왕으로 소개한다. 다윗 언약은 하나님 나라의 법적인 구조를 소개한 모세 언약과 다르게 그 나라의 왕을 소개한다. 모세 언약이 하나님 나라에 대한 약속이라면, 다윗 언약은 오실 하나님 나라의 왕에 대해 약속이다. 다윗 언약이 말하는 메시아는 영원한 하나님 나라의 왕이시다. 오실 메시아는 하나님 나라를 영원히 다스릴 왕이시다. 예수님은 다윗의 자손이요 구속주요 영원한 왕이신 것이다.

사실 성경 전체는 하나님께서 하나님 나라의 왕이심을 가르친다. 물론 이스라엘은 불신앙으로 하나님이 자신들의 왕 되심을 거부하고, 다른 세상 사람들처럼 눈에 보이는 왕을 원했다(삼상 8:7, 12:12). 그들은 자신들의 삶에서 하나님이 주님(the Lord) 되심을 거부한 것이다. 하지만, 구약의 믿음의 사람들은 살아 계신 하나님을 그들의 왕으로 불렀다(시 20:9, 24:8,

24:10, 29:10, 84:3, 95:3; 사 6:5, 33:22, 43:15, 44:6; 렘 10:10, 46:18, 48:15; 슥 14:9, 14:16, 14:17). 하나님은 그들의 삶을 주관하시는 주님(the Lord)이신 것이다. 하나님은 창조주이시고 재판장이시고 율법을 세우신 분이요 구속자이신 하나님 나라의 왕이시다(사 33:22, 43:15, 44:6).

> 대저 여호와는 우리 재판장이시요 여호와는 우리에게 율법을 세우신 자시요 여호와는 우리의 왕이시니 우리를 구원하실 것임이니라(사 33:22). 이스라엘의 왕인 여호와, 이스라엘의 구속자인 만군의 여호와가 말하노라 나는 처음이요 나는 마지막이라 나 외에 다른 신이 없느니라(사 44:6).

특히, 다윗 언약은 오실 메시아를 하나님 나라의 왕으로 소개한다. 여기서 다윗 언약의 주요 요점은 오실 메시아는 혈통으로는 다윗의 자손이지만, 하나님 나라의 관점에서는 다윗의 왕이 되실 분이시라는 것이다. 즉, 신약은 예수님이 다윗 왕의 '씨'(대상 17:11-14; 요 7:42; 딤후 2:8)이지만, 하나님 나라를 영원히 다스릴(마 28:18-20; 히 12:2, 7:24-25) 만왕의 왕(딤전 6:15; 계 17:14, 19:16)이심을 밝혀 준다.

> 기약이 이르면 하나님이 그의 나타나심을 보이시리니 하나님은 복되시고 홀로 한 분이신 능하신 자이며 만왕의 왕이시며 만주의 주시요(딤전 6:15).
> 저희가 어린 양으로 더불어 싸우려니와 어린 양은 만주의 주시요 만왕의 왕이시므로 저희를 이기실 터이요 또 그와 함께 있는 자들 곧 부르심을 입고 빼내심을 얻고 진실한 자들은 이기리로다(계 17:14).

여기서 중요한 것은 영원한 하나님 나라의 왕이자 새 언약의 대표자이신 예수님은 다윗 언약하에 있는 자들도 받아들이신다는 것이다. 친히 십자가에 죽으심으로 다윗 언약하에 있는 죄의 노예된 죄인들도 자유하게 하시고 하나님 나라를 바로 세우신 것이다. 예수님은 이 불의한 죄인들도 거룩하고 의로운 빛의 나라로 옮기셨다(마 6:33; 벧전 2:9; 행 26:18; 롬 14:17). 이 영원한 나라는 어둠의 나라가 감당치 못하는 나라다(마 16:18; 엡 5:8, 6:12; 골 1:13).

> 너희가 전에는 어두움이더니 이제는 주 안에서 빛이라 빛의 자녀들처럼 행하라 (엡 5:8).
>
> 그가 우리를 흑암의 권세에서 건져내사 그의 사랑의 아들의 나라로 옮기셨으니 (골 1:13).

둘째, 다윗 언약은 영원한 하나님 나라를 위해 칭의를 이루신 예수님의 완전한 순종을 약속한다. 다윗 언약은 메시아를 영원한 하나님 나라의 왕이자 하나님이심을 뜻하는 주님(the Lord)으로 소개한다. 사실 이 사실을 분명하게 연결해 주고 밝혀 주는 것은 신약이다. 다윗 언약에 대한 이런 신약의 해석은 매우 흥미롭고 경이롭다. 이런 해석은 우리에게 구약과 신약을 예수님 안에서 연결하는 성경 해석학의 기초 원리를 가르쳐준다. 다윗 언약이 있기에 이런 해석이 가능하다.

우리는 먼저 다윗 언약과 주님의 관계를 보기 위해서 요한계시록 5:5과 22:16부터 보도록 하겠다. 예수님은 다윗의 뿌리이시지 다윗의 후손이 아니다.

장로 중에 하나가 내게 말하되 울지 말라 유대 지파의 사자 다윗의 뿌리가 이기었으니 이 책과 그 일곱 인을 떼시리라 하더라(계 5:5).

나 예수는 교회들을 위하여 내 사자를 보내어 이것들을 너희에게 증거하게 하였노라 나는 다윗의 뿌리요 자손이니 곧 광명한 새벽별이라 하시더라(계 22:16).

요한계시록은 새 언약의 성취자이신 예수님을 다윗의 씨라 부르지 않고, 다윗의 뿌리(계 5:5, 22:16)라고 부른다. 요한은 예수님은 다윗의 창조주요 주님이시라는 사실을 밝혀 주는 것이다(요 1:1-2; 사 43:15). 즉, 하나님 나라의 왕이자 주님도 되신 예수님은 양들을 위해 목숨을 버리시기까지 완전한 순종을 하신 선한 목자장이시다 (시 23:1; 롬 5:19; 요 10:14-15; 히 13:20; 벧전 5:4; 계 7:17). 신약은 다윗의 시편 23편의 주제인 '하나님이 우리의 목자 되심'을 이렇게 예수님으로 바꾸어 말한다.

나는 선한 목자라 내가 내 양을 알고 양도 나를 아는 것이 아버지께서 나를 아시고 내가 아버지를 아는 것 같으니 나는 양을 위하여 목숨을 버리노라(요 10:14-15).

양의 큰 목자이신 우리 주 예수를 영원한 언약의 피로 죽은 자 가운데서 이끌어 내신 평강의 하나님이(히 13:20).

더욱이 놀라운 것은 다윗이 노래한 시편 23편의 '나의 목자'에 대한 베드로의 설교다. 다윗은 이미 새 언약의 성취자이자 만왕의 왕이자 주(the Lord) 되신 메시아를 만났다(시 110:1; 행 2:34-36). 베드로가 이것을 밝힌 것은 예수님이 부활·승천하시고, 성령님이 최초로 강림하신 사건 후 한 그의 첫 설교에서다.

베드로에 따르면 다윗은 이 땅에 있을 때 "주께서 내 주(메시아 예수 그리스도)에게 말씀" 하신 것을 알았다는 것이다(행 2:34). 유대인들에게는 다윗이 시편 110:1에서 말한 "내 주"가 바로 예수님(주와 그리스도)이라는 메시지는 매우 충격적인 것이었다(행 2:36).

> 다윗은 하늘에 올라가지 못하였으나 친히 말하여 가로되 주께서 내 주에게 말씀하시기를 내가 네 원수로 네 발등상 되게 하기까지 너는 내 우편에 앉았으라 하셨도다 하였으니 그런즉 이스라엘 온 집이 정녕 알찌니 너희가 십자가에 못 박은 이 예수를 하나님이 주와 그리스도가 되게 하셨느니라 하니라(행 2:34-36).

시편 110:1의 인용은 사실 예수님이 먼저 하셨다(마 22:44; 막 12:36; 눅 20:42). 따라서 이 모든 표현은 요한과 베드로뿐만 아니라 모든 제자가 이를 알았다는 것을 뜻한다. 이런 성경적 증거는 때로 자세하게 기록되어 있지 않지만, 하나님께서 믿음의 사람들을 각자 특별한 방법으로 만나 주셨을 것이라는 짐작할 수 있게 한다.

우리가 앞서 보았듯이, 바울은 사도행전 13:16-39에서 다윗을 예수님과 연결하면서 예수님을 "힘입어 믿는 자마다 의롭다 하심"을 얻는다(행 13:39)고 가르쳤다. 로마서 4:5-8은 하나님의 은혜로 "하나님께 의로 여기심"을 받는 자의 복(의롭다 하심을 받는 복: 롬 4:5-6)과 다윗이 말한 "허물의 사함을 얻고 그 죄를 가리움을 받은 자"의 복(시 32:1; 롬 4:7-8)은 같은 것이라고 말한다. 바울은 로마서 4:5-8에서 다윗이 하나님께 받은 칭의(의롭다 하심)의 은혜는 실제적인 것이라고 말한다.

> 일을 아니할지라도 경건치 아니한 자를 의롭다 하시는 이를 믿는 자에게는 그의 믿음을 의로 여기시나니 일한 것이 없이 하나님께 의로 여기심을 받는 사람의 행복에 대하여 다윗의 말한 바 그 불법을 사하심을 받고 그 죄를 가리우심을 받는 자는 복이 있고 주께서 그 죄를 인정치 아니하실 사람은 복이 있도다 함과 같으니라 (롬 4:5-8).

바울의 이 선언은 다윗을 아는 사람들에게는 매우 중요한 것이다. 다윗도 죄 사함의 은혜만 아니라 하나님께 의로 여기심을 받는 놀라운 은혜를 받은 것이다(시 32:1; 롬 4:5-8). 바울이 아브라함 언약에 다윗의 시편을 넣어 설명한 것은 탁월한 선택이다. 바울은 이렇게 로마서 4 장에서 아브라함과 다윗이 받은 칭의의 은혜는 전혀 다르지 않다고 가르친다(롬 4:5-8).

정리해서 요약하면, 다윗 언약도 새 언약의 성취자 예수님의 완전한 순종에 의해 오직 은혜로만 오직 믿음으로만 의롭다 하심(칭의)을 받는다(롬 4:5-8). 다윗 언약의 메시아는 영원한 하나님 나라의 왕으로 오신 분이다. 예수님은 목숨을 다한 완전한 순종을 통해 다윗 언약하에 있는 자들을 위해서도 영원한 칭의의 기초를 세우셨다. 다윗 언약의 메시아께서 완전한 순종을 통해 이루신 죄인들의 칭의는 영원한 약속이다(대상 17:14; 히 13:8; 계 3:7).

> 예수 그리스도는 어제나 오늘이나 영원토록 동일하시니라(히 13:8).

⑦ 새 언약(복음)과 은혜로만의 완전한 순종

우리는 완전한 순종의 넓은 의미를 연구하기 위해 은혜와 언약들의 관계를 계속 살펴보고 있다. 우리는 이를 위해 먼저 예수님의 완전한 순종의 삶을 보았고, 이어서 구약의 언약들과의 관계를 관찰해 보았다. 이제 우리는 마지막으로 새 언약과 완전한 순종의 관계를 2가지로 고찰할 것이다.[99] 우리는 먼저 새 언약과 구약의 언약들과의 관계를 볼 것이다. 그리고 새 언약에 나타난 완전한 순종과 칭의와 은혜의 관계를 보면서 그 의미를 정리할 것이다.

첫째, 새 언약은 완전한 순종으로 구약의 언약들을 연결한다.[100] 예수님은 은혜 언약의 당사자이자 새 언약의 대표자이시다. 새 언약의 대표자이신 예수님의 완전한 순종은 구약의 모든 언약들의 비밀을 풀어 준다.

우리가 지금까지 본 바대로 구약의 언약들은 직접·간접으로 새 언약의 대표자 예수님을 지시한다. 이런 이유에서 새 언약은 은혜로만의 완전한 순종으로 구약의 언약들을 푸는 열쇠가 된다. 완전한 순종의 넓은 의미는 새 언약으로 구약의 언약들에 나타난 죄인들에 대한 하나님의 은혜를 분명하게 보여 준다.

예수님의 완전한 순종으로 이루신 구원과 칭의는 영원한 구속 언약에 기초를 둔 은혜 언약을 통해서만 온다.[101] 그래서 은혜 언약의 당사자이자 대표자이신 메시아는 모든 언약들을 통해 직접·간접으로 소개되어 왔다. 메시아의 오심이 구약의 언약들을 통해 이미 알려진 것이다.[102]

---

99 새 언약의 기본적 의미에 대해서는 제1권 제2장에서 '6) 새 언약'을 참조하라.
100 새 언약과 구약의 언약들의 관계에 위해 지금까지 논의한 아담, 노아, 아브라함, 모세, 다윗 언약들에 대한 논의도 참조하라. 그리고 우리가 이어서 볼 '완전한 순종과 칭의와 은혜'에 대한 논의도 참조하라.
101 ICT, 36.
102 우리가 앞서 보았듯이, 메시아의 도래는 아담 언약의 "여자의 후손"(창 3:15)과 노아 언약의 여자의 후손을 위한 인류 보존 약속(창 9:8-17)에도 이미 언급되었다. 메시아 오심의 약속은 아브라함 언약의 "네 씨"(후손들: 창 22:17-18; 갈 3:16)와 모세 언약의 "언약의 피"(출 24:7-8; 마 26:28)와 다윗 언약의 "후손"(삼하 23:5; 대하 7:18, 13:5)으로 계속 이어졌다.

여기서 새 언약의 중요성은 예수님의 완전한 말씀 순종으로 구약의 언약들의 요구를 이루셨다는 사실을 밝혀 주는 데 있다.

신약은 새 언약의 성취로 아담 언약, 노아 언약, 아브라함 언약, 모세 언약과 다윗 언약을 연결해 설명한다. 새 언약의 대표자이신 예수님은 사복음서에서 아담 언약과 모세 언약을 중심으로 오직 은혜로만의 복음을 설명하셨다. 사복음서에서 예수님의 설교들은 하나님의 의와 율법과 죄를 중심으로 스스로 모든 언약의 성취자이심을 밝힌다. 예수님은 죄인들의 칭의를 위한 자신의 완전한 순종의 필요성을 가르치셨다.

이제 우리는 신약에서 이를 좀 더 알아봐야 한다. 우리는 새 언약의 관점에서 예수님의 완전한 순종을 총정리하기 위해 이를 간략하게 살펴보도록 하자.

바울 서신서들은 구약의 언약들을 배경으로 사복음서에서 나타난 하나님의 의와 칭의의 복음을 재해석해서 잘 정리해 준다. 특히 로마서와 갈라디아서는 예수님이 죄인들을 위해 하나님의 의를 이루시고, 파기된 언약의 책임을 스스로 지신 것을 밝혀 준다.[103] 우리는 로마서에 대해서는 다음 '로마서의 칭의와 은혜'에 대해 논의할 때 살펴볼 것이다. 여기서는 갈라디아서와 히브리서만 간략하게 보도록 하겠다.

가. 갈라디아서

갈라디아서에서는 아브라함 언약과 모세 언약으로 예수님의 완전한 순종을 통한 복음과 칭의를 증명한다.[104] 특히 갈라디아서 2장은 율법 '행

---

[103] BT, 392-395.
[104] 바울은 로마서와 갈라디아서에서 "율법을 지키는 행위"를 통해 의롭다 하심을 받는 "율법신학"을 철저히 "거부"한다. 『복음』, 93. 이 율법의 행위 면에서 바울은 유대인

위-의'와 새 언약의 오직 은혜로만의 '믿음-의'를 비교하며 하나님의 은혜를 강조한다. 이어서 갈라디아서 3:1-4:31은 아브라함 언약과 모세 언약을 번갈아 언급하면서 오직 은혜로만의 칭의를 설명하기 위해 신명기 27:26을 인용한다(갈 3:10-11).[105]

> 무릇 율법 행위에 속한 자들은 저주 아래 있나니 기록된바 누구든지 율법 책에 기록된 대로 온갖 일을 항상 행하지 아니하는 자는 저주 아래 있는 자라 하였음이라 또 하나님 앞에서 아무나 율법으로 말미암아 의롭게 되지 못할 것이 분명하니 이는 의인이 믿음으로 살리라 하였음이니라(갈 3:10-11).

이 본문은 로마서 2:13과 3:21-22에서 말한 칭의의 조건과 다르지 않다.[106] 이는 로마서 2:13처럼 칭의의 기본 조건인 완전한 순종의 필요성을 알려 주는 중요한 구절이다. 바울에 따르면 하나님 앞에 의롭다 하심을 받으려면 "율법 책에 기록된 대로 온갖 일을 항상 행하는 자"라야만 한다(갈 3:10). 하나님의 모든 말씀을 지킬 능력이 없는 모든 인간은 "저주 아래 있는 자"이기 때문이다. 따라서 오직 하나님의 은혜로 예수님 안에서만 의롭다 하심을 받는다(갈 3:18).

들에게 칭의에 대한 "유대주의적 율법주의 문화"에 대해 강하게 비판한다. 『복음』, 235.

[105] 신명기 27:26의 모세 '율법의 모든 말씀'을 항상 순종하라는 하나님의 명령의 말씀을 이룰 수 있는 사람은 하나도 없다. 하나님 앞에 하나님의 거룩하고 의롭고 선한 말씀을 순종할 수 있는 인간은 하나도 없기 때문이다(롬 3:9-12, 7:12).

[106] 로마서를 위해서는 앞으로 살펴볼 '완전한 순종과 칭의와 은혜'에 대한 논의를 참조하라.
"하나님 앞에서는 율법을 듣는 자가 의인이 아니요 오직 율법을 행하는 자라야 의롭다 하심을 얻으리니"(롬 2:13).

갈라디아서 3:1-4:31은 아브라함(갈 3:6, 7, 8, 9, 14, 16, 18, 29; 4:22)과 율법(갈 3:2, 5. 10, 11, 12, 13, 17, 18, 19, 21, 23, 24; 4:4, 5, 21)과 이삭(갈 4:28)을 사용해서 완전한 순종을 통한 오직 은혜로만의 칭의를 설명한다. 완전한 순종(모세 언약)의 좁은 의미의 관점에서 보면, 십자가 순종과 하나님 사랑·이웃 사랑의 말씀 순종을 이루신 것(신 27:26)은 예수님의 완전한 순종이다.[107]

바울은 이와 같이 아브라함의 행위와 모세 율법의 행위를 동일 선상에 올려놓고, 오직 예수님의 완전한 순종으로만 의롭다 하심을 받는다는 것을 강조한다(롬 3:20-22; 갈 2:16; 갈 3:10-11). 이때 칭의는 성령님의 역사를 통한 하나님 은혜의 역사다. 갈라디아서 3:14은 예수님의 완전한 순종을 통해 주신 이 복을 아브라함의 복이라 부른다.

> 이는 그리스도 예수 안에서 아브라함의 복이 이방인에게 미치게 하고 또 우리로 하여금 믿음으로 말미암아 성령의 약속을 받게 하려 함이니라(갈 3:14).

나. 히브리서

히브리서는 어떠한가?

히브리서의 중요성은 모세 언약을 중심으로 구약에 나타난 새 언약의 성취자 예수 그리스도를 소개하는 데 있다. 히브리서의 새 언약과 완전한 순종에 대한 접근법은 로마서나 갈라디아서와 다르지만, 결국 그 결론은 같다. 죄인들의 영생과 구원과 칭의는 오직 하나님의 은혜로만 오직 예수님의 완전한 순종으로만 가능하다. 히브리서는 주로 예수님의 완전한 순

---

[107] 앞서 본 좁은 의미의 완전한 순종과 '모세 언약과 은혜로만의 완전한 순종'을 참조하라.

종을 중심으로 모세 언약과 새 언약을 대조해 칭의의 복음을 설명한다.

히브리서는 아브라함과 멜기세덱을 통해 예수님을 연결하고, 이에 따라 모세 율법의 제사법과 죄인들을 위한 하나님의 어린 양이자 영원한 대제사장이신 예수님을 연결한다(히 6:13-10:39).[108] 이는 새 언약으로 하나님의 은혜에 대해 설명하는 하나의 방식이다.

히브리서 9:11-22은 율법의 제사법을 사용해 아담 언약부터 노아 언약, 아브라함 언약, 모세 언약과 다윗 언약에 이르기까지 모든 언약의 중보자는 예수 그리스도이심을 밝혀 준다(히 9:15).

> 이를 인하여 그는 새 언약의 중보니 이는 첫 언약 때에 범한 죄를 속하려고 죽으사 부르심을 입은 자로 하여금 영원한 기업의 약속을 얻게 하려 하심이니라(히 9:15).

히브리서는 먼저 아브라함이 만난 하나님의 제사장 멜기세덱(히 6:13-7:10)과 영원한 대제사장 예수님(히 7:11-28)을 연결한다. 이어서 모세 언약의 제사법(히 8:1-10:39)과 예수님을 자연스럽게 연결한다.

그래서 영원한 희생 제물이 되신 새 언약(히 8:8, 13; 9:15; 12:24)의 대제사장의 관점에서 보면 모세 언약은 첫 언약(히 8:7; 9:1, 15, 18; 10:9)이다.[109]

> 그 후에 말씀하시기를 보시옵소서 내가 하나님의 뜻을 행하러 왔나이다 하셨으니 그 첫 것을 폐하심은 둘째 것을 세우려 하심이니라(히 10:9).

---

[108] 히브리서에 대한 간략한 설명을 위해 앞의 아브라함 언약 부분과 모세 언약 부분을 참조하라.
[109] 히브리서 9장과 10장은 새 언약과 비교해 율법을 "첫 언약"이라고 부른다(히 9:1, 9:15, 9:18, 10:9).

히브리서는 구약과 모세 언약을 중심으로 새 언약의 성취자이신 예수 그리스도의 언약적 복음을 소개하는 것이다. 여기서 모세는 예수 그리스도를 예표한다. 모세 언약에서 하나님의 백성인 이스라엘 백성은 모든 믿는 자들을 상징한다고 볼 수 있다. 그래서 모세는 이스라엘 백성 대표자요 언약적 대표인 중보자 메시아를 "예표"(typology)한다고 할 수 있다.[110] 이와 같이, 히브리서는 하나님의 의의 법이 모세 언약의 율법과 새 언약의 칭의의 기초임을 보여 준다. 새 언약의 성취자이신 예수님은 고난을 통한 완전한 순종으로 죄인들의 칭의를 준비하셨다(히 5:8; 10:38-39).

> 그가 아들이시라도 받으신 고난으로 순종함을 배워서(히 5:8).
> 오직 나의 의인은 믿음으로 말미암아 살리라 또한 뒤로 물러가면 내 마음이 저를 기뻐하지 아니하리라 하셨느니라 우리는 뒤로 물러가 침륜에 빠질 자가 아니요 오직 영혼을 구원함에 이르는 믿음을 가진 자니라(히 10:38-39).

우리가 앞서 아브라함 언약과 모세 언약에서 보았듯이, 히브리서 11장은 오직 은혜로만의 칭의의 기초에서 구약의 믿음을 정의했다.

히브리서 11장은 새 언약으로 구약의 모든 시대의 믿음의 사람들의 믿음과 메시아 예수님을 분명히 연결해 준다. 따라서 구약의 모든 사람도 오직 하나님의 은혜로만 오직 예수님의 완전한 순종으로만 의롭다 하심을 받는다는 것을 분명히 밝혀 주는 것이다.

110　SBA, 181-203, 135; IS, 64-70.

히브리서의 새 언약은 모세 언약으로 아담 언약과 아브라함 언약을 연결해 준다. 또한, 구속 역사적·언약적으로도 모세 언약은 타락 후의 아담 언약(창 3:15), 아브라함 언약과 깊이 관련되어 있다.[111] 새 언약으로 보면, 아담 언약은 모든 인간의 죄의 근원을 밝혀 주고, 아브라함 언약은 구원에서 은혜의 근원을 밝혀 준다. 히브리서는 율법 안의 제사법으로 이 두 언약(아담 언약과 아브라함 언약)을 예수님의 완전한 순종과 연결해 주는 것이다.

정리해서 요약하면, 새 언약의 대표자 예수 그리스도께서 모든 언약에 나타난 죄인들에 대한 하나님의 의에 대한 요구를 완전한 순종을 통해 만족케 하셨다. 새 언약의 성취자 예수님은 완전한 순종을 통해 구약의 아담 언약, 노아 언약, 아브라함 언약, 모세 언약과 다윗 언약들의 요구를 성취하신 것이다.[112] 예수님은 언약의 법에 따라 구속주로서 죄에 대한 심판을 받으시고 하나님 나라를 회복하러 오신 것이다. 하나님 나라의 왕, 법과 언약의 제정자이자 심판자이신 예수 그리스도께서 스스로 완전한 순종을 통해 새 언약을 성취하러 오셨다.

둘째, 새 언약은 완전한 순종으로 칭의와 하나님의 은혜를 연결한다.

새 언약은 하나님의 은혜를 죄인들의 칭의 조건으로 보는가?

성경은 이에 대해 죄인들이 하나님의 의에 대한 요구를 만족시킬 수 없다고 가르친다. 이 의(righteousness)에 대한 요구는 예수님의 완전한 순종을 통한 하나님 은혜의 필요성을 가르친다. 이는 죄인들의 칭의를 위해 하나님의 은혜가 필요하다는 의미다.

---

111   KP, 109; ICT, 54-57.
112   CK, 192-202, 253-255; ST, 79.

성경에서 죄인들의 칭의를 위한 예수님의 완전한 순종과 하나님의 은혜는 서로 분리될 수 없다. 예수님의 완전한 순종은 하나님의 은혜에서 왔기 때문이다. 새 언약은 칭의를 위한 예수님의 완전한 순종이 은혜 언약과 구약 언약들의 약속을 다 이룬 것이다.

신약은 죄인들의 칭의를 위한 하나님의 은혜를 율법과 복음의 대조하면서 예수님의 완전한 순종으로 증명한다.[113] 칭의에 대한 신약의 주요 요지는 이는 오직 하나님의 은혜로만 가능하다는 것이다.

이제 우리는 앞서 약속한 대로 로마서를 중심으로 보도록 하겠다.

다. 로마서의 칭의와 은혜

바울은 로마서에서 칭의는 오직 하나님의 은혜로만 가능하다는 것을 증명한다. 그가 이를 증명하기 위해 로마서 1:18-3:20에서 율법으로 유대인들과 이방인들을 한 아담의 후손으로 묶어 버리는 솜씨가 매우 탁월하다.

로마서에 따르면, 모든 인간은 아담 안에서 언약의 파괴자들이다. 바울은 하나님의 말씀인 모세 율법을 주신 목적에 모든 아담의 후손(유대인들과 이방인들)을 포함시키는 것이다. 모두 다 아담 안에서 불의한 죄인들이다. 아담 안에 죄인 된 모든 아담의 후손은 하나님의 말씀을 순종할 수 있는 능력이 없다. 이 사실에서 변명하거나 도망칠 수 있는 인간은 하나도 없다.

우리는 여기서 로마서 1:18-3:20의 주요 요지를 2가지로 요약할 수 있다.

---

[113] 율법과 복음의 대조에 대해 앞의 '모세 언약과 은혜와 완전한 순종'을 참조하라.

첫째, 인간론(원죄론): 아담의 후손들의 죄 된 생각과 행동들(1:18-32)

둘째, 인간의 무능력: 아담의 후손들의 하나님의 말씀 순종의 무능력 (2:1-3:20)

바울은 모든 아담의 후손은 죄인들로 하나님 앞에 말씀을 어기는 자, 하나님의 의의 심판 아래 있는 자요 의인이 아님을 밝힌다(롬 2:23-3:19). 즉, 모든 인간은 죄인이요, 말씀 순종의 능력이 없는 자(롬 7:12)요, 하나님 앞에 의인이라 칭함을 받을 수 없는 자다(롬 2:13, 3:10). 하나님의 은혜가 없으면 아담 안에 있는 모든 인류는 의롭다 하심(칭의)을 받을 수 없다는 의미다(롬 2:13).

> 하나님 앞에서는 율법을 듣는 자가 의인이 아니요 오직 율법을 행하는 자라야 의롭다 하심을 얻으리니(롬 2:13).

다음으로 우리가 주목할 것은 바울이 로마서 2:13의 말씀을 유대인들만 아니라 이방인들에게 똑같이 적용한다는 사실이다. 즉, 로마서 2:14-3:20에서 말하는 유대인들의 율법 말씀의 순종에의 무능력인 사람들에 이방인들(롬 2:14, 24)을 포함시킨다.[114] 비록 유대인들은 하나님께 특별한 축복으로 율법의 말씀을 받았지만 율법을 불순종했다(롬 2:17-3:2).[115]

---

[114] 참고. 로마서 3:20 이후에서 언급된 이방인들의 구원과 칭의: 롬 3:29, 9:24, 9:30, 11:11-13, 11:25, 15:9; 15:16, 15:18, 15:27, 16:4.

[115] 유대인들은 율법을 의지하는 자(롬 2:17), 율법의 교훈으로 하나님의 뜻을 알고 지극히 선한 것을 좋게 여기는 자(2:18), 율법의 지식과 진리를 가진 자(2:19)요, 율법을 가르치는 자(2:21), 율법을 자랑하는 자(2:23), 하나님의 말씀을 받은 자(3:2)들이다. 그러나 유대인들은 큰 복으로 주신 율법 말씀을 지키는 데 실패한다.

하나님 앞에 유대인들은 율법 말씀을 순종하는 데 실패한 죄인들일 뿐이다. 그러나 유대인들뿐만 아니라 이방인들도 말씀 순종의 능력이 없는 죄인들이다(롬 2:14, 2:23-3:19). 따라서 유대인들과 이방인들은 모두 율법을 어기는 자(롬 2:14, 23-24, 27), 불의를 행하는 자(롬 3:5), 다 죄 짓는 자(3:9), 의인이 아닌 자(3:10), 선을 행하지 않는 자(3:12), 말과 행동은 저주와 악독이 가득한 자(3:13-16), 평강의 길을 모르는 자(3:17), 하나님의 심판 아래 있는 자(3:19)들인 것이다.

여기서 중요한 것은 유대인들의 말씀 순종 능력에 대한 평가는 사실 우리 모두에 대한 하나님의 평가라는 사실이다. 우리 모두 율법의 말씀을 행할 능력이 없다. 즉, 아담 안에 있는 모든 인간은 율법을 행할 능력이 없어서 하나님 앞에 의롭다 하심을 받을 수 없다. 바울은 오직 하나님의 은혜가 아니면 하나님께 의롭다 하심을 받을 수 있는 인간은 하나도 없다고 강조한다(롬 2:5, 3:10-12).

> 다만 네 고집과 회개치 아니한 마음을 따라 진노의 날 곧 하나님의 의로우신 판단이 나타나는 그 날에 임할 진노를 네게 쌓는도다(롬 2:5).
> 기록한 바 의인은 없나니 하나도 없으며 깨닫는 자도 없고 하나님을 찾는 자도 없고 다 치우쳐 한가지로 무익하게 되고 선을 행하는 자는 없나니 하나도 없도다 (롬 3:10-12).

바울의 말처럼, 우리가 율법을 보면 우리 모두는 죄에 대한 하나님의 진노(롬 1:18)의 심판을 받기에 합당한 존재임을 알 수 있다(롬 1:32; 2:5-6, 12; 3:5-9, 9-10, 19-20). 율법은 우리에게 하나님의 죄에 대한 진노의 형벌을 피할 수 있는 사람은 하나도 없다는 사실을 밝혀 주는 것이다(롬 3:20).

바울은 로마서 3:20에서 칭의를 위한 하나님 은혜의 필요성을 다시 강조한다.

> 그러므로 율법의 행위로 그의 앞에 의롭다 하심을 얻을 육체가 없나니 율법으로는 죄를 깨달음이니라 (롬 3:20).

로마서 2-5장은 모든 언약들에 나타난 하나님의 의의 요구를 만족시키신 예수님의 완전한 순종을 분명하게 가르친다. 바울은 이를 설명하기 위해 새 언약의 대표자 예수님, 모든 인류의 대표자 아담, 믿음의 조상 아브라함, 모세를 등장시킨다.

여기서 바울은 예수님이 모든 언약의 중심이심을 밝힌다. 이 언약들의 메시아는 새 언약의 모든 믿는 자의 대표자이신 예수 그리스도다. 바울은 칭의에 나타난 하나님의 은혜를 모세 언약(롬 2:12-3:31)과 아브라함 언약(로마서 4장)과 아담 언약(롬 5:12-21)으로 설명한다.[116] 이 예수님께서 이루신 칭의는 오직 하나님의 은혜로만의 믿음-의이다(롬 4:13).

> 아브라함이나 그 후손에게 세상의 후사가 되리라고 하신 언약은 율법으로 말미암은 것이 아니요 오직 믿음의 의로 말미암은 것이니라 (롬 4:13).

로마서 5:12-21은 아담 언약과 모세 언약 그리고 새 언약을 같이 비교한다. 첫 아담은 온 인류의 대표자이고, 모세는 모세 언약의 대표자이다. 예수님은 은혜 언약의 당사자요 새 언약의 대표자로서 완전한 순종

---

[116] 참고. 앞의 '아담 언약과 은혜와 완전한 순종' 그리고 '아브라함 언약과 은혜와 완전한 순종.'

을 하셨다(고전 11:25). 바울은 로마서 5:19-21에서 완전한 순종의 삶을 통해 오직 은혜로만 아담 언약의 불순종의 문제를 다 해결하신 예수님을 소개한다.

> 한 사람의 순종치 아니함으로 많은 사람이 죄인 된 것 같이 한 사람의 순종하심으로 많은 사람이 의인이 되리라 율법이 가입한 것은 범죄를 더하게 하려 함이라 그러나 죄가 더한 곳에 은혜가 넘쳤나니 이는 죄가 사망 안에서 왕 노릇 한 것 같이 은혜도 또한 의로 말미암아 왕 노릇 하여 우리 주 예수 그리스도로 말미암아 영생에 이르게 하려 함이니라(롬 5:19-21).

우리가 로마서 5:12-21을 잘 보면, 먼저 바울이 아담 언약의 불순종(롬 5:12-17; 롬 5:18-19)과 예수님을 통한 새 언약의 성취(롬 5:15-19)를 비교해서 설명하는 것을 볼 수 있다. 그리고 이어서 모세 언약에 대한 불법적 행위를 지적(롬 5:13-14, 20)하며 온 인류를 포함시키고, 새 언약의 성취자의 완전한 순종에 의한 칭의를 함께 소개한다(롬 5:21).[117]

여기서 우리가 기억할 것은 로마서 5:12-21이 말하는 오직 은혜로만의 새 언약의 성취가 아담 언약과 모세 언약의 성취이기도 하다는 사실이다. 새 언약의 성취는 두 언약에 나타난 하나님의 의에 대한 성취이기도 하다.[118] 이 예수님의 완전한 순종은 죄인들의 칭의를 위해 이루신 '완전한

117　바울과 요한은 죄의 불법성을 지적한다(딛 2:14; 요일 3:4-5).
"그가 우리를 대신하여 자신을 주심은 모든 불법에서 우리를 구속하시고 우리를 깨끗하게 하사 선한 일에 열심하는 친 백성이 되게 하려 하심이니라"(딛 2:14).
"죄를 짓는 자마다 불법을 행하나니 죄는 불법이라 그가 우리 죄를 없이 하려고 나타내신 바 된 것을 너희가 아나니 그에게는 죄가 없느니라"(요일 3:4-5).

118　바울은 성만찬을 예수님의 죽으심과 연결해 새 언약의 은혜 도구로 소개한다.
"식후에 또한 이와 같이 잔을 가지시고 가라사대 이 잔은 내 피로 세운 새 언약이니 이

의'이다(롬 1:17, 3:21-22).[119]

이와 같이 바울의 서신서들은 하나님의 은혜로 주신 칭의를 항상 오직 그리스도로만(solus Christus)으로 강조한다. 바울 서신서들에서 헬라어로 은혜(grace: 카리스, karis, χάρις)가 86번 사용된 것이 이를 증명한다.[120] 바울은 이렇게 복음에 나타난 하나님의 은혜가 예수 그리스도를 통해 주셨다는 것을 강조한다. 그래서 "주 예수 그리스도의 은혜"라는 표현은 바울 서신서들의 중심이 되는 가장 핵심적 문구들 중 하나라 할 수 있다.[121]

일례로 바울 서신서들의 시작은 주 예수 그리스도의 은혜를 사용한 마지막 축도와 비슷하다(고전 1:3; 고후 1:2; 롬 16:20; 고전 16:23-4). 골로새서와

것을 행하여 마실 때마다 나를 기념하라 하셨으니"(고전 11:25).
"이것은 죄 사함을 얻게 하려고 많은 사람을 위하여 흘리는 바 나의 피 곧 언약의 피니라"(마 26:28).

[119] 그리고 신약의 다른 서신서들은 '의'(righteousness)의 개념을 사용해 아담 언약, 노아 언약, 아브라함 언약, 모세 언약과 새 언약과 함께 칭의를 설명하거나 예수님의 재림을 예언하기도 한다. 참고. 신약의 헬라어 명사형 '의'(righteousness: 디카이오수네, dikaiosune, δικαιοσύνη)의 개념은 사복음서와 사도행전을 제외한 부분에 '하나님의 의'와 관련해 크게 3가지로 분류할 수 있다. (1) 구속 역사와 법적 상태의 의, (2) 의의 삶의 특징, (3) 하나님 법적 기준의 의의 삶. BDAG, 247-249. 앞서 본, '4. 칭의'에서 '1) 칭의란 무엇인가?'에서 관련 성경 구절들도 참고하라.
요한계시록은 새 언약의 성취자이신 예수 그리스도로 시작한다. 요한계시록은 모든 시대에 하나님 나라인 교회의 승리를 약속하고서 마지막 장인 요한계시록 22:11-12에서 예수님 다시 오실 때까지 의의 삶을 살도록 권면한다.
"불의를 하는 자는 그대로 불의를 하고 더러운 자는 그대로 더럽고 의로운 자는 그대로 의를 행하고 거룩한 자는 그대로 거룩되게 하라 보라 내가 속히 오리니 내가 줄 상이 내게 있어 각 사람에게 그의 일한 대로 갚아 주리라"(계 22:11-12).

[120] BDAG, 1079-1081; JSNT. 신약의 헬라어 단어 '은혜'(grace: 카리스, karis, χάρις)는 기본적으로 예수님의 공로에 기초한 뜻이다. 이 단어는 구약을 헬라어로 번역한 70인역(LXX)에서 주로 '헨'(hen: חן)이라는 단어로 번역되었다. 구약에서 창세기 6:8에 "노아는 여호와께 은혜를 입었더라"는 신약의 은혜의 개념과 유사한 것의 대표로 볼 수 있다. BDB, 336.

[121] 고후 8:9; 고후 13;14; 갈 1:6; 갈 6:18; 엡 1;2; 엡 6:24; 빌 1:2; 빌 4:23; 살전 5:28; 살후 1:2; 살후 3:18; 딤전 1:2; 딤후 1:2; 딛 1:4 몬 3; 몬 25. BDAG, 1079-1081; JSNT.

디모데전서와 디도서의 축도도 "은혜"라는 표현을 자주 사용한다(골 1:2; 골 4:18; 딤전 6:21; 딛 3:15). 이는 바울의 서신서들에서 칭의의 복음은 반드시 주 예수 그리스도와 오직 하나님의 은혜와 서로 연결되어 있기 때문이다. 복음의 핵심인 칭의(의롭다 하심)는 오직 하나님의 은혜로만 가능하다. 특히 로마서 3:24은 죄인들의 칭의는 오직 "하나님의 은혜"로만 가능하다고 분명하게 선언한다.

> 그리스도 예수 안에 있는 구속으로 말미암아 하나님의 은혜로 값없이 의롭다 하심을 얻은 자 되었느니라(롬 3:24).

바울은 로마서 3:24에서 칭의의 복음의 2가지 중요한 핵심 조건들을 전제한다.

첫째, 오직 하나님의 은혜로만 (by grace alone: *sola gratia*)
둘째, 오직 예수 그리스도의 완전한 순종(구속)으로만

바울은 이와 같이 죄인들의 칭의는 오직 하나님의 은혜로만, 오직 예수님의 완전한 순종으로만, 오직 예수님 안에서만 가능하다고 계속 강조한다. 그래서 로마서 3:24의 "값없이"(δωρεάν)는 예수 그리스도의 엄청난 희생을 통해 '선물로'(as a gift) 주신 칭의(의롭다 하심)라는 뜻이다.[122]

칭의는 우리의 행함에 있는 것이 아니고, 하나님이 우리에게 그 대가를 요구하지 않고 주신 선물이란 뜻이다. 절대 값싼 선물이 아니다. 칭의는 오직

---

[122] BDAG, 266.

예수님이 이루신 완전한 순종의 공로로, 오직 하나님의 은혜로 주시는 의의 선물인 것이다(롬 5:15-17).

이 '오직 예수님의 완전한 순종'을 통해 오직 은혜로 주신 '의의 선물'은 모든 믿는 자의 믿음·소망·사랑의 참 근거가 된다. 따라서 우리가 이 선물을 항상 기억하는 것은 매우 중요하다. 우리가 세상이 무너지는 것 같은 절망과 좌절에 빠져 있을 때, 이 예수님의 의의 선물은 우리를 다시 일어나게 하는 힘이기 때문이다. 그리고 예수님이 우리를 위해 이루신 완전한 의의 선물은 하나님의 크신 사랑의 선물이다(롬 5:15-17).

> 그러나 이 은사는 그 범죄와 같지 아니하니 곧 한 사람의 범죄를 인하여 많은 사람이 죽었은즉 더욱 하나님의 은혜와 또는 한 사람 예수 그리스도의 은혜로 말미암은 선물이 많은 사람에게 넘쳤으리라 또 이 선물은 범죄한 한 사람으로 말미암은 것과 같지 아니하니 심판은 한 사람을 인하여 정죄에 이르렀으나 은사는 많은 범죄를 인하여 의롭다 하심에 이름이니라 한 사람의 범죄를 인하여 사망이 그 한 사람으로 말미암아 왕 노릇 하였은즉 더욱 은혜와 의의 선물을 넘치게 받는 자들이 한 분 예수 그리스도로 말미암아 생명 안에서 왕 노릇 하리로다(롬 5:15-17).

정리하면, 새 언약의 대표자 예수님은 죄인들을 죄에서 구속하시고 의롭다 하시기 위해 하나님 아버지의 말씀을 완전히 순종하셨다. 그래서 새 언약은 성경 전체와 구약의 언약들을 예수님의 완전한 순종으로 하나가 되게 한다. 예수님은 이렇게 성경 전체를 통해 언약의 당사자들뿐만 아니라 모든 죄인을 하나님의 가족으로 초대하신다.

실로 칭의의 복음은 예수님 안에서 유대인들과 이방인들인 우리를 한 가족이 되게 한다. 예수 그리스도의 완전한 말씀 순종이 이 일을 가능하게 했다. 예수님의 완전한 순종은 언약의 조건들과 하나님의 의를 만족시키는 죄인들의 칭의의 근거이기 때문이다.[123] 예수님의 완전한 순종으로 이루신 것이 새 언약의 '완전한 의'이다. 하나님께서는 새 언약의 완전한 의로 죄인들을 의롭다 하신다. 하나님의 변함없으신 은혜가 아니면 의롭다 하심을 받을 수 있는 사람은 하나도 없다. 우리가 지금까지 살펴본 넓은 의미의 완전한 순종을 다시 정리한 것이 아래 표 2-D다.

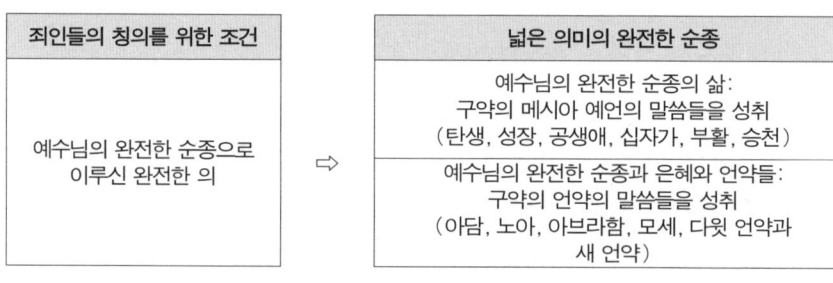

표 2-D 죄인들을 위한 칭의(의롭다 하심)를 위한 넓은 의미의 완전한 순종

3. 결론

지금까지 보았듯이, 우리는 종교개혁 이후로 오랜 세월동안 하나님의 은혜에서 너무 떠나 있었다. 이것은 인간의 이성으로 구원의 능력을 판단한 결과다. 우리는 복음의 핵심인 칭의도 우리의 머리로만 이해되는 부분만 받아들이기를 원하는 본성이 있기 때문이다.

---

[123] 『복음』, 74-286.

우리가 지금까지 본 바대로 예수님의 완전한 순종의 좁은 의미와 넓은 의미는 다 하나님의 은혜가 우리의 이성의 능력을 훨씬 초월하는 것을 보여 준다. 따라서 여기서 우리가 기억할 것은 성경에서 말하는 칭의가 보여 주는 하나님의 은혜도 인간의 지혜를 초월한다는 사실이다. 어쩌면 우리는 앞으로 진정 하나님의 은혜가 얼마나 위대한지 영원히 이해하지 못할지도 모른다. 그래서 우리가 여기서 완전한 순종의 의미를 탐구하면서 찾은 하나님의 은혜는, 끝이 보이지 않는 바닷가의 모래사장에서 집어든 한 줌의 모래도 되지 못한다고 생각한다.

단지 하나님께 감사한 것은 우리에게 성경을 주셔서 구약에 언약의 당사자들처럼 우리에게도 천국의 비밀을 알려 주셨다는 것이다. 우리는 칭의를 위한 좁은 의미와 넓은 의미를 탐구하면서 이 놀라운 사실을 발견하게 되었다.

하나님께서는 우리 죄인들을 구원하시기 위해 인류 역사를 주관하시고 자연을 다스리셨다. 인류 역사를 통해 보여 주신 하나님의 위대하신 지혜와 능력은 이루 다 말할 수가 없는 정도다. 하나님 나라를 건설하시고 죄인들을 그 나라의 시민들로 초대하시기 위해 엄청난 역사를 해 오신 것이다. 따라서 이 하나님의 역사의 최고 정점은 예수님의 완전한 순종이다.

우리는 지금까지 본 완전한 순종의 좁은 의미와 넓은 의미를 6가지로 종합해서 간략하게 요약해 보겠다.

첫째, 좁은 의미는 예수님의 순종이 율법에 나타난 하나님의 의에 대한 법적 기준을 완전히 만족시켰음을 보여 준다.

둘째, 좁은 의미는 예수님의 십자가 순종과 하나님 사랑·이웃 사랑 말씀 순종이 율법의 모든 요구를 이루었음을 보여 준다.

셋째, 넓은 의미는 칭의에서 예수님의 전 생애가 구약의 메시아에 대한 예언의 말씀들을 다 이루셨음을 보여 준다.

넷째, 넓은 의미는 예수님의 완전한 순종이 죄인들을 위한 언약적·법적으로 완전한 의임을 보여 준다.

다섯째, 좁은 의미와 넓은 의미는 다 같이 구원과 칭의가 하나님의 전적 은혜임을 보여 준다.

여섯째, 좁은 의미와 넓은 의미는 다 같이 예수님의 완전한 순종이 죄인들의 칭의의 근거이자, 동시에 우리 삶의 최고 모범(how to live)임을 보여 준다.

우리가 보았던 것처럼, 모든 믿는 자의 언약적 대표자 예수 그리스도는 하나님의 의의 법적 기준인 모든 언약의 말씀의 법적 요구에 완전한 순종을 하심으로 죄인들의 의롭다 하심(칭의)을 성취하셨다. 오직 은혜로만 그리스도의 완전한 순종이 그리스도와 연합으로 인해 믿는 자들의 것으로 인정될 수 있는 발판을 마련하신 것이다. 예수님의 완전한 순종은 죄인들을 위한 언약적·법적 완전한 의를 획득했기 때문이다.

우리가 앞으로 볼 것이지만, 예수님의 완전한 순종은 언약적·법적으로 연합과 전가의 기초가 된다. 하나님께서는 예수님의 완전한 순종으로 획득한 완전한 의를 예수님 안에서 죄인들의 것으로 받아 주셔서(전가: 여기 심) 죄인들을 의롭다 하신다.[124]

---

[124] CEC, 93.

제3장
모든 언약의 성취,
예수 그리스도의 완전한 의의 전달

우리는 지금까지 하나님의 은혜와 예수 그리스도의 완전한 순종의 공로로 취득한 완전한 의(perfect righteousness)가 칭의의 근거임을 보았다. 이제 우리는 매우 중요한 질문을 해야 한다. 종교개혁자들이 말한 "우리 밖에 있는 의"(alien righteousness)에 대한 질문이다. 이 예수님의 완전한 의는 "우리 밖에"(outside of us: *extra nos*) 있다.

그렇다면 우리 밖에 있는 이 예수님의 완전한 의가 어떻게 우리의 것이 될 수 있는가?

이는 예수 그리스도의 완전한 의의 전달에 대한 질문이다. 이를 답하려면 예수님의 완전한 의와 우리를 연결하는 고리는 무엇인가를 찾아야 한다. 성경은 이 연결 고리가 연합과 전가라고 가르친다. 즉, 이 질문에 답변하기 위해 우리는 예수 그리스도와의 연합과 예수 그리스도의 완전한 의의 전가(옮겨짐, 여기심)를 탐구해야 한다. 그래서 예수님의 구속 사역을 분명히 이해하는 데 주님의 완전한 순종 다음으로 중요한 것이 연합과 전가의 개념이다.

하나님은 예수님의 완전한 의를 '예수님 안'(예수님과의 연합)에서 우리의 것으로 여기신다(전가, 옮겨짐). 이때 예수님 안의 연합과 전가는 서로 분리할 수 없다. 따라서 이 연합과 전가는 복음의 핵심인 칭의를 이해하는 데 매우 중요하다. 예수 그리스도의 완전한 의의 전달을 미리 요약한 것이 아래와 표 2-E다. 우선 예수 그리스도와의 연합에 대해 살펴보겠다.

예수님의 완전한 순종(완전한 의) ⇨ 예수님 안(연합과 전가) ⇨ 그리스도인들에게 전달

표 2-E 예수 그리스도의 완전한 의의 전달

1. 예수 그리스도와의 연합(union with Christ)

성경은 예수님과 우리의 연결 고리인 예수 그리스도와의 연합(union with Christ)을 "예수님 안"이라고 표현한다. 이제 우리는 이 "예수님 안"의 의미를 주목하고 분명하게 논의할 필요가 있다. 이 "예수님 안"은 예수님과 죄인들과 연결하시는 하나님만의 독특한 은혜의 방법이기 때문이다. 이것은 하나님이 죄인들을 '예수님 안'에서 보신다는 뜻이다.

> 그 때에 너희는 그리스도 밖에 있었고 이스라엘 나라 밖의 사람이라 약속의 언약들에 대하여 외인이요 세상에서 소망이 없고 하나님도 없는 자이더니 이제는 전에 멀리 있던 너희가 그리스도 예수 안에서 그리스도의 피로 가까워졌느니라(엡 2:12-13).

신약은 믿는 자들이 '예수님과 하나 됨'(oneness with Christ)을 "예수님 안"이라 표현한다. 하나님께선 '죄인들을 예수님과 연합한 하나'로 보신다. 즉, 하나님께서는 은혜의 눈으로 죄인들을 '예수님 안'에서 '예수님의 완전한 의'로 우리를 보신다. 따라서 "예수님 안"은 왜 칭의가 하나님의 전적 은혜의 역사인지 잘 설명해 준다.

바울 서신서들이 오직 하나님의 은혜만의 칭의와 성화를 위한 "예수 그리스도 안"의 연합을 150번 이상 사용하는 이유다.[1] 그만큼 우리가 예수님 안의 의미를 아는 것이 매우 중요하다. 로마서 3:24은 예수님 안의 칭의에 대해 이렇게 말한다.

> 그리스도 예수 안에 있는 구속으로 말미암아 하나님의 은혜로 값없이 의롭다 하심을 얻은 자 되었느니라(롬 3:24).

하나님께서는 이 "예수님 안"의 연합으로 죄인들과 예수님의 완전한 순종과 연결하시고 그들을 의롭다 하신다. 하나님 은혜의 눈으로 죄인들을 보시는 것을 예수님 안의 연합이라 부르는 것이다. 우리는 이제 칭의와 연합의 관계를 좀 더 분명히 하기 위해 언약적·법적 연합, 실제적 연합과 그리스도 안에서 하나 된 연합에 대해 논의할 필요가 있다. 이 논의를 통해 인간을 향한 하나님의 은혜가 인간의 이성의 능력을 초월한다는 것을 보게 되기를 바란다.

1) 언약적·법적 연합(covenantal·legal union)

우선 예수님과의 연합의 배경과 근원에 대해 알아보도록 하겠다. 우리가 제1권 제3장에서 보았던 것처럼, '예수님 안'에서 주시는 하나님의 은혜는 삼위일체 하나님의 구속 언약과 은혜 언약이 근원이다. 구속 언약을 이룬 은혜 언약 안에는 모든 믿는 자와 그리스도와의 언약적·법적 연합이

---

[1] 『복음』, 183; ORF, 397-398. 호크마(Hoekema)는 "주 안에서"(in the Lord)와 "그 안"(in him)이라는 표현이 바울 서신서에서만 164번 나온다고 주장한다. SG, 65.

존재했다.[2] 그래서 죄인들과 예수님과의 연합은 구속 언약으로 하나님의 작정에 의해 영원 전부터 결정되었다. 이는 아담 창조 전의 일이다. 그리고 그 연합의 결과는 영원히 계속된다(엡 1:4, 1:11, 3:11; 딤후 1:9).[3] 하나님이 세상을 창조하시기 전에 '예수님 안'에 계획된 구속 언약은 성령님의 역사로 죄인들과 그리스도와의 언약적 연합이 실행된다.[4]

> 곧 영원부터 우리 주 그리스도 예수 안에서 예정하신 뜻대로 하신 것이라 우리가 그 안에서 그를 믿음으로 말미암아 담대함과 하나님께 당당히 나아감을 얻느니라 (엡 3:11-12).

삼위일체 하나님은 구속 언약을 통해 성자 하나님의 구원을 위한 희생을 확정하고 협약하셨다. 그리고 은혜 언약 안에서 우리와 성자 예수 그리스도와의 연합을 통해 그리스도께서 이루신 완전한 의와 이에 따른 모든 유익(benefits)을 우리에게 나눠 주신다.[5] 이는 '오직 예수님 안'에 있는 자들에게만 주시는 하나님 은혜의 역사다.

우리가 앞서 보았던 것처럼, 아담 언약과 모든 언약들은 하나님의 의의 법적 기준에 따라 체결되었다. 하나님의 말씀은 기본적으로 언약적·법적

---

[2] CS, 133, 143, 148; Louis Berkhof, *Systematic Theology* (Grand Rapids, MI: W. B. Eerdmans Publishing Co., 1941), 450-452; RHBI, 384. 칼빈도 그리스도와의 연합이 "법정적"(forensic)이고 필연적인 "변화"(transformative)로 이끈다고 주장한다. CS, 198; *Institutes*, 3.2.1 and 3.2.10.

[3] SG, 56-57, 64; CS, 183.
"곧 창세 전에 그리스도 안에서 우리를 택하사 우리로 사랑 안에서 그 앞에 거룩하고 흠이 없게 하시려고"(엡 1:4).

[4] SG, 59; CS, 146.

[5] RHBI, 248-257; CS, 133, 135, 139, 181-182; HJ, 1:209.

요소가 있다는 의미다. 이런 이유에서 우리와 예수님과의 연합은 언약적·법적 연합이다. 고린도전서 15:22은 언약적·법적 대표주의(covenant·legal federalism)를 말해 주는 중요한 성경 구절이다.

> 아담 안에서 모든 사람이 죽은 것 같이 그리스도 안에서 모든 사람이 삶을 얻으리라(고전 15:22).

신약은 언약적 대표주의로 칭의를 설명하기 위해 온 인류의 대표자 아담과 새 언약의 대표자 예수 그리스도를 소개한다(롬 5:12-21). 두 언약적 대표자는 칭의를 위한 언약적·법적 연합의 근거를 제공하는 것이다. 이 언약적 대표주의는 새 언약의 대표자 예수님과 모든 믿는 자와의 언약적·법적 연합을 세우는 기초다.[6] 사실 하나님은 창세 전에 예수님을 새 언약의 대표자로 세우셨다.

우리가 앞서 보았듯이, 모든 인간을 대표한 언약적 대표주의는 하나님께서 온 인류의 대표자인 아담과 언약을 맺으신 것에서 시작되었다(창 2:15-17; 고전 15:22). 실로 온 인류는 '아담 안'에서 하나님과 언약을 맺은 것이다. 우리가 알고 있듯이, 선악과 사건으로 아담은 언약의 말씀에 불순종해 죄를 지었다(창 3:1-7).[7]

하나님과 '아담 안'의 온 인류의 언약 관계는 인류 역사에 계속되었다(롬 5:12-21). 그래서 아담과 온 인류가 하나 된 연합의 언약은 아담의 첫 죄가 온 인류에게 전가(옮겨짐)되면서 지속된 것이다.[8]

---

6 참고. TCR, 116-117.

7 『복음』, 167-170.

8 『복음』, 170-182. 전가는 이후 자세히 다룰 것이다.

이 아담의 첫 죄의 전가(옮겨짐)는 온 인류에 불법, 불의, 죽음, 저주와 하나님 형상의 훼손을 가져왔다. 이렇게 아담 언약은 죄인들에 대한 하나님의 심판하시는 의의 요구를 만족시킬 필요를 드러낸다(고전 15:22). 따라서 예수님께서 완전한 의를 이루신 이유는 모든 인류의 대표자 아담의 타락에서 기인한다.

창세 전에 이루어진 새 언약의 대표자 예수님과 죄인들과의 법적 연합은 예수님의 완전한 순종과의 연결을 가능하게 한다. 이 연합은 죄인들을 구하시기 위한 창세 전 하나님의 언약적·법적 은혜가 그 근원이다. 다시 말하자면, 예수님의 완전한 순종은 하나님이 세우신 은혜의 법에 따라 이루어진 것이다. 예수님께서는 하나님의 의의 법과 하나님 은혜의 법을 따라 완전한 말씀 순종을 이루신 것이다.

따라서 창세 전에 이루어진 언약적 대표자와의 법적 연합은 죄인들의 칭의를 위해 하나님의 전적 은혜가 기초다. 로마서 5장은 칭의를 설명하기 위해 가장 중요한 두 언약적 대표자를 소개한다. 온 인류의 언약적 대표자 아담과 모든 믿는 자의 언약적 대표자 예수 그리스도를 사용해 언약적·법적 연합과 전가를 설명한다(롬 5:18-19).

로마서 5장은 언약들에 드러난 죄인들에 대한 하나님의 의의 요구도 소개한다. 바울은 먼저 아담 언약의 불의와 모세 언약에 대한 불법적 행위를 연결(롬 5:13-14, 20)한다. 이어서 새 언약의 성취자 예수님와의 연합에 의한 칭의(의롭다 하심)를 소개한다.

> 그런즉 한 범죄로 많은 사람이 정죄에 이른 것 같이 의의 한 행동으로 말미암아 많은 사람이 의롭다 하심을 받아 생명에 이르렀느니라 한 사람[아담]의 순종치 아니함으로 많은 사람이 죄인 된 것 같이 한 사람[예수 그리스도]의 순종하심으로

많은 사람이 의인이 되리라(롬 5:18-19).

　바울은 로마서 5:18-19에서 아담의 불순종과 불의 그리고 예수님의 완전한 순종과 완전한 의를 비교한다. 바울에 따르면 온 인류는 '아담 안'에서 아담과 언약적·법적 연합으로 불의에 이르고 죄의 노예가 된다. 그리고 모든 믿는 자들은 '예수님 안'에서 그리스도와 언약적·법적 연합으로 인해 죄에서 자유케 되고 의롭다 하심을 받는다(롬 5:18-2; 8:1-2). 이렇게 예수님께서 우리의 언약적 대표이자 '새 언약의 중보자' 되심은 '예수님 안'에서 우리의 칭의의 기초가 되는 것이다.[9]

　예수님과의 언약적·법적 연합은 죄인들인 "우리 밖"(outside of us: *extra nos*)의 의(righteousness) 즉, 예수님의 의(롬 1:17, 3:21-22)가 우리의 의가 될 수 있게 하는 통로가 된다. 우리가 앞서 보았듯이, 이 예수님의 의는 '우리 밖'에 있는 원래 예수님이 취득하신 예수님만의 의이다. 이 의는 죄인들을 '의롭다' 하시기에 충분한 완전한 의이다. 따라서 이 언약적·법적 연합 때문에 그리스도의 완전한 순종으로 취득한 그리스도의 의가 죄인들의 의가 될 수 있다. 이 '예수님 안'에 연합은 성령님의 역사다.

　우리가 여기서 주목할 것은 그리스도와의 언약적·법적 연합을 통한 성령님의 역사는 오직 은혜로만의 칭의와 성화를 분리하지 않는다는 사실이다.[10] 성령님께서는 이 연합을 기초로 칭의(의롭다 하심)와 성화와 그리고 삶 전체까지 역사하신다. 모든 믿는 자와 예수님과의 연합은 영화된 몸(glorified body)의 삶까지 연결된 영원히 변치 않는 연합인 것이다.[11]

9 　LA, 16; HJ, 2:231.
10 　이는 캘빈을 포함한 종교개혁자들의 견해이기도 하다. 참고. CS, 139-143, 146-7.
11 　CS, 141, 301; SG, 59-67.

이 연합은 오직 하나님의 은혜로 이루시는 영원한 연합의 역사로 우리가 영원하고 완성된 하나님 나라에 넉넉히 입성할 수 있게 한다(롬 8:31-39). 따라서 이 연합에 대한 믿음의 확신은 예수님 안에서 매일 샘솟는 하나님 사랑의 원천이기도 하다(롬 8:37-39).

> 그러나 이 모든 일에 우리를 사랑하시는 이로 말미암아 우리가 넉넉히 이기느니라 내가 확신하노니 사망이나 생명이나 천사들이나 권세자들이나 현재 일이나 장래 일이나 능력이나 높음이나 깊음이나 다른 아무 피조물이라도 우리를 우리 주 그리스도 예수 안에 있는 하나님의 사랑에서 끊을 수 없으리라(롬 8:37-39).

정리해서 요약하면, 모든 믿는 자와 그리스도와의 언약적·법적 연합은 오직 은혜로만 가능한 성령님의 역사다. 그리고 이 언약적·법적 연합은 예수님의 완전한 순종과 전가를 연결하는 고리다. 이는 하나님의 크신 사랑을 전달하기 위한 죄인들과 새 언약의 대표자 예수님과 연결하시는 하나님의 역사다.[12] 그리고 성령님은 예수님 안에서 우리 마음에 한량없는 하나님의 사랑을 부으신다(롬 5:5, 8:37-39).

우리는 예수님과의 언약적·법적 연합을 통해 하나님 나라의 시민으로서 하나님 나라에 참여할 기회를 얻게 된다. 이 예수님과의 연합은 인간의 공로는 칭의의 조건이 될 수 없다는 것을 분명하게 밝혀 준다. 이 연합은 오직 하나님의 은혜로만, 오직 예수님 안에서만 이루시는 언약적·법적 연합이기 때문이다.

---

12 참고. CS, 141, 143.

2) 실제적 연합(actual union)

칭의를 위한 삼위일체 하나님의 내적 협약을 그리스도와의 언약적·법적 연합이라고 하면, 이에 대한 성령님의 외적 역사의 실행을 실제적 연합이라 부를 수 있다. 성령님께서는 죄인들의 칭의가 효력을 발휘하도록 실제적으로 그들과 예수님과 하나로 연합하시는 것이다. 성령님의 역사로 죄인들과 예수님과 실제적으로 하나가 되는 것이다.

예수님의 세례는 성경에서 이 실제적 연합의 기초를 가장 잘 보여 준다. 모든 믿는 자와 그리스도와의 연합이 역사적 사실에 기반한 실제적 연합임을 잘 보여 준다.[13] 이 예수님의 세례는 자신을 위한 것이 아니었다. 주님은 세례를 통해 죄인들과 자신을 하나로 일치시키는 것을 보여 주신 것이다. 성육신하신 주님은 요단강에서 세례를 받으실 때, 하나님 나라 백성의 "죄에 대한 회개"의 필요와 "죄 용서"의 필요에 자신을 일치시키셨다.[14]

> 요한이 말려 가로되 내가 당신에게 세례를 받아야 할 터인데 당신이 내게로 오시나이까 예수께서 대답하여 가라사대 이제 허락하라 우리가 이와 같이 하여 모든 의를 이루는 것이 합당하니라 하신대 이에 요한이 허락하는지라(마 3:14-15).

스스로를 죄인들과 하나 되게 하기 위해 요단강에서 요한에게 세례를 받으시며 겸손의 극치를 보이시는 예수 그리스도의 모습(마 3:13-17)은 매우 충격적이다. 죄 사함의 필요가 없는 예수님의 세례를 통한 자기 비하는

---

13 CS, 143, 146, 174; SG, 59. 참고. TSR, 116-117.

14 LA, 68.

사실 죄인들의 위한 고난과 십자가 죽으심의 예고였다.[15] 이 세례는 예수 그리스도께서 죄인들과 하나가 되는 구속 역사적 사건으로 죄인들의 죄를 짊어지는 실제적·법적 연합에 대한 메시아적 행동이었다.[16] 죄인들의 칭의를 위한 순종이었다(마 3:15).

새 언약의 언약적 대표자요 성취자로 성령님의 도우심으로 시작하는 완전한 순종의 삶을 표명하신 것이다. 그리스도께서는 이 실제적 연합을 통해 스스로를 세례뿐만 아니라 자신의 모든 구속 사역과도 죄인들과 일치·연합시키셨다. 이 예수님의 세례는 죄인들을 구속하러 오셨다는 선포였다(막 10:38, 45).

> 예수께서 가라사대 너희 구하는 것을 너희가 알지 못하는도다 너희가 나의 마시는 잔을 마시며 나의 받는 세례를 받을 수 있느냐(막 10:38).
>
> 인자의 온 것은 섬김을 받으려 함이 아니라 도리어 섬기려 하고 자기 목숨을 많은 사람의 대속물로 주려 함이니라(막 10:45).

마가복음 10:38-45 (눅 12:50)에서도 예수님께서는 세례와 십자가의 죽음을 연결하신다. 그리고 바울은 로마서 6:1-10에서 그리스도와의 연합을 말하면서 믿는 자들의 세례와 그리스도의 죽으심과 칭의와 부활을 연결한

---

15 세례의 상징인 '씻음과 깨끗게 함'은 예수님의 고난과 죽으심에 기초를 둔 죄 사함을 예표한다. CK, 385-386; ICT, 151. 사실 주님과 연합된 사람들이 믿음으로 성만찬(떡과 포도주)에 참여할 때, 성령님께서 그 성만찬에 대한 믿음을 예수님의 고난과 죽으심을 연결하시는 것이다(마 26:26-29; 눅 25:15-2; 고전 11:23-24). CK, 406-418; ICT, 155-158. 그래서 이를 "은혜의 도구"라고 한다. 또한, 언약의 말씀에 따라 구언약(출 24:8)과 새 언약(렘 31:33)이 연결되기도 한다(히 8:7-13; 히 9:11-22). CK, 436-439.

16 CK, 384, 388, 166; LA, 68-70; ICT, 151.

다.[17] 이로서 예수님의 세례와 십자가의 죽으심이 연결되고, 믿는 자들의 세례와 십자가의 죽으심이 연결되는 것이다. 예수님의 세례는 믿는 자들이 예수님 안에서 같이 죽을 것을 미리 보여 준다(롬 6:1-11).

예수님과 바울은 다 같이 세례와 십자가의 죽으심을 연결한다. 또한, 칭의와 세례와 '예수님과의 연합'을 연결한다. 그래서 믿는 자들은 그리스도와 연합해 죄에 대해 죽고 의에 이르고(롬 6:3-10), 그리스도의 부활에 연합해 새 생명 가운데 살게 된 것이다(롬 6:4-10).

> 무릇 그리스도 예수와 합하여 세례를 받은 우리는 그의 죽으심과 합하여 세례 받은 줄을 알지 못하느뇨 그러므로 우리가 그의 죽으심과 합하여 세례를 받음으로 그와 함께 장사되었나니 이는 아버지의 영광으로 말미암아 그리스도를 죽은 자 가운데서 살리심과 같이 우리로 또한 새 생명 가운데서 행하게 하려 함이니라(롬 6:3-4).

이런 이유에서 로마서 6:5-7은 세례를 사용해서 죄인들과 예수님과 실제적으로 연합한다. 바울은 이 실제적 연합을 통한 의롭다 하심을 가르친다. 즉, 바울은 세례와 예수님의 완전한 순종과 연결하는 것이다.

> 만일 우리가 그의 죽으심을 본받아 연합한 자가 되었으면 또한 그의 부활을 본받아 연합한 자가 되리라[18] 우리가 알거니와 우리 옛 사람이 예수와 함께 십자가에 못 박힌 것은 죄의 몸이 멸하여 다시는 우리가 죄에게 종노릇하지 아니하려 함이

---

17 CK, 384. 예수님께서 부활하신 후에 제자들에게 믿음으로 제자를 삼아 세례를 주고 가르치라는 지상 최대의 명령을 주신다(마 28:18-20; 막 16:15-16).

18 로마서 6:5의 연합한 자에서 '연합한'의 헬라어(쉼퓌토스, $sumphutos$, σύμφυτος)는 '~와 동일시하는'(identified with)의 뜻으로 쓰였다. 따라서 믿는 자들은 예수 그리스도의 죽음과 부활과 '동일시하는' 자가 되었다는 뜻이다. BDAG, 960.

니 이는 죽은 자가 죄에서 벗어나 의롭다 하심을 얻었음이니라(롬 6:5-7).

신약성경은 이런 의미에서 세례와 노아 홍수와 구원과 연결해 해석한다 (벧전 3:20-21; 벧후 2:5). 신약은 '예수님 안'에 그리스도와의 연합으로 세례와 노아 언약과 칭의를 연결하는 것이다.[19] 따라서 우리가 예수님을 믿음으로 세례를 받을 때, 우리는 말씀에 의지해 그리스도의 죽음과 의와 부활과 합법적이고 실제적으로 연결되었음을 믿음으로 고백하는 것이다(마 28:1; 골 2:12).[20] 믿는 자들은 세례에 대한 이 성경의 약속을 늘 기억해야만 한다.

> 너희가 세례로 그리스도와 함께 장사한바 되고 또 죽은 자들 가운데서 그를 일으키신 하나님의 역사를 믿음으로 말미암아 그 안에서 함께 일으키심을 받았느니라 (골 2:12).

우리는 세례를 통해 예수 그리스도와 실제적으로 연합되었음을 고백해야 하는 것이다. 성령님은 세례를 통해 믿는 자들을 "그리스도의 죽음"과 부활로 이끄신다(갈 3:27).[21] 우리가 앞서 보았던 것처럼, 성령님은 믿음으로 세례를 받는 자들을 예수님 안에서 예수님의 완전한 의의 옷을 입게 하시는 것이다.

---

19 참고. 마 24:37-38; 눅 17:26-27; 히 11:7. 제2장 '언약의 나라'에서 노아 언약과 앞서 본 '2) 넓은 의미의 완전한 순종' 중 '③ 노아 언약과 은혜로만의 완전한 순종'을 참조하라.

20 CK, 384, 384; ICT, 148. 성만찬 때에도 예수님의 죽음과 부활을 기억한다. 참고. ICT, 155, 160.

21 ICT, 154. 이는 세례 자체가 구원을 보장한다는 뜻은 아니다. 여기서는 예수님을 이미 믿은 자들의 세례를 말한다.

누구든지 그리스도와 합하여 세례를 받은 자는 그리스도로 옷 입었느니라 (갈 3:27).

정리해서 요약하면, 이 죄인들과 그리스도와의 연합은 역사적 사실에 기초한 실제적 연합이다. 즉, 성육신하신 예수 그리스도의 구속 역사적 사실에 기초한 성령님의 실제적 연합이다. 역사적 사실에 기초한 이 실제적 연합은 죄인들과 예수 그리스도의 구속 사역과 연결해 주기 때문에 중요하다. 또한, 완전한 순종을 통해 이루신 예수 그리스도의 의와도 연결해 주기 때문에 중요하다. 성령님의 역사로 죄인들이 그리스도의 완전한 순종과 실제적 연합으로 의(의롭다 하심)에 이르게 되는 것이다.

우리는 이제 예수님 안에 하나 된 연합의 의미에 대해 좀 더 논의해야 할 것들이 있다. 이 연합은 칭의만 아니라 우리의 삶 즉 성화와도 깊은 관계가 있기 때문이다.

3) 예수님 안에 하나 된 연합

오늘날 왜 우리에게 '예수님 안'에 예수님과 하나 된 연합이 중요한가?

우선 우리 자신의 믿음 확신의 기초가 되기 때문에 중요하다. 그래서 우리 자신을 하나님 은혜의 눈으로 '예수님 안'에서 의롭다 하심을 받기에 합당한 자가 된 것을 볼 수 있어야 한다. 하나님은 우리를 언약적·법적·실제적으로 예수님 안에 있게 하시기 때문이다.

그래서 아담 언약의 중요성은 온 인류가 '아담 안'에 있다는 것을 알려 주는 것이고, 새 언약의 중요성은 하나님의 자녀들이 '예수님 안'에 있다는 것을 알려 주는 데 있다.

예수님을 믿기 전에 우리는 아담 안에서 언약의 파괴자다(사 24:5).[22] 그러나 우리는 예수님 안에서 언약을 지켰다. 우리는 예수님 안에서 의로운 자다. 우리 자신을 예수님 안에서 예수님의 완전한 의의 옷을 입은 새로운 피조물로 봐야 하는 것이다. 따라서 우리가 우리 자신을 예수님 안에서 새로운 피조물이나 새 사람으로 보는 것은 매우 중요하다(고후 5:17; 엡 4:24). 아담 안의 옛 사람과 예수님 안의 새 사람을 요약해 정리해 보면 아래 표 2-F과 같다.[23]

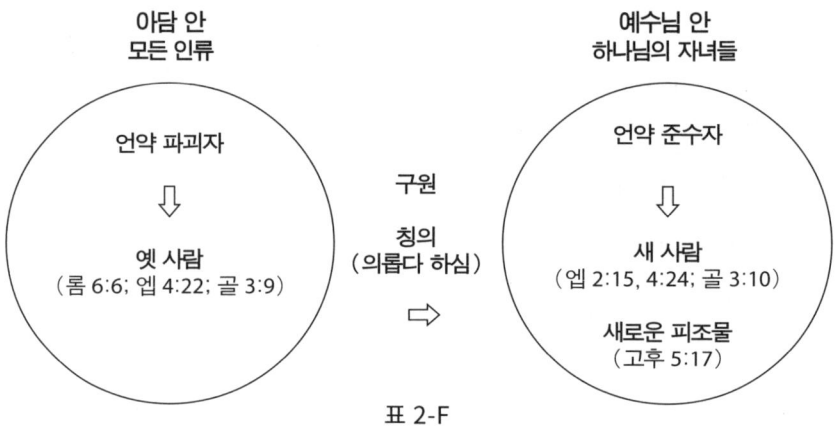

표 2-F

하나님을 따라 의와 진리의 거룩함으로 지으심을 받은 새 사람을 입으라(엡 4:24). 그런즉 누구든지 그리스도 안에 있으면 새로운 피조물이라 이전 것은 지나갔으니 보라 새 것이 되었도다(고후 5:17).

---

[22] SBL, 119.
[23] 이 표 2-E는 1권 『언약의 나라』 중 '제4장 하나님의 말씀'에서 '(1) 지혜 지식으로서의 중요성'을 논의할 때 사용된 표 1-E의 재인용이다.

여기서 하나님은 예수님을 믿는 자들을 예수님 안에서 새 피조물로 만들어 주신다고 약속하신다. 에베소서 4:24의 "새 사람을 입으라"는 것은 예수님 안에서 의롭고 거룩하게 여기시는 사실을 '믿고 받아들여 늘 기억하라'는 뜻이다. 예수님과의 연합은 예수님 안에 있는 하나님 자녀로서의 정체성을 밝혀 주고, 이 연합에 대한 믿음의 확신은 우리의 삶을 굳게 받쳐 주는 반석과도 같은 것이다.

따라서 우리는 하나님이 예수님 안에서 주신 은혜를 평생 잊지 말고 기억해야만 한다. 우리가 앞서 보았듯이, 바울 서신서들이 "예수님 안"의 연합을 150번 이상 많이 사용하며 강조하는 이유도 여기에 있다.[24] 따라서 우리에게도 이 예수님과의 연합에 대한 지식은 매우 중요하다(롬 3:24).

> 그리스도 예수 안[연합]에 있는 구속으로 말미암아 하나님의 은혜로 값없이 의롭다 하심을 얻은 자[전가, 여기심] 되었느니라(롬 3:24).

바울이 "예수님 안"이라는 표현을 자주 반복해 사용하면서 강조하는 이유는, 이것이 우리 신앙생활(삶)에 끊임없이 믿음의 힘을 공급하기 때문이다. 성령님께서는 이 예수님 안의 믿음을 가진 자들을 의롭다 하시고, 예수님 안에서 하나님의 형상을 닮아 가는 삶으로 인도하시며 힘을 주시기 때문이다. 성령님은 '예수님 안'에 있는 하나님의 자녀들을 칭의와 "은혜, 믿음, 약속"과 "생명의 세계"로 이끄신다(롬 3:24; 딤후 1:9; 엡 2:4-7, 8-9; 갈 3:14; 딤후 1:1).[25]

---

24 『복음』, 183; ORF, 397-398. 우리는, 앞서 본 것처럼, 호크마(Hoekema)가 "주 안에서"(in the Lord)와 "그 안"(in him)이라는 표현이 바울 서신서들에서만 164번 나온다고 말한 것을 기억할 필요가 있다. SG, 65.

25 CS, 187, 147; RHBI, 248-251.

우리가 예수님 안에서 받은 성령님의 은혜의 역사는 칭의와 성화까지 계속된다는 뜻이다. 다시 말해, 예수님 안에서 받은 하나님의 은혜는 영원히 지속된다.

예수님 안에서 하나가 되는 연합은, 하나님께서 죄인들을 의롭다 하시기 위해 예수님과 하나로 일치시키시는 은혜의 역사이다. 예수님의 완전한 순종의 결과인 완전한 의의 공로를 예수님 안에서 모든 믿는 자의 것으로 봐 주시는 성령님의 역사다(고전 1:30; 6:11).[26]

그리고 이 그리스도와의 연합은 죄 용서, 세례, 그리스도의 십자가의 죽으심, 부활과 칭의와의 연합을 포함한다(롬 8:1-2; 고전 10:16-17; 골 2:12; 롬 6:11; 롬 3:24).[27] 우선 하나님은 예수님 안에서 은혜의 눈으로 예수 그리스도의 완전한 순종을 믿는 자들의 것으로 보시는 것이다(롬 6:11, 23). 그리고 하나님은 영원히 하나님의 자녀들을 예수님 안에서 보신다.

우리가 지금까지 본 대로 그리스도인들의 정체성과 삶의 관점에서도 '예수님 안'의 의미는 매우 중요하다. 하나님은 자신의 자녀들을 '예수님 안'(연합)에서 항상 예수님의 완전한 의를 통해 보시기 때문이다(전가, 여기심).

이는 얼마나 감사한 일인가!

이것이 구원과 칭의에서 '예수님 안'에서 연합과 예수님의 의의 전가가 우리에게 중요한 이유다. 하나님께서는 우리가 예수님을 믿고 무엇보다 먼저 '나 자신'을 '예수님 안'(연합)에서 보기(전가)를 원하신다. 하나님은 로마서에서 이렇게 약속하시고 이를 받아들이라고 명령하신다(롬 6:11).

---

26 『조직신학 II』, 221-28.
27 CK, 384-388; RHBI, 384. 참고. 성만찬과도 같은 연관이 있다. ICT, 155, 160.

> 이와 같이 너희도 너희 자신을 죄에 대하여는 죽은 자요 그리스도 예수 안[연합]에서 하나님을 대하여는 산 자로 여길찌어다[전가, 여겨짐] (롬 6:11).

하나님은 이 본문에서 우리가 매일 '예수님 안'에서 하나님의 은혜로 사는 삶에 익숙해지라고 명령하시는 것이다.

하나님께서 우리를 예수님 안에서 택하셨다는 사실이 얼마나 감사한 일인가?

그것은 우리가 항상 하나님의 마음속에 있다는 사실을 말해 주기 때문에 중요하다. 이것이 바로 바울이 '예수님 안'이나 '주 안'이라는 표현으로 많이 사용하는 이유라고 했다. 바울은 이렇게 하나님의 은혜를 증명하기 위해 '예수님 안'이라는 표현을 자주 사용한다. 따라서 하나님의 자녀들의 칭의와 성화는 다 오직 하나님의 은혜인 것이다.

예수님 안에서 칭의와 성화는 서로 분리할 수 없다. 그래서 오직 은혜로만의 칭의와 성화를 위한 그리스도와의 연합은 성령님의 역사에 의한 "법적"(legal), "관계적"(relational), "영적"(spiritual), "신비적"(mystical)이고 "실제적"(real) 연합이다.[28]

> 너희 중에 이와 같은 자들이 있더니 주 예수 그리스도의 이름과 우리 하나님의 성령 안에서 씻음과 거룩함과 의롭다 하심을 얻었느니라 (고전 6:11).

신약은 이와 같이 하나님의 자녀들에게 항상 모든 일을 하기 전에 먼저 '예수님 안'에 있음을 기억하라고 가르친다. 즉, 이는 "매일 모든 일에 항

---

28 CS, 202, 301.

상 '예수님 안'에서 보고 듣고 말하고 생각하고 살라"는 명령의 말씀이다 (고후 10:17; 고전 1:31; 빌 4:4; 엡 5:8; 롬 16:12; 딤전 1:14). 달리 말하면, 우리가 '예수님 안'에 있다는 사실은 우리 삶에 가장 중요한 기초라는 뜻이다. 신약에서 하나님께서는 우리에게 예수님 안에서 살라고 명령하시며 이렇게 말씀하신다.

> 자랑하는 자는 주 안에서 자랑할찌니라(고후 10:17; 고전 1:31).
> 주 안에서 항상 기뻐하라 내가 다시 말하노니 기뻐하라(빌 4:4).
> 너희가 전에는 어두움이더니 이제는 주 안에서 빛이라 빛의 자녀들처럼 행하라(엡 5:8).
> 우리 주의 은혜가 그리스도 예수 안에 있는 믿음과 사랑과 함께 넘치도록 풍성하였도다(딤전 1:14).

4) 결론

성경이 말하는 예수님과의 연합을 뜻하는 '예수님 안'의 의미는 칭의에서만 아니라 그리스도인들의 삶을 위해서도 매우 중요하다. 우리와 예수님과의 연합은 영원하신 하나님의 약속에 기초한 언약적·법적·실제적 연합이기 때문이다. 신약에서 소개하는 "예수님 안"의 의미는 칭의의 핵심인 하나님의 은혜를 잘 표현한다. 이런 이유에서 바울은 자비로우시고 은혜가 풍성하신 하나님께서 죄인들의 예수님과의 연합으로 예수님 안에서 우리를 보신다는 것을 강조한다.

성령님께서는 죄인들과 예수님과의 연합에 대한 하나님의 약속의 말씀을 우리에게 실행하신다. 즉, 성령님은 '예수님 안'에서 예수님이 우리를 위해 행하신 완전한 순종의 유익인 칭의와 성화의 은혜를 우리에게 계속

적용하신다. 성령님께서 이미 시작된 하나님 나라의 시민들에게 이 땅에서 살아갈 힘도 '예수님 안'에서 계속 공급하시는 것이다.

이 세상에서 살아 가야 하는 우리에게는 이 성령님의 은혜의 역사보다 중요한 것은 없다. 이런 이유에서 우리는 늘 성령님을 의지하며 '예수님 안'에 있다는 것을 믿고, 받아들이고, 기억하며 살아야 한다(롬 8:37; 고전 16:14; 고후 9:8; 엡 6:13). 우리는 성령님이 도와주실 것을 믿고 무슨 일을 하든지 항상 '예수님 안'에서 주신 하나님의 은혜를 늘 기억하고 살아야 한다(빌 4:6; 빌 4:12; 딤전 4:15; 딤후 4:5; 히 13:18).

그래서 우리는 제1권 『언약의 나라』에서 '하나님의 말씀을 주신 목적을 이루는 역사'에 대해 논의할 때도 아래와 같은 결론을 내렸다.[29]

> 예수님(성령님) 안에서 말씀으로 보고, 듣고, 말하고, 생각하고 살라!

하나님이 예수님 안에서 우리를 의롭다 하신 목적도 여기에 있다. 예수님과의 연합을 늘 기억하고 매일 말씀을 순종하고 살라고 의롭다 하신 것이다. 하나님은 우리가 예수님 안에서 계속 성령님을 의지해 믿음으로 살라고 의인으로 여겨 주신 것이다(롬 1:17, 6:11. 8:37; 고전 16:14). '예수님 안'에서 말씀 순종을 하며 살아갈 때, 하나님의 사랑의 능력을 공급받고 '무슨 일을 하든지 마음을 다하여' 기쁨으로 주님께 하듯 할 수 있기 때문이다(고후 9:8; 골 3:23).

---

[29] 특히 제1권 제4장에서 '4. 하나님의 말씀을 주신 목적을 이루는 역사'에 대한 논의 중에 '(2) 포도나무와 성령님의 말씀의 역사'와 '(3) 바울과 말씀의 역사' 마지막 부분들을 참조하라.

> 하나님이 능히 모든 은혜를 너희에게 넘치게 하시나니 이는 너희로 모든 일에 항상 모든 것이 넉넉하여 모든 착한 일을 넘치게 하게 하려 하심이라(고후 9:8).
>
> 무슨 일을 하든지 마음을 다하여 주께 하듯 하고 사람에게 하듯 하지 말라(골 3:23).

2. 예수님의 완전한 의의 전가(옮겨짐, 여기심)

우리는 예수님 안에서 예수님의 완전한 의의 전가도 하나님 은혜의 역사임을 잊지 말아야 한다(고전 1:4; 엡 1:3-4; 딤후 2:1-2).[30] 우리가 앞서 보았던 것처럼, 종교개혁자들은 이를 '예수님 안'에서 죄인들의 죄가 '그리스도에게로' 전가(옮겨짐, 여겨짐)되고, 그리스도의 의가 죄인들에게 전가된다고 했다. 우리는 이를 '이중 전가'라 불렀다.[31]

본서에서는 이 이중 전가를 하나로 묶어서 '예수님의 완전한 순종(완전한 의)의 전가'라고 부른다. 예수님의 완전한 의가 예수님 안에서 죄인들에게 전가(옮겨짐, 여겨짐)되어 그들을 의롭다 하시기 때문에 전가에 대해서 탐구해 볼 필요가 있다.

왜 우리가 전가(옮겨짐, 여기심)에 대해 알아야 하나?

칭의에서 완전한 순종(완전한 의)과 연합과 전가는 같이 가기 때문이다. 성경이 말하는 칭의에 대한 논의에서 이 셋은 서로 분리할 수 없다. 즉, 칭

---

[30] '칭의'(稱義)가 분명한 성경의 용어이듯이 '전가'도 확실한 성경 용어이다. 한국 기독교 초기에 '옮겨짐'이나 '여기심'의 뜻이 한자어 '전가'(轉嫁)로 번역된 것이다. 이 '전가'라는 단어도 칭의가 하나님의 은혜임을 증명하는 데 필수적인 성경 단어다.

[31] 참고. 칼빈의 이중 전가: 본서 제1장 중 '4. 칭의'에서 '(2) 칭의(의롭다 하심)의 조건들' 처음 부분; 본서 제2장 중 '칭의와 예수 그리스도의 완전한 순종' 부분; 아래 '2. 예수 그리스도의 완전한 의의 전가(옮겨짐).'

의를 위한 예수님의 완전한 의의 전가는 예수님과의 연합과 분리해 생각할 수 없다. 단지 여기서 분리해 논의하는 이유는 칭의를 위한 연합과 전가에 대한 논리적 이해를 돕기 위해서다.

예수님과의 연합이 먼저고 전가가 나중인 시간적이나 구원 순서적 차이를 말하고 있지 않다는 의미다. 따라서 칭의를 위한 연합과 전가는 하나로 봐야 한다. 기독교 역사에서 이 성경적 전가의 개념을 이끌어 낸 사람들은 종교개혁자들이다.

우리가 전에 보았듯이, 칼빈은 하나님의 의를 기준으로 죄인들이 칭의(의롭다 하심)를 받기 위해 "죄 용서와 그리스도의 의의 전가(옮겨짐)"(the remission of sins and the imputation of Christ's righteousness)가 필요하다고 주장한다.[32] 칭의론 발전의 역사에서 볼 때, 칼빈이 칭의에 대해 제시한 "예수 그

32　*Institutes*, 3.11.2; 『칭의』, 133; 『복음』, 213. 칼빈은 예수 그리스도의 의에 대한 개념을 좀 더 발전시키지는 않았다. 그의 『기독교 강요』(*Institutes*)에서 칭의론에 대한 중요한 부분들은 칭의론 정의(3.11.1-4)와 오시앤더(Osidaner)의 칭의론에 대한 공격(3.11.5-12) 그리고 스콜라주의신학의 공로주의론 공격(3.11.13-20; 3.14.12-21)에 대한 것들이다.
칼빈은 오시앤더의 그리스도의 의를 그리스도의 신성으로 대체한 것을 비판하고, 스콜라주의신학의 공로주의적 칭의론을 공격한다. 『칭의』, 121-123, 131-136. 칼빈은 『기독교 강요』에서 "죄 용서"(remission of sins)를 "그러한 의"(such righteousness: *Institutes*, 3.11.21)라 부르면서 죄 용서와 칭의를 연결한다(3.11.21-23). 그는 짧은 지면을 통해 죄 용서를 죄인들의 칭의를 위한 조건 중 하나라고 주장한다. 즉, 죄인들의 칭의(righteousness)를 위해서는 죄 용서도 필요하다. 이에 대해 아래에 좀 더 논의할 필요가 있다.
에드워즈(Jonathan Edwards)는 칭의(의롭다 하심)를 위한 "죄 용서와 의의 보상"(the remission of sins and the reward of righteousness)의 필요성을 강조한다. EJFA, 7, 63-77; Jonathan Edwards, *The Works of Jonathan Edward*, vol. 14, Sermons and Discourses, 1723-1729, ed. Kenneth P. Minkema (New Haven: Yale University Press, 1996), 14:395-99; 『칭의』, 144. 역시 기독교 역사상 칼빈과 에드워즈의 칭의론의 중요성은 죄인들의 칭의(의롭다 하심)를 위한 조건들이 '죄와 의'의 문제임을 인지했다는 데 있다. 종교개혁자 루터(Martin Luther: 1509-1564)도 이에 대한 확실한 인식이 있었다. 『칭의』, 61-68, 75-133.

리스도의 의"(the righteousness of Christ)와 "하나님의 눈"(God's sight)은 매우 중요하다. 칼빈은 여기서 전가의 개념으로 예수님의 의의 옷을 설명하고 있기 때문이다.

> 오히려 믿음으로 의롭다 하시는 분은 하나님이시다. 이 [칭의]를 위해 [우리의] 행위-의를 제외하신 하나님은 [우리의] 믿음을 통해 그리스도의 의(the righteousness of Christ)를 움켜잡으시고 그것[그리스도의 의]으로 옷을 입히신다. 하나님의 눈(God's sight)에는 [우리를] 죄인으로 보지 않으시고 [그리스도의] 의로 보시는 것이다.[33]

신학이 낙후한 중세 시대에 칼빈의 『기독교 강요』(Institutes)는 예수 그리스도의 의와 하나님 은혜의 눈이 가장 중요한 칭의의 조건임을 보여 준다. 그의 칭의론에서 하나님은 믿는 자들을 예수 그리스도의 의의 옷을 입은 것으로 보신다(전가하다, 여기시다). 하나님의 은혜에 대해 어거스틴(Augustine of Hippo: 354-430)은 그의 구원론에서 인간의 죄와 하나님의 은혜 중심의 은혜신학을 세웠고, 칼빈은 그의 칭의론을 통해 하나님은 은혜로 죄인들의 죄와 의의 문제를 해결하신 분이심을 밝히는 데 공헌했다.

우리가 앞서 '칭의의 조건들'에 대한 논의에서 보았듯이, 기독교 역사적으로 칼빈의 칭의론의 중요성은 죄인들의 칭의를 위해 '죄 용서'의 필요성과 '예수님의 의의 전가'의 필요성을 정확히 인지했다는 데 있다.[34]

---

[33] 이는 저자의 번역이고 '[ ]'의 첨가도 저자가 한 것이다. "On the contrary, justified by faith is he[God] who, excluded from the righteousness of works, grasps the righteousness of Christ through faith, and clothed in it, appears in God's sight not as a sinner but as a righteousness." *Institutes*, 3.11.2.

[34] 본서 '제1장 복음, 칭의 그리고 예수님' 중 '4-2) 칭의(의롭다 하심)의 조건들'을 참조

그렇다면 성경에서 전가란 무엇인가?

우선 우리가 주목할 것은 전가란 단어는 성경 용어이지만 신학자들이 성경의 '의롭다 하심'을 칭의로 번역한 것처럼, 성경의 '옮겨짐이나 여기심'이란 단어를 전가(轉嫁)로 번역했다는 사실이다. 전가란 단어가 익숙하지 않다고 이것이 성경에 없다거나 신학적 용어라고 주장하는 것은 틀리다는 말이다. 그래서 전가란 단어에 대한 분명한 논의가 필요하다.

성경은 전가를 기본적으로 연합처럼 언약적 대표주의(covenantal federalism) 측면에서 표현한다. 신약에서 '전가하다'(로기조마이, *logizomai*; λογίζομαι)는 죄(아담)나 순종(예수님)이 '옮겨지다'(to be imputed, to be credited) 또는 '여기시다'(to be considered)의 뜻으로 사용되었다.[35]

성경에서 전가의 정의는 '언약 대표자들의 행위 결과가 옮겨짐(being credited)이나 여기심(being considered)'이라 할 수 있다. 즉, 전가는 아담 언약의 대표인 아담의 행위(불순종)가 온 인류의 구좌(account)나, 새 언약의 대표인 예수님의 행위(순종)가 믿는 자들의 구좌에 '옮겨짐'(being credited)을 뜻한다. 또는 대표자 아담의 불순종의 행위를 아담 안에서 온 인류의 것으로 '여기심'이나, 대표자 예수님의 완전한 의를 예수님 안에서 믿는 자들의 것으로 '여기심'을 뜻한다. 우리는 아담 안에서 언약의 파괴자가 되고, 예수님 안에서 언약의 수호자가 되는 것이다.

이제 우리는 칭의를 위한 성경적 전가의 개념을 분명히 하기 위해 언약적·법적 전가, 실제적 전가, 예수님 안의 전가로 나누어 관찰해 보겠다.

하라. 우리가 앞서 보았듯이, 하이델베르그 교리문답(1563)과 웨스트민스터 신앙고백서(1646)도 칭의의 근거로 예수님의 완전한 순종의 전가를 분명하게 밝힌다.

[35] 아래 '1) 언약적·법적 전가'의 '(2) 아브라함 언약'에서 '전가하다'(로기조마이, *logizomai*; λογίζομαι)에 대한 설명을 참조하라.

1) 언약적·법적 전가

성경은 언약적 대표주의의 개념으로 크게 3가지의 전가 개념을 보여 준다. 즉, 두 언약의 대표자로 3가지 전가(옮겨짐, 여기심)의 개념을 보여 주는 것이다. 아담 언약의 대표자 아담과 새 언약의 대표자이신 예수님을 통해 3가지 중요한 언약적·법적 전가 개념을 보여 준다.

첫째, 아담의 죄의 모든 인류로 전가
둘째, 신자들의 모든 죄가 예수 그리스도에게 전가
셋째, 예수 그리스도의 의가 모든 믿는 자에게 전가[36]

이 3가지 개념에서 아담의 죄의 전가는 우리 죄의 예수 그리스도에의 전가와 예수 그리스도의 의의 전가의 필요성을 나타낸다.[37] 우리는 지금까지 본 바대로 이 세 가지 전가의 개념을 아담의 죄의 전가와 예수님의

---

[36] 라이트(N. T. Wright)는 '예수 그리스도의 의'(롬 1:17, 롬 3:21-22, 빌 3:9, 고후 5:20-21)를 '하나님의 언약에 대한 신실하심'으로 잘못 해석한다. 라이트는 하나님의 심판하시는 의와 구원하시는 의에 대한 개념이 없어서, '예수 그리스도의 의'와 '하나님의 언약에 대한 신실하심'을 동의어로 취급하는 엄청난 성경해석학적 실수를 범한다. 라이트의 이런 성경 해석의 오류는 그의 신학에서 자주 발견된다. 라이트, 『바울의 복음을 말하다』, 172-185; 라이트, 『칭의를 말하다』, 201-202(빌 3:9), 220-226(고후 5:20-21), 314-315. 라이트의 '예수 그리스도 의'에 대한 잘못된 해석은 예수님의 의의 전가를 부정하게 만든다. 라이트, 『바울의 복음을 말하다』, 163, 204; 라이트, 『칭의를 말하다』, 210-213, 288, 314-315. 이 큰 실수는 결국 라이트 신학에서 성경적 칭의론을 부정하는 결과를 낳는다.

[37] 앞서 칭의를 위한 '예수님 안'에서 죄의 전가와 의의 전가를 '이중 전가'(the double transfer)라고 했다. 참고. 앞에 본서 제1장 중 '4. 칭의'에서 '(2) 칭의(의롭다 하심)의 조건들'을 참조하라. 그레샴 메이첸(Gresham Machen), 『기독교 인간관』(The Christian View of Man), (서울: 나침반사, 1988), 252; 강철홍, 『복음』, 195.

완전한 순종의 전가로 논의해 왔다. 우리가 다룬 예수님의 완전한 순종(완전한 의)의 개념에는 죄의 문제와 의의 문제를 다 포함한다.

이제 언약적·법적 전가를 위해 아담 언약, 아브라함 언약, 모세 언약, 이사야서의 이중 전가와 새 언약에서의 언약적·법적·전가를 알아보겠다. 우리는 먼저 구약에도 전가의 개념이 있다는 것을 간략하게 살펴볼 필요가 있다.

(1) 아담 언약

우리가 지금까지 본 바대로, 온 인류의 언약적 대표자 아담의 하나님과의 언약 파기는 온 인류에 아담의 죄의 언약적·법적 전가를 가져왔다(창 2:16-17; 롬 5:12, 15-21).**38** 선악과 사건으로 아담의 죄로 인하여 세상에 죄와 저주가 들어왔다(창 3:7-8). 선악과 사건은 아담 언약의 대표자 아담의 죄가 온 인류에 전가(옮겨짐, 여기심)하게 된 사건이다.**39** 하나님과 아담과의 언약에 따라 아담 안에서 온 인류는 언약의 파괴자가 된 것이다.

우리는 여기서 또 다른 전가의 사건을 주목해야 한다. 하나님께서 에덴 동산에서 쫓겨난 언약 파괴자 아담을 죽이지 않고 아담 대신 동물을 죽여서 죄를 전가하신 사건이다. 하나님은 아담과 하와의 죄를 대신해 죄가 없는 동물을 희생 제물로 사용하셔서 그들의 죄를 대신 담당하게 하셨다. 이 사건은 예수님에게 죄인들의 죄가 전가되는 사건을 미리 예견하고 있다.

---

38 "이러므로 한 사람으로 말미암아 죄가 세상에 들어오고 죄로 말미암아 사망이 왔나니 이와 같이 모든 사람이 죄를 지었으므로 사망이 모든 사람에게 이르렀느니라"(롬 5:12).

39 아담의 죄를 희생 제물에 전가하고 '덮는 전가(covering up)의 개념'이다. 강철홍, 『복음』, 202-205; 『칭의 교리』, 121-122.

> 여호와 하나님이 아담과 그 아내를 위하여 가죽옷을 지어 입히시니라 (창 3:21).

이 본문은 아담과 하와의 죄가 희생 제물의 죽음으로 전가(옮겨짐)된 사건을 알려 준다. 아담 안에서 죄가 모든 인류에 전가된 것과는 또 다른 아담의 죄의 전가의 사건이다. 이는 하나님의 일방적인 은혜의 역사이기에 예수님의 구속 사역과 관련해 이 사건이 우리에게 주는 의미가 매우 크다 하겠다. 창세기 3:21의 가죽옷은 아담과 하와의 죄를 대신해 죽음의 형벌을 당한 희생 제물들이 있었음을 증명한다. 이 가죽옷은 희생 제물들에게 아담과 하와의 죄의 일시적 전가가 이루어진 증표다.

창세기 3:21이 말하는 아담의 죄의 전가를 상징하는 이 가죽옷은 아담 안에서 언약의 파괴자들인 죄인들의 죽음의 형벌을 대신 담당하실 하나님의 어린양 예수 그리스도를 예표한다. 하나님의 어린양이신 예수님은 우리의 언약적·법적 대표자가 되신다. 우리의 대표자가 되셨기에 주님의 완전한 순종(완전한 의)이 우리에게 전가(옮겨짐)될 수 있게 된 것이다. 언약적 대표자인 예수님의 완전한 의는 예수님 안에 의롭다 하심을 받을 자들을 위한 영원한 언약적·법적 전가의 근거인 것이다.

(2) 아브라함 언약

아브라함 언약은 신약에서 전가 개념의 기초를 제시하기에 매우 중요하다. 구약에서는 아브라함이 동물들을 죽여서 드린 사건(창 15:11-21)과 모리아 산에 이삭을 바친 사건(창 22장)에서 희생 제물을 통한 전가 개념을 보여 준다.[40]

---

40 앞서 '2) 넓은 의미의 완전한 순종' 중 '④ 아브라함 언약과 은혜로만의 완전한 순종'에서 창세기 15장과 22장에 대해 간략하게 논의했다.

그리고 신약은 아브라함 언약을 사용해 전가의 의미와 하나님의 은혜가 무엇인지 잘 보여 준다. 우선 신약은 칭의에서 대표적 전가 단어인 헬라어 동사 '전가하다'(옮기다, 여기다: 로기조마이, *logizomai*; λογίζομαι)를 사용해 창세기 15:6의 '여기시다'에서 그 근원을 찾아낸다.

아브람이 여호와를 믿으니 여호와께서 이를 그의 의로 여기시고(창 15:6).

창세기 15:6에서 '여기시다'의 히브리어(하샤브, *khaw-shab*; חָשַׁב)는, 구약을 헬라어로 번역한 칠십인역(LXX)에서는 로마서 4:3의 '여기시다'와 동일한 헬라어 동사(로기조마이, *logizomai*, λογίζομαι)를 사용했다. 바울이 로마서 4:3에서 언약적·법적 전가를 설명할 때 창세기 15:6을 인용하는 것은 그 의미하는 바가 매우 크다. 왜냐하면 로마서 4:3이 성경 전체에서 죄인들의 칭의를 전가(옮겨짐, 여기심)의 개념으로 구약과 신약을 분명하게 연결해 주기 때문이다.

성경이 무엇을 말하느뇨 아브라함이 하나님을 믿으매 이것이 저에게 의로 여기신 바 되었느니라(롬 4:3).

따라서 성경 전체에서 전가의 정의를 가장 잘 보여 주는 곳은 아브라함 언약과 관련해 칭의를 설명한 로마서 4장이다. 로마서 4장은 성경 전체에서 전가를 뜻하는 단어를 가장 많이 사용하기 때문이다. 즉, 로마서 4장에서 믿음의 조상 아브라함 이야기를 하면서 사용한 '전가하다'란 헬라어 동사(로기조마이, *logizomai*: λογίζομαι)는 11 번 사용(롬 4:3, 4, 5, 6, 8, 9, 10, 11, 22, 23, 24)되었다. 로마서 4장에서 의(righteousness)와 연관된 '전가하다'(*logizomai*: λογίζομαι)의 뜻은 로마서 4:3, 5, 6, 9, 11, 22, 23, 24에서 사용되었다.[41]

로마서 4장의 '전가하다'(*logizomai*: λογίζομαι)는 주로 '옮기다'(구좌에 옮기다: credited, NIV)나 '여기다'(counted: ESV)의 뜻으로 사용되었다. 여기서 '옮기다'와 '여기다'는 같은 뜻의 동의어다.[42] 특히 로마서 4:23-24은 아브라함 언약을 사용해 오직 믿음로만의 예수님의 완전한 의의 전가를 설명한다. 바울의 구약과 신약을 연결하는 이 해석은 매우 충격적이다.

> 저에게 의로 여기셨다 기록된 것은 아브라함만 위한 것이 아니요 의로 여기심을 받을 우리도 위함이니 곧 예수 우리 주를 죽은 자 가운데서 살리신 이를 믿는 자니라(롬 4:23-24).

여기서 이 본문이 아브라함 언약으로 언약과 믿음의 법(롬 3:27, 4:14-16)에 따라 전가를 설명한 것을 주목하기 바란다. 이 본문에서 아브라함과 우리는 같은 메시아 예수님을 믿는 사람들이다. 이와 같이 로마서 4장은 그리스도와의 연합처럼 전가도 언약적·법적 전가로 인한 칭의가 하나님의 전적 은혜임을 강조한다. 이 전가는 오직 하나님의 은혜로 예수님의 완전한 의를 하나님의 자녀들의 것으로 '여기신다'(전가, 옮겨짐)는 뜻이다.

---

41 BDAG, 597; SG, 61. 로마서 4:7-8에 다윗의 말을 인용한 것을 죄의 "비전가"(non-imputation)라고 말하기도 한다. 이 '예수님 안'에서 예수님께로 우리 죄가 전가(옮겨짐)된 것을 "비전가"라고 말하기도 한다(롬 4:5-8). 이는 아담의 원죄의 전가가 무효하게 된 것을 뜻한다. MER, 133-34. 바울은 "그 불법을 사하심"과 "그 죄를 가리우심"과 "죄를 인정치 아니하실 사람"이란 표현으로 전가와 칭의의 개념을 강조한다.

42 로마서 4장 외에 로기조마이(*logizomai*: λογίζομαι)가 이와 같은 뜻으로 쓰인 곳들에는 고전 13:5, 고후 5:19, 딤후 4:16, 갈 3:6, 약 2:23, 고후 12:6이 있다. BDAG, 597; SG, 61.

이런 이유에서 하나님이 아브라함에게 주신 언약은 아브라함의 후손(창 17:4-7)을 통한 약속의 "씨"(창 22:17-18)인 메시아의 완전한 의(the perfect righteousness)의 전가에 대한 약속이다. 이 언약은 아브라함을 포함한 모든 죄인에게 동일하게 적용되는 약속이다.

따라서 로마서 4장의 칭의는 행위-의(works righteousness)에 대한 약속이 아니다. 로마서 4장의 칭의(의롭다 하심)는 오직 하나님의 은혜에 기초한 믿음-의(faith righteousness)에 대한 하나님의 약속이다. 아브라함처럼 우리도 행위로 의롭다 하심을 받을 수 없다. 우리도 아브라함처럼 예수님의 공로로 취득하신 완전한 의가 오직 은혜로만 전가됨으로 의롭다 하심을 받는다.

하나님이 오직 은혜로 예수님 안에서 우리를 의인으로 여기신다는 사실이 얼마나 소중한가!

(3) 모세 언약

이제 모세 언약이 보이는 언약적·법적 전가에 대해 알아보겠다. 우리는 이미 모세 율법이 하나님의 의가 보여 주는 언약적이고 법적인 요소에 대해 많이 논의했다. 여기서는 모세 언약에서 레위기의 제사법이 말하는 전가에 대해 살펴보겠다.

레위기의 제사법은 죄인들인 이스라엘 백성의 죄를 희생 제물들로 전가하는 법을 가르친다(레 16:15-22). 레위기의 희생 제물들은 이스라엘 백성의 죄에 대한 하나님의 진노와 형벌을 대신 받았다.

한편으로는 율법의 제사법이 보여 준 희생 제물은 죄 용서에 대한 일시적인 효력이 있었다.

다른 한편으로는 이 희생 제물은 영원한 희생 제물이 되신 메시아 예수 그리스도를 바라보게 한다. 민수기도 이스라엘 백성이 하나님의 진노에 대한 속죄 제물을 드렸음을 말해 준다(민 25:3, 13).

우리는 율법에 나타난 동물 제사를 통해 우리 죄 때문에 영원한 희생 제물이 되신 언약적·법적 대표자 예수 그리스도를 볼 수 있다. 우리 죄 때문에 예수님은 십자가에서 죽임을 당하셨다. 이 십자가의 죽으심으로 죄인들의 죄가 언약적·법적으로 예수님께 전가(옮겨짐)될 수 있는 기초를 놓으셨다. 레위기 16:20-22은 이 죄의 전가에 대해 미리 말한다.

> 그 지성소와 회막과 단을 위하여 속죄하기를 마친 후에 산 염소를 드리되 아론은 두 손으로 산 염소의 머리에 안수하여 이스라엘 자손의 모든 불의와 그 범한 모든 죄를 고하고 그 죄를 염소의 머리에 두어 미리 정한 사람에게 맡겨 광야로 보낼찌니 염소가 그들의 모든 불의를 지고 무인지경에 이르거든 그는 그 염소를 광야에 놓을찌니라(레 16:20-22).

이 본문은 모세 언약의 제사법에서 왔다. 제사법은 예수님이 오시기 전에 죄에 대한 하나님의 진노를 짐승의 피 값으로 지불한다는 것을 미리 보여 주기 때문에 중요하다(레 16:14-19).[43]

---

[43] 신약도 죄에 대한 하나님의 진노(롬1:18)와 이를 위한 속제 제물(롬 3:25; 요일 4:10)이 되신 예수 그리스도를 보여 준다.
"하나님의 진노가 불의로 진리를 막는 사람들의 모든 경건치 않음과 불의에 대하여 하늘로 좇아 나타나나"(롬1:18).
"이 예수를 하나님이 그의 피로 인하여 믿음으로 말미암는 화목 제물로 세우셨으니 이는 하나님께서 길이 참으시는 중에 전에 지은 죄를 간과하심으로 자기의 의로우심을 나타내려 하심이니"(롬 3:25).

레위기 16:6-22의 두 염소는 우리에게 세상 죄를 지고 가는 하나님의 어린양(요 1:29, 36; 벧전 1:19)의 모습을 미리 보여 주는 것이다. 레위기의 제사법에 따르면 한 염소는 죄에 대한 죽음의 형벌을 대신 받는 데 사용되고, 다른 염소는 대제사장의 안수식을 통해 죄가 전가된 것을 보여 주기 위해 사용되었다. 아담 언약하에서 창세기 3:21의 가죽옷이 전가의 증표로 사용되었듯이, 모세 언약하에 레위기 16:20-22에서는 대제사장 아론이 산 염소에 한 안수가 전가의 증표로 사용되었다.[44] 하나님은 이스라엘 백성에게 오실 메시아를 통한 죄의 전가를 미리 가르치신 것이다.

우리가 지금까지 본 바대로, 모든 믿는 자의 언약적 대표자 예수님은 우리들의 죄 때문에 사람들의 손에 의해 십자가에서 잔인하게 죽임을 당하셨다. 예수님은 우리가 받아야 할 죄에 대한 형벌과 죄에 대한 진노 때문에 십자가에서 영원히 담당하시는 속죄 제물(once-for-all)이 되신 것이다.

예수님은 죄에 대한 율법에 명시된 모든 요구에 따라 우리 대신 저주를 담당하셨다(갈 3;13). 하나님은 자신의 심판하시는 의의 법에 따라 십자가에서 예수님께 형을 집행하셨고, 그에 따라 우리의 죄를 예수님께 전가하시는 것이다.

십자가에서 율법의 형벌을 당하신 것은 우리 대신 "오직 율법을 행하는 자"(롬 2:13)가 되시기 위한 순종이다.[45] 예수님의 십자가 순종은 예수님의 완전한 순종을 위해 하나님 사랑과 이웃 사랑을 실천하신 곳이기도 하다. 따라서 예수님의 완전한 순종(완전한 의)의 전가로 인한 칭의의 복들은 그

"사랑은 여기 있으니 우리가 하나님을 사랑한 것이 아니요 오직 하나님이 우리를 사랑하사 우리 죄를 위하여 화목제로 그 아들을 보내셨음이니라"(요일 4:10).

44 시편 103:12도 죄의 전가를 말한다.
"동이 서에서 먼 것같이 우리 죄과를 우리에게서 멀리 옮기셨으며"(시 103:12).

45 우리는 앞서 이를 '좁은 의미의 완전한 순종'이라고 불렀다.

리스도의 "언약적·법적 사역"(the covenantal and forensic work)의 "직접적 결과"에서 온 것이다.[46] 모세 언약도 오실 예수님의 완전한 의의 언약적·법적 전가의 필요성을 보여 주는 것이다.

(4) 이사야서의 이중 전가

모세 언약 이후에 이사야 선지자가 죄의 전가 개념뿐만 아니라 의의 전가의 개념을 가지고 언약적·법적 전가의 틀을 제시한다. 이런 면에서 이사야서는 모세 언약이 보여 주는 전가의 개념보다 좀 더 발전된 개념을 보여 준다. 아담 언약의 가죽옷의 죄의 전가와 모세 언약의 제사법에 나타난 죄의 전가에 이어 이사야 53장은 죄의 전가와 의의 전가의 이중 전가 개념을 소개한다. 이제 우리는 이사야 53장을 중심으로 전가의 개념을 간략하게 살펴보겠다.

이사야 53장은 모세 율법의 제사법에 나타난 전가 개념을 하나님 나라의 백성을 위해 고난당하는 언약의 종 메시아를 통해 소개한다. 이사야서는 제사법을 염두에 두고 죄의 전가와 의의 전가 개념을 동시에 보여 준다. 특히 이사야 53장은 먼저 죄인들의 죄의 형벌을 대신 당하신 메시아 예수 그리스도께서 죄의 전가를 위한 희생 제물이 되실 것을 예언한다.

이사야서 53장은 예수님이 죄인들을 대신해 십자가에서 죄에 대한 진노와 형벌을 당하실 것을 미리 말해 주는 것이다. 이사야에 따르면 오직 하나님의 은혜로 죄인들의 모든 죄가 오실 예수님의 십자가로 옮겨질 것이다. 이사야 53:4-6은 우리에게 이렇게 말한다.

---

46 그래서 예수님의 모든 복음 설교는 하나님의 죄에 대한 심판을 염두에 둔 언약적이고 "법적인 기초"(judicial foundation)가 있다.CS, 256; RHBI, 384; CK, 171-174.

그는 실로 우리의 질고를 지고 우리의 슬픔을 당하였거늘 우리는 생각하기를 그는 징벌을 받아서 하나님에게 맞으며 고난을 당한다 하였노라 그가 찔림은 우리의 허물을 인함이요 그가 상함은 우리의 죄악을 인함이라 그가 징계를 받음으로 우리가 평화를 누리고 그가 채찍에 맞음으로 우리가 나음을 입었도다 우리는 다 양 같아서 그릇 행하여 각기 제 길로 갔거늘 여호와께서는 우리 무리의 죄악을 그에게 담당시키셨도다(사 53:4-6).

이 본문은 새 언약의 중보자이신 예수님이 당하실 형벌을 모세 율법보다 더 구체적으로 표현한다. 즉, 이 본문은 오실 예수님에 대한 점진적 계시의 발전을 보여 준다. 오실 메시아는 우리 죄악과 허물 때문에 징벌과 고난을 당하시고 채찍에 맞게 될 것이다. 하나님의 심판하시는 의에 대한 형벌의 책임을 다 담당하실 것이다. 이사야 53장은 우리 죄에 대한 진노와 형벌이 십자가에 달리신 성육신하신 예수님의 몸으로 옮겨진다는 것을 의미한다(죄의 전가).

우리는 이사야 53장이 죄의 전가만 아니라 의의 전가도 말해 준다는 것을 주목할 필요가 있다. 이사야 53장은 오실 예수님의 순종이 죄인들의 칭의를 위해 하나님의 의의 기준도 만족시킬 것이라고 예언한다. 우리가 지금까지 보았던 '의롭다 하심'이라는 칭의의 표현이 이사야 53:11에 "의롭게 하며"로 나타난다. 이사야 53:11의 "자기 영혼의 수고한 것을 보고 만족히 여길 것"이라는 표현은 우리에게 여기심이라는 예수님의 의의 전가를 상기시킨다.[47]

---

[47] 이사야 53:11은 죄악을 담당하실 것도 계시한다.

> 가라사대 그가 자기 영혼의 수고한 것을 보고 만족히 여길 것이라 나의 의로운 종이 자기 지식으로 많은 사람을 의롭게 하며 또 그들의 죄악을 친히 담당하리라 (사 53:11).

이사야 61:10에서는 의의 전가에 대한 개념이 옷의 비유로 다시 등장한다. 여기서 이사야는 칭의(의롭다 하심)를 위한 전가 개념을 "의의 겉옷"에 비유해 표현한다. 이 "의(righteousness)의 겉옷"은 예수님의 완전한 순종으로 획득하신 완전한 의를 예표한다.

이사야 61:10은 의의 전가의 개념을 모세 율법보다 더 분명하게 말하는 것이다. 여기서 의의 옷으로 덮는 것은 하나님의 의를 만족시키는 예수 그리스도의 완전한 의의 전가(옮겨짐)를 뜻한다. 이 의의 옷 비유는 "우리 밖에서"(outside of us, extra nos) 와야만 하는 예수 그리스도의 의를 상기시켜 주기 때문에 중요하다.[48] 이 예수님의 의의 옷에 대한 비유와 대조해 이사야 64:6절은 '인간의 모든 행위'를 "더러운 옷"으로 비유한다.

> 내가 여호와로 인하여 크게 기뻐하며 내 영혼이 나의 하나님으로 인하여 즐거워하리니 이는 그가 구원의 옷으로 내게 입히시며 의의 겉옷으로 내게 더하심이 신랑이 사모를 쓰며 신부가 자기 보물로 단장함 같게 하셨음이라 (사 61:10).
>
> 대저 우리는 다 부정한 자 같아서 우리의 의는 다 더러운 옷 같으며 우리는 다 쇠패함이 잎사귀 같으므로 우리의 죄악이 바람같이 우리를 몰아가나이다 (사 64:6).

---

[48] 참고. ORF, 452-454.

이 본문들은 옷을 덮는 전가의 개념으로 예수 그리스도의 완전한 순종으로 취득한 아름다운 의의 옷과 인간의 불순종을 통한 더러운 옷을 분명하게 대조한다. 이와 같이 이사야 선지자는 옷의 비유로 모세 율법이 지닌 언약적·법적 전가를 좀 더 구체적으로 표현하는 것이다.

(5) 새 언약

우리는 지금까지 구약에 나타난 전가에 대해 살펴보았다. 이제 우리는 새 언약에서 말하는 언약적·법적 전가의 요소를 간략하게 정리해 보도록 하겠다. 우리는 지금까지 칭의에 대해 새 언약의 언약적·법적 요소를 많이 논의했다.[49]

우리는 새 언약의 언약적·법적 전가의 개념이 가장 잘 설명된 곳은 로마서라 했다. 특히 로마서 5장은 로마서 4장의 헬라어 동사 '전가하다'(로기조마이, *logizomai*, λογίζομαι)를 사용하지 않지만, 다른 표현을 사용해 언약적·법적 전가를 잘 설명해 준다.[50] 일례로 로마서 5:12-21은 아담 언약의 대표자 아담과 새 언약의 중보자이자 대표자이신 예수님으로 세 가지 중요한 언약적·법적 전가 개념을 분명하게 설명한다.[51]

바울에 따르면 우리가 먼저 알아야 할 것은 온 인류의 대표자 아담과의 연합을 통한 '아담 안'에서의 죄의 전가다. 로마서 5:12은 아담의 죄가 온 인류에게 전가된 것을 설명하기 위해 아담을 '한 사람'으로 지칭한다. 이 아담의 죄의 전가는 온 인류의 대표자 아담의 죄가 '아담 안'에서 모든 인

---

49 앞서 논의한 '⑦ 새 언약(복음)과 은혜로만의 완전한 순종'을 참조하라.
50 로마서 4장의 '전가하다'(로기조마이, *logizomai*, λογίζομαι)를 위해 앞의 아브라함 언약을 보라.
51 메이첸(Machen), 『기독교 인간관』, 252; 『복음』, 195.

류에게로 전가된 언약적·법적 전가(옮겨짐)다.

> 이러므로 한 사람으로 말미암아 죄가 세상에 들어오고 죄로 말미암아 사망이 왔나니 이와 같이 모든 사람이 죄를 지었으므로 사망이 모든 사람에게 이르렀느니라 (롬 5:12).

이 본문은 아담 안에서 모든 사람이 언약의 파괴자가 된 이유를 설명한다. 우리는 여기서 주목할 것이 있다. 아담보다 먼저 대표자가 되신 분이 있다. 그분은 새 언약의 대표자 예수 그리스도이시다.

삼위일체 하나님은 이미 창세 전에 구속 언약의 중보자로 언약적·법적 대표자 예수 그리스도를 세우셨다(엡 1:4, 3:9, 3:11; 벧전 1:20). 이 삼위일체 하나님의 결정은 오직 하나님의 은혜에 기초한 '예수님 안'에서 그리스도와의 연합과 전가에 대한 결정이었다. 이는 아담이 온 인류의 대표자가 되기 전에 삼위일체 하나님의 결정이다. 이런 이유에서 새 언약의 언약적·법적 전가는 오직 하나님의 은혜라고 말하는 것이다.

우리는 삼위일체 하나님의 창세 전 결정에 따라 오직 하나님의 은혜로 오직 예수님 안에서만 언약의 수호자가 되는 것이다.

로마서 4-5장은 한 사람 예수님의 완전한 순종으로 '예수님 안'에서 많은 사람이 의인이 되는 '의의 선물'을 넘치게 받을 길이 열렸음을 분명하게 보여 준다. 바울은 특히 칭의를 설명하기 위해 로마서 5:19절에 "되리라"라는, '전가되다'라는 뜻의 '법적 용어'를 사용한다.[52]

---

[52] 바울은 로마서 5:19에서 언급된 "되리라"(전가되리라)라는 헬라어 수동태(카타스타세손타이, katastathesontai, κατασταθησονται)를 사용한다. 『칭의 교리』, 125; 『복음』, 218.

이 용어는 칭의에서 하나님의 은혜를 분명하게 나타낸다. 즉, 언약적·법적 대표자 '예수님 안'에서 '죄의 전가'와 '의의 전가'가 동시에 이루어진다(롬 5:18-19). 로마서 5:18-19은 새 언약의 언약적·법적 전가가 어떻게 가능하게 되었는지를 분명하게 말해 준다.

> 그런즉 한 범죄로 많은 사람이 정죄에 이른 것 같이 의의 한 행동으로 말미암아 많은 사람이 의롭다 하심을 받아 생명에 이르렀느니라. 한 사람의 순종치 아니함으로 많은 사람이 죄인 된 것 같이 한 사람의 순종하심으로 많은 사람이 의인이 되리라(롬 5:18-19).

갈라디아서는 칭의를 설명하기 위해 모세 언약(율법: 갈 2:15-21, 3:1-5, 10-13, 17-25; 4:1-7, 21; 5:1-14)과 아브라함 언약(갈 3:6-9, 14, 15-16, 18, 26-29; 4:22-31)을 함께 소개한다.[53] 바울은 칭의를 위해서 언약적·법적 전가를 아브라함 언약과 연결해 설명(갈 3:6-9, 14, 18)하고,[54] 이어서 아담 언약의 가죽옷과 이사야의 의의 옷 비유와도 연결한다(갈 3:26-29).[55]

특히 우리는 갈라디아서 3:26-29에서 구약의 전가 개념(가죽 옷과 의의 옷)과 새 언약의 이중 전가 개념(예수님의 옷: 죄의 전가와 의의 전가)과 연결하는 것을 주목할 필요가 있다.

---

[53] 앞서 논의한 '④ 아브라함 언약과 은혜로만의 완전한 순종'과 '⑤ 모세 언약(율법)과 은혜로만의 완전한 순종'을 참조하라.

[54] "아브라함이 하나님을 믿으매 이것을 그에게 의로 정하셨다 함과 같으니라"(갈 3:6).

[55] 바울은 갈라디아서에서 모세 언약의 "율법책에 기록된대로 온갖 일을 행하지 아니하는 자는 저주아래 있는 자(갈 3:10)"라고 한다. "율법으로 말미암아 의롭게 되지 못할 것이 분명하니" 오직 예수님의 완전한 순종으로 오직 믿음으로만 의롭게 된다(갈 3:11). ORF, 454.

갈라디아서 3:27은 구약의 옷 주제에 대해 이렇게 말한다.

> 누구든지 그리스도와 합하여 세례를 받은 자는 그리스도로 옷 입었느니라 (갈 3:27).

이 본문이 말하는 새 언약의 그리스도의 옷 비유는 구약의 옷과 연결해 주기 때문에 중요하다. 바울은 여기서 '예수님 안'("그리스도와 합하여")의 그리스도의 의의 전가를 '옷'으로 비유한다. 우리는 이 새 언약의 그리스도의 옷과 아담 언약의 '덮는 가죽옷'(창 3:21), 이사야서의 '의의 옷'(사 61:10) 비유에서 하나님의 은혜를 볼 수 있다.[56]

이 옷 비유는 우리가 예수님 안에서 하나님 앞에 의인으로 인정되었지만, 아직 우리는 성화의 과정이 필요하다는 것도 간접적으로 보여 준다. 우리가 의롭다 하심을 받았지만, 아직 하나님의 형상을 닮아 가는 성장 과정이 필요한 것이다.[57] 즉, 예수님 안에서 의로운 죄인(a just sinner)인 우리의 속사람은 아직 완전히 변화된 것은 아니다.

정리하면, 새 언약의 언약적·법적 전가는 전가가 하나님의 은혜에서 왔다는 것을 밝혀 주기 때문에 중요하다. 우리는 특히 하나님이 새 언약의 대표자 예수 그리스도를 모든 인류의 대표자 아담보다 먼저 결정하셨다는 것을 기억할 필요가 있다. 하나님은 자신의 언약 말씀대로 예수님을 보내셨고, 예수님은 이 땅에 오셔서 죄인들의 칭의를 위해 완전한 순종으로 완전한 의를 취득하셨다. 이 예수님의 완전한 의는 언약적·법적으로도 하나

---

[56] LCG, 229-230.
[57] 제3권 제2장에서 '4. 하나님 형상의 성장'을 참조하라.

님께서 죄인들을 의롭다 하시기에 완전한 의이다.

우리가 예수님 안에서 그리스도의 완전한 의로 옷 입는 것은 오직 하나님의 은혜로 예수님의 완전한 순종 때문에 가능해진 것이다. 성령님은 하나님께서 죄인들을 위해 준비하신 예수님의 완전한 의의 옷을 입혀 주시는 분이시다. 이 언약적·법적 대표자의 완전한 의는 창세 전에 하나님께서 예수님을 "의로운 언약적 머리"(the justified covenant head of his people)로 삼으셨기 때문에 가능하게 되었다.[58]

이렇게 새 언약의 언약적·법적 전가의 개념은 우리가 오직 하나님의 은혜로 예수님 안에서 의인이 될 수 있음을 증명한다.

2) 실제적 전가

예수님 안에서 이루어지는 예수님의 완전한 의의 전가(옮겨짐, 여기심)는 실제적 전가다. 이런 측면에서 전가는 기본적으로 예수님과의 연합과 다르지 않다. 숨겨져 있던 구속 언약의 비밀이 은혜 언약을 통해 예수님의 구속 사역이라는 실제적 사건으로 확실히 드러났다고 했다. 숨겨져 있던 언약적·법적 전가의 비밀은 오실 예수님의 완전한 순종을 통한 실제적 사건에 기초한다.

(1) 실제적 구속 역사

언약적·법적 전가의 개념 다음으로 중요한 것은 전가가 실제적 구속 역사에서 기인했다는 것이다. 이제 우리는 실제적 구속 역사(redemptive work)

---

[58] CS, 245.

가 칭의를 위한 전가의 기초임을 간략하게 볼 것이다. 우리가 지금까지 본 바대로 죄인들을 위한 완전한 순종(완전한 의)에 대한 실제적 필요성은 실제적 구속 역사의 필요성을 이끌어 낸다. 예수님의 완전한 의의 전가는 예수님의 실제적 구속 역사에 기초한다. 예수님은 우리의 완전한 의의 전가를 준비하시기 위해 이 땅에 오셨다.

성경은 아담 언약의 가죽옷과 모세 언약의 제사법에 나타난 희생 제물의 죽음으로 오실 메시아의 실제적 구속 역사를 지시한다. 우리가 살펴본 바대로, 아담 언약의 가죽옷은 죄인 된 아담과 하와를 위해 실제 동물을 죽임으로 얻어진 옷이다. 이는 결코 신화적, 비유적 사건이 아니다. 예수님의 의의 전가를 옷으로 비유한 이사야 선지자(사 61:10)와 바울(갈 3:27)도 예수님의 실제 구속 사건에 기초한다.

우리가 앞서 본, 모세 언약의 죄에 대한 제사법은 모든 죄인의 죄에 대한 실제적 형벌의 희생 제물의 필요를 설명해 준다. 이 제사법은 오실 예수님에 의한 실제적 구속 역사(the work of Jesus Christ)를 가리키고 있는 것이다.

이스라엘 백성은 이 제사법에 따라 하나님 앞에 실제적으로 자신들의 죄를 대신할 희생 제물들을 직접 골라서 드렸다. 이 희생 제물을 드리는 행위는 자신들의 죄에 대한 실제적 인정이요, 죄의 전가에 대한 하나님의 언약을 실제적으로 믿는 믿음이 되는 것이다.

하나님은 약속대로 믿음으로 희생 제물을 드리는 자들의 죄를 용서하셨다. 하나님은 희생 제물에 대한 약속을 실제적 희생 제물이신 오실 예수님으로 미리 보셨기 때문이다.

하나님은 미리 실제적이고 영원한 희생 제물이신 예수님 안에서 제사법(율법)의 희생 제물을 보셨다. 하나님의 어린 양이신 예수님(요 1:29, 36; 벧전 1:19)께서 하나님의 자녀들을 대신해 죄에 대한 형벌과 죄로 인한 진노의 형벌을 십자가 죽음으로 완전히 성취하신 것이다.[59] 아브라함과 모세를 포함한 모든 죄인의 칭의를 위한 전가는 오신 예수님의 실제적 구속 역사에 기초한 것이다. 성경은 실제적 구속 역사에 기초한 전가로 인한 칭의를 이렇게 말한다(고후 5:21; 롬 3:24).

> 하나님이 죄를 알지도 못하신 자로 우리를 대신하여 죄를 삼으신 것은 우리로 하여금 저의 안에서 하나님의 의가 되려 하심이니라(고후 5:21).
> 그리스도 예수 안에 있는 구속으로 말미암아 하나님의 은혜로 값없이 의롭다 하심을 얻은 자 되었느니라(롬 3:24).

우리가 예수님을 믿는 순간, "우리를 대신하여 죄를 삼으신" 예수님의 십자가 죽으심 때문에, 우리의 죄들이 '예수님 안'에서 십자가상의 예수님께 실제적으로 전가(옮겨짐)된다(롬 6:3-5, 10:4, 10:9-10).[60]

이런 분석은 예수님의 완전한 의의 전가의 예표라 할 수 있는 이스라엘 제사법에 적용될 수 있다. 하나님은 제사법을 통해 이스라엘 백성에게 오실 메시아의 완전한 의의 전가를 가르치는 시청각 교재로 사용하신 것이다. 하나님께서는 제사법을 통해 오실 메시아를 통해 이루어질 실제적 구속 역사를 미리 알려 주셨고, 오신 메시아는 그 약속의 말씀에 따라 구속 역사를 이루신 것이다. 하나님의 약속을 따라 이루어진 실제적 구속 사역

---

[59] 앞서 보았듯이, 레위기 16:15-22은 모든 죄인에게 '죄 용서의 속죄'(expiation: 죄 속죄)와 죄에 대한 하나님의 '진노의 속죄'(propitiation: 진노 속죄)가 필요함을 보여 준다. 예수 그리스도께서는 십자가의 죽으심으로 하나님의 진노와 죄에 대한 형벌을 다 담당하신 것이다.

[60] 『칭의 교리』, 107; JFA, 36-39.

을 통해 우리는 하나님의 은혜로 '예수님 안'에서 예수님의 완전한 의의 실제적 전가(옮기심, 여기심)로 의롭다 하심을 받는다.

(2) 실제적 전가

우리가 지금까지 본 바대로, 성령님이 죄인들에게 행하시는 예수님의 완전한 의의 실제적 전가는 예수님의 실제적 구속 역사에 기초한다. 이제 우리는 실제적 전가에 대한 주요 핵심을 간단하게 살펴볼 것이다.

새 언약의 대표자 예수님의 완전한 순종은 죄인들의 칭의를 위한 실제적 전가의 기초다. 전가를 위한 예수님의 십자가 죽으심과 완전한 순종은 예수님의 실제적인 이 땅에서의 삶을 통해 이루어진 것이다. 우리가 예수님을 믿을 때, 예수님의 실제적인 완전한 의가 '예수님 안'에서 우리에게 실제적으로 옮겨진다(전가된다).

따라서 하나님은 아담 언약과 모세 언약의 희생 제물에 대한 믿음도, 예수님의 구속 사역에 대한 실제적 믿음으로 받아들이신다. 성경이 말하는 전가는 가상적이거나 이론적인 것이 아니다. 온 인류의 대표자 아담의 원죄의 전가는 '아담 안'에서 일어나는 실제적 전가이다. 아담은 보통 사람이 아니었기 때문이다. 아담의 원죄의 전가 대상은 온 인류였다. 마찬가지로 믿는 자들의 대표자 예수님의 완전한 의의 전가는 '예수님 안'에서 이루어지는 실제적 전가다. 예수님의 완전한 의의 전가 대상도 가상적인 인물들이 아니라 실제적인 죄인들이다.

영원한 희생 제물이신 예수님께서 오시기까지, 제사법의 희생 제물도 오직 믿음으로 실제적인 죄의 전가의 대상이었다. 그래서 죄에 대해 일시적인 사함을 위한 죄의 전가도 하나님이 인정하시는 살아 있는 실제 희생 제물을 사용했다. 하나님께서는 죄인들의 칭의(의롭다 하심)를 위해 예수님을 실제적으로 준비하셨다.

결국 하나님께서는 새 언약의 중보자 예수 그리스도의 전 생애를 통한 완전한 말씀 순종을 칭의의 근거로 삼으셨다. 예수님께서 친히 온갖 고난을 통과하시면서 완전한 순종으로 획득하신 완전한 의가 우리에게 실제적으로 전가(옮겨짐)되는 것이다.[61]

따라서 '예수님 안'에서 예수님의 완전한 의의 실제적 전가에 대한 중요성은 아무리 강조해도 지나치지 않다. 죄인들의 칭의는 오직 '예수님 안'에서 예수님의 완전한 의가 우리에게 옮겨짐으로 실제적으로 "우리의 것"이 되기 때문이다.[62]

하나님께 받은 칭의의 은혜는 얼마나 큰 축복인가!

> 의로 여기심을 받을 우리도 위함이니 곧 예수 우리 주를 죽은 자 가운데서 살리신 이를 믿는 자니라 예수는 우리 범죄함을 위하여 내어줌이 되고 또한 우리를 의롭다 하심을 위하여 살아나셨느니라 (롬 4:24-25).

하나님은 창세 전에 스스로 세우신 의의 기준에 따라 예수님의 완전한 순종의 실제적 전가를 통해 죄인들인 우리를 실제적으로 의롭다 하신다. 따라서 예수님의 완전한 의의 전가는 실제적 구속 역사적 사건에 근거한

---

61 『조직신학 II』, 226.
62 『조직신학 II』, 224-26; 『칭의 교리』, 125-126. 루터(Luther)도 이에 동의한다. 참고. HJ, 1:198. 앨리스터 맥그래스(Alister E. McGrath)는 전가의 개념에 대해 설명하면서, "우리 소유인 것처럼, 우리 것으로 여겨지는 것처럼 처리되는 것이다. 그러면서도 그 의는 결코 우리 것이 되지 않는다"라고 주장한다. 그러나 맥그래스가 전가에 대해 "우리의 소유인 것처럼"이라 한 것은 적절한 표현이 아니다. 여기서 맥그래스는 루터의 '의로운 죄인'(a just sinner)이란 표현으로 우리의 죄 오염의 문제는 남아 있다고 좀 더 명백히 설명했어야 한다. 『이신칭의』, 84-85.

실제적 전가다. 예수님의 완전한 의의 전가는, 그리스도의 전 생애를 통해 하나님께 인정을 받으신 "완전히 만족스러운 삶의 모든 기록"이, 예수님 안에서 믿는 자에게 옮겨지는 것(전가)이다.[63]

예수님을 믿는 자는 오직 은혜로, 오직 그리스도만으로, 오직 믿음만으로 실제적 전가에 의해 실제적인 의롭다 함을 받는다.[64] 누구든지 예수님을 믿는 순간 '실제적인 의롭다 하심'을 받는 것이다.[65] 그리고 이 예수님 안에서의 전가는 하나님의 말씀의 법에 따른 성령님의 실제적 역사다. 성령님의 역사로 인한 죄인들에의 예수님의 완전한 의의 전가는 하나님의 위대한 은혜의 역사인 것이다.

3) 예수님 안의 전가 (옮겨짐, 여겨짐)

우리는 이제 마지막으로 예수님 안의 전가를 살펴보겠다. 우리는 먼저 연합과 전가에 대해 논의할 때 주의할 점과 그 논의의 중요한 점에 대해 간략하게 논의할 것이다. 그리고 전가의 대표적 단어인 '전가하다'(로기조마이, *logizomai*, λογίζομαι)가 로마서 외에 사용된 경우와 이와 다른 단어로 예수님 안의 전가를 표현한 경우를 간략하게 살펴볼 것이다. 이 논의를 통해 예수님 안의 전가의 중요성을 알기를 원한다.

우선 예수님 안의 전가에 대한 논의 시 주의할 점이 있다. 이 논의의 목적은 하나님이 우리를 의롭다 하시는 절차나 순서를 분석하는 데에 있지

---

[63] CS, 112.
[64] CS, 117.
[65] 의롭다 하심을 받지만, 죄로 오염된 죄 된 본성은 사라진 것이 아니다. 앞으로 '4. 칭의와 하나님 형상의 회복'에서 이를 더 논의할 것이다.

않다. 이 논의에서 우리가 주목해야 할 것은 예수님 안의 전가가 하나님의 말씀에 따른 성령님의 역사라는 것이다.

바울은 예수님 안에서 예수님의 완전한 순종(완전한 의)의 전가가 오직 하나님 은혜의 역사라는 것을 강조한다. 바울에 따르면 하나님의 은혜에 따른 예수님 안의 전가에 의한 칭의는 오직 하나님의 약속과 계획에의 실행이다. 삼위일체 하나님의 약속과 계획이 먼저 있었고 성령님이 하나님의 약속대로 지금도 죄인들의 칭의를 실행하신다.

우리는 예수님 안의 전가에 대해서도 우리가 반드시 기억해야 할 것이 있다. 하나님은 아담을 온 인류의 대표자로 삼으시기 전에, 예수님을 모든 하나님의 자녀들의 대표자로 삼으셨다는 것이다. 우리가 지금까지 본 바대로, 바울은 지금도 하나님께서 변함없이 죄인들을 언약적·법적으로 자녀들로 삼으시고 계시다는 것을 분명하게 말한다.

우리는 예수님 안에서 예수님의 완전한 순종(완전한 의)의 전가(옮겨짐, 여겨짐)는 창세 전에 이루신 삼위일체 하나님의 결정에 따른 성령님의 역사임을 반드시 기억할 필요가 있다.

우리가 예수님 안의 전가에 대한 논의에서 한 가지 더 주목해야 할 것이 있다. 바울은 예수님 안의 전가에 대한 지식만 전달하려는 것이 아니라는 것이다. 바울은 로마서 6:11에서 우리가 이 말씀 지식을 믿음으로 인정하고 하나님 말씀으로 받아들이라고 강조한다.

> 이와 같이 너희도 너희 자신을 죄에 대하여는 죽은 자요 그리스도 예수 안에서 하나님을 대하여는 산 자로 여길찌어다 (롬 6:11).[66]

---

[66] CS, 253.

바울의 말대로, 예수님 안의 예수님의 완전한 의의 전가에 대한 바른 지식의 중요성은 아무리 강조해도 지나치지 않다. 바울은 로마서 6:11에서 이 칭의에 대한 지식을 다른 일반 지식과 똑같이 받아들여서는 안 된다고 강력하게 경고한다.[67] 물론 바울이 네 언약들(아담 언약, 아브라함 언약, 모세 언약, 새 언약)과 '아담 안'과 '예수님 안'의 3가지 실제적 전가(5:12-21)를 소개하는 방법은 그 누구보다도 뛰어나다. 그러나 우리는 바울이 전하는 탁월한 진리·지식에만 감탄해서는 안 된다.

바울이 왜 구약의 언약들과 칭의의 관계를 열정적으로 설명하는지 그 기본적인 이유를 주목해야 한다. 다시 말하면, 바울이 예수님 안의 완전한 순종의 전가로 인한 칭의는 단지 지식만의 문제가 아니라는 것이다. 바울은 특히 하나님의 자녀들이 이 칭의의 지식을 하나님의 말씀으로 받아들이고 인정해야 한다는 것이다.

이 세상에는 이 보다 더 위대한 선물이 없다. 로마서 6:11에서 성경은 이 칭의라는 하나님의 위대한 선물(롬 6:1-10)을 흔쾌히 받아들이라고 강력하게 명한다. 따라서 우리는 예수님 안의 예수님의 완전한 의의 전가에 대해 배워야 하지만, 우리는 거기서 멈춰서는 안 된다.

바울이 말 한대로 우리는 예수님 안의 전가를 하나님의 말씀으로 받아들이고 늘 기억해야만 한다. 우리는 오직 예수님 안에서 죽고 예수님 안에서 다시 산자들이기 때문이다(롬 6:1-10). 우리는 모두 하나님께 예수님 안에서 예수님의 완전한 순종으로 이루신 완전한 의의 선물을 받은 자들이다. 우리는 이것을 절대로 잊어서는 안 된다.

---

[67] 우리가 지금까지 본 바대로 바울은 모세 언약(롬 3:21-31)과 아브라함 언약(로마서 4장)과 아담 언약(5:12-21)을 가지고 '예수님 안'에서 예수님의 완전한 의의 전가(옮겨짐)를 잘 설명한다. 물론 이는 예수님의 완전한 순종으로 말미암은 믿음-의다.

이제 우리는 로마서 4장 이외에 '전가하다'(로기조마이, *logizomai*, λογίζομαι)의 단어를 사용하는 경우를 먼저 보겠다. 이어서 이 단어를 사용하지 않고 예수님 안의 전가를 설명하는 경우를 보겠다. 우리는 그동안 성경이 진리를 설명하기 위해 다양성 속의 통일성(unity in diversity) 원리를 사용한다고 했다. 예수님 안의 전가의 경우도 예외는 아니다. 일례로 우리는 앞서 옷의 비유로 전가를 표현하는 것을 보았다.

흥미로운 것은 바울이 고린도후서 5:19에서 헬라어 동사 '전가하다'를 사용해서 예수님 안에서의 죄의 전가와 하나님과의 화목을 연결해 준다는 사실이다.

> 이는 하나님께서 그리스도 안에 계시사 세상을 자기와 화목하게 하시며 저희의 죄를 저희에게 돌리지 아니하시고 화목하게 하는 말씀을 우리에게 부탁하셨느니라 (고후 5:19).

이 본문에서 "돌리지 아니하고"는 우리가 지금까지 본 '전가하다'라는 헬라어 동사다.[68] 이는 물론 예수님 안에서 우리들의 죄가 예수님께로 옮겨졌다는 뜻이다. 이것은 십자가에서 예수님이 죽음의 고통을 당하실 때, 예수님 안에 있는 믿는 자들이 죄의 형벌을 당한 것으로 보신다는 것이다. 바울은 예수님 안의 죄의 전가를 하나님과의 화목 주제로 이끈다. 그리고 고린도후서 5:19의 '전가하다'라는 단어를 사용하지 않고 예수님 안의 죄와 의의 전가를 설명한 좋은 예는 고린도후서 5:21이다.

---

68 BDAG, 597.

하나님이 죄를 알지도 못하신 자로 우리를 대신하여 죄를 삼으신 것(포이에오: *poieo*, ποιέω)은 우리로 하여금 저의 안에서 하나님의 의가 되게 하려 하심(기노마이, *ginomai*, γίνομαι)이니라(고후 5:21).

이 본문은 우리가 예수님 안에서 하나님의 의가 되게 하셨다고 하면서 이중 전가(죄의 전가와 의의 전가)의 의미를 표현하기 위해 두 단어를 사용했다. 고린도후서 5:21이 다른 단어들을 이렇게 같은 의미로 사용한 사실도 흥미롭다.

바울은 먼저 예수님 안에서 죄의 전가('삼으신 것')를 위해 '하다', '만들다' 라는 헬라어 동사(포이에오, *poieo*, ποιέω)를 사용(고후 5:21)했다.[69] 그리고 예수님의 의의 전가는 [하나님의 의가] '되었다'는 헬라어 동사(기노마이, *ginomai*, γίνομαι)를 사용한다.[70]

고린도후서 5:19-21에서 말하는 이중 전가의 기초도 예수님의 완전한 순종이다. 죄가 없으신 언약적 대표자 예수님의 완전한 순종 때문에 예수님 안에서 죄인들에게 완전한 순종의 전가가 가능해진 것이다. 오직 예수님 안에서만 우리의 죄가 예수님의 죄가 되고 예수님의 의가 우리의 의가 된다. 바울이 말하는 이 예수님 안의 전가에 대한 지식은 우리에게 매우 중요하다.

우리가 지금까지 본 바대로, 하나님의 눈에는 예수님의 완전한 의가 '예수님 안'에서 우리의 완전한 의가 된다. 이것은 성령님이 행하시는 놀랍

---

[69] 여기서 '삼으신 것'(죄의 전가)을 위해 '하다', '만들다' 라는 뜻의 헬라어 동사(do, make: 포이에오: *poieo*, ποιέω)를 사용했다. BDAG, 839-840.

[70] 여기서 예수님의 의의 전가를 위해 '되었다'는 헬라어 동사(become; 기노마이, *ginomai*, γίνομαι)를 사용한다. EDNT, 1:247.

고 기이한 은혜의 역사다. 성령님의 역사로 예수님이 우리를 위해 행하신 모든 구속 사역이 우리 의로움의 근거가 된다. 이런 이유에서 바울은 이 예수님 안의 전가에 대한 지식의 중요성을 아는 자들에게 주 안에서 자랑하라고 말한다(고전 1:30-31). 즉 우리가 이 땅에서 살면서 늘 자랑할 것은 오직 하나님의 은혜로 주신 예수님 안의 전가로 인한 칭의의 선물인 것이다(롬 5:15-17; 엡 2:8-9, 3:7, 4:7-8; 약 1:17). 그렇다. 예수님 안의 우리의 칭의는 가장 큰 자랑거리다(고전 1:30-31).[71]

> 너희는 하나님께로부터 나서 그리스도 예수 안에 있고 예수는 하나님께로서 나와서 우리에게 지혜와 의로움과 거룩함과 구속함이 되셨으니 기록된 바 자랑하는 자는 주 안에서 자랑하라 함과 같게 하려 함이니라(고전 1:30-31).

4) 결론

성경에서 칭의에 대한 하나님의 계획과 실행을 밝히는 방식은 참으로 놀랍고 기이하다. 하나님은 이미 인간들을 창조하시기 전에 예수님 안에서 우리를 위해 이 놀랍고 기이한 계획을 세우셨다(엡 1:4). 더 놀라운 것은 하나님은 자신의 계획대로 예수님을 보내셨고 죄인들의 칭의를 위한 약속을 그대로 실행하셨다는 것이다. 즉, 하나님은 우리의 상상을 초월한 지혜로 이것을 미리 계획하셨고, 또 그 계획하신 대로 실행하신 만큼 충분한

---

71 칼빈은 고린도전서 1:30을 예수 그리스도의 순종과 의의 전가(옮겨짐)와 연결한다. "바울은 이를 그리스도의 죽음으로 우리의 죄들을 속죄하시고, 그의 순종이 우리에게 의로 전가(옮겨짐)되게 하셨기 때문에 이 하나님의 계산에 의해 우리를 받아들이신다는 것을 의미한다." CEC, 93. "우리는 그리스도의 순종으로 의롭게 되었다"(롬 5:19). CER, 212.

능력이 있으시다는 것을 증명하셨다. 성경은 이렇게 우리에게 진리를 설명하기 위해 우리의 지혜와 능력을 초월한 하나님의 일하시는 방식을 자주 설명한다. 따라서 성경이 밝히는 이 죄인들의 칭의가 중요한 것은 하나님의 지혜와 능력과 은혜와 사랑과 선물을 반영하기 때문이기도 하다.

이런 이유에서 성령님이 예수님 안에서 이루시는 예수님의 완전한 의(義)의 전가(언약적·법적·실제적 전가)는 하나님의 위대한 선물이다.[72] 이 위대한 선물인 완전한 의의 전가는 하나님의 법적 선언 후에 우리의 것이 된다. 이 예수님 안의 전가는 오직 성령님만 하실 수 있다.

성령님께서는 예수님의 완전한 의를 가지고 예수님 안에서 우리가 의롭다고 선언하시는 것이다. 이 선언은 영원한 효력이 있는 법적 선언이다. 성령님께서 우리가 영원히 하나님 나라의 시민이 되었음을 선언하시는 것이다. 그래서 예수님을 믿을 때, 성령님께서 우리를 '의롭다'라고 선포하시는 순간은 하나님과 자녀로서 영원한 관계가 시작되는 순간으로 우리 일생에 가장 놀랍고 위대한 사건인 것이다.

하나님께서는 그 크신 사랑을 예수님의 완전한 의의 전가라는 위대한 선물에 담아서 우리에게 주셨다. 하나님께서 우리에게 성경을 주신 것도 이 위대한 선물을 알려 주시기 위해서다. 하나님께서는 이 선물을 받은 자녀들이 하나님 사랑의 깊이를 알기 원하신다. 하나님께서는 우리가 하나님께서 이 의의 선물을 준비하시기 위해 얼마나 어렵고 고통스러운 시간을 보내셨나를 알기를 원하신다.

우리가 예수님께서 얼마나 엄청난 희생을 통해 이 일을 이루셨나를 깨닫기를 간절히 원하신다. 예수님께서 주시는 완전한 의의 선물은 값싼 선

---

[72] CEC, 93; CER, 212.

물이 아니기 때문이다. 모든 것을 다 버리시고 우리를 위해 온갖 고통과 굴욕을 당하시고 엄청난 희생을 통해 주신 선물이다.[73]

이 선물은 예수님께서 율법의 모든 요구와 자신에 대한 모든 말씀을 다 이루시고 얻으신 '완전한 의'의 선물이다(롬 5:15-17).[74] 성경은 이 위대한 선물이 어떻게 탄생했는지 그 엄청난 사실을 우리에게 전달한다.

따라서 하나님은 우리가 이 땅에 살면서 이 완전한 의의 선물로 예수님 안에서 늘 기뻐하고 감사하며 살기를 원하신다. 더 이상 세상 지식이나 헛된 철학에 억눌려 살지 말고, 어둠의 나라에서 벗어나기를 원하신다. 하나님께서는 우리가 이 위대한 선물을 가지고 늘 빛의 나라인 하나님 나라에 거하기를 원하시는 것이다.

이것이 바울이 예수님 안에서 예수님만 자랑하라고 확신에 찬 말을 한 이유다(고전 1:30-31). 바울이 우리에게 항상 예수님 안에서 기뻐하고 쉬지 말고 범사에 감사하라고 소리쳐 외친 이유인 것이다(빌 4:4; 살전 5:16-18).

> 주 안에서 항상 기뻐하라 내가 다시 말하노니 기뻐하라(빌 4:4)
>
> 항상 기뻐하라 쉬지 말고 기도하라 범사에 감사하라 이는 그리스도 예수 안에서 너희를 향하신 하나님의 뜻이니라(살전 5:16-18).

이 위대한 선물을 가진 하나님의 자녀 된 우리는 이제 스스로 질문해 봐야 한다.

---

[73] *Institutes*, 2.16.5, 509. "이는 무죄 방면으로, 죄책으로 인한 형벌이 하나님의 아들의 머리로 옮겨지는 것이다." Ibid., 509-510. "죄의 저주가 그리스도의 육신에 옮겨졌을 때 성부 하나님께서 죄의 힘을 파괴하셨다"(롬 8:3). *Institutes*, 2.16.6, 510.

[74] ORF, 452-453, 448. 칼빈의 『기독교 강요』도 "순종으로 하나님의 심판을 만족시켜 드려야 한다"고 바르게 주장한다. *Institutes*, 2.12.3. 참고. 『칭의 교리』, 126-129.

'어떻게 살아야 할까?'

우리는 살아 계신 하나님께서 주신 이 생명의 지식을 믿음으로 살아야 한다. 우리가 세상에서 항상 넉넉히 이기게 하는 이 사랑의 지식에 대한 우리의 믿음을 하나님께 보여 드려야 한다. 이 죄인들의 칭의에 대한 지식은 세상을 이기게 하는 지식이기 때문이다. 이는 세상에서 주는 어떤 지식과도 도저히 비교할 수 없다.

이 믿음으로 사는 하나님의 자녀들은 예수님(성령님) 안에서 말씀대로 보고, 듣고, 말하고, 생각하고 살아야만 한다. 예수님 안에 의인 된 자들은 자신들이 하나님께 믿음을 보일 때마다 하나님이 매우 기뻐하시는 것을 잘 알기 때문이다(롬 1:17, 8:37; 요일 5:3-4).

> 복음에는 하나님의 의가 나타나서 믿음으로 믿음에 이르게 하나니 기록된 바 오직 의인은 믿음으로 말미암아 살리라 함과 같으니라(롬 1:17).
>
> 대저 하나님께로서 난 자마다 세상을 이기느니라 세상을 이긴 이김은 이것이니 우리의 믿음이니라(요일 5:4).

> 예수님(성령님) 안에서 말씀으로 보고, 듣고, 말하고, 생각하고 살라!

3. 칭의(의롭다 하심)의 믿음(이신칭의)

종교개혁 이후로 칭의의 믿음(a justifying faith)은 이신칭의(오직 믿음으로만 의롭다 하심을 얻는 것: justification by faith alone)로 알려져 왔다(롬 3:28, 3:30, 5:1; 갈 2:16, 3:24). 그동안 이 이신칭의 쟁점의 핵심은 죄인들의 칭의(의롭다 하심)에 믿음의 역할에 대한 것이다. 즉, 인간의 공로에 의해 의롭다 하심을 받느냐는 것이다.

우리는 지금까지 완전한 순종과 연합과 전가를 논의하면서 죄인들의 칭의의 시작과 끝은 다 하나님께 달렸다는 것을 보았다.

그렇다면 이신칭의의 믿음은 무엇인가?

이 의미를 좀 더 분명히 하기 위해 우리는 우선 믿음의 정의를 살펴볼 필요가 있다. 우리는 이 믿음의 정의를 제3권 제1장에서 더 분명하게 할 것이다.[75]

> 믿음은 오직 예수 그리스도만 신뢰하며 하나님 명령의 말씀에 순종하는 것이다.

이 믿음의 정의는 칭의의 믿음(a justifying faith)과 성화의 믿음(a sanctifying faith)을 다 포함한 것이다.[76]

이 믿음의 정의에서 칭의의 위치는 무엇인가?

---

[75] 이 믿음의 정의는 저자의 정의다. 이를 위해 제3권 제1장 '2. 믿음' 부분을 참조하라.

[76] 우리는 성화의 믿음에 대한 부분은 3권 『믿음의 나라』에서 더 다룰 것이다. 『칭의』, 153, 155, 184. 칼빈은 『기독교 강요』에서 말씀에 기반한 하나님에 대한 지식과 그리스도에 대한 믿음의 지식을 강조한다. *Institutes*, 3.2.3, 3.2.6, 3.2.8. 참고. ORF, 474-75.

이제 우리는 이를 위해 오직 은혜로만(*sola gratia*), 오직 믿음으로만(*sola fide*)의 칭의(의롭다 하심)에 대해 살펴보도록 하겠다.

1) 오직 은혜로만(*sola gratia*), 오직 믿음으로만(*sola fide*)의 칭의

우리는 먼저 '오직 믿음으로만 의롭다 하심을 얻는 것'이 우리 믿음 때문이라는 주장이 왜 터무니없는가를 아주 간략하게 보겠다. 우선 이 인간 공로주의적 주장을 비유로 살펴보도록 하겠다.

한 사람이 죽다가 살아나 33년간 목숨을 다해 아름다운 집을 지었다. 그 건축자가 나에게 이 집을 아무 조건 없이 선물로 준다고 했을 때, 내가 그 선물을 보고 그를 믿고 '받겠다'고 했다고 가정하자.

내가 그 건물을 받겠다는 '고백의 공로 때문에' 그 아름다운 집을 주었다는 것이 과연 타당한가?

하나님께서 오랜 세월 계획하시고, 열심히 일하셔서 예수님의 완전한 순종(완전한 의)이라는 선물을 주시는 것도 이와 다르지 않다. 하나님께서 칭의의 선물을 주시는데 우리가 이 선물을 "받겠습니다"라고 고백한 것 때문에 하나님이 의롭다 하신다는 주장은 너무도 터무니없다. 이렇게 칭의에서 믿음의 고백을 행위 공로로 뒤바꾸어 놓은 신학자들은 '믿음으로 의롭다 하심'이 주는 메시지의 핵심을 잘못 파악한 것이다.

그렇다면 칭의의 믿음(a justifying faith)은 어떻게 발생하나?

예수님을 믿고 의롭게 하는 믿음(a justifying faith)의 기준은 무엇인가?

우리는 지금까지 죄인들의 칭의는 시작부터 그 완성까지 하나님의 전적 은혜의 역사임을 보았다(갈 3:5-6; 롬 3:27; 빌 3:9).

너희에게 성령을 주시고 너희 가운데서 능력을 행하시는 이의 일이 율법의 행위에서냐 듣고 믿음에서냐 아브라함이 하나님을 믿으매 이것을 그에게 의로 정하셨다 함과 같으니라(갈 3:5-6).

이제 우리는 '칭의에서 믿음은 어떻게 발생하나?'를 논의하기 위해 하나님의 주권적 역사를 먼저 살펴볼 필요가 있다.

칭의의 믿음에서 하나님의 역할은 무엇인가?

성경은 칭의의 믿음도 성령님께서 죄인들의 '굳은 마음'의 문을 두드리실 때 일어난다고 말한다. 즉, 우리 안에 칭의의 믿음을 시작하시는 분은 성령님이시다. 이 믿음은 하나님께서 죄인들의 하나님을 향해 굳어진 마음에 부드러운 마음을 주시면서 일어난다(겔 11:19, 36:26-27; 고전 2:9; 고후 1:22; 엡 1:15-19, 2:8-9; 골 1:21; 계 3:20). 에스겔 36:26-27은 이렇게 말한다.

> 또 새 영을 너희 속에 두고 새 마음을 너희에게 주되 너희 육신에서 굳은 마음을 제하고 부드러운 마음을 줄 것이며 또 내 신을 너희 속에 두어 너희로 내 율례를 행하게 하리니 너희가 내 규례를 지켜 행할지라(겔 36:26-27).

이 본문은 구원의 역사가 우리 마음에서 일어난다고 말한다. 칭의에 대한 믿음도 성령님의 역사를 통해서 일어난다. 성령님은 구원의 역사를 위해 죄인들의 굳은 마음을 여시고 예수님에 대한 믿음을 부어 주신다.[77] 따

---

[77] 종교개혁자들 중에 루터는 '참 믿음'(true faith)의 세 가지 특징을 말한다. 지식(knowledge: *notitia*), 동의(assent: *assensus*)와 신뢰(trust: *fiducia*). JFA, 48-50; DLGT, 115-16. 루터에게 믿음은 추상적 개념이 아니라 "신약이 말하는 믿음"의 범주가 있다는 것을 전제로 한다. JFA, 48. 칼빈도 믿음이 성령님의 중요한 역사라고 하면서, 믿음 지식의 중요성을 강조한다. *Institutes*, 3.2.2. 아래 본문은 저자의 번역이다(강조는

라서 칭의를 위한 믿음도 구원을 위한 믿음과 다르지 않다. 성령님이 칭의에 대한 믿음의 선물도 주시는 것이다(엡 2:8-9).

> 너희가 그 은혜를 인하여 믿음으로 말미암아 구원을 얻었나니 이것이 너희에게서 난 것이 아니요 하나님의 선물이라 행위에서 난 것이 아니니 이는 누구든지 자랑치 못하게 함이니라(엡 2:8-9).

(1) 칭의의 믿음

그렇다면 칭의의 믿음에서 우리의 역할은 무엇인가?

우리의 믿음 때문에 칭의가 이루어질 수 있는가?

바울은 로마서 1장-6장에서 "주 예수님을 믿습니다!"라는 고백이 무슨 뜻인지 잘 설명한다. 달리 말하면, 바울은 하나님이 우리의 고백을 어떻게 받아 들이시나를 분명하게 설명해 준다. 일례로 칭의의 믿음의 고백과 관련해서 로마서 3:21-22을 보자. 여기서 바울은 하나님의 한 의가 나타난다고 말함으로 그 설명을 시작한다. 이 하나님의 한 의는 예수님의 완전한 의를 뜻한다(참고. 벧후 1:1).

첨가).

"**믿음**은 무지를 의지하는 것이 아니라 지식을 의지한다. 물론 이 지식은 하나님에 대한 지식만 아니라 하나님의 뜻에 대한 지식이다. 우리가 교회가 규정한 것이 무엇이든 그것을 참으로 받아들일 준비가 돼서 구원에 이르는 것이 아니다."

종교개혁자들의 주장은 충분한 믿음의 지식이 있고 이에 따르는 믿음의 고백이 있어야 구원을 받고 영생에 이르고 '의롭다 하심을 받는다'는 의미가 아니다. 오히려 이 "하나님의 은혜와 예수 그리스도 안에 구속"에 기초한 칭의에 대한 믿음의 지식은 신자들에게 "풍성한 위로"를 준다는 뜻으로 봐야 한다. 신자들은 이 믿음의 지식에 대한 유익의 풍성함으로 인해 점점 더 믿음의 성장이 있어야 한다는 뜻이다. ORF, 465-466.

이제는 율법 외에 하나님의 한 의가 나타났으니 율법과 선지자들에게 증거를 받은 것이라 곧 예수 그리스도를 믿음으로 말미암아 모든 믿는 자에게 미치는 하나님의 의니 차별이 없느니라 (롬 3:21-22).

이 본문의 의미는 로마서 1:17과 에베소서 2:8-9과 함께 같이 해석해야 이해하기 좋다. 이 본문들(롬 1:17과 엡 2:8-9)은 성령님이 우리에게 먼저 예수님에 대한 믿음을 선물로 주신다고 말한다. 따라서 바울이 말하는 믿음에서 난 의(롬 3:21-22)는 바로 성령님의 역사다(롬 9:30, 10:4). 즉, 하나님은 예수님의 완전한 순종(완전한 의)에 근거해 성령님이 주신 예수님을 믿는 믿음으로 우리를 의롭다 하신다는 뜻이다. 로마서 10:4은 궁극적으로 우리가 예수님을 믿을 때, 이 예수님의 완전한 의가 주어진다고 말한다. 이것이 예수님을 믿는 "믿음에서 난 의"(롬 9:30)다.

그런즉 우리가 무슨 말 하리요 의를 좇지 아니한 이방인들이 의를 얻었으니 곧 믿음에서 난 의요 (롬 9:30).

그리스도는 모든 믿는 자에게 의를 이루기 위하여 율법의 마침이 되시니라 (롬 10:4).

로마서 10:9-10은 우리가 "주 예수님을 믿습니다"라고 믿음의 고백을 할 때, 우리가 "마음으로 믿어 의에 이른다"고 말한다. 여기서 우리는 이런 본문들(롬 3:21-22, 9:30, 10:4, 10:9-10)이 칭의의 믿음(a justifying faith)에 대한 인간의 책임성에 대해서도 말한다는 것도 주목할 필요가 있다(롬 3:21-26, 4:13; 요일 1:9-10; 행 16:31; 요 3:16). 하지만 이런 본문들은 하나님의 주권적 은혜의 역사가 먼저 선행하고 이어서 인간적 책임성인 믿음의 반응이 따른다고 말한다. 즉, 우리가 믿을 때 '의롭다' 하시고 구원 역사를 시작하신 성령님은 끝까지 그 책임을 지신다(롬 10:9-10; 빌 1:6).

> 네가 만일 네 입으로 예수를 주로 시인하며 또 하나님께서 그를 죽은 자 가운데서 살리신 것을 네 마음에 믿으면 구원을 얻으리니 사람이 마음으로 믿어 의에 이르고 입으로 시인하여 구원에 이르느니라(롬 10:9-10).
>
> 너희 속에 착한 일을 시작하신 이가 그리스도 예수의 날까지 이루실 줄을 우리가 확신하노라(빌 1:6).

(2) 칭의 믿음의 기준

이제 우리는 이 칭의의 믿음에 대한 기준이 무엇인가도 한번 간략하게 살펴볼 필요가 있다. 우리는 1권 『언약의 나라』에서 모든 영역의 진리 판단의 기준은 하나님의 말씀이라고 했다. 칭의에 대한 믿음의 기준도 이와 다르지 않다. 왜냐하면 예수님의 완전한 의의 성취도 하나님의 법인 말씀에 따라 이루어졌기 때문이다. 즉, 칭의의 믿음도 하나님의 은혜에 따른 믿음의 법(롬 3:27)이 그 기초다.

믿음으로 의롭다 하심(칭의의 믿음)은 미리 정하신 하나님 은혜의 법에 따른 것이다(롬 3:28, 3:30, 5:1; 갈 2:16, 3:24). 하나님의 언약의 말씀에 따라 예수님은 완전한 순종(완전한 의)을 이루셨고, 그에 따라 불의한 죄인들은 오직 은혜로만 오직 믿음으로만 의롭다 하심을 받는다.

성경은 의로우신 하나님의 의와 은혜의 법이 칭의의 기준임을 증명한다. 이 이신칭의의 법은 아브라함, 이스라엘 백성과 이방인들과 모든 죄인에게 동일하게 적용되는 하나님의 영원한 법이다(롬 8:1-2; 갈 3:8-9, 14). 따라서 죄인들의 칭의가 이루어질 수 있는 근거는 미리 정하신 하나님의 약속에 따른 것이다(갈 3:16, 18, 19, 21, 29). 즉, 죄인들의 칭의는 이 구속 언약으로 미리 정하신 하나님 은혜의 법을 따른 것이다.[78]

> 또 하나님이 이방을 믿음으로 말미암아 의로 정하실 것을 성경이 미리 알고 먼저 아브라함에게 복음을 전하되 모든 이방이 너를 인하여 복을 받으리라 하였으니 그러므로 믿음으로 말미암은 자는 믿음이 있는 아브라함과 함께 복을 받느니라(갈 3:8-9).

따라서 칭의에 대한 믿음의 기준인 하나님 은혜의 법은 인간의 어떤 믿음 행위보다도 앞선다. 이 하나님의 법에 따른 성령님의 역사도 우리의 믿음 고백보다 앞서 선행한다(롬 5:1-2, 10:8; 갈 3:2, 3, 5, 14; 엡 2:5-10).[79]

이런 면에서 앞서 본 구원하는 믿음(a saving faith)과 칭의의 믿음(a justifying faith)이 서로 다르지 않은 것이다(엡 2:5-10). 구원도 영생도 의롭다 하심도 하나님 은혜의 법에 따른 은혜의 선물이다(요 4:10, 행 2:38, 행 8:20, 행 11:7, 롬 5:15, 롬 5:16, 롬 5:17, 고전 15:10, 엡 2:8, 엡 3:7, 엡 4:7, 엡 4:8, 빌 4:19).[80]

성령님께서는 믿음의 법인 하나님의 말씀을 따라 우리에게 "믿음의 눈"(갈 3:2, 3, 5, 14)을 주셔서 이 칭의의 선물을 보게 하신다. 성령님께서는 우리가 예수님이 이루신 모든 구속 사역의 유익들이라는 "사실"(reality)을 보게 하시는 것이다.[81] 그러나 성령님의 역사는 이 선물만 보게 하는 것이 끝이 아니다. 우리에게 고난이 오거나 시험이 올 때도 믿음의 법인 하나님

---

[78] 갈라디아서 3장은 아브라함과 이방인들을 같이 취급하면서 율법 행위의 의와 복음 믿음의 의를 대조 설명한다. 갈라디아서 3장은 믿음-의가 하나님의 전적 은혜의 역사임을 강조한다.

[79] 루터는 믿음은 "하나님의 은혜를 인정하는 것이다"라고 말한다. CS, 264.

[80] RD, 3:485.

[81] 바빙크는 예수님의 구속 사역을 "사실"(reality)라 부른다. ORF, 459.

의 말씀에 우리 시선이 고정되게 도와주신다. 성령님께서는 계속해서 말씀을 통해 주님의 완전한 순종(the perfect obedience: 완전한 의)에 담겨 있는 하나님의 크신 사랑의 힘을 공급해 주시는 것이다.[82]

하나님 말씀에 기초한 칭의에 대한 믿음 지식이 우리에게 너무도 소중한 이유다. 칭의의 믿음(a justifying faith)에 대한 바른 말씀의 지식이 없으면 하나님에 대한 바른 믿음도 가질 수 없기 때문이다.[83] 결과적으로 구원의 믿음과 칭의의 믿음은 다 성령님의 역사를 통한 하나님 은혜의 선물이다(갈 3:18, 22).

정리해서 요약하면, 하나님은 다른 모든 진리 판단의 기준처럼 '의롭다 하심의 기준'과 칭의의 믿음의 기준도 세우셨다. 성령님께서는 말씀에 따라 우리 안에서 역사하셔서 칭의의 믿음을 선물로 주신다. 그러나 칭의의 믿음은 하나님의 주권적 은혜의 역사와 인간의 믿음 반응이 다 함께 우리 안에서 동시에 이루어질 때 일어나는 성령님의 역사(롬 1:17)라는 것도 기억할 필요가 있다.

물론 우리가 지금까지 본 바대로 성령님께서 구원하시는 은혜(a saving grace)에 이어 계속해서 성화케 하시는 은혜(a sanctifying grace)을 주셔서 구원을 완성하기까지 역사하신다(롬 1:17; 빌 1:6). 성령님께서는 우리 안에서 역사하셔서 칭의의 믿음과 성화의 믿음도 주신다. 달리 말하면 성령님께서는 칭의의 믿음을 주신 목적을 이루시기 위해 우리가 예수님을 믿은 후에도 계속 믿음으로 살아갈 수 있도록 도우신다. 성령님께서는 우리가 칭의의 믿음을 가지고 하나님 말씀을 계속 순종할 때, 우리가 말씀으로 죄의

---

[82] ORF, 472-73.
[83] 『조직신학 II』, 226-233.

힘을 이기게 하시고, 우리가 말씀으로 고난도 이기게 하신다.[84] 모든 그리스도인들은 '예수님 안'에서 하나님의 말씀으로 보고, 듣고, 말하고, 생각하고 사는 권리와 의무와 책임이 있다.

따라서 죄인들의 칭의는 오직 은혜로만(sola gratia), 오직 성경으로만(sola Scriptura), 오직 그리스도로만 (solus Christus), 오직 성령님으로만 (solus Spiritus Sanctus), 오직 예수님 안에서만, 오직 그리스도를 믿음으로만 (sola fide) 받는다. 하나님의 은혜가 아니면 그 누구도 의롭다 하심을 받을 수 없다.

2) 언약적·법적 칭의의 믿음

이제 칭의의 믿음(a justifying faith)에서 언약적·법적 요소를 살펴볼 것이다. 이는 칭의의 믿음에서 언약적·법적 기준이 있는가를 살펴보는 것이기도 하다. 우리가 사는 이 시대는 도덕적 기준과 법적 기준이 점점 사라져 가는 시대다. 삶에서 옳고 그름의 기준도 사라져 간다.

그러나 칭의의 믿음은 성경의 기초가 있다. 예수님의 완전한 순종이 언약의 말씀에 기초했기 때문에 의롭다 하시는 믿음(a justifying faith)도 언약의 말씀에 기초한다.[85] 앞서 제1권 제2장에서 보았듯이 하나님의 언약은 하나님 나라의 법적 구조를 담고 있다. 이에 따라 우리가 칭의의 믿음에 대한 언약적·법적 요소를 논의하는 데도 역시 바울의 말을 주목할 필요가 있다. 사실 바울은 언약과 율법에 능통한 철저한 율법주의자였고 칭의론에서도 예수님은 언약적 믿음의 기초가 되심을 확실히 증명한 인물이기

---

[84] 참고. ORF, 475-513.
[85] 참고. TCR, 177.

때문이다.[86]

그러나 회심 전 바울은 칭의의 믿음에 대해 잘못 알고 있었다. 바울은 모세 언약의 율법이 하나님과 이스라엘 간의 언약이요 축복의 약속인 줄로만 알았던 사람이다.

> 내가 8일 만에 할례를 받고, 이스라엘의 족속이요, 베냐민의 지파요, 히브리인 중의 히브리인이요, 율법으로는 바리새인이요(빌 3:5).

이 바울에게 다메섹 도상에서 부활하신 예수님과의 만남은 충격적인 회심 사건으로 잘 알려져 있다. 이 회심 사건(행 9:1-18)은 바울에게 언약과 율법을 재조명하는 계기가 된다(갈 1:11-24). 그리고 그 결과로 율법을 주신 하나님의 뜻을 이해하게 되고 이전에 지녔던 바울의 율법신학을 은혜신학으로 바꾸어 버리게 된다.[87]

이 바울의 깨달음은 그의 서신서들에서 복음을 언약적·법적 칭의의 믿음으로 재해석하는 것으로 다시 나타난다. 그는 우리에게 칭의를 통해 인간의 구원을 계획하신 하나님의 언약적 섭리를 볼 수 있게 도와준다. 바울은 로마서 3:26-27에서 칭의의 믿음에는 언약적·법적 믿음의 요소가 있다고 말한다.

---

[86] "나는 유대인으로 길리기아 다소에서 났고 이 성에서 자라 가말리엘의 문하에서 우리 조상들의 율법의 엄한 교육을 받았고 오늘 너희 모든 사람처럼 하나님께 대하여 열심하는 자라, 내가 이 도를 핍박하여 사람을 죽이기까지 하고 남녀를 옥에 넘겼노니"(행 22:3-4).

[87] POHT, 135-143.

곧 이 때에 자기의 의로우심을 나타내사 자기도 의로우시며 또한 예수 믿는 자를 의롭다 하려 하심이니 그런즉 자랑할 데가 어디뇨 있을 수가 없느니라 무슨 법으로냐 행위로냐 아니라 오직 믿음의 법으로니라(롬 3:26-27).

구약에서는 바울의 언약적·법적 칭의의 믿음을 찾아보기 힘들다. 헬라어 구약성경인 70인역(LXX)에서는 믿음의 헬라어 명사형(faith: 피스티스, pistis, πίστις)이 하나님의 의의 개념과는 관계없이 거의 '신실함'(faithfulness)과 연관되어 사용되었기 때문이다.[88] 이 70인역(LXX)을 보면, 이신칭의(오직 믿음으로만의 칭의)의 믿음은 바울이 로마서 1:17에서 인용한 하박국 2:4밖에 없다.[89] 이와 같이 구약에서는 바울의 언약적·법적 칭의의 믿음을 뜻하는 단어를 찾아보기 힘들다. 하박국 2:4은 의인에 대해 이렇게 말한다.

---

[88] 70인역(LXX)에서는 두 히브리어(① 믿음, 신실함, faith, faithfulness: 에무나, emunah, אֱמוּנָה; ② 신실함, 견고함, faithfulness, firmness: 에메트, emet, אֱמֶת)를 헬라어 명사형 "믿음"(pistis, πίστις)으로 번역했다. 그러나 이 단어들은 주로 하나님의 의의 관계보다 신실함이나 인간관계의 믿음으로 사용되었다. BDB, 53-54; TWOT, 1:51-53; JSOT; Aaron C. Fenlason, "Belief," ed. Douglas Mangumetal., *Lexham Theological Wordbook, Lexham Bible Reference Series* (Bellingham, WA: Lexham Press, 2014); Johan Lust, Erik Eynikel, and Katrin Hauspie, *A Greek-English Lexicon of the Septuagint: Revised Edition* (Deutsche Bibelgesellschaft: Stuttgart, 2003). 앞서 본서 제2장 처음 부분에서 보았듯이, 라이트(.N. T. Wright)처럼 '하나님의 의'를 "하나님의 언약에 대한 신실함"으로 잘못 정의해서도 안 된다. 구약에서 이 둘은 서로 동의어가 될 수 없다. 『바울의 복음을 말하다』, 160, 175-185, 207-208;『칭의를 말하다』, 220-226, 238-241, 267-273.

[89] 70인역에서는 오직 하박국 2:4의 히브리어(אֱמוּנָה[에무나, emunah: 믿음, 신실함])만 하나님의 의와 관계된 헬라어 명사형 "믿음"(피스티스, pistis, πίστις)으로 번역되었다. JSOT; JSNT. 한국어 구약성경에서도 "믿음"으로 번역된 곳은 하박국 2:4이 유일하다. 신약에서 하박국 2:4을 인용한 곳들에서도 헬라어 명사형 "믿음"(πίστις)을 사용했다(롬 1:17; 갈 3:11; 히 10:38).

> 보라 그의 마음은 교만하며 그의 속에서 정직하지 못하니라 그러나 의인은 믿음으로 말미암아 살리라(합 2:4).

이 본문을 보면 언약적·법적 칭의의 믿음은 예수님을 중심으로 신약에서 찾아야 함을 알 수 있다. 구약에서 말하는 하나님의 구원하시는 의는 예수님에게서 완성되고 성취되었기 때문이다. 즉, 구약의 구원하시는 의는 신약에 나타난 예수님의 완전한 의의 개념으로 재해석할 수 있다.

우리가 앞서 본 것처럼 신약에서 칭의의 믿음에 대해 가장 중요한 대표적인 장들도 로마서 4장과 히브리서 11장이다. 우리는 이미 앞서 칭의와 전가에 대해 로마서 4장과 히브리서 11장을 많이 논의했다.[90] 따라서 여기서는 칭의의 믿음을 좀 더 분명히 이해하기 위해 믿음을 중심으로 이 두 장을 간략하게 살펴볼 것이다.

(1) 로마서 4장

로마서에서는 칭의에서의 믿음의 역할을 어떻게 보고 있나?[91]

앞서 본 것처럼, 죄인들의 칭의가 하나님 은혜의 역사인 것을 가장 잘 증명하는 곳은 로마서다. 먼저 로마서 3장은 하나님의 의의 관점에서 모세 율법으로 언약적·법적 칭의의 믿음을 설명한다. 이에 따라 로마서 3:21-22은 예수님의 완전한 의에 기초한 언약적·법적 칭의의 믿음을 강조한다(롬 3:21-22).

---

[90] 앞서 본 '2) 넓은 의미의 완전한 순종'에서 '④ 아브라함 언약과 은혜로만의 완전한 순종'을 참조하라.

[91] 앞서 본 '④ 아브라함 언약과 은혜로만의 완전한 순종'을 참조하라.

이제는 율법 외에 하나님의 한 의가 나타났으니 율법과 선지자들에게 증거를 받은 것이라 곧 예수 그리스도를 믿음으로 말미암아 모든 믿는 자에게 미치는 하나님의 의니 차별이 없느니라(롬 3:21-22).

로마서 4장은 아브라함 언약을 사용해 하나님의 은혜만 아니라 언약적 칭의의 믿음을 잘 정의해 준다. 연합과 전가의 언약적·법적 개념으로 칭의를 가장 잘 설명하는 곳도 로마서 4장이다. 우리는 로마서 4장이 아브라함의 믿음을 언약적·법적 칭의의 믿음으로 소개한다는 것을 주목할 필요가 있다. 로마서 4장은 우선 '전가하다'라는 단어를 사용해 오직 은혜로만의 칭의를 증명한다.[92]

바울은 은혜로만의 칭의를 증명하기 위해 아브라함 언약으로 칭의의 믿음과 전가(옮겨짐, 여겨짐)를 같이 한 선상에 놓고 있다. 즉, 바울은 칭의를 위한 믿음과 전가를 전혀 분리하고 있지 않다. 오히려 바울은 칭의를 설명하면서 믿음과 전가를 같이 사용한다.

이런 이유에서 로마서 4장은 오직 믿음으로만의 칭의와 전가(옮겨짐, 여겨짐)를 증명하기 위해 헬라어 명사형 '믿음'(faith: 피스티스, *pistis*, πίστις--10번)과 헬라어 동사 '전가하다'(11번)를 사용한다.[93] 바울이 로마서 4:3에서 이신칭의를 설명할 때 헬라어 동사형 '믿다'(believe: 피스튜오, *pisteuo*,

---

[92] 앞서 보았듯이, 로마서 4장은 '전가하다'(옮겨지다, 여겨지다: *logizomai*, λογίζομαι)를 11번 사용했다. 신약에서 헬라어 명사형 믿음(faith: 피스티스, *pistis*, πίστις)은 바울 서신서들에서 141번 등장한다. 앞의 '2. 예수님의 완전한 의의 전가'에서 '1) 언약적·법적 전가'를 참조하라.

[93] 신약에서 믿음(faith: 피스티스, *pistis*, πίστις)의 헬라어 명사형이 제일 많이 발견되는 장은 히브리서 11장(23번)이다. BDAG, 818-820; JSNT.

πιστεύω)를 사용하면서 창세기 15:6을 인용한 것은 유명하다.[94] 로마서 4:3에서 성경은 칭의에서 믿음과 전가(옮겨짐, 여겨짐)의 관계를 이렇게 말한다.

> 성경이 무엇을 말하느뇨 아브라함이 하나님을 믿으매 이것이 저에게 의로 여기신 바 되었느니라(롬 4:3).

이 본문은 아브라함이 "하나님을 믿으매 이것이 의로 여기신 바 되었다"라고 말한다. 이는 아브라함이 '믿음으로 의롭다 하심을 받았다'라는 뜻이다. 논리적인 순서는 믿음이 전가(옮겨짐, 여기심)을 선행하는 것 같이 보인다. 그러나 앞서 살펴본 바대로, 이는 사실 '오직 하나님의 은혜로 아브라함의 믿음을 의롭다 하셨다'라는 뜻이다. 칭의에서는 하나님 은혜의 역사가 선행한다.

로마서 4:3은 로마교회 교인들에게도 꽤 충격적인 선언이었을 것으로 짐작이 된다. 바울이 아브라함 언약에 대한 믿음과 메시아 예수님에 대한 믿음을 연결했기 때문이다(롬 4:23-25). 지금도 구약과 신약을 분리하는 사람들은 이 연결성을 받아들이지 않는다.

그러나 바울은 놀랍게도 새 언약하에 있는 로마교회 교인들과 아브라함 언약하의 사람들을 칭의의 믿음으로 주저함이 없이 연결한다. 바울은 그뿐만 아니다. 칭의의 믿음으로 모세 언약(로마서 3 장)하의 사람들도 다 같

---

[94] 사실 로마서 4:3의 칭의와 연관된 헬라어 동사형 '믿다'가 사용된 곳은 구약의 헬라어 성경 70인역(LXX) 전체에서 창세기 15:6이 유일하다. JNOT; JSNT. 신약에서 창세기 15:6을 인용한 곳들에서도 '믿다'(believe: 피스튜오, *pisteuo*, πιστεύω)라는 이 헬라어 동사형을 사용했다(롬 4:3; 갈 3:6; 약 2:23).

이 연결한다. 시대적으로 보면 아브라함의 시대는 모세 율법이 주어지기 훨씬 이 전의 시대이다. 로마서 4:23-25은 이 놀라운 연결성으로 칭의에 나타난 언약적·법적 믿음의 핵심을 말한다.

> 저에게 의로 여기셨다 기록된 것은 아브라함만 위한 것이 아니요 의로 여기심을 받을 우리도 위함이니 곧 예수 우리 주를 죽은 자 가운데서 살리신 이를 믿는 자니라 예수는 우리 범죄함을 위하여 내어줌이 되고 또한 우리를 의롭다 하심을 위하여 살아나셨느니라(롬 4:23-25).

성경 전체에서 바울처럼 창세기 15:6의 아브라함의 믿음을 칭의의 믿음으로 재해석한 것은 찾아보기 힘들다.[95]

과연 하나님께서 예수님도 모르는 '아브라함의 믿음을 의'로 여기실 수 있을까?

바울의 대답은 '그렇다'이다. 로마서 4장은 이 진리를 증명하기 위해 이 두 단어(전가하다와 믿음)를 많이 사용한다.

로마서 4장이 칭의의 믿음을 증명하기 위해 이 단어들을 반복적으로 사용하는 것은 우리의 눈길을 끈다. 이 반복법은 강조법이라고도 할 수 있다. 우리도 간혹 우리가 중요한 것을 말할 때나 이해를 시키려 할 때 이런 반복법이나 강조법을 사용한다. 바울은 이 반복법을 사용해서 로마서 3-4장을 통해 칭의의 믿음을 하나님의 은혜를 기초한 언약적·법적 믿음(롬 4:7-8)을 말한다. 바울에 따르면 모세와 같이 아브라함도 하나님의 은혜를

---

[95] 바울이 아브라함 언약에서 사용한 두 단어인 '전가하다'(옮겨지다, 여겨지다: 로기조마이, *logizomai*, λογίζομαι)와 '믿음'(faith: 피스티스, *pistis*, πίστις)이 칭의의 믿음을 이해하는 데 큰 도움이 된다.

먼저 받은 믿음의 사람들이다. 즉, 오직 하나님의 은혜로 의롭다 하심을 받은 자들이다(전가하다, 여기시다: 롬 4:3, 9, 22, 23).

그러므로 우리는 로마서 4장의 메시지에서 칭의론의 가장 중요한 요점을 기억해야 할 필요가 있다. 하나님은 우리를 포함해 모든 시대 사람들에게 '오직 하나님의 은혜로'(*sola gratia*), 오직 예수님 안에서만의 믿음을 의로 여기신다. 예수님 안의 칭의의 믿음과 이 모든 시대의 사람들과의 놀라운 연결점은 로마서 4:24에서 분명히 보여 준다.

> 저에게 의로 여기셨다 기록된 것은 아브라함만 위한 것이 아니요 의로 여기심을 받을 우리도 위함이니 곧 예수 우리 주를 죽은 자 가운데서 살리신 이를 믿는 자니라(롬 4:24).

이 본문은 '우리'와 모든 시대의 믿음의 사람들과 연결한다. 우리는 모두 다 하나님의 은혜로 "예수 우리 주를 죽은 자 가운데서 살리신 이를 믿는 자"들이다. 바울은 여기서 놀라운 방식으로 '오직 하나님의 은혜' 안에 아브라함 시대의 믿음과 로마 시대의 믿음을 동일하게 연결한다(롬 4:11-12; 롬 11:32; 갈 3:6-7).[96] 바울은 아브라함의 믿음도 죄인들을 위한 대속 속죄 제물(고후 5:21)이 되신 예수님에 대한 믿음으로 해석한 것이다.[97]

바울은 로마서 4장에서 실제적으로 아브라함의 믿음과 모든 시대의 믿음의 사람들을 예수님 안에서 동일시하고 있다(롬 4:24). 칭의의 믿음은 누구에게나 동일하게 언약적·법적 믿음이다.

---

[96] RD, 4:452.

[97] 『복음』, 123-125.

바울은 칭의가 하나님의 전적 은혜임을 설명하는 데 유대인들에게 유명한 아브라함의 믿음을 잘 사용했다. 이와 같이 아브라함의 믿음은 예수님 안에 칭의의 믿음을 설명하는 데 구약에서 최고의 예다. 아브라함의 믿음 하에 있는 자들도 모세 율법하에 있는 자들도 다 하나님의 은혜로만 의롭다 하심을 받는다.

정리하면, 로마서 4장은 아브라함의 믿음을 사용해서 칭의에 나타난 하나님의 크신 은혜를 가르친다. 이는 오직 하나님의 은혜로만 주신 언약적·법적 칭의의 믿음이다.

하나님의 크신 은혜 안에서는 아브라함의 믿음과 우리의 믿음이 서로 다르지 않다. 따라서 아브라함이든, 이스라엘 백성이든, 이방인들이든 우리든 모두 오직 하나님의 은혜로만 오직 믿음으로만 의롭다 하심을 받는다. 오직 예수님 안에서 예수님을 믿는 믿음만이 하나님 앞에 의롭다 하심을 받을 수 있는 유일한 길이다. 누구든지 하나님의 은혜로 예수님을 믿음으로만 예수님의 완전한 의의 전가로만 의롭다 하심을 받는다.

(2) 히브리서 11장

이제 우리는 히브리서 11장에 기술된 언약적·법적 칭의의 믿음에 대해서도 살펴보도록 하겠다. 믿음이라는 단어를 신약에서 제일 많이 사용한 곳은 히브리서 11장이다.[98] 또한, 신약에서 믿음의 정의로 우리의 시선을 가장 많이 끄는 곳도 믿음의 장인 히브리서 11장이다.

---

[98] 앞서 말했듯이, 신약에서 믿음의 헬라어 명사형(faith: 피스티스, *pistis*, πίστις)이 제일 많이 발견되는 곳은 히브리서 11장(23번)이다. BDAG, 818-820; JSNT.

앞서 본 바와 같이 히브리서 11장의 중요성은 우리와 성경의 믿음의 인물들을 연결해 주는 데 있다.[99] 히브리서 11장은 하나님의 말씀으로 우리의 삶과 성경의 믿음의 인물들의 삶과도 연결해 준다.

히브리서 11장에서 말하는 믿음의 증거는 하나님께서 주신 모든 언약의 말씀들이다(히 11:1-2). 따라서 히브리서 11장의 믿음은 기본적으로 언약의 말씀에 대한 믿음이다. 히브리서 11장은 성경의 모든 언약의 말씀들을 새 언약의 성취자 메시아 예수님과 긴밀하게 연결한다(갈 3:8-9). 이제 히브리서에 나타난 칭의의 믿음에 대해 2가지 측면에서 살펴보도록 하겠다.

첫째, 히브리서 11장의 앞의 문맥은 언약적·법적 칭의의 믿음을 옹호한다. 히브리서 11장 앞의 문맥은 새 언약의 대표자 예수님과 구약의 언약들을 연결해 준다.[100] 우선 히브리서 6:13-7:28은 예수님을 아브라함이 만난 하나님의 제사장 멜기세덱(히 6:13-7:10)보다 더 좋은 영원한 대제사장(히 7:11-28)으로 소개한다. 이 영원한 대제사장은 자신을 영원한 속죄 제물(히 9:12)로 드리신 새 언약의 중보자(히 9:15)이시다(히 8:1-10:39). 히브리서에 따르면 이 새 언약의 중보자를 믿는 것은 하나님의 언약을 믿는 것이기도 하다.

히브리서 9-10장은 율법을 새 언약과 비교해 첫 언약이라고 부른다(히 9:1, 9:15, 9:18, 10:9). 하나님의 약속에 따라 영원한 희생 제물이 되신 예수님은 새 언약(히 8:8, 13; 9:15; 12:24)을 위한 영원한 대제사장이시다(히 10:11-12).

---

99 앞에 본서 제2장의 '2) 넓은 의미의 완전한 순종'에서 '④ 아브라함 언약과 은혜로만의 완전한 순종'을 보라.

100 본서 제2장의 '2) 넓은 의미의 완전한 순종'에서 '④ 아브라함 언약과 은혜로만의 완전한 순종'과 '⑦ 새 언약(복음)과 은혜로만의 완전한 순종'을 참조하라.

제사장마다 매일 서서 섬기며 자주 같은 제사를 드리되 이 제사는 언제든지 죄를 없게 하지 못하거니와 오직 그리스도는 죄를 위하여 한 영원한 제사를 드리시고 하나님 우편에 앉으사 (히 10:11-12).

히브리서의 예수님은 하나님의 법에 따라 죄인들을 의롭게 하시기 위해 자신을 드리신 분이시다. 우리는 앞서 하나님의 의가 모세 언약의 율법과 새 언약과 칭의의 기초임을 보았다. 새 언약의 성취자 예수님은 모든 고난을 감당하시고 완전한 순종으로 죄인들에 대한 이 하나님의 의의 요구를 만족시키셨다(히 5:8; 10:38-39). 그렇다면 새 언약의 성취자를 믿고 의롭다 하심을 받는 믿음은 언약적·법적 믿음이다. 히브리서 10:38-39은 로마서 1:17처럼 구원과 칭의의 주제를 반복하면서 이렇게 말한다.

오직 나의 의인은 믿음으로 말미암아 살리라 또한 뒤로 물러가면 내 마음이 저를 기뻐하지 아니하리라 하셨느니라 우리는 뒤로 물러가 침륜에 빠질 자가 아니요 오직 영혼을 구원함에 이르는 믿음을 가진 자니라(히 10:38-39).

믿음은 바라는 것들의 실상이요 보지 못하는 것들의 증거니 선진들이 이로써 증거를 얻었느니라(히 11:1-2).

여기서 우리가 기억할 것은 히브리서 11장의 앞의 문맥이 히브리서 11장의 믿음의 사람들도 언약적·법적 칭의의 믿음의 증거를 받은 사람들로 해석한다는 사실이다. 이는 기본적으로 로마서 4장의 결론과 다르지 않다. 예수님께서는 히브리서 11장의 믿음의 사람들을 위해서도 죽으신 것이다. 자격이 없는 자들을 예수님 안에서 믿음의 사람들로 받아 주셔서 의롭다 하시는 하나님의 은혜는 놀랍다(시 98:1-3). 따라서 히브리서 11장의 믿음도 언약적·법적 칭의의 믿음이다.

 둘째, 히브리서 11장의 뒤의 문맥도 언약적·법적 칭의의 믿음을 옹호한다. 히브리서 11장의 믿음의 사람들은 믿음의 증거인 하나님의 언약의 말씀들을 받은 사람들이다. 비록 그들이 하나님께서 약속하신 메시아 예수 그리스도는 만나지 못했지만 의롭다 하심을 받는 믿음은 동일하다. 이 믿음에 대해 히브리서 11:39-40은 이렇게 말한다.

> 이 사람들이 다 믿음으로 말미암아 증거를 받았으나 약속된 것(what was promised: ESV)을 받지 못하였으니 이는 하나님이 우리를 위하여 더 좋은 것을 예비하셨은즉 우리가 아니면 그들로 온전함을 이루지 못하게 하려 하심이라(히 11:39-40).[101]

 이제 히브리서 11장의 뒤 문맥에 대한 주요점을 간략하게 살펴보겠다. 히브리서 11:39-40에 이은 히브리서 12:1-2은 11장의 믿음의 사람들처럼 '믿음의 주'인 메시아 예수님을 바라보고 믿음의 경주를 하라고 말한다. 즉, 히브리서를 받는 자들에게 11장의 믿음의 사람들을 본받는 자가 되라는 것이다. 이는 그 많은 믿음의 사람들과 함께하셨던 것처럼 우리와도 함께하실 것임을 강조한다(히 12:1-2).

> 이러므로 우리에게 구름 같이 둘러싼 허다한 증인들이 있으니 모든 무거운 것과 얽매이기 쉬운 죄를 벗어 버리고 인내로써 우리 앞에 당한 경주를 경주하며 믿음의 주요 또 온전케 하시는 이인 예수를 바라보자 저는 그 앞에 있는 즐거움을 위하여 십자가를 참으사 부끄러움을 개의치 아니하시더니 하나님 보좌 우편에 앉으셨

---

101 『성경전서 개역개정』(4판, 2005).

느니라 (히 12:1-2).

우리가 지금까지 본 바대로, 히브리서 11-12장의 주요 요지도 로마서 4장과 다르지 않다. 히브리서 11장의 믿음의 사람들도 우리처럼 오직 하나님의 은혜로만 오직 믿음으로만 의롭다 하심을 받는다. 오직 은혜로만 '예수님 안'에서 예수님의 완전한 의가 이 믿음의 사람들의 것으로 여기시는 것(전가하다, 옮겨지다, 여겨지다)이다.[102] 예수님을 만난 우리들의 믿음과 동일하게 여기시는 것이다(롬 4:3, 23-25; 엡 2:8-9; 히 12:1-2). 오직 하나님의 은혜로 하나님은 예수님의 완전한 의를 우리의 것으로 여기시는 것이다.

따라서 히브리서 11-12장도 언약적·법적 칭의의 믿음을 가르친다. 마지막 장인 13장도 '예수님은 어제나 오늘이나 영원토록 동일'하신 분(히 13:8)이시니 이 믿음의 약속에 따라 살았던 사람들을 본받으라고 다시 말한다(13:7). 이 칭의의 믿음으로 매일 믿음의 주 앞에 나가는 자들은 말씀순종으로 하나님을 기쁘시게 하고 모든 선한 일에 애쓰는 자들이다(13:12-13, 14-21).

결론적으로, 히브리서 전체의 주제는 새 언약의 성취자 예수 그리스도시다. 예수 그리스도로 시작해서 예수 그리스도로 끝난다. 따라서 히브리서가 말하는 칭의의 믿음에 대한 결론은 로마서나 갈라디아서와 다르지 않다. 히브리서에서 말하는 칭의의 믿음도 오직 하나님의 은혜에 기초한 언약적·법적 칭의의 믿음이다. 아래 표 2-G는 오직 은혜로만 오직 믿음으로만 오직 예수님 안에서 예수님의 완전한 순종(완전한 의)의 전가를 요약해서 정리한 것이다.

---

[102] 참고. RD, 4:452.

```
                        ┌─────────────────────────┐
                        │  오직 은혜로만의 성령님의 역사  │
                        └─────────────────────────┘
                                     ⇩
예수님의 완전한 순종 (완전한 의) ⇨ 예수님 안(연합과 전가) ⇨ 그리스도인들에게 전달
                                     ⇧
                                  칭의의 믿음
                          이신칭의: 오직 믿음으로만 의롭다 하심
```

표 2-G 예수님 안에서 예수님의 완전한 순종(완전한 의)의 전가

    성경에서 칭의는 "법적(forensic), 선포적(declarative), 언약적(covenantal)"인 하나님의 의와 예수님의 구속 역사(the work of Jesus Christ)와 어떤 중요한 관계가 있나를 밝혀 준다.[103] 하나님 말씀에 따른 죄인들의 칭의에 대한 판결과 법적 선언은 오직 성령님의 역사로 이루어진다. 오직 은혜로만 오직 예수님 안에서 오직 믿음으로 예수님의 완전한 의의 전가가 이루어지는 것이다. 즉, 오직 하나님의 은혜로 오직 예수님을 믿는 자들에게만 예수님의 의의 선물이 주어지고, '의롭다' 하시는 법적 선언이 선포된다. 성령님은 죄인들을 하나님의 은혜로 의롭다 하시고 의로우신 하나님의 자녀들이 되는 자격을 부여하시는 것이다.

    우리가 언약적·법적 칭의의 믿음에 대한 논의에서 기억할 것은 하나님이 주권적 은혜의 역사가 우리의 믿음의 반응에 선행한다는 사실이다. 그리고 우리 안에 칭의의 믿음(a justifying faith)으로 나타난 성령님의 역사는 우리 믿음의 삶(a sanctifying faith)에도 계속된다는 것도 중요하다. 따라서 예

---

[103] 성령님의 역사로 그리스도의 의의 전가는 중생과 성화를 앞선다. CS, 234; RD, 3:525. 성령님의 역사인 칭의는 예수님 안에 "새로운 신분"(the new status)과 새로운 피조물이 되어 중생과 성화와는 구별된다. CS, 201-3. 이 구별은 우리가 구원에서의 하나님의 은혜를 바로 보게 하는 데 큰 도움이 된다.

수님 안에서 의인은 이것을 늘 기억하고 예수님을 믿는 믿음으로 계속 살아야 하는 사람임을 잊지 말아야 한다(롬 1:17; 요일 5:4-5).

> 복음에는 하나님의 의가 나타나서 믿음으로 믿음에 이르게 하나니 기록된 바 오직 의인은 믿음으로 말미암아 살리라 함과 같으니라(롬 1:17).

3) 결론

성경 전체는 새 언약의 대표자 예수 그리스도로 하나가 된다. 구약에서는 오실 메시아에 대해 말하고, 신약은 오신 메시아에 대해 말한다. 구약의 믿음의 사람들과 신약의 믿음의 사람들은 새 언약의 성취자 예수님으로 모두 하나가 되는 것이다. 우리가 기억할 것은 예수님 안에서 구약의 언약의 사람들도 신약의 새 언약의 사람들과 한 가족이라는 것이다. 신약은 죄인들의 칭의를 통해 이것을 분명하게 말한다.

우리가 지금까지 본 바대로, 구약에서는 칭의의 언약적·법적 요소의 기초를 보여 주고, 신약에서는 칭의의 실제적인 면을 보여 준다. 성경에서 칭의의 언약적·법적 면은 칭의에 대한 하나님의 설계도(a blueprint)와 같은 역할을 한다. 그리고 성령님께서는 오늘도 이를 죄인들에게 실제적으로 적용하셔서 그들을 의롭다 하신다.

이런 이유에서 예수님을 통한 구속 계획은 삼위일체 하나님의 내적 역사요, 죄인들을 믿음으로 의롭다 하심은 성령님을 통한 하나님의 외적 역사다. 성령님께서 죄인들을 의롭다 하심으로 칭의가 언약적·법적·실제적으로 성취가 되는 것이다. 죄인들의 칭의는 분명히 하나님 은혜의 역사다.

하나님의 말씀대로 죄인들의 칭의를 주관하시는 분은 성령님이시다. 하나님의 약속의 말씀을 따라 오직 하나님의 은혜로 예수님을 믿는 믿음을 축복하시는 분은 성령님이시다. 우리는 지금까지 살펴본 예수님의 완전한 의의 전달을 3가지 주요점으로 요약할 수 있다.

첫째, 하나님은 죄인들의 의롭다 하심의 기초와 기준을 세우신 분시다.
둘째, 성령님은 죄인들이 하나님과 예수님을 믿음으로 인식하게 하시는 분이시다.
세째, 성령님은 하나님의 의의 기준에 따라 죄인들을 믿음으로 의롭다 하시는 분이다.

우리 칭의와 믿음의 기초는 예수님의 완전한 말씀 순종의 삶이다. 성령님께서 주시는 이 칭의에 대한 확신은 살아 계신 하나님을 바라보며 살게 하는 참 능력이 된다(롬 1:17-18, 히 10:35, 히 11:6).[104] 하나님은 우리가 이 칭의의 지식과 함께 예수님 사랑에 대한 지식의 "넓이와 길이와 높이와 깊이가 어떠함"을 더욱 더 깊이 알기를 원하신다(엡 3:14-19).[105]

성령님께서는 이 예수님 안의 칭의에 대한 믿음만 아니라 하나님의 자녀들이 갖는 다른 복들이 있다는 것도 깨닫게 하신다. 그것은 예수님의 최고의 명령인 "서로 사랑하라"는 말씀을 순종할 수 있는 자격과 권리와 능

---

[104] ORF, 466-68.
[105] "그 영광의 풍성을 따라 그의 성령으로 말미암아 너희 속 사람을 능력으로 강건하게 하옵시며 믿음으로 말미암아 그리스도께서 너희 마음에 계시게 하옵시고 너희가 사랑 가운데서 뿌리가 박히고 터가 굳어져 능히 모든 성도와 함께 지식에 넘치는 그리스도의 사랑을 알아 그 넓이와 길이와 높이와 깊이가 어떠함을 깨달아 하나님의 모든 충만하신 것으로 너희에게 충만하게 하시기를 구하노라"(엡 3:16-19).

력에 대한 것이다. 하나님께서는 우리가 성령님께서 주시는 능력으로 예수님 안에서 하나님 사랑·이웃 사랑의 말씀을 지키며 살 수 있도록 하셨다. 이런 삶이 또한 우리를 의롭다 하신 목적이기도 하다(갈 5:14-16).

> 온 율법은 네 이웃 사랑하기를 네 몸 같이 하라 하신 한 말씀에 이루었나니 만일 서로 물고 먹으면 피차 멸망할까 조심하라 내가 이르노니 너희는 성령을 좇아 행하라 그리하면 육체의 욕심을 이루지 아니하리라(갈 5:14-16).

성령님께서는 이 칭의의 축복으로 우리가 환난을 당할 때도 우리 안에서 함께 일하신다. 성령님께서 우리 안에서 우리의 요새, 피난처와 믿음의 방패(엡 6:10-20)가 되신다. 성령님은 우리가 의인으로 합당하게 믿음으로 살면 예수님이 항상 나의 노래, 나의 자랑, 나의 감사와 나의 찬양의 이유가 되게 하시는 분이다. 예수님 안에 의인이 된 자들은 오직 믿음으로 살고 믿음으로 말씀 순종을 하는 자들이다(롬 1:17; 요일 5:4-5).

> 복음에는 하나님의 의가 나타나서 믿음으로 믿음에 이르게 하나니 기록된 바 오직 의인은 믿음으로 말미암아 살리라 함과 같으니라(롬 1:17).
> 대저 하나님께로서 난 자마다 세상을 이기느니라 세상을 이긴 이김은 이것이니 우리의 믿음이니라 예수께서 하나님의 아들이심을 믿는 자가 아니면 세상을 이기는 자가 누구뇨(요일 5:4-5).

성령님께서는 우리가 이 칭의의 선물로 항상 믿음의 담대함으로 살 수 있도록 도우신다(히 10:35-36). 우리가 이 칭의의 복으로 하나님의 말씀 순종의 삶을 살아 갈 때 성령님께서 살아 계신 하나님을 만날 수 있도록 도우신다. 우리 안에서 역사하시는 성령님의 역사로 우리가 말씀을 통해 살아 계신 하나님을 만나면 만날수록 우리는 하나님 아버지의 모습을 닮아 갈 수 있도록 도우시는 것이다.

4. 칭의, 하나님 형상의 회복

우리는 본서 제 2-3장에서 지금까지 하나님의 의와 칭의의 주관자이신 하나님에 대해 연구했다. 하나님은 우리 칭의의 설계자이시고, 우리에게 칭의를 실행하시는 분은 성령님이시다.

이제 우리가 앞으로 제3권 『믿음의 나라』를 연구하기 전에 하나님 형상의 회복에 대해 논의할 필요가 있다. 하나님 형상의 회복에 대한 지식은 우리 믿음 생활에 큰 도움을 줄 것이다.

하나님 형상의 회복에 대한 논의는 그리스도인의 믿음 생활의 시작점을 알게 해 주기 때문에 중요하다. 이 논의는 칭의와 함께 그리스도인의 정체성을 분명하게 해 줄 것이다. 달리 말하면, 하나님 형상의 회복에 대한 이해는 성화(sanctification)의 시작점을 분명하게 알려 준다.

물론 하나님 은혜의 역사에서 칭의와 성화는 서로 분리할 수 없다.[106] 성화는 하나님의 거룩하심(the holiness of God)을 닮아 가는 그리스도인의 삶의 과정을 의미한다.[107] 성화 즉 그리스도인이 하나님의 거룩하심을 닮아

---

[106] ORF, 461, 471-74.
[107] 참고. "Sanctification," in *New Dictionary of Theology*, ed. Sinclair B. Ferguson and David F. Wright (Downers Grove: InterVarsity Press, 1988), 613-616; ST, 167, 668, 682, 739-741, 983-995, 998, 937; DCL, 30-31, 34, 51, 138, 191, 322, 350-353, 355, 371, 375, 413, 700, 911-929, 972.

가는 것이 무엇인가를 알기 위해서도 칭의와 하나님 형상의 회복을 이해하는 것이 중요하다. 이제 우리는 칭의와 하나님의 형상에 대해 논의하고 이어서 하나님의 형상 회복에 대해 살펴볼 것이다.

1) 칭의와 하나님의 형상

먼저 칭의와 하나님 형상에 대한 기본적인 질문을 하려고 한다.

칭의(의롭다 하심)와 하나님의 형상은 어떤 관계가 있는가?

중요한 관계가 있다. 칭의는 훼손된 하나님의 형상에 일어난 변화를 말해 주기 때문에 중요하다. 타락 후 '아담 안'에서 있는 자들은 훼손된 하나님의 형상을 지니게 되었다.[108] 그러나 '예수님 안'에서 의롭다 하심을 받은 자들은 그 훼손된 하나님의 형상에 변화가 찾아온다. 그 변화는 훼손된 형상의 회복이다.

그렇다면 훼손된 형상의 회복이란 무슨 뜻인가?

우리는 회복을 이야기하기 전에 훼손된 하나님 형상의 의미를 잠시 살펴볼 필요가 있다!

훼손된 형상은 무엇을 뜻하나?

이에 대한 답변은 아담이 지녔던 원의(original righteousness)에서부터 찾는 것이 좋다. 하나님의 형상이 훼손된 것은 아담이 지녔던 원래의 의로움, 거룩함과 선함과 관계가 있다. 이는 아담의 타락이 온 인류에 가져온 결과다. 우리는 앞서 제1권 제2장에서 하나님의 형상을 전인격적 의미와 넓은 의미 그리고 좁은 의미로 논했다.

---

[108] 하나님 형상의 훼손에 대해서는 제1권 '제2장 언약의 나라'에서 '2-1) 아담 언약' 중 '(2) 아담의 타락 후(창 3:15-19)'를 보라.

앞서 우리는 먼저 훼손된 하나님의 형상을 전 인격적(the whole person)인 면에서 보았다.[109] 즉, '아담 안'에서 모든 인간은 아담의 죄로 인해 전 인격적(the whole person)인 면에서 하나님의 형상이 훼손되었다.

넓은 의미로는 '아담 안'에서 모든 인간의 이성적·도덕적 탁월성이 훼손되었다.[110] 그리고 좁은 의미로는 '아담 안'에서 하나님의 형상인 지혜, 지식, 의와 거룩과 선의 덕들에 훼손을 입게 된 것이다.[111] 성경은 아담의 타락으로 인간에게 주신 아름다운 하나님의 형상이 훼손을 입었다고 분명히 말한다. 아담이 타락한 결과로 하나님께서 주신 지혜, 지식, 의와 거룩함과 선함의 형상이 훼손되었고, 마음의 모든 결정은 악하게 되었다(창 6:11-12).[112]

> 그 때에 온 땅이 하나님 앞에 부패(타락: corrupt)하여 포악함(폭력: violence)이 이 땅에 가득한 지라. 하나님이 보신즉 땅이 부패(타락: corrupt)하였으니 이는 땅에서 모든 혈육 있는자의 행위가 부패함(corrupted)이었더라(창 6:11-12).

이 본문은 타락 전에 원래 하나님께서 주셨던 의로움과 죄인들의 칭의와 연결해 보면 도움이 된다. 즉, 칭의(의롭다 하심)는 훼손된 하나님의 형상에 어떤 일이 일어났는가를 알 수 있게 해 준다. 예수님 안의 칭의는 하나님 형상의 회복을 이해하는 데 매우 중요하다. 이제 칭의와 하나님의 형

---

109 우리는 '아담 안'에서나 '예수님 안'에서나 다 전인격적(the whole person) 면에서 하나님의 형상임을 말할 수 있다. 이 둘의 차이는 훼손되었나 회복되었나의 차이가 있다. ST, 828. 앞으로 이에 대해서 더 논의할 것이다.
110 RD, 2:550; IS, 29-32; DCL, 321, 94-95.
111 RD, 2:557-562; DCL, 318-319, 321; DG, 394-401, 119-59; CGI, 72, 83.
112 한국어는 개역성경 4판(2005)에서 영어 성경 부분은 ESV에서 인용했다.

상 회복에 대해 논의할 준비가 되었다고 생각한다.

2) 칭의와 하나님 형상의 회복

하나님 형상의 회복은 다루기 쉬운 주제가 아니다. 그러나 하나님의 자녀들은 꼭 알아야만 하는 주제다. 이 주제가 다루기 어려운 것은 성경에는 하나님 형상이 구체적으로 언급되어 있지 않기 때문이다. 그럼에도 불구하고 우리가 다루어야 하는 이유는 신약에서 하나님의 형상을 많이 언급하기 때문이다. 신약은 온 인류의 언약적 대표자 아담이 타락하고 그 죄로 인해 훼손된 하나님의 형상을 말할 때, 지혜, 지식과 의와 거룩함과 선함을 연결한다(고전 1:24, 30-31; 고전 6:11; 엡 4:23-24; 골 3:10).

우리가 성경에서 말하는 하나님의 형상과 같은 추상명사를 다룰 때 주의할 것은 먼저 성경에서 기본 정의를 찾아봐야 한다. 그 기본 정의를 찾아야만 그 회복에 대해 이야기할 수 있기 때문이다.

우리는 제1권 제2장에서 본 하나님 형상의 기본적인 3가지 의미(전인격적 의미 · 넓은 의미 · 좁은 의미)를 기초로 해 신약에서 하나님 형상에 대한 메시지가 있는지 찾아 볼 것이다. 감사하게도 신약은 하나님 형상의 회복에 대한 실마리를 제공한다. 그 실마리는 바로 예수님 안에서 의롭다 하심(칭의)이다. 그래서 우리는 지금까지 본 칭의를 기준으로 신약에서 하나님 형상에 대한 메시지를 찾아 분석할 것이다.

(1) 예수님 안의 하나님 형상 회복

하나님 형상의 회복에 대한 가장 기본적인 질문은 제1권 제2장에서 본 '아담 안'에서 훼손된 하나님의 형상과 칭의에서 찾아야 한다.

훼손된 하나님의 형상이 '예수님 안'에서 어떻게 회복되었는가?

성경에서 말하는 훼손된 하나님 형상의 회복은 무엇인가?

바울은 '아담 안'에 훼손된 하나님 형상의 회복과 '예수님 안'에 회복된 하나님의 형상을 비교하며 설명한다. 바울이 예수님 안의 칭의(의롭다 하심)를 잘 설명하듯이 하나님의 형상에 대한 메시지를 가장 풍성하게 전한다. 하나님 형상의 회복에 대한 그의 표현은 단순해 보이지만 매우 직접적이고 뛰어나다. 우리는 하나님 형상의 회복에 대한 이해를 돕기 위해 넓은 의미(지적 탁월성과 도덕적 탁월성)와 좁은 의미(지혜, 지식, 의로움와 거룩함과 선함)의 측면에서 간략하게 살펴볼 것이다.

① 지적 탁월성(지혜, 지식)의 회복

훼손된 하나님 형상의 지적 탁월성의 회복은 신약이 말하는 칭의와의 관계에서 알 수 있다. 다시 말하면 훼손된 지적·도덕적 탁월성의 회복은 예수님 안(예수님과의 연합)에서 이루어졌다. 일례로 고린도전서 1:30은 칭의와 연결해서 훼손된 지적·도덕적 탁월성의 회복을 가장 분명하게 연결해 준다.

> 너희는 하나님으로부터 나서 그리스도 예수 안에 있고 예수는 하나님으로부터 나와서 우리에게 지혜와 의로움과 거룩함과 구속함이 되셨으니 (고전 1:30).

우리는 이 본문에서 말하는 예수님 안(예수님과의 연합)의 칭의에 대해서는 지금까지 많이 논의했다. 그 논의의 결론은 우리가 '예수님 안에서 의롭다 하심을 받았다'이다. 이 예수님 안의 칭의의 결론이 지적 탁월성(지혜·지식)의 회복 면에 적용될 수 있다. 즉, 고린도전서 1:30은 예수님 안에서 예수님이 우리의 지혜가 되셨다고 말한다.

이것은 무엇을 뜻하는가?

예수님 안에서 훼손된 지혜의 탁월성이 회복되었다는 뜻이다.

바울의 요지는 예수님을 믿고 예수님 안에서 의롭다 하심(칭의)을 받은 자들만이 예수님의 지혜를 가질 수 있다는 것이다. 훼손된 지적 능력이 회복되어 하나님의 말씀을 알게 되었다는 의미다. 오직 예수님 안에 있는 자들만 예수님의 지혜가 있다(고전 2:9).[113]

> 기록된 바 하나님이 자기를 사랑하는 자들을 위하여 예비하신 모든 것은 눈으로 보지 못하고 귀로도 듣지 못하고 사람의 마음으로도 생각지 못하였다 함과 같으니라(고전 2:9).

이런 본문들(고전 1:30, 2:9)은 우리가 예수님을 믿을 때 훼손된 지혜의 능력이 회복된다고 말한다.

그렇다면 예수님을 믿지 않으면 훼손된 지적 탁월성의 회복이 없다는 말인가?

그렇다. 바울은 예수님을 믿어 의롭다 하심(칭의)을 받지 않은 자는 훼손된 지적 탁월성(지혜와 지식의 능력)의 회복은 있을 수 없다고 분명하게 말한다(고전 1:30; 골 3:10). 골로새서 3:10은 지적 탁월성의 회복과 관련지어 예수님 안에 새 사람이 된 자의 지식의 문제에 대해 이렇게 말한다.

> 새 사람을 입었으니 이는 자기를 창조하신 자의 형상을 좇아 지식에까지 새롭게 하심을 받는 자니라(골 3:10).

---

[113] 우리는 제1권 제4장 중 '2. 하나님 말씀의 중요성'에서 지혜의 회복과 칭의에 대해 많이 논의했다. '2) 인간의 책임성에 대한 말씀의 중요성'을 참조하라. 참고. 신 29:4; 사 6:10, 44:18, 64:4; 마 13:15; 눅 8:10; 요 12:40; 행 28:27; 고전 2:9.

우리가 고린도전서 1:30과 골로새서 3:10을 전인격적인 의미로 하나로 묶어서 보면 그 의미가 더 분명하게 된다. 즉, 우리가 예수님을 믿을 때 '예수님 안'에서 훼손된 좁은 의미의 지적 탁월성인 지혜, 지식이 동시에 회복된다(고전 1:24, 30; 엡 4:23-24; 골 3:10).

그와 더불어 예수님 안에 의롭다 하심을 받은 자는 막혔던 진리의 문도 열린다. 즉, 예수님 안에서 새 사람이 된 자는 진리를 가진 자도 된다(요 14:6, 17; 15:26; 16:13; 17:17, 19; 엡 4:23-24; 골 3:10). 다시 말하면 예수님 안에서 의인이 된 자는 진리로 새롭게 된 자요 진리 안에 거하는 자유한 자다(고후 11:10; 엡 1:13, 4:21, 4:24; 딤전 2:4; 딤후 2:15; 요일 2:4, 5:7; 요삼 1:3; 요 14:6, 8:31-32).

> 예수께서 가라사대 내가 곧 길이요 진리요 생명이니 나로 말미암지 않고는 아버지께로 올 자가 없느니라(요 14:6).
>
> 그러므로 예수께서 자기를 믿은 유대인들에게 이르시되 너희가 내 말에 거하면 참 내 제자가 되고 진리를 알찌니 진리가 너희를 자유케 하리라(요 8:31-32).

② 도덕적 탁월성(의로움, 거룩함, 선함)의 회복

이제 우리는 도덕적 탁월성(의로움, 거룩함, 선함)의 회복에 대해 간략하게 다룰 것이다. 우리는 예수님 안의 의로움(의: righteousness)에 대해서는 이미 충분히 논의를 했다. 따라서 우리는 도덕적 탁월성의 회복에 대해 논의하기 위해 예수님 안의 칭의와 거룩함과 선함을 연결해 살펴볼 것이다.

우리가 지금까지 본 바대로 훼손된 도덕적 탁월성의 회복도 예수님 안(예수님과의 연합)에서 이루어졌다. 그래서 우리는 먼저 예수님 안의 거룩함의 회복에 대해 살펴볼 필요가 있다. 앞서 본 고린도전서 1:30에 대한 분석은 거룩함의 회복에도 적용될 수 있다. 고린도전서 1:30은 예수님 안의 구속과 하나님 형상의 회복에 대한 매우 중요한 메시지를 전한다. 특히 예수님과의 연합으로 의로움과 거룩함과 구속함을 매우 자연스럽게 연결해 준다.

> 너희는 하나님으로부터 나서 그리스도 예수 안에 있고 예수는 하나님으로부터 나와서 우리에게 지혜와 의로움과 거룩함과 구속함이 되셨으니 (고전 1:30).[114]

이 본문은 앞서 보았듯이 예수님 안에서의 하나님 형상 회복의 청사진을 제공한다. 즉, 바울은 여기서 지적 탁월성(지혜)과 도덕적 탁월성(의로움, 거룩함)의 회복을 언급한다. 지혜는 지적 탁월성의 대표라 할 수 있고, 거룩함은 도덕적 탁월성의 대표라 할 수 있다. 바울은 예수님 안의 의로움의 회복과 지적 탁월성(지혜)과 도덕적 탁월성(거룩함)을 기가 막히게 뛰어나게 연결하고 있는 것이다.

따라서 우리가 고린도전서 1:30을 예수님 안에서 다시 해석하면, 예수님 안에서 우리의 훼손된 "지혜와 의로움과 거룩함"이 한 번에 회복된 것이다. 그러나 이를 우리가 전인격적 의미로 보면 "지혜와 의로움과 거룩함"은 서로 분리할 수 없다는 것을 알 수 있다. 이 예수님 안의 거룩함의 회복을 설명하는 바울의 예를 하나 더 들어보자.

바울은 고린도전서 6:11에서 의롭다 하심(칭의)과 거룩함을 다시 연결해 준다.

---

[114] 개역성경(개정 4판, 2005). 신약은 그리스도인의 거룩함을 설명하기 위해 고린도전서 1:30처럼 '거룩함'의 헬라어 명사형(holiness: 하기아스모스, *hagiasmos*, ἁγιασμός)을 사용하기도 한다(고전 1:30; 엡 1:4, 4:24; 살후 2:13; 딤전 4:5; 히 12:10). BDAG, 10. '거룩함'의 뜻으로 다른 명사형(holiness: 하기오쉬네, *hagiosune*, ἁγιωσύνη)이 사용된 곳들도 있다(롬 1:4; 고후 7:1; 살전 3:13). BDAG, 11.

너희 중에 이와 같은 자들이 있더니 주 예수 그리스도의 이름과 우리 하나님의 성령 안에서 씻음과 거룩함과 의롭다 하심을 얻었느니라 (고전 6:11).

이 본문을 고린도전서 1:30과 같이 해석하면 하나님의 자녀들은 성령님의 역사로 예수님 안에서 의롭다 하심(칭의)과 거룩함을 얻었다.[115] 바울은 고린도전서 6:11에서 '거룩하게 하다'는 헬라어 동사(sanctify: 하기아조, hagiazo, ἁγιάζω)를 사용해 죄 사함(씻음: 깨끗게함)과 칭의도 연결해 준다.[116]

이 본문은 하나님의 자녀들이 예수님 안에서 죄 사함과 의롭다 함과 '거룩함'을 얻었다는 것을 말한다. 고린도전서가 같은 의미를 이렇게 다르게 표현한 사실은 흥미롭다. 그러나 여기서 확실한 사실은 바울이 구원과 칭의와 하나님 형상 회복을 다 연결해 주고 있다는 것이다.

그렇다. 예수님 안에서 구원과 칭의와 하나님 형상의 회복은 믿는 자의 복들을 다양하게 표현한 것이다. 즉, 예수님을 믿는 자마다 예수님 안에서 훼손된 의로움과 거룩함이 회복된다. 바울은 데살로니가후서 2:13에서도 믿음으로 구원을 얻게 하심과 '거룩하게 하심'을 이렇게 연결해서 말한다.

---

[115] 예수님은 요한복음 17:19에서 우리를 "진리로 거룩함을 얻게" 하시려고 예수님 자신을 "거룩하게" 하셨다는 것을 밝히셨다. 이는 우리가 앞서 본 예수님께서 죄인들을 위해 '의롭다 하심'을 받은 이유와 다르지 않다. 예수님께서 자신을 거룩하게 하시고 의롭다 하심을 받은 것은 죄인들을 위함이었다.
"또 저희를 위하여 내가 나를 거룩하게 하오니 이는 저희도 진리로 거룩함을 얻게 하려 함이니이다"(요 17:19).

[116] 신약은 그리스도인들이 '예수님 안'에서 거룩하게 하심을 받은 것을 '거룩하게 하다'라는 헬라어 동사(sanctify: 하기아조, hagiazo, ἁγιάζω)를 사용해 증명한다(요 17:17, 19; 고전 6:11; 히 10:10; 행 20:32). BDAG, 10.

> 주의 사랑하시는 형제들아 우리가 항상 너희를 위하여 마땅히 하나님께 감사할 것은 하나님이 처음부터 너희를 택하사 성령의 거룩하게 하심과 진리를 믿음으로 구원을 얻게 하심이니(살후 2:13).

이 본문은 구원과 '성령의 거룩하게 하심'을 믿음으로 잘 연결한다. 바울에 따르면 예수님 안의 칭의를 다른 말로 구원이라 할 수 있고, 또 다른 말로는 예수님 안의 거룩하게 하심이라 할 수 있다. 이런 본문들은 우리가 예수님을 믿을 때 우리는 구원을 얻고 예수님 안에서 의롭고 거룩하게 여기신다고 말하는 것이다.

마지막으로 도덕적 탁월성의 회복 중에서 선함의 회복에 대해 살펴보도록 하자. 이를 위해 우리는 먼저 로마서 6-8장을 간략하게 분석할 필요가 있다. 바울은 로마서 3-5장에서 예수님 안의 칭의를 증명하고, 이어서 6장에서는 그것을 기초로 예수님 안의 거룩함과 선함의 회복을 연결한다. 바울이 여기서 예수님 안이라는 표현을 사용하지 않고 칭의와 선함의 회복을 연결해서 설명하는 것은 흥미롭다.

로마서에 따르면 그리스도인들은 예수님 안에서 의인(롬 1:17, 3:21-22)이 되어 의의 종(롬 6:18)이 되었고 거룩함의 열매(6:19-22)를 맺을 수 있게 되었다. 다시 말하면, 예수님 안에서 '거룩하다 하심'을 받은 그들은 '선하다 하심'도 받아서 '선한 율법'(7:12, 16)의 요구(롬 8:4; 갈 5:13-14)를 이룰 수 있게 되었다.

> 이로 보건대 율법도 거룩하며 계명도 거룩하며 의로우며 선하도다(롬 7:12).
> 만일 내가 원치 아니하는 그것을 하면 내가 이로 율법의 선한 것을 시인하노니(롬 7:16).

이 본문들은 율법의 말씀은 거룩하고 의롭고 선하다고 말한다. 그렇다면 로마서 7:14-25에서 말하는 선과 악의 싸움은, 예수님 안에서 '선하다 하심'을 받은 자들의 죄 오염(죄 된 본성)과의 싸움을 뜻한다.[117] 바울은 이 싸움에 대한 해법으로 성령님을 좇아 살아야 한다고 말한다. 즉, 하나님의 자녀들은 선한 율법의 말씀의 요구를 이룰 수 있는 자격과 능력(롬 8:1-2, 4)을 받았으니, 이제부터는 성령님을 좇아 육신(죄 된 본성:sinful nature)과의 싸움에서 이기라고 명하는 것이다(롬 8:13-14).

> 육신을 좇지 않고 그 영을 좇아 행하는 우리에게 율법의 요구를 이루어지게 하려 하심이니라(롬 8:4).
> 너희가 육신대로 살면 반드시 죽을 것이로되 영으로써 몸의 행실을 죽이면 살리니 무릇 하나님의 영으로 인도함을 받는 그들은 곧 하나님의 아들이라(롬 8:13-4).

바울이 이렇게 우리가 성령님을 따라 살아야 하는 이유(롬 8:4, 13-14)를 설명하기 위해 예수님 안에서의 의로움, 거룩함과 선함의 회복(롬 1-7장)을 사용한 사실은 흥미롭다. 우리는 바울의 이 설명 속에서 선함의 회복도 볼 수 있다. 또한, 바울이 데살로니가후서 2:13에서 구원과 거룩함의 관계를 보여 준 것처럼, 구원과 선함의 관계를 가장 잘 보여 주는 구절은 디도서 1:15-16이다. 이 바울의 선언(딛 1:15-16)은 세상 사람들에게는 다소 충격적이겠지만 구원과 도덕적 탁월성의 회복(선함)과의 관계를 잘 보여 준다.

---

[117] 예수님을 믿고 나서도 죄 오염(죄 된 본성)은 바로 사라지지 않는다. 바로 다음에 죄 책과 죄 오염에 대한 논의를 참조하라.

즉, 디도서 1:15-16은 오직 구원받은 자들에게만 훼손된 선함이 회복된다고 말한다. 이 본문은 예수님을 믿지 않는 자들을 마음과 양심이 더럽고 선하지 못한 자들로 부른다.

> 깨끗한 자들에게는 모든 것이 깨끗하나 더럽고 믿지 아니하는 자들에게는 아무 것도 깨끗한 것이 없고 오직 저희 마음과 양심이 더러운지라 저희가 하나님을 시인하나 행위로는 부인하니 가증한 자요 복종치 아니하는 자요 모든 선한 일을 버리는 자니라(딛 1:15-16).

이 본문은 그리스도를 믿고 구원 받은 사람들의 선함에 대해 말해 주기 때문에 중요하다. 앞서 본 의로움이나 거룩함의 경우와 다르지 않다. 즉, 예수님을 믿는 자들만 하나님의 은혜로 예수님 안에서 '선하다' 여기신다. 바울이 표현한 것(고전 1:30, 6:11; 살후 2:13)처럼 하나님은 예수님 안에 있는 자들의 훼손된 하나님의 형상인 도덕적 탁월성(의로움, 거룩함, 선함)을 회복시켜 주신다.

예수님께서도 영생의 조건으로 선한 일을 말씀하신다. 주님은 선함과 영생을 연결하시면서 '하나님 사랑과 이웃 사랑'을 요구하신다(마 19:16-17; 눅 10:25-27). 다시 말하면, 구원을 얻고 영생을 얻으면, 하나님의 은혜로 예수님 안에서 훼손된 선함이 회복되는 것이다.[118]

---

[118] 영생과 선함의 관계를 위해 제3권 '제2장 변화가 일어난다'에서 마음 변화와 행동 변화에 대한 논의를 참조하라.
"그러므로 너희의 선한 것이 비방을 받지 않게 하라"(롬 14:16).

이렇게 바울의 서신서들은 예수님 안에서 훼손된 하나님의 형상(지적·도덕적 탁월성)이 회복되었다는 것을 강조한다.[119] 바울은 회복된 하나님의 형상을 표현하기 위해 지혜, 지식, 의, 거룩함과 선함(좁은 의미)과 같은 단어들을 사용한다.[120] 이 회복은 오직 하나님만이 하실 수 있는 은혜의 역사다. 바울은 구원과 의롭다 하심(칭의)과 하나님의 형상 회복을 연결해 줌으로 그리스도인의 참된 정체성을 밝혀 주고 있다. 따라서 하나님의 자녀들의 참된 정체성은 회복된 지혜(wisdom), 지식(knowledge), 의(righteousness)와 거룩(holiness)과 선(goodness)의 정체성이다.

정리하면, 우리가 예수님 안에서 훼손된 하나님 형상의 회복을 이해하려면, 먼저 아담이 하나님의 형상으로 창조되었다는 것을 기억해야만 한다. 하나님이 창조하신 아담의 하나님 형상인 지적·도덕적 탁월성은 분리될 수 없다.[121] 우리는 앞서 제1권 제3장에서 하나님의 의는 하나님 스스로의 법대로 신실(faithfulness)하고, 거룩(holiness)하고, 선(goodness)하게 행하시는 기준이라고 했다.[122] 하나님의 의로우심과 거룩하심과 선하심은 서로 분리할 수

---

[119] 참고. 지식(롬 15:14; 고전 1:5; 고후 6:6; 엡 3:18; 빌 1:9, 3:8; 골 2:3); 선함 (롬 14:16; 엡 2:10, 4:28;골 1:10; 살후 2:17; 딤전 1:5; 딛 1:8).
"내 형제들아 너희가 스스로 선함이 가득하고 모든 지식이 차서 능히 서로 권하는 자임을 나도 확신하노라"(롬 15:14).
"그 안에는 지혜와 지식의 모든 보화가 감추어 있느니라"(골 2:3).

[120] 아담의 타락으로 하나님께서 주신 넓은 의미의 하나님의 형상인 이성적 탁월성과 도덕적 탁월성에 훼손을 입었다. 따라서 일반은총(common grace)하의 모든 사람은 훼손된 이성적·도덕적 능력을 가지고 있다는 뜻이다. 그 누구도 하나님의 은혜가 아니면 참 지혜이신 예수님을 믿을 수가 없게 된 것이다.

[121] 우리는 제1권 제3장에서 하나님께서 스스로의 법대로 행하심이 의이고, '신실함'(faithfulness)임을 보았다. 이 면에서 거룩(holiness)도 하나님의 의의 다른 면이다. DG, 448; ST, 262-268; RD, 2:151-153.

[122] ST, 233-235, 257-268, 276-279.

없는 삼위일체 한 하나님에게서 나오는 한 하나님의 속성이다.[123]

즉, 하나님의 의로우심과 거룩하심과 선하심은 서로 분리할 수 없다는 의미다. 인간에게 주신 의롭고, 거룩하고 선한 하나님의 형상도 서로 분리할 수 없다. 따라서 훼손된 하나님 형상의 회복을 말한다면 전인격적인 면에서 의로움, 거룩함과 선함이 다 회복된 것이지 의로움은 회복되고 선함은 회복되지 않았다는 의미가 아니다.

성경은 부분적인 하나님 형상의 회복을 말하지 않는다. 성경이 말하는 하나님의 형상은 전인격적인 면에서 보면 하나다. 이런 이유에서 우리가 예수님을 믿을 때에 예수님 안에서 의롭다 하심과 거룩하게 하심과 선하게 하심이 동시에 우리의 것이 된다(요 17:19; 고전 1:30-31; 롬 15:14).

하나님은 우리가 예수님을 믿을 때에 훼손된 지혜, 지식, 의와 거룩함, 선함을 회복시켜 주신다. 이 예수님 안에 주시는 실제적 회복은 우리가 말로 표현할 수 없는 놀랍고 기이하고 위대한 은혜다. 성령님은 우리가 예수님을 영접할 때 아담 안에서 훼손된 하나님의 형상을 회복하시는 것이다. 성령님은 하나님의 말씀으로 예수님 안에서 칭의만 아니라 예수님께서 우리의 지혜, 지식, 거룩함과 선함이 되심도 믿게 도와주신다(살후 2:13).[124]

성령님께서는 말씀을 통해 예수님께서 취득하신 훼손된 하나님 형상의 회복을 믿고 신뢰하게 도우시는 것이다.[125] 그러나 모든 사람이 이 복을

---

[123] 또한, 하나님의 의(righteousness)는 하나님의 선하심(goodness)의 구조(structure)이기도 하다. ST, 257.

[124] 참고. 크로위(Crowe)가 그의 책 『마지막 아담』(The Last Adam)에서 칼빈의 『기독교강요』를 인용하면서 성령님은 예수님이 취득하신 "거룩하심"도 믿게 도와주신다고 바르게 주장한다. LA, 10; Institutes, 4.16.18. 성령님께서는 말씀을 통해 예수님의 "완전한 순종"의 결과로 취득하신 거룩하심도 믿게 도와주신다. ORF, 472.

[125] CGI, 62. 바빙크(Bavinck)는 "누구든지 믿음으로 그리스도를 자신의 의로 받아들이는 사람은 그리스도의 거룩하심도 자신의 것으로 받아들인다. … 마침내 믿음 안에서

받는 것은 아니다. 하나님의 자녀들에게만 약속된 복이다. 이제 우리는 하나님 형상의 회복 특징은 무엇인지 살펴볼 필요가 있다.

아래 표 2-H는 아담 안의 하나님 형상의 훼손과 예수님 안의 하나님 형상의 회복을 비교해 정리한 것이다.

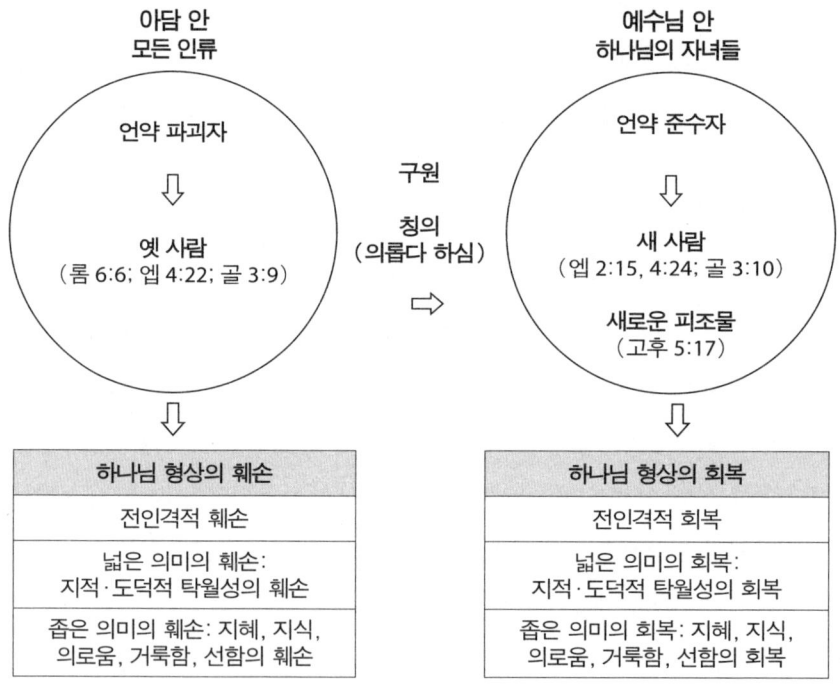

표 2-H 하나님 형상의 훼손과 회복

(2) 예수님 안의 하나님 형상 회복의 특징

우리가 하나님 형상의 회복의 특징을 더 논의하기 전에 주목해야 할 것이 하나 있다. 하나님의 형상 회복은 성품 변화가 아니라는 사실이다. 단

칭의와 성화도 역시 서로 분리되지 않고 서로 묶인다"라고 바르게 주장한다. ORF, 461, 471-74.

지 하나님의 자녀가 되기 위해 훼손된 하나님의 형상이 바뀌는 것은 맞지만 성화에서 말하는 성품 변화는 아니다. 이 회복은 하나님께서 죄인들을 자신의 자녀로 받아들이시기 위한 신분 변화다.

하나님의 형상이 훼손된 자녀라는 것은 상상하기 힘들지 않은가?

성품 변화적 측면의 하나님 형상의 성장은 앞으로 제3권 '제2장 변화가 일어난다'에서 다룰 것이다.

우리가 하나님의 형상 회복에 대해 알아야 할 중요한 이유가 있다. 그것은 형상 회복은 성경 전체를 하나님 나라의 시작과 완성 그리고 그 목적을 볼 수 있게 해 주기 때문이다. 또한, 형상 회복은 우리가 하나님 나라의 시민으로서 바른 정체성도 갖도록 도와주기 때문에도 매우 중요하다. 동시에 예수님 안에서 하나님 형상의 회복은 아담의 타락과의 비교를 통해 하나님 자녀로서의 정체성을 더 잘 알 수 있도록 도와준다.

우리는 앞서 예수님을 믿는 순간 우리에게는 훼손된 하나님 형상의 회복이 일어난다고 했다.

우리에게 일어난 하나님 형상의 회복에 대한 특징들은 어떤 것들이 있는가?

이제 우리는 그 특징들에 대해서 6가지 주요점을 간략하게 볼 것이다.

첫째, 하나님 형상의 회복은 하나님의 선물이다(롬 5:16-17; 고전 1:30-31; 고전 6:11; 엡 4:24; 딛 3:7; 히 10:10).[126] 오직 예수 그리스도의 구속 사역으로만 가능한 "산물"(product)이 바로 이 선물이다.[127] 하나님께서 우리를 위해

---

126 참고. RD, 2:538. 바빙크는 인간에게 허락하신 거룩함은 하나님의 선물이라 바르게 주장한다.

127 CGI, 62; ORF, 461, 471-74.

이 놀랍고 경이로운 선물을 준비하셨다. 이 선물 안에는 예수님의 지혜와 지식과 의로움과 거룩함과 선함의 회복이라는 매우 복된 많은 선물이 담겨 있다.

그 누구도 인간의 능력으로 이 선물을 만들거나 준비하기는 불가능하다. 이 회복의 선물은 죄인 된 인간의 노력으로는 도저히 만들 수 없는 선물이다(고전 1:30-31). 만들 수 없을 뿐만 아니라 우리는 그것이 무엇인지도 모르고 상상조차 할 수 없다. 이 형상 회복이라는 은혜의 선물은 오직 하나님께서 친히 직접 계획하시고 그 계획대로 이루신 경이로운 선물이기 때문이다. 하나님 형상의 회복을 준비하신 분도 하나님이시고, 훼손된 형상을 회복하시는 분도 하나님이시다(엡 2:8-9; 롬 5:17; 고전 6:11).

> 한 사람의 범죄를 인하여 사망이 그 한 사람으로 말미암아 왕 노릇 하였은즉 더욱 은혜와 의의 선물을 넘치게 받는 자들이 한 분 예수 그리스도로 말미암아 생명 안에서 왕 노릇 하리로다(롬 5:17).
>
> 너희 중에 이와 같은 자들이 있더니 주 예수 그리스도의 이름과 우리 하나님의 성령 안에서 씻음과 거룩함과 의롭다 하심을 얻었느니라(고전 6:11).

이 놀라운 은혜의 선물을 받은 하나님의 자녀들은 새로운 마음을 가지고 주님을 믿음으로만 살아가야 한다(롬 1:17; 고전 1:24, 30-31; 엡 4:24; 골 3:10; 롬 15:14). 이와 같이 하나님 형상의 회복은 그리스도인의 삶의 시작점이 무엇인가를 알려 주기에 매우 중요하다.

둘째, 하나님 형상의 회복은 마치 예수님 안에서 새 사람의 옷을 입는 것과 같다. 성경은 우리가 예수님을 믿을 때, 하나님의 자녀가 되어 새 사람의 옷을 입는 것이라 가르친다(골 3:10; 엡 4:23-24). 앞서 본 바대로, 훼손된 형상 회복을 성령님께서 예수님을 믿고 구원받은 사람들에게 예수님의 지혜, 지식, 의, 거룩함과 선함의 새 옷을 입히시는 것이라고 할 수 있다. 즉, 하나님 형상 회복의 관점에서 "예수 그리스도를 믿으면 새 사람을 입는다"라 할 수 있는 것이다(고전 1:24, 30-31; 골 3:10; 엡 4:23-24). 골로새서 3:10과 에베소서 4:23-24에서 성경은 이렇게 말한다.

> 새 사람을 입었으니 이는 자기를 창조하신 자의 형상을 좇아 지식에까지 새롭게 하심을 받는 자니라(골 3:10).
>
> 오직 심령으로 새롭게 되어 하나님을 따라 의와 진리의 거룩함으로 지으심을 받은 새 사람을 입으라(엡 4:23-24).

이 본문들은 구원받은 자들을 새 사람(골 3:10)이라고 부르면서, 그리스도인들에게 "새 사람을 입으라"(엡 4:23-24)고 명령한다. 이는 새 사람을 입고 서로 용서(엡 4:32)하고 서로 사랑하라(엡 5:1-2)고 하는 것이다. 즉, 예수님 안에서 하나님의 형상이 회복된 것(엡 4:23-24)을 기억하고 하나님을 본받는 자(엡 5:1)가 되라는 것이다. 바울은 갈라디아 3:26-27에서도 예수님 안에서 "그리스도로 옷 입었다"라고 말한다.

이제 이 본문(갈 3:26-27)으로 에베소서 4:23-24의 "새 사람을 입으라"를 보면 그 메시지가 더 분명해진다. 하나님의 자녀들은 예수님 안에서 예수님의 지식, 의, 거룩함의 옷을 입게 된 것(고전 1:24, 30-31; 골 3:10; 엡 4:23-24)을 믿고 받아들여서 하나님을 본받아 살아가라는 것이다. 이는 의인이 된 자들이 예수님을 믿는 믿음으로 살아야 하는 목적(롬 1:17)과 같다. 결국 예수님 안에서 새 사람의 옷(골 3:10; 엡 4:23-24)을 입어 하나님의 형상이 회복된 하나님의 자녀들은 이것을 늘 기억하고 그에 합당한 믿음의 삶을 살아야 하는 것이다.

셋째, 성경은 하나님 형상의 회복 상태를 갓 태어난 아기라 부른다. 이 갓 태어난 아기의 비유도 하나님 형상의 회복의 의미를 아는 데 도움을 준다. 이는 하나님이 보시기에 우리가 예수님을 믿는 순간 하나님의 자녀로 갓 태어나는 것과 같다는 뜻이다. 이것은 세상에서 말하는 나이의 많고 적음을 이야기하는 것이 아니다. 하나님이 보시기에는 나이가 많이 든 후에 예수님을 믿어도 그 지혜와 지식의 수준이 갓난아이와 같다. 그 의와 거룩함과 선함의 수준도 갓난아이 수준이다.

따라서 이 갓난아이의 비유는 예수님을 믿는 순간에 하나님이 보시는 그 실제적인 하나님 형상의 회복 수준을 뜻한다. 즉, 하나님이 보시기에 예수님을 믿는 순간에 우리의 지적·도덕적 탁월성의 수준이 갓난아이와 같다는 것이다. 회복된 탁월성은 피조물의 수준에서 지적·도덕적 탁월성의 회복이다. 하나님의 눈에는 예수님 안에서 회복된 지혜, 지식, 의와 거룩함과 선함은 아직 갓난아이의 수준인 것이다. 베드로전서 2:2은 예수님 안에서 갓 태어난 그리스도인들에 대한 하나님의 평가를 갓난아이의 수준이라 말한다.

> 갓난아이들 같이 순전하고 신령한 젖을 사모하라 이는 이로 말미암아 너희로 구원에 이르도록 자라게 하려 함이라(벧전 2:2).

이 본문은 예수님의 제자 베드로의 진술이다. 우리가 예수님을 믿을 때 회복된 하나님의 형상은 하나님의 속성인 의와 거룩하심과 선하심과는 도저히 비교할 수 없는 수준이라는 뜻이다. 이런 이유에서 이 본문은 하나님의 주권과 인간의 책임성이 다 포함되어 있다.

한편으로는 하나님이 회복시켜 주신 것은 피조물인 인간들을 하나님의 자녀로 받아 주시기 위한 수준의 지혜, 지식, 의, 거룩함과 선함이다. 이는 하나님의 주권적 은혜의 역사다.

다른 한편으로는 이 본문은 하나님께서 주권적인 역사로 회복시켜 주신 것에 대한 우리의 책임성을 요구한다. 하나님 형상의 성장의 책임성, 믿음의 성장의 책임성이다(롬 1:17, 8:29; 벧전 2:2).[128]

우리는 구원을 통한 하나님 형상 회복의 수준은 방금 갓 태어난 아기의 수준이라는 것을 반드시 기억할 필요가 있다.

넷째, 하나님 형상의 회복은 예수님 안의 의의 전가(옮기심, 여기심)의 개념으로 이해하는 것이 좋다. 우리가 앞서 보았듯이, 의의 전가의 개념이 하나님 형상의 회복을 이해하는 데 도움을 준다. 우리는 바울이 고린도전서 1:30에서 의의 전가와 하나님 형상의 회복과 연결하는 것을 보았다. 따라서 우리가 예수님을 믿음으로 예수님 안에 있게 되었을 때(칭의), 예수님께서 우리의 지혜, 의, 거룩함(형상 회복)과 구속함이 되신다(고전 1:30; 골 3:10; 엡 4:24; 골 2:3).[129] 예수 그리스도께서 "우리의 의가 되듯이 우리의 거룩함"이 되시는 것이다.[130]

---

[128] 앞서 언급한 대로 이 하나님 형상의 성장에 대해서는 제3권 제2장에서 다룰 것이다. 이와 관련해 앞으로 논의할 '4) 칭의와 죄 오염(pollution)'도 참조하라. 하나님의 완전한 형상이신 예수 그리스도를 닮아 가야 하는 우리의 책임이다. 성경에서 하나님을 닮아 간다는 것은 점점 그리스도와 닮아 간다는 뜻이기도 하다. CGI, 89. 성령님의 도우심으로 우리는 하나님의 말씀을 믿음으로 순종해서 회복된 하나님의 형상을 더욱 성장·발전시켜야 한다. RD, 2:558, 2:554-562; 『복음』, 270; Murray, *Collected Writings*, vol. 2, 270-274; IS, 89.

[129] 참고. ORF, 461, 473-74.

[130] ORF, 473.

이렇게 바울은 의의 전가와 하나님 형상의 회복과 연결해 칭의를 바로 알게 해서, 칭의와 성화와의 경계선을 볼 수 있게 해 준다.

그러나 우리는 여기서 베드로의 갓난아이의 비유에서 보았던 것처럼 주의해야 할 것이다. 우리가 예수님 안에서 믿음으로 의롭다(거룩하다, 선하다) 하심을 받은 것은, 하나님께서 은혜로 의롭다(거룩하다, 선하다) 여기신 것(전가, 여기심)이지, 의로운(거룩한, 선한) 사람으로 만드신 것이 아니다. 예수님 안에서 새로운 지혜와 지식의 회복도 마찬가지다.

> 새 사람을 입었으니 이는 자기를 창조하신 자의 형상을 좇아 지식에까지 새롭게 하심을 받는 자니라(골 3:10).

이런 면에서 골로새서 3:10의 옷의 비유도 갓난아이 비유와 비슷한 논점을 제시한다. 예수님 안에서 예수님의 의의 옷을 입은 것처럼, 예수님의 지식의 옷을 입은 것이고, 예수님의 거룩함의 옷을 입은 것이다(히 10:10; 요 17:19; 살후 2:13). 이는 하나님의 전적 은혜의 역사라고 했다. 예수 그리스도라는 하나의 옷은 하나님 형상의 전인격적 회복을 뜻한다(갈 3:26-27). 하나님께서 예수님 안에서 예수님의 지혜, 지식, 의로움, 거룩함과 선함의 옷을 입혀 주시는 것이다.

다섯째, 타락 전 아담의 하나님의 형상과 예수님 안의 하나님의 형상은 차이가 있다. 이제 우리는 하나님 형상의 회복 의미를 분명히 이해하기 위해 타락 전 아담의 죄와 우리의 죄에 대한 차이에 대해 질문할 필요가 있다.

하나님의 형상이 회복되었다는 것은 타락 전 아담이 지녔던 하나님 형상의 상태로 돌아가는 것을 의미하는가?

우리가 여기서 알아야 할 것은 아담의 죄는 하나님의 형상을 훼손했지만, 하나님 자녀들의 죄는 회복된 하나님의 형상을 다시 훼손하지 않는다는 사실이다. 이런 의미에서 우리는 예수님 안의 '새 사람'(골 3:10)이라고 했다. 우리가 죄를 지었다고 우리가 구원을 잃어버리는 것도 아니다. 회복된 하나님의 형상도 마찬가지다. 우리가 죄를 지어도 성령님께서 예수님 안에서 회복해 주신 하나님의 형상은 다시 훼손되지 않는다. 이것이 아담의 죄와 우리의 죄와의 차이다.

성령님께서 예수님 안에서 회복해 주신 지혜, 지식, 의로움, 거룩함과 선함은 다시 훼손되지 않는다. 그러나 여기서 우리가 형상의 회복과 함께 반드시 기억해야 할 것이 있다. 앞으로 볼 것이지만, 하나님이 죄책(guilt)은 사해 주셨지만 죄 오염(pollution)은 아직 제거된 것이 아니라는 것도 절대 잊지 말아야 한다. 하나님께서 죄에 대한 책임은 사해 주셨지만, 죄 된 습관(sinful nature)은 여전히 남아 있다는 것이다(롬 8:4; 갈 5:16).[131] 즉, 하나님 형상의 성장의 문제가 아직 남아 있다는 뜻이다.

> 육신을 좇지 않고 그 영을 좇아 행하는 우리에게 율법의 요구를 이루어지게 하려 하심이니라(롬 8:4).
>
> 내가 이르노니 너희는 성령을 좇아 행하라 그리하면 육체의 욕심을 이루지 아니하리라(갈 5:16).

---

[131] 바울은 육신(롬 8:4)이나 육체(갈 5:16)를 말할 때 주로 죄의 힘에 지배받는 육체를 뜻하는 헬라어(flesh: 사르크스, *sarx*, σάρξ)를 사용했다. BDAG, 915; EDNT, 231. NIV는 이를 주로 "죄 된 본성"(the sinful nature)이라고 번역했다. 앞으로 죄책(guilt)과 죄 오염(pollution)에 대해서는 '3) 칭의와 죄(죄책)에서 자유'와 '4) 칭의와 죄 오염'에서 좀 더 많이 다룰 것이다.

마지막으로, 하나님 형상의 회복은 전인격적(the whole person) 회복이다.[132] 우리는 하나님 형상의 회복의 내용을 총 정리하는 의미에서 그 회복의 전인격적인 면을 간략하게 살펴볼 필요가 있다. 이 하나님 형상의 전인격적 의미는 흩어져 있는 회복의 그림 조각들을 하나로 보게 해 주기 때문이다.

　한편으로는 전인격적 의미가 좁은 의미의 지혜, 지식, 의와 거룩함과 선함의 회복을 하나로 묶어서 보게 한다.
　다른 한편으로는 우리는 좁은 의미에 나타난 회복의 목록을 각각 분리하는 오류에 빠지지 말아야 한다.

　아직 우리가 하나님의 형상을 닮아 가는 믿음의 성장이 필요하지만, 우리가 어느 정도 지혜와 지식이 차야만 의롭게 되거나 거룩하게 되거나 선하게 되는 것은 아니다. 하나님 형상의 회복은 하나님이 자녀로 받아 주시기 위해 우리에게 허락하신 지혜, 지식, 의와 거룩함과 선함의 신분의 상태를 말한다. 지식 면이나 의로움 면에서 어느 수준이 되면 다음 단계로 거룩함이 시작된다는 말도 아니다. 하나님 형상의 회복 수준은 단지 하나님의 자녀가 되기에 합당한 자격을 허락하시기 위한 수준이다.
　예수님을 믿을 때 성령님은 전인격적인 면에서 훼손된 하나님의 형상을 회복시켜 주시고 다시 태어나게 하신다. 성령님은 예수님 안에서 우리의 지식, 의와 거룩함의 전인격적인 회복을 이루시는 것이다.

132　RD, 2:554-562.

우리가 앞서 보았듯이, 하나님의 의와 거룩과 선도 동일하신 한 하나님의 속성에서 기인한다. 우리에게 이루시는 하나님 형상의 회복도 '한 하나님의 형상의 전인격적 회복'이다. 동일하신 한 하나님의 속성에서 분리할 수 없듯이, 주 안에서 의와 거룩과 선과 지식의 회복도 분리할 수 없다. 예수님을 믿는 순간 동시에 지혜, 지식, 의로움, 거룩함, 선함의 회복이 동시에 발생하는 것이다.

정리하면, 우리는 훼손된 하나님 형상을 회복해 주신 하나님께 늘 감사해야 하지만, 그리스도의 형상을 이루기까지 성품 변화(성화)의 길에는 죄 오염의 문제가 있다는 것도 잊지 말아야 한다. 따라서 이제 우리는 이 문제가 무엇인가를 이해하기 위해 아담의 원죄로 인해 아담의 후손들에게 전가된 죄책(guilt)과 죄 오염(pollution)에 대해 살펴봐야 한다.

죄책은 죄에서의 자유의 문제요 죄 오염은 하나님의 형상이 회복되어도 남아 있는 죄 된 본성의 문제이다. 만약 믿음으로 승리하며 살기 원한다면, 죄에서의 자유의 의미와 죄 오염의 의미를 분명하게 알고 있어야 한다.

3) 칭의와 죄(죄책)에서 자유

죄란 무엇인가?

아담이 하나님의 언약을 파기한 데서 죄는 시작되었다. 죄는 아담이 하나님의 법인 하나님의 말씀을 아담이 어겼을 때 시작된 것이다. 우리는 앞서 모세 율법이 하나님의 법의 특성을 보여 준다고 했다. 따라서 율법의 관점에서는 죄를 하나님의 법인 하나님의 말씀을 위반한 것으로 정의할

수 있다.¹³³

이 죄에 대한 정의도 칭의와 하나님 형상의 회복처럼 우리의 정체성을 파악하는 데에 중요하다. 이런 이유에서 우리는 성경이 말하는 죄에 대해 분명하게 알 필요가 있다. 우리가 성경이 말하는 죄를 바로 이해하기 위해서 우리는 아담의 원죄와 우리와의 실제적 관계를 먼저 논의할 필요가 있다. 이는 죄책과 죄 오염의 관계에 대한 논의의 필요성이다. 이제 죄책(guilt)과 죄(guilt)에서의 자유에 대해 간략하게 살펴보겠다.

(1) 죄책 (guilt)

죄책과 죄 오염은 타락과 함께 이해하기 어려운 많은 성경의 진리들에 속한다. 현대에 들어오면서 기독교계에서 이 주제들에 대한 가르침과 토론이 사라진 지 오래다. 어느 시대든 이 주제들은 인기가 없기 때문이다. 그러나 누구든지 하나님의 은혜를 바로 이해하기 원하면 원죄(original sin), 타락, 죄책과 죄 오염에 대해서 알아야만 한다.

성경도 하나님의 은혜를 설명하기 위해 아담의 타락이라는 주제를 다룬다. 그러나 성경은 아담의 타락을 설명하기 위해 은혜의 의미를 설명하는 것이 아니다. 왜 예수님의 완전한 순종이 필요한지 그 근원을 캐다 보면 아담의 불순종을 발견하게 되는 것과 같은 이치다. 성경은 주로 하나님의 은혜를 설명하기 위해 대조로 죄를 설명한다.

죄책(guilt)도 이와 다르지 않다. 십자가의 죽음이 왜 필요한가에 대한 답이 죄책이다. 즉, 죄 용서, 죄 사함, 죗값의 지불에 대한 이유를 찾다 보면 죄책이라는 문제에 도달한다. 신학자들은 '죄책'을 '죄에 대한 책임'이라

---

133 참고. 제1권 '제2장 아담 언약'; CGI, 169-172; SBL, 101.

고 보았는데, 이것의 뿌리는 원초적 죄책(original guilt)이다.[134]

신학자들은 성경에서 말하는 '죄에 대한 책임'을 설명하기 위해 아담의 원죄를 2가지 즉 원초적 죄책(original guilt)과 원초적 오염(original pollution)으로 나누어 설명한다. 이것이 우리에게는 아담의 원죄와 우리와의 관계가 죄책(guilt)과 죄 오염(pollution)으로 알려져 왔다.

성경에 있는 하나님의 말씀이 진리라면 아담의 원죄에 대한 말씀도 진리다. 아담의 원죄가 진리라면 이를 재해석한 죄책과 죄 오염도 진리다. 그러나 누구든지 아담이 죄를 세상에 들어오게 한 장본인임을 부정하면 예수님의 완전한 의가 세상에 들어온 것도 부정해야 한다. 즉 아담을 부인하면 예수님께서 오심도 부인하게 된다는 의미다.

우리가 지금까지 본 바대로, 성경은 죄책과 죄 오염의 문제를 언약적·법적·실제적 문제로 다룬다. 일례로 앞서 본 로마서 5:12-22과 고린도전서 15:22은 죄책의 관점에서 우리와 아담과 예수 그리스도를 언약적·법적·실제적으로 연결한다. 아담과 예수님은 다 보통 사람들이 아니다. 다 하나님의 법인 언약의 말씀으로 세워진 대표자들이요, 실제로 존재했던 역사적 인물들이다.

아담은 죄를 세상에 들여오고, 예수님은 죄의 용서를 가져오셨다. 아담은 언약 파괴자요, 하나님의 법인 말씀을 어긴 자요 실제로 죄를 지은 자다. 예수님은 언약을 수호하신 분이요, 하나님의 법인 말씀을 지키시고 실제로 죄를 짓지 않으신 분이시다. 우리는 언약적·법적·실제적으로 아담이나 예수님과 연결되어 있다(고전 15:22).

---

[134] 종교개혁자들에게 죄책(guilt: *culpa*)은 "형벌에 대한 책임"(liability to punishment: *reatus poenae*)이다. 『칭의』, 107-8. 원초적 죄책(original guilt)과 원초적 오염(original pollution)은 『칭의』를 참조하라. Ibid, 405-407, 423.

아담 안에서 모든 사람이 죽은 것 같이 그리스도 안에서 모든 사람이 삶을 얻으리라(고전 15:22).

그래서 우리는 모두 아담 안에서 죄책이 있는 자들이 되거나 예수님 안에서 죄책의 사함을 받은 자들이 된다. 우리가 아담 안에 있을 때는 아담의 원죄의 결과인 죄책(guilt)이 우리에게 실제적으로 전가되고, 예수님 안에서는 예수님의 완전한 순종으로 인해 우리의 죄책이 예수님께로 실제적으로 옮겨진다. 따라서 예수님 안에서의 죄에서 자유는 죄책에서의 자유를 뜻한다. 이제 우리는 '죄에서 자유'에 대해 살펴보겠다.

(2) 죄(죄책)에서 자유

'죄에서 자유'에 대해 더 살펴보기 전에 한 가지 질문을 하고 싶다.

성경이 말하는 자유와 세상이 말하는 자유의 차이점은 무엇인가?

하나님은 우리에게 자유의지를 주셨기 때문에 우리 본성의 의지는 자유하기를 원한다. 우리는 본성적으로 죄에서 자유하기를 원하고 죄에서 자유하다고 생각하기도 한다. 그래서 '자유'는 인류 역사를 통해 가장 인기가 있는 주제였다. 자유를 찾기 위해 수없는 논쟁의 주제가 되어 왔고, 자유를 위해 혁명과 전쟁도 서슴없이 치러 왔다. 오늘도 여전히 자유는 우리에게 매우 중요한 문제다.

성경에서의 자유는 기본적으로 죄인들의 죄에서 자유를 뜻한다(롬 6:18, 22; 8:2). 그러나 세상의 자유는 죄에서 자유가 아니다. 근대 인류 역사에서 성경에서 말하는 '죄에서 자유'의 개념과 차이를 가장 잘 보여 주는 것은 인본주의나 계몽주의다. 그리고 이 영향을 받은 것이 1789년의 프랑스 혁명의 자유, 평등과 박애 정신이다.

그렇다면 인본주의나 계몽주의의 자유의 기본적인 개념은 무엇인가?

인본주의나 계몽주의는 기본적으로 인간의 능력 자체에서 오는 자유의 개념을 주장한다. 이는 성경의 은혜로 인한 죄에서 자유의 개념을 변조한 것이다. 성경의 죄에서 자유의 개념을 변조한 이 자유의 개념은 지금도 인기가 많다. 인류는 하나님과 상관이 없이 인간의 능력을 개발하는 이 정신문화를 발전시켜 왔다.

그러나 로마서 6:18은 죄에서 자유에 대해 분명하게 말한다.

> 죄에게서 해방되어 의에게 종이 되었느니라 (롬 6:18).

이 본문은 하나님의 자녀들은 죄에서 자유(free from sin)하게 되었다고 말한다. 앞서 우리는 로마서 1:17-6:11은 죄와 의를 대조하면서 칭의에 대해 설명한 것을 보았다. 바울은 로마서 6장에서 죄의 문제를 다시 끄집어낸다.

바울은 왜 죄의 문제를 다시 제시하는가?

그 이유는 당시 로마교회에서 하나님의 은혜를 받았다 하는 사람들이 다시 죄를 지었기 때문이다(롬 6:15).

> 그런즉 어찌하리요 우리가 법아래 있지 아니하고 은혜 아래 있으니 죄를 지으리요 그럴 수 없느니라 (롬 6:15).

하나님의 은혜를 받고 죄 사함을 받은 하나님의 자녀들이 다시 죄를 지을 수 있다는 말인가?

특히 예수님을 믿고 지도자들이 되면 죄에서 자유하게 되는 것은 아닌가?

절대 아니다. 바울은 절대 아니라고 강력하게 말한다.

한편으로는 그리스도인들이 율법의 정죄에서 자유(롬 7:1-25)하게 되어 율법의 법 아래 있지 않다.

다른 한편으로는 그들은 아직 하나님 말씀의 법(롬 6:15) 아래 있다.

그렇다면 로마서 6:18의 죄에서 자유는 무엇을 뜻하나?

이 본문은 죄에 대한 책임(죄책: guilt)에서 자유를 뜻한다. 로마서에 따르면 법을 어기고 불법을 행한 자들은 죄에 대한 대가를 지불해야 하는 책임이 있다. 즉, 아담 안에 있는 모든 사람은 자신이 지은 모든 죄에 대한 책임을 지고 형벌을 받아야만 한다. 즉, 우리는 우리의 죄들에 대한 책임(guilt) 때문에 형벌을 받아야만 한다. 따라서 성경이 말하는 죄에 대한 자유는 하나님의 법을 어기고 불법을 행한 자들의 '죄에 대한 책임(죄책: guilt)'의 형벌에서의 자유다.

우리가 죄책에 대해 좀 더 이해하려면 아담이 보통 사람이 아니라는 것을 기억할 필요가 있다. 아담은 온 인류의 대표로 하나님과 언약을 맺은 자요 그 언약의 파괴자라고 했다. 아담이 지은 죄에 대한 죄책이 아담 안에서 우리에게 실제적으로 전가되었다. 이는 역사적 사건이다.

그러나 우리는 오직 하나님의 은혜로 예수님 안에서 죄 용서함을 받는다(딛 1:15-16). 예수님 안에서 죄에서 자유함을 받는 것이다. 앞서 우리는 칭의의 조건인 십자가 순종에 대해 논의할 때 이를 분명히 했다. 요한복음 8:32은 로마서 6:18에서 말한 죄에서 자유를 이렇게 말한다.

진리를 알찌니 진리가 너희를 자유케 하리라 (요 8:32).

이 본문에서 '진리'는 물론 예수님이시다(요 8:36, 14:6). 이에 따르면 우리는 진리를 아는 자들이요, 예수님이 우리의 죄를 담당하셨기 때문에 우리는 죄에서 자유하다는 의미다. 그래서 바울은 아담 안의 모든 인간은 죄를 범한 죄의 종인데, 예수님 안에 있는 하나님의 자녀들은 의의 종(롬 6:15-23)이라고 말한다.[135]

바울의 말처럼, 예수님께서 우리의 모든 죄에 대한 책임을 지고 십자가에서 형벌을 받으시고 완전한 순종을 하셨기 때문에 우리는 의의 종이 된다(롬 6:1-11). 예수님의 구속 사역이 우리를 죄책 즉 '죄에 대한 책임'에서 자유하게 하는 것이다.

정리하면, 본서 제2장에서 논의했던 것처럼, 예수님께서는 죄인들이 지었던 과거의 죄, 현재 짓고 있는 죄 그리고 미래에 지을 모든 죄에 대한 죄의 책임(guilt)인 형벌을 당하셨다.[136] 죄인들이 짓는 모든 죄의 책임에 대한 모든 형벌을 대신 당하신 것이다(마 1:21; 요 1:29; 롬 4:25; 계 1:5). 예수님께서는 십자가에서 죄인들이 평생토록 짓는 죄들에 대한 모든 죗값을 영원히 지급하신 것이다.

따라서 우리는 예수님을 믿는 순간, 예수님 안에서 모든 죄에서 사함을 받고, 모든 죄에 대한 책임에서 자유하게 된다. 예수님 안에서 새 사람으로 다시 태어나는 것이다(눅 4:18; 엡 4:23-24).

---

[135] 예수님께서는 이어 바울(롬 6:17)이 말한 '죄를 범한 자는 죄의 종'(요 8:34)에 대해 말씀하신다. 그리고 "아들이 너희를 자유케 하면 너희가 참으로 자유하리라"(요 8:36)라고 말씀하신다.

[136] '2) 넓은 의미의 완전한 순종'에서 '② 아담 언약과 은혜로만의 완전한 순종'을 참조하라.

> 주의 성령이 내게 임하셨으니 이는 가난한 자에게 복음을 전하게 하시려고 내게 기름을 부으시고 나를 보내사 포로된 자에게 자유를, 눈먼 자에게 다시 보게 함을 전파하며 눌린 자를 자유케 하고(눅 4:18).

이것이 성경이 말하는 죄에서의 자유다(요 8:32; 롬 6:18). 이것은 세상의 자유의 개념과 근본적으로 다르다. 성경의 자유는 죄에서의 자유요, 세상의 자유는 하나님과 상관이 없는 인간의 능력이 주는 자유함을 말한다. 하나님께서는 죄인들을 죄에서 자유케 하시려고 죄와 상관없으신 예수님을 이 땅에 보내신 것이다.

우리가 지금까지 본 바대로, 예수님의 공로로 예수님 안에 있는 자들의 모든 더러운 죄를 다 사해 주셨다. 성경에서 말하는 인간의 죄는 하나님이 원하시는 거룩함과 반대의 개념이다. 이제 우리는 죄에서 자유롭지만, 그 누구도 '죄'에서 자유롭지 못하다는 말이 무슨 뜻인지 살펴볼 때가 되었다. 이에 대한 답변은 위에서 본 본문들(롬 6:15, 18)에 대한 답변도 된다. 지금도 하나님의 자녀들이 죄 짓는 것을 부정하는 사람들은 이에 대한 답변을 반드시 성경에서 찾아봐야 한다.

죄 오염의 문제는 성품 변화의 문제다. 다시 말하면, 이 땅에서 거룩하신 하나님을 닮아 가는 성장의 과정은 죄 오염과 싸우는 과정이기도 하다. 그리고 성경이 말하는 예수님 안에 죄책에서 자유는 죄 오염에서 자유를 자동적으로 보장하지 않는다.

(3) 죄 오염과 자유

죄 오염(pollution)은 어디서 온 것인가?

앞서 논의했던 것처럼 아담의 원죄(원초적 죄책과 원초적 오염)가 아담의 후손들인 모든 인류에 죄책과 죄 오염으로 전가된다. 이 주제는 제3권 제2장에서 자세히 논의할 것이기 때문에 여기서는 죄 오염의 전가에 대해 간략하게 살펴보도록 하겠다.

죄 오염의 전가에 대한 가장 기본적인 내용은 역시 로마서 5:12-21이나 고린도전서 15:22에서부터 찾아보는 것이 좋다.

> 이러므로 한 사람으로 말미암아 죄가 세상에 들어오고 죄로 말미암아 사망이 왔나니 이와 같이 모든 사람이 죄를 지었으므로 사망이 모든 사람에게 이르렀느니라 (롬 5:12).

이 본문들(롬 5:12-21; 고전 15:22)에 따르면 죄책의 경우처럼 죄 오염은 아담 안에서 아담의 원죄 결과가 모든 인류에게 전가된 것으로 생긴 것이다. 왜냐하면 아담이 죄를 지은 결과는 '죄를 지은 것에 대한 책임'(원초적 죄책)과 '죄가 침범해서 생긴 죄를 짓는 본성'(원초적 오염)이었기 때문이다.

특히 여기서 죄를 짓는 본성(원초적 오염)은 아담이 죄를 짓기 전에는 없던 '죄로 오염된 본성'이다. 따라서 아담 언약에 따라 아담 안에서 죄를 지은 책임이 전가된 것처럼, 죄가 침범해 생긴 죄를 짓는 본성이 모든 인류에 전가된 것이다(롬 5:12-21; 고전 15:22). 즉, 죄로 오염된 새로운 본성이 아담 안에 있는 모든 자에게 있다.

로마서(5:12, 7:18, 8:13)는 죄 오염의 전가로 인한 결과를 '육신'이라고 말한다. 바울이 많이 사용한 이 "육신"이라는 단어는 '죄의 오염에 의해 죄의 힘에 지배받는 육체'를 뜻하는 헬라어(사르크스, sarx, σάρξ)를 사용했다.[137] 로마서 7:18과 8:13-14에서 육신이라는 단어는 죄 오염의 전가를 내포해 기본적으로 '죄로 오염된 죄 된 본성'이라는 뜻을 가지고 있다. 하나님의 자녀들의 죄 오염에 대한 논의는 앞으로 제3권 제2장에서 계속될 것이다. 하나님의 자녀들에게도 존재하는 죄 된 본성 즉 죄 된 습관의 2가지 특성을 간단하게 정리하면 다음과 같다.[138]

첫째, 죄 된 본성은 죄의 더러움의 행위로 나타난다.
둘째, 죄 된 본성의 힘을 약화시킬 수 있는 방법은 회개와 말씀 순종이다.[139]

여기서는 이렇게 죄 된 본성에 대한 2가지 특성만 지적하고 이에 대해서는 제3권 제2장에서 다시 자세히 논의할 것이다.

하나님의 자녀들도 죄 오염에서는 자유할 수 없다. 하나님의 자녀들 안에도 '죄 된 본성'이 아직 존재하고 있기 때문이다. 바울은 그의 서신서들에서 '육신'이라는 단어를 사용해 우리 안에 있는 죄 된 본성의 존재를 알려 준다. 동시에 이 '육신'이 상징하는 죄 오염의 힘을 이기는 방법이 성령님을 좇아 말씀과 기도로 살아야만 한다는 것을 알려 준다. 아담 안의

---

[137] BDAG, 915; EDNT, 3:231. 바울이 사용한 이 육신이라는 단어는 죄 오염의 뜻을 가지고 있다는 것을 기억할 필요가 있다. 그리스도인들의 죄 오염에 대한 논의는 제3권 '제2장 변화가 일어난다'에서 '1. 하나님의 자녀들의 책임성' 중 '1) 하나님의 자녀들의 죄 오염'을 참고하라.

[138] 이 2가지에 대한 자세한 논의는 제3권 '제2장 변화가 일어난다' 중 '1. 하나님의 자녀들의 책임성'의 '1) 하나님의 자녀들과 죄 오염'에서 계속할 것이다.

[139] 회개와 말씀 순종에 대해서는 제3권 제3장에서 '1. 믿음의 순종'을 참고하라. 여기서는 죄 된 본성과 관련해 간략하게 살펴볼 것이다.

죄책과 죄 오염 그리고 예수님 안의 죄책과 죄 오염을 칭의와 성화의 측면에서 정리한 것이 아래 표 2-H이다.

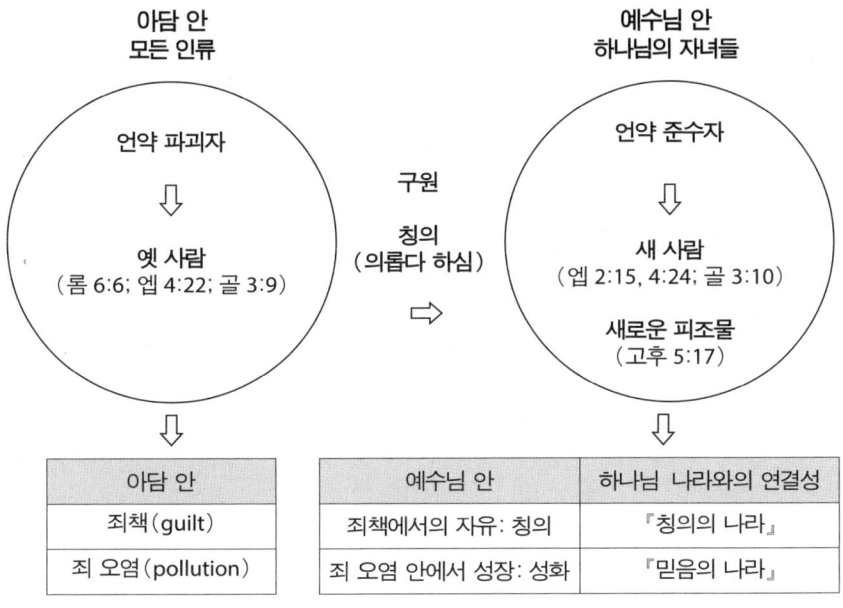

표 2-H

4) 결론

하나님이 아담의 타락으로 인해 훼손된 하나님의 형상을 회복하시는 것은 실로 놀랍고 경이롭다. 하나님께서는 우리가 하나님의 자녀로 천국 잔치에 참여할 수 있도록 훼손된 하나님의 형상을 회복시켜 주시는 것이다. 하나님께서는 새 언약을 성취하신 예수님의 완전한 순종으로 우리 죄인들에게 이 놀라운 복의 길을 열어 주셨다. 성령님께서는 예수님께서 어렵고 힘들게 이루신 완전한 의의 복을 죄인들에게 실행하신다. 성령님께서는 죄인들의 훼손된 하나님의 형상을 회복시켜 주심으로 하나님의 자녀라는 엄청난 신분 변화의 복을 주신다.

그러나 우리는 여기서 하나님께서 하나님 형상의 회복을 주신 이유가 있다는 것을 잊지 말아야 한다. 하나님의 주권적 역사로 이루신 이 회복은 거룩하신 하나님을 닮아 가라는 초대임을 늘 기억해야 한다. 우리에게 죄된 본성과 싸우며 예수 그리스도를 닮아 가야 한다는 책임성을 요구하시는 것이다. 성경은 예수 그리스도는 하나님의 완전한 형상이라고 가르치며 믿는 자들의 성장·발전의 책임성을 지적한다(롬 8:29; 갈 4:19; 골 1:9-12, 1:27-29, 3:10).

> 나의 자녀들아 너희 속에 그리스도의 형상이 이루기까지 다시 너희를 위하여 해산하는 수고를 하노니(갈 4:19).

우리는 하나님 형상의 회복이 갓 태어난 아기의 수준이라는 것을 항상 기억하고 말씀과 기도로 예수 그리스도를 닮아 가야 한다(롬 8:29; 고전 15:49; 고후 4:4; 갈 4:19; 골 1:15). 성령님께서는 이 일을 이루시기 위해 우리 안에서 역사하신다. 성령님께서는 우리가 죄 된 본성과 싸우며 믿음으로 나아갈 때 우리와 손을 잡고 우리와 함께 일하신다.

제4장
결론 : 예수님의 완전한 순종, 완전한 의로 복음을 주셨다

하나님 나라는 예수님의 완전한 순종에 의한 칭의의 복음으로 세워졌다. 이제 누구든지 하나님의 나라를 바로 알기 원한다면 칭의의 복음을 알아야만 한다. 하나님은 창세 전에 예수님 안에서 하나님의 자녀들을 위해 이를 계획하시고, 그 계획대로 예수님을 보내셔서 그 계획을 손수 집행하셨다. 사실 하나님의 주권적 은혜의 역사로 죄인들의 칭의를 계획하고 약속하신 분도 하나님이시고, 그 계획과 약속을 실행하시는 분도 하나님이시다.

삼위일체 하나님의 계획과 약속에 따라, 새 언약의 대표자이자 성취자이신 예수님께서는 그것을 실행하기 위해 오셨고, 성령님께서는 예수님이 이루신 것을 우리에게 적용하기 위해 오신다. 성경은 이 위대한 구원 역사의 계획대로 실행하셔서 약속을 지키신 하나님을 경이로운 지혜와 위대한 능력이 있으신 분으로 소개한다.

성경이 말하는 칭의의 복음을 위한 예수님의 구원 역사는 구약에서 준비하고 신약에서 완성된다. 하나님께서는 예수님의 완전한 순종을 통해 어렵고 고통스럽고 힘들게 칭의의 복음을 이루셨다. 하나님께서는 예수님의 완전한 순종으로 취득하신 완전한 의가 죄인들의 영원한 칭의의 기초가 되게 하신 것이다. 크고 놀라우신 은혜로 하나님께서는 이 완전한 의를 오직 예수님 안(연합)에서 죄인들의 것(전가)으로 받아들이신다. 누구든지 예수님을 믿으면 예수님의 완전한 의가 오직 은혜로 그 믿는 자의 것이 되는 것이다. 예수님을 믿으면 하나님께 복을 받고 구원과 영생과 의롭다 하심을 얻는다. 이 칭의의 복음은 은혜의 복음이다.

따라서 칭의의 복음 핵심은 오직 은혜로만 오직 믿음으로만 의롭하심(롬 3:28, 3:30, 5:1; 갈 2:16, 3:24)을 받는 것(이신칭의: justification by faith alone)이다. 이신칭의(오직 믿음으로만의 칭의)의 복음은 오직 하나님 은혜의 기초 위에 세우신 믿음의 법(롬 3:27, 1:17; 엡 2:8-9)에 따른 것이다.

한편으로는 이 이신칭의(以信稱義)는 우리에게 새로운 믿음의 기회를 열어 주시겠다는 선언이다.
다른 한편으로는 이 선언은 예수님 안에 의인이 된 자들은 오직 믿음으로만 살아야만 한다는 하나님의 명령(롬 1:17)이자 초대이기도 하다.

> 복음에는 하나님의 의가 나타나서 믿음으로 믿음에 이르게 하나니 기록된 바 오직 의인은 믿음으로 말미암아 살리라 함과 같으니라(롬 1:17).

그렇다. 오직 하나님의 은혜로 예수님 안에서 의인이 된 자들은 오직 믿음으로만 살아야만 한다(롬 1:17, 3:30; 엡 2:8-9; 히 11:6). 성령님께서는 믿음으로 사는 자들을 항상 도와주시기 때문이다. 비유로 말하면, 하나님이 죄인들을 예수님 안에서 의롭다 선포하실 때, 성령님께서는 우리에게 믿음의 손을 내미신다. 성령님께서는 이때 우리에게 자신의 믿음의 손을 잡고 같이 가자고 하시는 것이다. 따라서 이신칭의의 법적 선포는 성령님께서 우리에게 계속 믿음의 손을 내미실 것이라는 약속의 선언이기도 하다.

성령님께서는 우리가 이신칭의의 믿음으로 살아갈 때 그에 대한 하나님의 약속을 반드시 지키신다. 로마서 1:17은 이렇게 오직 하나님의 은혜로의 칭의의 믿음(a justifying faith)과 성화의 믿음(a sanctifying faith)을 연결한다. 성령님께서는 우리 안에서 칭의의 믿음으로 의롭게 하시는 은혜(a justifying grace)와 거룩하게 하시는 은혜(a sanctifying grace)를 연결하시는 것이다.

오직 하나님의 은혜로 우리 안에서 역사하시는 성령님께서는 우리가 이신칭의의 목적을 이루는 삶을 살게 하신다. 그러나 우리는 의롭다 하심을 받은 후에 믿음으로 행해야 함은 우리의 책임이라는 것도 잊지 말아야 한다(히 11:6).

> 믿음이 없이는 기쁘시게 못하나니 하나님께 나아가는 자는 반드시 그가 계신 것과 또한 그가 자기를 찾는 자들에게 상 주시는 이심을 믿어야 할찌니라(히 11:6).

하나님께서 예수님 안에서 하나님의 형상을 회복시켜 주신 목적도 이와 다르지 않다. 물론 예수님 안에서 훼손된 하나님 형상의 회복도 하나님 은혜의 선물이다. 그러나 이 선물은 우리가 성령님의 도우심으로 이를 더 성장·발전시켜야 할 "과제"요 책임이 포함되어 있다.[1]

우리는 회복의 목적을 알고 믿음으로 살아야만 한다. 이런 칭의와 하나님 형상의 회복에 대한 바른 인식은 우리가 신앙생활의 출발선과 책임의 선을 확실히 그을 수 있게 도와준다. 그래서 예수님의 완전한 순종에 의한 칭의와 하나님 형상의 회복의 의미를 바로 이해하고 믿는 것은 매우 중요하다.[2]

---

1 CGI, 63, 88-91.
2 RD, 2:558; IS, 29. 참고. CS, 278.

누구든지 칭의와 하나님 형상의 회복을 바로 이해할 때 신앙생활의 시작점을 바로 알 수 있기 때문이다. 하나님 형상의 회복에 대한 바른 이해는 예수님의 크신 사랑을 받은 믿는 자들의 책임이 어디서부터 출발하는지를 알 수 있게 도와준다.

우리는 이제 칭의와 하나님 형상의 회복 관점으로 신약이 가르치는 예수님에 대한 '사실들'(facts: indicative, 직설법)을 바로 이해할 수 있게 되었다. 그리고 하나님 형상의 성장의 관점으로 예수님이 우리를 위해 이루신 구속 사역의 사실들(facts)에 따라 믿음으로 사는 삶("이렇게 살라!": how to live, imperative, 명령법)이 무엇인지를 바로 이해할 수 있게 되었다.[3]

하나님의 자녀 된 우리는 칭의와 하나님 형상의 회복에 대한 사실들(진리들)을 알았으니, 하나님 형상의 성장을 위해 더욱 믿음으로 살아야 한다. 이런 이유에서 그리스도인의 삶은 내주하시는 성령님의 도우심으로 말씀을 순종하며 예수님의 형상을 날마다 더 닮아 가는 과정이다.

하나님이 우리가 예수님을 믿을 때, 우리의 죄 된 본성을 완전히 제거하시지 않는 이유도 회복된 하나님 형상의 성장에 있다. 우리가 믿음으로 행할 때, 성령님께서는 오히려 우리의 죄 된 본성을 우리의 믿음을 강하게 하는 동반자로 만들어 주실 수 있는 분이다. 성령님은 항상 우리에게 믿음을 주시고 우리를 의롭다 하시고 우리가 예수님을 닮아 가게 도와주시는 것이다(롬 15:16; 고전 1:2, 1:30; 엡 4:24; 벧전 2:1; 살후 2:13; 딤후 1:9).

이제 우리는 죄책을 사해 주신 은혜, 즉 신분 변화(칭의)의 기초 위에 믿음으로 우리 자신을 보며 항상 기뻐하고 감사하며 살아야 한다(빌 4:4-8). 주신 하나님의 은혜에 늘 감사하며 믿음으로 살아가겠다고 불굴의 각오와 의지를

---

3 참고. ST, 813-814. 우리는 제3권 제2장에서 '4. 하나님 형상의 성장'에 대해 좀 더 많이 다룰 것이다.

갖고 말씀을 순종해야 한다. 예수님을 믿는 자들은 누구나 다 믿음의 나라에 입성하기 때문이다. 믿음의 나라는 혼자 사는 나라가 아니다. 성령님과 함께하는 나라다. 성령님을 전적으로 의지해 믿음으로 사는 나라다. 믿음의 나라는 하나님의 은혜와 사랑을 더 깊이 아는 나라다.

부록 A
하나님 나라는 이미 시작되었다[1]

1. 하나님 나라

하나님 나라의 가장 중요한 특징은 당연히 하나님이 지으신 나라라는 것이다. 이 때문에 하나님 나라는 그 시민들을 직접 택하시는 하나님의 속성을 반영한다. 우리와의 관계적 측면에서 볼 때, 하나님 나라에 나타난 가장 중요한 하나님의 속성은 하나님의 영원성과 하나님의 의라고 볼 수 있다. 그 이유는 성경은 변함이 없으신 하나님의 의의 기준에 따라 예수님이 이루신 구속 사역의 가치를 영원히 약속하고, 또 우리 믿음에 대한 하나님의 말씀도 영원한 결과를 약속하기 때문이다.

우리는 하나님의 영원성에 대해서 자주 잊어버린다. 그러나 성경은 하나님의 영원성을 강조한다. 하나님이 시간을 창조하셨고, 이것이 어떻게 영원에 귀속되는지 유한한 존재인 우리는 잘 알지 못하지만, 우리에게도 영원성의 의미는 매우 중요하다. 하나님께서 우리 현재의 시간을 영원과 연결하시

---

[1] 앞서 언급했듯이, 이 부록 A '하나님 나라는 이미 시작되었다'는 제1권 『언약의 나라』 제1장 내용이다. 이는 제1권을 읽은 독자들 또는 제2권을 먼저 접하는 독자들을 위한 것이다.

기 때문이다. 성경의 하나님은 구원과 믿음에도 역시 영원성을 부여하신다. 이 "칭의와 하나님 나라 시리즈"에서 계속해서 믿음의 반응과 믿음의 순종에 영원한 가치성이 있음을 강조하는 이유이다. 우리의 현재 말과 행동에 영원한 의미를 부여하시는 분은 바로 영원하신 하나님이시다.

또한, 하나님 나라는 인간이 만들어 낸 법에 의해서 세워진 나라가 아니다. 자신이 세우신 법에 따라 신실하게 실행하시는 하나님께서 세상과 인간을 창조하셨고, 그 법에 따라 다스리신다. 하나님께서는 하나님의 의가 나타난 하나님 말씀을 하나님 나라의 법으로 주셨다. 이렇게 인간에게 주신 하나님의 의의 법도 영원하다. 영원하신 하나님께서 자신의 의를 기초로 해서 세상을 창조하시고 하나님 나라를 세우신 것이다. 이 때문에 성경에 나타난 하나님의 의의 특성을 이해하는 것 역시 매우 중요하다. 이 하나님의 의의 속성은 본서 제3장에서 살펴볼 것이며 "칭의와 하나님 나라 시리즈"에서 계속 강조될 것이다.

하나님의 영원성과 하나님의 의는 우리에게 구원의 확신을 주고 약속의 말씀을 믿고 살아가는 데에 도움이 된다. 하나님은 영원히 변하지 아니하시고 신실하시기 때문에 우리 구원을 위한 의의 기준도 영원히 변하지 않는다. 이런 면에서 하나님 나라의 시민들은 하나님 사랑의 역사로 의의 문제가 영원히 해결된 자들이다.

1) 영원한 하나님 나라는 언제 시작되었나?

성경은 영원한 하나님 나라의 시작을 어떻게 소개하고 있나?

영원한 하나님 나라는 예수 그리스도께서 이 땅에 오셔서 복음을 주심으로 시작되었다(마 9:15, 11:11, 13:16-17, 23:13; 막 10:15; 눅 17:21).[2] 복음이란 예수님으로 인해 죄인인 우리에게 하나님 나라에 입성할 길이 열렸다는 '하나님 나라의 좋은 소식'(the good news of the kingdom)이다(마 9:35). 즉, 복음은 영원한 하나님 나라가 시작되었음을 알리는 좋은 소식이다. 신약 전체에서 하나님 나라가 '복음의 초점'(the focus of the good news)인 이유이다(마 9:35, 24:14; 눅 8:1; 행 1:3, 8:12, 19:8, 20:25, 28:23, 28:31).[3] 마가복음 1:15를 살펴보는 것이 우리에게 도움이 된다.

> 가라사대 때가 찼고 하나님 나라가 가까웠으니 회개하고 복음을 믿으라 하시더라 (막 1:15).

이 본문에서 예수님은 하나님 나라의 시작과 복음을 연결해서 말씀하신다. 또한, 하나님 나라가 인간들의 죄에 대한 회개와 관련이 있다는 것을 알리고 계신다. 즉, 하나님 나라는 회개하고 복음을 믿는 자들에게 열릴 것이라는 의미다. 하나님은 예수님을 믿는 자들에게 영원한 하나님 나라가 시작될 것이라고 약속하신다.

사실상 예수님의 구속 사역을 통한 하나님 나라의 도래는 인간 창조와 가장 깊은 관계를 맺고 있다. 하나님의 위대한 은혜의 역사는 인간을 하나님

---

[2] RD, 3:247, 3:498, 4:715; PE, 246.
[3] ST, 95.

의 형상대로 창조하신 것에서 시작한다. 삼위일체 하나님께서는 모든 인류의 대표자 아담을 하나님의 형상으로 지으셨다(창 1:26-28). 하나님께서는 아담과 모든 인간에게 하나님의 언약 말씀들을 주셔서 이에 대한 믿음의 순종을 요구하셨다. 하지만 하나님 나라의 위기는 모든 인류의 대표자인 아담이 언약의 말씀을 불순종했을 때 찾아왔다. 처음에는 아담의 타락으로 인해 하나님 나라 건설에 실패한 것처럼 보였다. 피조물에 주신 지혜롭고 의롭고 거룩하고 선한 하나님의 형상도 훼손을 입은 것이다.[4] 그러나 놀랍게도, 아담의 죄에 대한 마땅한 형벌을 유보하신 하나님께서는 그 책임과 형벌을 자신에게서 찾으셨다. 우리는 여기서 하나님 나라의 건설이 실패한 것이 아니고 오히려 계속 진행되고 있었다는 것을 주목해야 한다.

영원하신 하나님께서는 아담의 타락 이후 하나님의 언약 백성인 이스라엘을 통해 인간들에게 지속해서 구속적 언약들을 주셨다.[5] 이 하나님의 언약들은 이스라엘을 통해 모든 죄인에게 주어져, 그들이 영원한 하나님 나라의 회복에 관한 기대를 하고 살게 하신 것이다. 그리고 하나님은 약속대로 예수님을 보내셔서 훼손된 하나님 나라를 회복하신 것이다. 예수님의 엄청난 희생으로 영원한 하나님 나라는 다시 새롭게 시작되었다.

죄를 증오하셔서 심판하시는 하나님께서는 오히려 인간 타락의 위기를 사랑과 은혜로써, 훼손된 하나님 형상 회복의 기회로 삼으셨다. 새 언약의 대표자 예수님을 보내셔서 죄인들을 대신해 형벌을 받게 하시고 하나님 나라를 더 강화하신 것이다. 이처럼 하나님의 나라는 인간의 노력에 의한 성취로 세워진 나라가 아니고 오직 하나님의 은혜 역사로만 세워진 나

---

[4] 이에 대해 제1권 제2장, '2-1) 아담 언약' 부분에서 훼손된 하나님 형상과 제2권 제3장에서 칭의와 하나님의 형상 회복에 대한 논의를 보라.

[5] SBA, 174-195.

라다.⁶ 이것이 타락한 인간 구원에 나타난 놀랍고 경이로운 하나님의 은혜 역사이다.

2) 영원한 하나님 나라의 도래와 그 현재성

누가복음 4:16-22에서 예수님께서 이사야서 61장을 읽으시며 메시아 왕국의 도래를 선포하셨다.⁷ 이 하나님 나라의 도래는 구약의 말씀대로 예수 그리스도를 통해 영원한 하나님 나라에 입성할 죄인들의 구원을 '성취함'으로 '현재적이고 사실적 현실'(a present and actual reality)로 이루어졌다.⁸ 이 하나님 나라는 예수님을 믿음으로 입성한다(요 3:16, 17:3). 성령님께서는 예수님을 믿는다고 고백한 자들에게 이 하나님 나라의 현재성을 실제로 적용하신다.⁹

구원 성취(the fulfillment of salvation)를 통한 하나님 나라의 도래가 현재적 현실이 되었다는 개념은 우리 신앙생활에 매우 중요하다. 왜냐하면, 이 하나님 나라 도래의 현재성에 대한 믿음은 우리 삶의 목표를 하나님의 뜻대로 바꾸는 데 결정적인 확신의 근거가 되기 때문이다.

하나님 나라의 현재성은 하나님께서 죄인들에게 '하나님 나라 자체'를 은혜의 선물로 주셨기 때문에 가능해졌다.¹⁰ 예수 그리스도를 믿고 하나님 나라를 선물로 받은 자는 예수 그리스도께서 그의 기업이 되시는 것이다.

---

6   BF, 45.
7   ST, 90-98.
8   CK, 49, 63-64, 47-56, 61-103; ST, 92.
9   RD, 3:498; 4:48; PE, 259. 참고. BF, 48-52.
10   DCL, 284.

이렇게 예수님을 믿는 순간 하나님 나라의 시민권은 시작된다(빌 3:20).[11] 신성과 인성을 지니신 예수님께서 자신의 구속 사역을 통해 이 땅에서의 믿음의 삶과 영원한 하나님 나라를 연결하신 것이다. 마가복음 10:25-26은 "하나님의 나라가 가까웠으니 복음을 믿으라"(막 1:15)라는 예수님의 말씀의 뜻을 더 분명하게 해 준다.

> 약대가 바늘귀로 나가는 것이 부자가 하나님의 나라에 들어가는 것보다 쉬우니라 하신대 제자들이 심히 놀라 서로 말하되 그런즉 누가 구원을 얻을 수 있는가 하니 (막 10:25-26).

이 본문은 영생에 대한 부자 청년의 질문에 대해 예수님께서 제자들에게 가르치신 내용의 일부다(막 10:17-31). 우리에게 마가복음 10:17-31은 하나님 나라의 현재성 의미를 분명하게 정의해 주기 때문에 중요하다. 즉, 마가복음 10:17-31은 예수님의 재림 시 하나님 나라가 오는 것(도래)이 아니고, 예수님을 믿고 구원받을 때 하나님의 나라가 그 사람에게 임한다는 것이다. 이는 구원과 영생이 하나님 나라의 현재성과 직접적인 관계가 있다는 의미다(요 3:3-8, 16-18). 구약에 숨겨져 있던 하나님 나라가 예수님에 의해 세상에 나타나기 시작한 것이다. 예수님이 하나님 나라의 도래를 공식적으로 선포하신 이유도 여기에 있다.

따라서 하나님 나라의 현재성을 탐구하는 사람들에게 마가복음 10:23-31의 가르침은 매우 중요하다. 예수님은 마가복음 10:23-31에서 하나님 나라 입성(10:23)과 구원(10:26)과 영생을 얻는 것(10:30)을 같은 뜻으로 사

---

[11] "오직 우리의 시민권은 하늘에 있는지라 거기로서 구원하는 자 곧 주 예수 그리스도를 기다리노니"(빌 3:20).

용하신다(참고. 마 19:23-30; 눅 18:18-30; 요 3:3-5).**12** 하나님 나라의 도래는 이미 이루어진 것이다. 예수님을 믿고 영생을 얻은 자는 하나님 나라가 그 마음에 임하는 것이다.**13**

> 바리새인들이 하나님의 나라가 어느 때에 임하나이까 묻거늘 예수께서 대답하여 가라사대 하나님의 나라는 볼 수 있게 임하는 것이 아니요 또 여기 있다 저기 있다고도 못하리니 하나님의 나라는 너희 안에 있느니라(눅 17:20-21).

우리가 이러한 본문들(막 1:15, 10:23-31; 요 17:3; 눅 17:20-21; 고후 1:22; 롬 5:5, 10:9-10)과 요한복음 3:16-21을 같이 보면 하나님 나라의 현재성 의미를 이해하는 데 더 도움이 된다.

> 하나님이 세상을 이처럼 사랑하사 독생자를 주셨으니 이는 저를 믿는 자마다 멸망치 않고 영생을 얻게 하려 하심이니라 하나님이 그 아들을 세상에 보내신 것은 세상을 심판하려 하심이 아니요 저로 말미암아 세상이 구원을 받게 하려 하심이라 저를 믿는 자는 심판을 받지 아니하는 것이요 믿지 아니하는 자는 하나님의 독생자의 이름을 믿지 아니하므로 벌써 심판을 받은 것이니라(요 3:16-21).

---

12 예수님은 누가복음 18:18-30에서 부자 청년과 영생에 대해 말씀하시면서 영생과 하나님 나라의 입성과 구원을 동의어로 사용하신다. 예수님은 또한 구원은 사람의 능력으로는 할 수 없으되 "하나님은 하실 수 있다"고 강조하신다(눅 18:27). 이는 구원은 오직 하나님의 은혜로만 가능하다는 뜻이다. 믿음으로 하나님 나라의 입성이 예수님으로 인해 가능해졌다. 이에 대해 앞으로 제2권 『칭의의 나라』에서 계속 논의할 것이다.

13 유명한 씨 뿌리는 자의 비유, 겨자씨 비유와 누룩 비유는 다 하나님 나라에 대한 예수님의 비유 설교다(막 4장; 마 13장). 이 비유들은 하나님 나라와 복음을 다루고 있다. CK, 121-148, 185, 269-277.

예수님의 구속 사역(redemptive work)의 완성으로 공식적인 하나님 나라가 시작되었다. 구원 성취와 하나님 나라가 인류의 역사적 현재가 된 것이다(요 17:3). 누구든지 예수님을 믿는 자들에게 영원한 하나님의 나라가 그 마음에 임한다. 예수님을 믿는 순간 영원한 하나님 나라에 입성하는 것이다. 예수님을 믿음으로 구원이 시작된 것처럼 하나님 나라도 시작된 것이다. 예수님으로 인해 공식적인 하나님 나라의 현재성이 시작된 것이다.

여기서 우리가 기억할 것은 구원이 시작되었다는 것이다. 예수님이 다시 오실 때 구원이 시작되는 것이 아니다. 즉, 예수님의 구속 사역을 중심으로 한 구원론에서 예수님의 오심은 한 번의 구원의 완성을 위해 "한 번 오심"(a single coming)이다.[14]

속죄, 순종, 희생, 화목제물, 화목, 구속과 대가, 이 모든 것은 한 번(하나)의 구원을 가리키고 있다. 즉, 죄인들을 위한 구원은 두 번 있는 것이 아니고 한 번만 있다는 뜻이다. 죄인들을 위한 '한 번의 구원'을 위한 목적과 완성을 위해 예수님의 초림과 재림이 있는 것이다. 예수님의 초림에 의한 하나님 나라의 도래로 영원한 하나님 나라의 현재성이 시작된 것처럼, 이 땅에서 구원도 이미 시작되었다.

따라서 예수님의 초림은 구원을 "준비"하시기 위해서 오신 것이고, 또 재림은 구원을 "완성"하시기 위해서 오시는 것이다.[15] 하나님 나라도 마찬가지다. 이렇게 하나님 나라는 시작되었고, 완성을 향해 가고 있다. 영원한 하나님의 나라는 메시아가 오심으로 시작되었고 이는 오직 은혜로

---

14 RD, 3:248.

15 RD, 3:246-48. 한 번의 "구원"을 목적으로, 한 번은 "심판"을 목적으로 오신다고도 할 수 있다. Ibid.

만 오직 믿음으로만 알 수 있다.[16] 따라서 이 땅에서 예수님을 믿고 영원한 하나님 나라에 입성하는 날은 우리 인생에 가장 복된 날이 된다. 그리고 하나님께서는 오늘 나의 믿음의 말과 행동을 하나님 나라의 영원성과 연결하신다. 이것도 하나님의 경이로운 은혜의 역사다.

3) 이 세상과 오는 세상

여기서 우리는 영원한 하나님 나라의 시작에 대한 오해에 대해 잠시 살펴볼 필요가 있다. 하나님 나라의 시작에 대한 가장 대표적인 오해는 '예수님이 언제 오시는가'에 초점을 맞춘 종말론에서 찾을 수 있다. 특히 마태복음 12:32의 "이 세상(this age)과 오는 세상"(the age to come)에 대한 해석에서 하나님 나라의 시작을 찾는 경우가 대표적인 예이다.

우리가 마태복음 12:32을 예수님의 초림과 재림으로 해석을 하면 큰 문제가 없어 보인다. 그러나 이 본문으로 하나님 나라의 시작을 분석하려고 할 때 문제가 발생할 수 있다. 즉, 하나님 나라가 '이 세상'(this age)에서 시작되었나 아니면 '오는 세상'(the age to come)에서 시작될 것인가에 대한 문제다.

> 또 누구든지 말로 인자를 거역하면 사하심을 얻되 누구든지 말로 성령을 거역하면 이 세상(this age)과 오는 세상(the age to come)에도 사하심을 얻지 못하리라(마 12:32).

---

[16] CK, 128.

예를 들어, 하나님 나라의 도래를 성경신학에서는 '이 세상'(already)과 '오는 세상'(not yet)의 두 시대(마 12:32)가 함께 공존하는 것으로 본다.[17] 그러나 지금 두 시대가 동시에 존재한다는 해석은 이해하기 쉽지 않다. 이런 분석에 하나님 나라의 두 시대가 동시에 공존하는 것을 적용하면 더 혼란스러워할 수도 있다. 이 분석에 따르면 하나님 나라는 이미(already) 존재하지만, 아직(not yet) 존재하지 않은 것이 되기 때문이다.

마태복음 12:32 해석은 누가복음 17:21과 같은 본문들과 함께 보는 것이 도움이 된다(참고. 마 9:15, 11:11, 13:16-17, 23:13; 막 10:15, 25-26; 눅 17:21).

> 또 여기 있다 저기 있다고도 못하리니 하나님의 나라는 너희 안에 있느니라 (눅 17:21).

어떤 신학자들은 이 본문들(마 12:32; 막 1:15; 눅 17:21)로 하나님 나라의 시작과 예수님의 재림을 연결해서 하나님 나라가 아직 시작되지 않았다고 주장한다. 이들은 지금 하나님 나라는 이미(already) 존재하지만, 아직(not yet) 하나님 나라는 오지 않았다고 주장한다. 이들의 잘못된 해석은 하나님 나라가 예수님의 재림 시에 시작한다는 것에 기인한다. 우리는 앞으로 이에 관계된 하나님 나라의 현재성에 대해서 좀 더 논의할 것이다.

이러한 본문들에 대한 바른 해석은 무엇인가?

하나님 나라가 이미(already) 시작되었지만, 하나님 나라의 완성은 아직(not yet) 이루어지지 않았다. 이렇게 영원한 하나님 나라가 이미(already) 시

---

17 PE, 37-38; ST, 88-91. 보스(Vos)는 이 두 시대가 "동시에 존재"(exist simultaneously)하는 것으로 보고, 우리의 현 존재를 "반-종말론적"(semi-eschatological)이라 부른다. PE, 37-41; ST, 90.

작된 것으로 보면 종말은 이미 시작한 것이다. 따라서 종말론적인 하나님 나라는 이미(already) 시작되었지만, 아직(not yet) 하나님 나라의 완성은 이루어지지 않았다.[18]

예수님이 시작하신 하나님 나라는 다시 오실 때 완성하실 것이다. 이 하나님 나라는 인간의 노력에 의한 성취로 세워진 나라가 아니고 오직 하나님의 기쁘신 뜻에 따라 하나님의 은혜로 세워진 나라다.[19]

마찬가지로 이 하나님 나라 시작에 대한 바른 분석을 죄의 책임과 죄 오염에 적용될 수 있다. 즉, 그리스도 안에서 우리의 구원을 위한 죄의 책임(guilt)에 대한 구속 사역은 현재 이 땅에서 '이미'(already) 완성되었지만, 죄 오염(pollution)의 완전 제거는 그리스도 재림 시 하나님 나라를 완성하러 미래에 오실 때까지 '아직'(not yet) 이루어지지 않는다.[20]

따라서 우리가 하나님 나라의 시작을 예수님 재림에 초점을 맞춘 종말론적으로 보면 우리는 나태한 신앙생활에 빠질 수도 있다. 즉, 예수 그리스도의 재림 때나 시간에 치우치거나 이에 몰입할 가능성이 커진다.[21] 예수님이 다시 오셔서 또 다른 기회를 주실 것이라는 착각에 빠질 수도 있다. 이는 매우 위험한 생각이다. 이는 비성경적인 잘못된 종말론이다. 우리에게 다시 신앙생활을 할 기회는 다시는 없을 것이다. 하나님 나라는 이미 시작되었다.

---

18 RHBI, 304-316; BF, 48-53.
19 BF, 45.
20 PE, 1-41; ST, 90; 1093-94; RD, 4:715. RD, 3:248; PE, 29, 47-61, 90, 301-302. 죄책과 죄 오염에 대해 제2권 제3장 마지막 부분과 제3권 제2장을 보라.
21 BF, 52. 종말론에서 무천년설과 후천년설은 '이미'(already)를 강조하고, 전천년설은 '아직'(not yet)을 강조한다. ST, 1094. 종말론에 너무 몰입한 나머지 '언제 오시나?' 그때나 날짜 계산만을 집중하다가 잘못된 이단에 빠진 역사가 있다. 따라서 종말론에만 빠져서 그것만 강조하는 것은 바람직하지 않다.

종말론만을 단독적으로 보면 종말론의 강조점인 '언제 오실 것인가?'에 몰입하기 쉽고 예수 그리스도의 재림 때나 징조에 관심이 치우치기 쉽다. 예수님이 다시 오실 날을 기다리는 것도 좋지만, 종말론을 따로 분리해서 보지 않고, 칭의론을 중심으로 '구원론의 한 부분'으로 보면 우리의 눈을 이미 시작된 하나님의 나라로 돌릴 수 있고 삶에 적용도 한결 수월하다.[22]

앞에서 보았듯이 영원한 하나님 나라는 이미 시작되었고 예수님의 재림을 기다리며 완성을 향해 가고 있으며 현재 우리 안에 실재적으로 임해 있다. 영원한 하나님 나라를 시작한 예수 그리스도의 구속 사역은 칭의와 함께 구원, 영생, 성화와 영화까지 다 연결한다. 예수 그리스도의 완전한 순종도 구원, 영생, 칭의, 성화와 영화까지 다 포함한다. 신실하신 예수님이 우리에게 행하신 모든 것들은 영원히 변하지 않는다. 따라서 영원한 하나님 나라의 시작과 완성은 결코 서로 분리할 수 없고 '이 세상'과 '오는 세상'은 하나로 연결된다.

이렇게 하나님 나라의 도래를 한 번의 구원을 위한 예수님의 구속 사역으로 볼 때, 그리스도인들이 말씀을 자신들의 삶의 현재성에 적용하기가 더 적합하다. 하나님 나라의 현재성의 중요성을 인지하게 되기 때문이다. 우리가 그리스도인의 삶을 칭의론을 중심으로 구원론의 큰 틀에서 보면, 예수 그리스도에 대한 믿음의 지식을 대하는 우리 믿음의 반응과 믿음의 순종이 절대적으로 필요하다는 것도 깨닫게 된다.[23] 하나님 나라의 시민으로서 지금 나의 믿음의 반응과 순종은 영원한 가치를 지니기 때문이다.

---

[22] RD, 3:248; PE, 29, 47-61, 90, 301-302. 죄책과 죄 오염에 대해서 제2권 제3장 마지막 부분과 제3권 제2장을 보라.

[23] BF, 52-53.

앞으로 제2권 『칭의의 나라』에서 살펴볼 것이지만, 칭의론은 예수님의 사역으로 하나님의 영원성과 하나님의 의의 문제를 다 연결해 준다. 그래서 칭의론은 예수님의 구속 사역과 하나님 나라의 도래를 연결해 주고 신앙생활의 출발점을 바로 볼 수 있게 도와준다. 예수님은 하나님의 의에 따라 말씀을 완전히 순종하심으로 영원한 하나님 나라의 기초를 확고히 세우신 것이다(요 17:4-5).

4) 하나님 나라의 왕 예수 그리스도

이제 하나님 나라를 다스리는 왕이신 예수님에 대해서 살펴보자. 새 언약의 대표자 예수님은 선지자, 제사장과 왕의 직분을 가지신 분이시다.[24] 이 중 하나님 나라와 관련해서 예수님께서 실제적인 하나님 나라의 왕이 되신 것은 매우 중요한 주제다.[25] 즉, 신성과 인성을 지니신 예수님께서는 인간의 몸을 입고 이 땅에 오셔서 세상과 이스라엘과 모든 나라의 왕이 되신다.[26] 신성과 인성을 지니신 예수님이 하나님 나라를 다스리기 시작하신 것은 승천하셔서 하늘 보좌에 오르신 이후이다. 예수님은 하늘 보좌에 오르셔서 세상을 다스리고 계신다(마 28:19-20).

하나님 나라의 왕으로서 그 보좌에 오르기 전에 예수님이 하신 일들은 놀랍다. 하나님이신 예수님이 인간의 몸을 입고 오셔서 엄청난 희생을 통해 하나님 나라를 구하신 것이다. 하나님 나라 백성들의 모든 죄를 대신하

---

[24] SBL, 146-151. 여기서는 세 가지 직분 중에서 하나님 나라의 특성에 대해서 보기 위해 왕의 직분에 초점을 맞추겠다.
[25] ST, 91.
[26] ST, 92.

셔서 구속주(the Redeemer)와 왕이 되신 것이다.[27] 하나님 나라의 왕으로 하늘 보좌에 오르실 분이 친히 자신의 생명을 내놓으셨다는 소식은 충격적이지만 우리에게는 가장 복된 소식이 된다.

그리고 신성과 인성을 지니신 예수님은 십자가의 죽음과 부활 후에 하늘 보좌에 오르셔서 지금도 왕으로서 하나님 나라를 다스리시고 계신다(마 25:31, 28:18-20; 히 8:1, 12:2; 계 21:5). 이는 하나님 나라의 왕 되심의 현재성을 의미한다. 하나님 나라의 왕 되심의 현재성을 깨닫고 인정하는 것도 우리 믿음 생활에 큰 도움이 된다. 그래서 성경은 히브리서 12:2에서 하나님 보좌 우편에 앉으신 예수님을 바라보라고 말한다.

> 믿음의 주요 또 온전케 하시는 이인 예수를 바라보자 저는 그 앞에 있는 즐거움을 위하여 십자가를 참으사 부끄러움을 개의치 아니하시더니 하나님 보좌 우편에 앉으셨느니라(히 12:2).

이 본문은 예수님이 우리를 사랑하시는 구주(롬 8:35-39)가 되시기 때문에 주님을 바라보라고 말한다. 예수님은 전지전능하시고 무소부재하시며 절대불변하시는 주님(the Lord)이시기 때문이다. 또한, 이 세상 만물에 대해 옳고 그름을 결정할 절대적 권세(the supreme authority)가 있는 분이시기 때문이다.[28] 즉, 성자 하나님께서는 이 절대적 권세로 우주 만물과 하나님

---

[27] CKG, 3-8, 27-36; ST, 91-93.
[28] DG, 80. 하나님께서는 인생의 모든 분야에 절대적 권위가 있으시다. 이 절대적 권세로 하나님께서는 구원의 말씀을 주신다. 프레임은 성경의 하나님의 주되심의 속성(the Lordship attributes)으로 다스림(control)과 권위(authority)와 임재(presence)를 소개한다. 이 세 가지 하나님의 주되심의 속성은 하나님의 말씀 권위와 하나님의 능력으로 구속 역사를 이루시는 권위와 하나님의 언약 백성과 함께하시는 언약적 임재(covenant presence)와 직접적 관련이 있다. DG, 80-102.

나라를 통치(control)하실 충분한 지혜와 능력도 있는 분이시다.

예수님은 만물을 자신의 능력으로 창조하신 창조주이시지만 지금은 신성과 인성을 지니시고 세상을 다스리고 계신다. 예수님은 지상 사역만 아니라 우리를 변호하시는 일과 하나님 나라를 다스리시는 일에 성령님과 함께하시는 것이다(요일 2:1; 요 14:16-17). 그래서 하나님의 자녀들은 예수님의 구속 사역뿐만 아니라, 하나님 나라의 왕으로 일하시는 예수님도 믿어야 한다. 이 하나님 나라의 왕이신 예수님을 믿는 믿음도 우리 믿음 생활에 매우 중요하다. 따라서 히브리서 12:2은 구속주이시자 하나님 나라의 왕이신 예수님을 믿고 바라보라는 것이다.

다시 말하자면, 절대적 권위(authority)와 통치력(다스림의 능력: control)을 지니신 예수님은 하나님 나라를 다스리시고 하나님 나라의 백성들과 실재적으로 함께하시는 능력(presence)도 있는 분이시다. 즉, 주님이 약속하신 언약의 말씀들을 이루실 수 있는 절대적 권세와 능력도 있으시고, 하나님 나라와 함께하시는 언약적 임재(covenant presence)의 능력도 있는 분이시다(마 28:18-20).[29] 우리가 이것을 믿으면 주님이 약속하신 모든 말씀도 지키실 것이라고 믿을 수 있다.

> 예수께서 나아와 일러 가라사대 하늘과 땅의 모든 권세(all authority)를 내게 주셨으니 그러므로 너희는 가서 모든 족속으로 제자를 삼아 아버지와 아들과 성령의 이름으로 세례를 주고 내가 너희에게 분부한 모든 것을 가르쳐 지키게 하라 볼찌어다 내가 세상 끝날까지 너희와 항상 함께 있으리라 하시니라(마 28:18-20).

---

29 DG, 80-102.

하나님 나라의 왕이신 예수님께서는 자기 백성들을 구원하고 영원한 하나님 나라의 시작을 위해 이 땅에 오셨고, 그 완성을 위해 다시 오실 것이다. 이제 예수님께서 이루신 새 언약의 성취로 영원한 하나님 나라의 백성들에게 새로운 생명의 길이 열렸다.[30] 예수 그리스도께서 하나님 나라의 왕이심을 알게 해 주시는 성령님의 역사하심도 이미 시작되었다.[31]

이것이 하나님 나라의 현재성이 의미하는 바다. 예수 그리스도께서 다시 오실 때 하나님 나라는 완성된다.[32] 예수님이 다시 오실 때까지 하나님 자녀들의 삶을 통해 이 땅에서 하나님 나라가 나타나야 한다. 즉, 성령님은 우리가 이 땅에서 사는 동안 복음을 전하고 하나님의 말씀을 순종하며 살 때 우리 삶을 통해 하나님의 나라가 세상에 나타나게 하신다.

하나님 나라가 나타나는 삶은 복음에 나타난 하나님의 의(예수님의 의)가 나타나는 삶(롬 1:17, 3:21-22)이요, 그 삶 자체가 하나님의 의가 되는 삶(고후 2:15, 5:21; 엡 5:8-9)이기도 하다. 이것이 하나님 나라와 하나님의 의를 구하는 삶이고 하나님께 영광을 돌리는 삶이다(마 6:33; 고전 6:20, 10:31).

> 너희는 먼저 그의 나라와 그의 의를 구하라 그리하면 이 모든 것을 너희에게 더하시리라(마 6:33).
>
> 그런즉 너희가 먹든지 마시든지 무엇을 하든지 다 하나님의 영광을 위하여 하라(고전 10:31).

---

[30] CK, 234-236,
[31] ST, 99.
[32] CK, 47-56.

결론적으로, 성경은 하나님 나라와 구속 역사(redemptive history)를 중심으로 이 세상(this age)과 오는 세상(the age to come)으로 시대를 구분하고 있다.[33] 그러나 예수님의 하나님 나라에 대한 설교는 이 두 시대를 하나의 '통일성'(unity)으로 묶고 있다(마 12:32).[34] 인류 역사 속에 오신 예수님께서 죄인들을 위한 구속 사역을 이루심으로 이 두 시대를 하나로 묶어 놓으셨다. 하나님 나라는 예수님의 초림과 재림으로 나누어진 것이 아니다. 지금까지 본 바대로, 이제 하나님의 나라는 예수님을 믿는 자들에게 임하는 것이다. 그리고 영원한 하나님 나라는 성령님의 역사로 하나님 자녀들의 삶을 통해 나타날 수 있게 되었다.

복음은 하나님 아버지의 뜻대로 오신 새 언약의 대표자 예수님의 완전한 순종을 통해 하나님 나라가 회복되었다는 복된 소식이다.[35] 즉, 하나님께서는 예수님을 보내셔서 자신의 나라를 회복시키기 위해 매우 "역동적"(dynamic)인 하나님의 능력으로 역사하셨다.[36] 따라서 예수님의 구속 사역을 통해 하나님 나라가 하나님의 영광으로 나타났다. 예수님이 회복하신 하나님 나라를 통해 "절대적"(absolute), "초월적"(transcendant), "사실적"(actual) 그리고 "효과적"(effectual)으로 "하나님의 영광"이 나타난 것이다.[37]

하나님께서는 예수님을 통해 계속 영광을 받으신다. 예수님은 하나님 나라를 구원하셔서 그 나라를 다시 건설하셨고, 성령님의 역사로 지금 그

33　ST, 88-91. "그리하면 그가 세상을 창조할 때부터 자주 고난을 받았어야 할 것이로되 이제 자기를 단번에 제사로 드려 죄를 없게 하시려고 세상 끝에 나타나셨느니라"(히 9:26).

34　CK, 135.

35　CK, 155-174.

36　ST, 87; CK, 24-27.

37　CK, 24-25, 35.

나라를 계속 확장하고 계시기 때문이다. 예수님은 하나님의 자녀들을 통해서 하나님 나라를 세상에 알리시고 그 나라를 확장하신다. 하나님의 자녀들은 삶 속에서 믿음으로 하나님 말씀을 듣고 지키어 믿음의 인내로 그 열매를 맺을 때 하나님 나라를 세상에 보일 수 있다(눅 8:15).

> 좋은 땅에 있다는 것은 착하고 좋은 마음으로 말씀을 듣고 지키어 인내로 결실하는 자니라(눅 8:15).

하나님 나라는 인류 역사 안에서 예수님 안에서 "성취"(fulfillment)되고 "완성"(consummation) 되는 "하나님의 위대한 구원 역사"이다.[38] 즉, 하나님 나라는 메시아로 오신 예수 그리스도의 구원 역사를 통해 세워졌다.[39] 따라서 하나님 나라는 예수님을 믿고 하나님의 자녀들이 된 사람들의 나라다. 이 하나님의 나라는 영원하다.

2. 하나님 나라와 교회

구속 역사적인 면에서, 예수님 안에서 하나님 나라와 하나님의 자녀들이 모인 교회는 동일하다.[40] 그래서 한편으로 교회는 이 땅에서 하나님의 나라를 세상에 가장 잘 나타낼 수 있는 곳이기도 하다. 다른 한편으로 교회는 세상에 가장 큰 소망과 최고의 복을 주는 곳이 되어야만 한다.

---

[38] CK, 354. 참고. ST, 87-91.
[39] CK, 352-356; ST, 87.
[40] CK, 354-356.

> 그 능력이 그리스도 안에서 역사하사 죽은 자들 가운데서 다시 살리시고 하늘에서 자기의 오른 편에 앉히사 모든 정사와 권세와 능력과 주관하는 자와 이 세상뿐 아니라 오는 세상에 일컫는 모든 이름 위에 뛰어나게 하시고 또 만물을 그 발 아래 복종하게 하시고 그를 만물 위에 교회의 머리로 주셨느니라 교회는 그의 몸이니 만물 안에서 만물을 충만케 하시는 자의 충만이니라 (엡 1:20-23).

하나님은 이 땅에 교회들을 하나님 나라의 기지로 세우셨다. 그 누구도 지금 이 교회들의 존재를 부정할 수 없다. 교회의 머리 되신 예수님은 구약의 하나님 나라와 신약 교회의 기초다 (마 16:18-19; 엡 1:20-23). 그리고 신약 교회의 기초는 하나님 나라의 예표인 이스라엘과 하나님의 언약을 통해 준비되었다.[41] 그러나 하나님께서는 오직 은혜로 언약적 대표자 메시아 예수님을 하나님 나라와 교회에 주셨다.[42] 하나님 나라의 백성과 교회는 다 하나님의 언약 백성이다.[43] 따라서 예수님의 구 언약의 성취와 사도들과 선지자들의 터 위에 세워진 교회는 '모든 시대의 하나님의 백성'이다.[44]

> 너희는 사도들과 선지자들의 터 위에 세우심을 입은 자라 그리스도 예수께서 친히 모퉁이 돌이 되셨느니라 (엡 2:20).

---

[41] CK, 353-354.

[42] CK, 347-349, 351-354.

[43] CK, 341-342, 353-354. 예수님의 설교인 마태복음 18장은 천국 이야기(마 18:1-14)에서 교회 이야기(마 18:15-20)로 전환하며 천국과 교회를 한 하늘 아버지로 묶고 있다. Ibid, 363-369.

[44] ST, 1019. 참고. CK, 353-358.

1) 영원한 하나님 나라와 교회는 관계가 있는가?

의심의 여지 없이, 하나님께서는 메시아를 통해 새로운 백성을 교회로 부르시고, 하나님과 이스라엘 백성 사이에 존재했던 "조직된 언약 관계"를 지속하신다.[45] 하나님께서는 하나님 나라와 교회를 똑같은 한 메시아와의 언약 관계로 굳게 묶으신 것이다. 따라서 구속 역사적으로 하나님 나라와 교회는 하나이다. 영원한 하나님 나라는 교회라는 이름으로 역사 속에 이미 "현재적 사실"(a present reality)로 등장했다.[46] 그래서 이제 지상에서 교회가 하나님 나라를 나타낼 수 있다.

우리가 앞서 본 것처럼, 하나님 나라의 왕 되시는 예수님은 언약의 말씀대로 '이 세상'에 이미 나타나셨고, 믿는 자들에게 '오는 세상'은 '그리스도 안에서 시작'되었다.[47] 영원한 하나님 나라는 예수님을 통해 신약 교회에서 시작된 것이다. 따라서 하나님 나라와 교회는 예수님께서 직접 세우신 것이다(엡 1:20-23, 3:10-11, 5:26-27).

> 또 만물을 그 발 아래 복종하게 하시고 그를 만물 위에 교회의 머리로 주셨느니라 교회는 그의 몸이니 만물 안에서 만물을 충만케 하시는 자의 충만이니라 (엡 1:22-23).

---

[45] CK, 353-354.
[46] CK, 355, 374-375.
[47] ST, 89; CK, 81-97, 368.

하나님 나라는 예수님의 구속 사역(redemptive work)을 통해 그리스도 안에 시작되었고 "교회는 하나님 나라의 열쇠들"이다.[48] 하지만 세상에 하나님 나라를 나타내야 하는 신약 교회는 지금까지 평탄한 길을 걸어오진 못했다. 요한계시록에서 성경은 이 세상에서 하나님의 교회가 많은 핍박과 박해와 고난을 통과한다고 가르친다. 요한계시록 1:6에서 성경은 우리를 나라와 제사장이라고 소개한다.

> 그 아버지 하나님을 위하여 우리를 나라와 제사장으로 삼으신 그에게 영광과 능력이 세세토록 있기를 원하노라 아멘(계 1:6).

이 본문들(계 1:6, 1:9, 5:10)과 모든 시대의 교회를 대표하는 일곱 교회(계 2:1-3:22)를 같이 볼 때 도움이 된다. 즉, 요한계시록은 하나님의 자녀들과 하나님 나라와 교회를 동일시한다. 모든 시대의 교회들은 지상에 임한 하나님의 나라인 것이다.

요한계시록 12장에서부터 19장까지는 모든 시대에 하나님 나라를 상징하는 교회를 파괴하려는 그리스도의 적 다섯이 상징적으로 등장한다.[49] 이 다섯 적이 시대마다 교회를 파괴하려는 시도는 늘 실패하고, 모든 시대마다 교회는 예수님 안에서 그리스도의 약속대로 승리한다.[50] 삼위일체 한 하나님께서는 예수님의 피 값으로 사신 교회와 함께하시며 성령님의 역사로 교회를 지키시기 때문이다.

---

[48] ST, 89.
[49] 그리스도의 적 다섯은 용, 바다에서 난 짐승, 땅에서 난 짐승, 큰 음녀 바벨론과 짐승의 표를 가진 자다. William Hendriksen, *More Than Conquerors* (Grand Rapids, MI.: Baker Book House, 1990), 166.
[50] Hendriksen, *More Than Conquerors*, 166-210.

사랑의 왕 예수님은 자기 백성을 구하시고 승천하신 후에도 교회를 통해 영원한 하나님 나라의 확장을 계속하고 계신다. 지상에서 하나님 나라를 나타내고 확장하는 일을 성령님을 통해서 하신다. 그리고 예수님은 이 나라를 완성하시기 위해 다시 오실 것이다. 요한계시록 21장과 22장은 영원한 하나님의 나라를 신랑 그리스도의 형상을 닮은 신부의 모습인 승리한 교회로 나타낸다.[51]

> 또 내가 새 하늘과 새 땅을 보니 처음 하늘과 처음 땅이 없어졌고 바다도 다시 있지 않더라 또 내가 보매 거룩한 성 새 예루살렘이 하나님께로부터 하늘에서 내려오니 그 예비한 것이 신부가 남편을 위하여 단장한 것 같더라 내가 들으니 보좌에서 큰 음성이 나서 가로되 보라 하나님의 장막이 사람들과 함께 있으매 하나님이 저희와 함께 거하시리니 저희는 하나님의 백성이 되고 하나님은 친히 저희와 함께 계셔서 모든 눈물을 그 눈에서 씻기시매 다시 사망이 없고 애통하는 것이나 곡하는 것이나 아픈 것이 다시 있지 아니하리니 처음 것들이 다 지나갔음이러라(계 21:1-4).

따라서 복음은 모든 시대에 교회라는 하나님 나라의 시대가 열리는 '역사에 위대한 전환점'을 알리는 복된 소식이다.[52] 이러한 면에서 마태복음 28:18-20도 하나님 나라가 교회라는 이름 아래 새로운 시대가 시작되었음을 알린다.[53] 종말론적인 하나님 나라는 교회로 시작되었다. 이 땅과 하늘에

---

51 IS, 49.

52 CK, 465.

53 "예수께서 나아와 일러 가라사대 하늘과 땅의 모든 권세를 내게 주셨으니 그러므로 너희는 가서 모든 족속으로 제자를 삼아 아버지와 아들과 성령의 이름으로 세례를 주고 내가 너희에게 분부한 모든 것을 가르쳐 지키게 하라 볼찌어다 내가 세상 끝날까지 너희와 항상 함께 있으리라 하시니라"(마 28:18-20).

서 신성과 인성을 지니신 예수 그리스도의 현현(*parousia*: presence)은 하나님 나라의 영원한 왕으로서 현현이다.[54] 신성과 인성을 지니신 예수님께서 시작하신 영원한 하나님의 나라는, 주께서 부활 승천하신 후 하늘 보좌 우편에서 말씀으로 다스리시며 교회를 영원한 승리로 이끄신다(히 8:1-2, 12:1-2).

성경은 이렇게 66권이라는 조각들로 하나의 큰 그림을 그린다. 성경은 이렇게 인류 역사 속의 수많은 사건을 연결해 주고, 하나님 나라라는 하나의 큰 그림을 보여 준다.[55] 이 면에서 사도행전 2장도 하나님 나라인 교회에 성령님이 오신 사건이다. 이 사건은 영생과 하나님 나라 입성의 관계를 보여 주는 사건이다. 그래서 성령님이 오신 사건은, 죄인들이 예수님을 믿음으로 하나님 나라의 입성과 하나님 나라의 삶이 시작된다는 것을 나타낸 사건이다. 성령님께서는 지금도 성경 말씀으로 교회를 가르치셔서, 교회가 예수님의 형상을 닮은 성장의 길로 가도록 인도하신다(딤후 3:16-17; 계 2:1-3:22).

> 내 아버지께서 나라를 내게 맡기신 것 같이 나도 너희에게 맡겨(눅 22:29).

이 본문은 예수님께서 하나님 나라를 나타내는 사명을 제자들에게 맡기셨다고 말한다. 이 사명은 주님의 몸 된바 교회에 주신 사명이기도 하다(마 28:19-20; 엡 1:20-23, 2:20). 그래서 하나님 나라의 관점에서 교회 안에서 그리스도인들의 삶이 매우 중요하다.

이제 하나님의 자녀들이 각자의 삶 속에서 시련과 유혹이 올 때도 믿음으로 싸워 하나님 나라를 세상에 보이는 책임이 있다(빌 2:12-13).[56] 성령님

---

54 ST, 882-883, 889-913; CK, 465-472, 505-527.
55 참고. CK, 520-527.
56 DG, 123-125.

은 이 책임을 다하는 하나님의 자녀들을 도우신다. 그러나 이는 우리의 책임이다. 즉, 이는 하나님의 주권적인 구원의 선물과 사랑의 선물에 대해 항상 성령님의 역사를 의지하며 믿음으로 살아가야 하는 책임이다. 이는 우리 안에 역사하시는 성령님을 따라 하나님의 기쁘신 뜻대로 살아야 하는 삶에 대한 책임이기도 하다. 하나님의 자녀들은 이렇게 지상에서 믿음으로 살아야만 하는 것이다(롬 1:17; 빌 2:12-13).

> 그러므로 나의 사랑하는 자들아 너희가 나 있을 때뿐 아니라 더욱 지금 나 없을 때에도 항상 복종하여 두렵고 떨림으로 너희 구원을 이루라 너희 안에서 행하시는 이는 하나님이시니 자기의 기쁘신 뜻을 위하여 너희로 소원을 두고 행하게 하시나니(빌 2:12-13).

2) 지상에서 하나님 나라의 삶이 가능한가?

우리는 지금까지 하나님 나라의 현재성이 하나님의 자녀들과 교회를 통해 세상에 나타난다는 것을 살펴보았다. 사실상 하나님 나라의 삶은 "이 땅에서 믿는 순간" 성령님의 역사로 시작된다(요 3:15-16, 17:3)고 했다.[57] 지상에서 하나님의 자녀들은 이제 교회에 모여 하나님께 예배드리고 하나님 나라의 삶에 대해 양육을 받을 수 있게 되었다. 예수님은 하늘 보좌에 오르신 후 세상을 다스리시며 교회를 승리로 이끄신다(히 8:1, 12:2; 빌 2:9-11; 마 28:18-20; 고전 15:24-28; 엡 1:20-23).[58] 예수님은 이 땅에 두신 하나님의 자녀들을 도우신다. 이제 지상에서 하나님 나라의 삶은 믿음으로 사는

---

57 RD, 3:340; 4:270; 4:701.

58 PE, 246, 259-260; ST, 93, 98.

삶이다. 복음의 진리를 믿고 영생을 얻은 자는 이 땅에서 하나님 나라의 삶이 시작된다.

> 영생은 곧 유일하신 참 하나님과 그의 보내신 자 예수 그리스도를 아는 것이니이다 (요 17:3).

이 본문은 영생은 누구든지 예수님을 믿는 순간 결정된다고 말한다. 이는 예수님을 영접하는 순간 성령님께서 그 마음에 말씀과 함께 임하셔서 하나님 나라가 시작된다는 뜻이기도 하다(요 14:20, 15:7; 롬 5:5; 고후 1:22).[59] 이렇게 하나님의 인격적인 임재는 하나님의 말씀과 성령님의 역사와 결코 분리될 수 없다(요 1:1-2; 히 4:12).[60] 성령님이 우리 마음에 임하심은 만왕의 왕이신 예수님이 임하심이기 때문이다(요 14:20, 15:7; 엡 3:17). 또한, 하나님 나라의 왕이신 예수님(마 16:28; 눅 19:38; 딤전 6:15; 계 11:15, 11:17, 15:3, 17:14, 19:16)이 임하심은 하나님 나라의 임함이다. 따라서 하나님의 자녀들의 믿음의 삶은 하나님 나라에 사는 삶이요, 만왕의 왕이신 예수님과 함께 사는 삶(마 28:18-20)이다. 성경은 복음의 진리를 아는 자는 하나님 앞에서 사는 삶에 대한 자각이 필요함을 가르친다. 우리는 지상에서의 하나님 나라의 삶을 영원성과 연결해서 3가지로 요약해서 살펴볼 수 있다.[61]

---

[59] "저가 또한 우리에게 인치시고 보증으로 성령을 우리 마음에 주셨느니라"(고후 1:22).

[60] 성경은 "말씀하시는 하나님"을 말하면서 "하나님의 말씀"이 곧 "하나님"이심을 가르친다. 『성경론』, 116-17. "하나님이 임재하신 곳"에는 어디나 "말씀도 임재"하는 것이다. 따라서 하나님의 "인격적 임재"와 하나님의 "말씀"은 결코 분리되지 않는다. Ibid, 137. 140.

[61] 이 지상에서의 하나님 나라의 삶을 제3권 『믿음의 나라』에서는 믿음의 범주에서 살펴볼 것이다.

첫째, 하나님의 자녀들은 영원한 하나님 나라의 현재성을 믿는 자들이다. 히브리서 12장은 하나님 나라의 현재성을 밝히며 믿음의 주이신 예수 그리스도를 소개한다. 즉, 히브리서는 하나님 나라와 믿는 자의 삶과의 직접적인 관계성을 보여 준다. 특히 히브리서 12:22은 히브리서 12:1의 "구름같이 둘러싼 허다한 증인들"과 믿음으로 하나님 나라에 입성한 자들(히브리서 11장)을 연결한다. 히브리서 12:22에서의 하나님 나라는 믿음으로 "너희가 이른(to come to: 프로세르코마이, *proserchomai*, προσέρχομαι) 곳"이라는 뜻이다.[62]

이 하나님의 나라는 새 언약의 중보자를 믿음으로 입성하게 된, 절대 "흔들리지 않는 나라"(히 12:28)이다.[63] 이 나라는 "새 언약의 중보이신 예수님"(히 12:24)께서 완전한 순종으로 회복하신 영원한 하나님의 나라다. 우리가 앞서 본 것처럼, 이 나라는 오직 믿음으로만 들어갈 수 있다.

> 그러나 너희가 이른 곳은 시온 산과 살아 계신 하나님의 도성인 하늘의 예루살렘과 천만 천사와 하늘에 기록한 장자들의 총회와 교회와 만민의 심판자이신 하나님과 및 온전케 된 의인의 영들과 새 언약의 중보이신 예수와 및 아벨의 피보다 더 낫게 말하는 뿌린 피니라(히 12:22-24).

---

62 히브리서 12:18과 22에서 '이르다'(to come to: 프로세르코마이, *proserchomai*, προσέρχομαι)라는 동사는 히브리서에서 주로 하나님이나 예수 그리스도에 관계된 내용에 사용되었다. 이는 기본적으로 '믿음으로 하나님께 나아가는 것'을 뜻한다. 믿음으로 그리스도를 통해 하나님께 나아감(10:22), 믿음으로 하나님께 나아감(11:6), 그리스도를 통해 하나님께 나아감(7:25), 하나님 앞에 나아감(시내 산과 하나님, 12:18; 시온 산과 예수 그리스도, 12:22-23), 은혜의 보좌(4:16), 영원한 희생 제물(히 10:1). RD, 4:226, 4:701; TDNT, 6:684; EDNT, 3:164; BDAG, 878.

63 "그러므로 우리가 흔들리지 않는 나라를 받았은즉 은혜를 받자 이로 말미암아 경건함과 두려움으로 하나님을 기쁘시게 섬길지니 우리 하나님은 소멸하는 불이심이라"(히 12:28-29). 성경전서 개역개정판 (4판, 2005).

이 본문에서 의인은 십자가 순종과 말씀 순종을 통한 예수님의 완전한 순종으로 예수님 안에서 의롭다 하심을 받은 자다.[64] 또한, 하나님의 은혜로 예수님 안에 의인이 된 자는 오직 믿음으로 하나님 앞에 계속 나아와(to come to: προσέρχομαι) 사는 자다(히 10:19-22, 38-39).[65] 오직 하나님 말씀만을 믿음으로만 사는 자다. 그래서 히브리서 12:22-24는 의인이 된 하나님의 자녀들을 통한 하나님 나라의 현재성을 전제로 말한다.

예수님은 마태복음 6:33에 "먼저 그의 나라와 그의 의를 구하라"고 하시면서 하나님 나라를 신자들의 삶의 최고의 목표로 삼으라고 하셨다.[66] 이는 우리가 앞서 보았듯이, 우리의 말씀 순종의 삶은 하나님 나라를 세상에 보일 수 있다는 의미다. 그래서 세상 사람들을 제자들로 삼아 예수님이 가르치신 모든 것을 가르쳐 지키게 하는 것이 우리에게 주신 지상 최대의 사명인 것이다(마 28:19-20). 이 지상 최대의 사명을 아는 자는 하나님 나라의 현재성을 인지하고 오직 하나님 말씀을 믿음으로 사는 자다.

둘째, 하나님의 자녀들은 영원한 말씀을 받았다. 하나님 나라는 그 누구도 변경할 수 없는 영원한 말씀으로 세워진 나라다.[67] 이 나라는 영원한 복음의 말씀 위에 세워졌다. 이는 예수님이 죄인들을 위해 완전하고 영원한 말씀대로 구속 사역을 하셨기 때문이다.

우리가 제2권 제2장에서 볼 것이지만, 복음은 언약의 말씀대로 이루신 예수님의 완전한 순종이 그 기초다. 즉, 죄인들의 칭의는 예수님이 획득하

---

64 이를 위해 제2권 『칭의의 나라』에서 제2장 '칭의의 조건, 예수 그리스도의 완전한 순종'을 보라.

65 RD, 4:226, 4:701; TDNT, 6:684; EDNT, 3:164; BDAG, 878.

66 ST, 98. 예수님께서는 마태복음 5:1-11에서 하나님 나라의 삶에 대해 가르치셨다. Ibid.

67 하나님의 말씀에 대해 제1권 제4장을 보라.

신 완전한 의가 그 기초다.⁶⁸ 예수님은 언약의 말씀대로 예수님의 완전한 순종을 이루셨기 때문에 그 말씀이 우리 믿음의 확신이 된다는 의미다. 하나님은 이 복음의 말씀을 하나님의 자녀들에게 주셨다(행 8:4, 15:7; 엡 1:13; 골 1:5; 벧전 1:25).

> 오직 주의 말씀은 세세토록 있도다 하였으니 너희에게 전한 복음이 곧 이 말씀이니라(벧전 1:25).

하나님이 자녀들에게 주신 복음의 말씀은 영원한 약속의 말씀이다. 이 복음의 말씀이 이 지상에서 하나님 자녀들의 죄 오염에서 벗어나지 못한 행동을 하더라도 그들을 계속 변호한다.⁶⁹ 복음의 말씀이 그 죄에 대해서 계속 이 땅에서부터 영원히 변호할 수 있는 것은 예수님께서 하나님 언약의 말씀대로 이루셨기 때문이다(히 10:19-22, 38-39). 성령님은 하나님의 말씀으로 우리가 하나님의 자녀가 되었음을 영원히 변호하시는 것이다.

성령님은 또한 칭의에 대한 말씀의 지식으로 죄로 인한 "소외, 진노, 저주를 제거"하고, 계속 "하나님과 화목된 관계"로 이끄신다. 성령님은 믿는 자들이 하나님의 말씀을 통해 하나님의 은혜를 신뢰하게 하신다(롬 8:26-30, 31-39).⁷⁰ 성령님께서 오직 은혜로 예수님 안에서 하나님 자녀들의 죄로 물든 생각과 행동을 의롭게 봐주시는 것을 알고 계시기 때문이다.⁷¹

---

68 예수님의 완전한 순종에 대해서는 본서 제2장을 보라.
69 RD, 4:226. 여기서 하나님의 자녀들이 '죄 오염에서 벗어나지 못한 행동들'은 '죄 오염으로 인한 죄 된 습관의 행동들'을 뜻한다. 하나님의 자녀들의 죄 된 습관은 하나님 앞에 죄를 짓게 한다. 예수님 안에서 먼저 죄를 용서하고 죄책을 사해 주셨기 때문이다. 죄책과 죄 오염의 의미를 위해 제2권 제3장의 마지막 부분을 보라.
70 『조직신학 II』, 231.
71 여기서 '죄로 물든'은 '죄로 오염된'의 뜻이다. 이것도 본서 제3장 마지막 부분

하나님의 자녀들이 이 땅에서 살아갈 때, 예수님의 의를 힘입어 예수님 앞에 담대히 나올 수 있는 이유다(벧전 2:4, 2:4-12).⁷² 하나님의 자녀는 아직 죄로 물든 모든 믿음의 결정들과 행동을 해도, 하나님의 말씀을 믿음으로 하나님 앞에 담대히 나아올 수 있다.

> 사람에게는 버린 바가 되었으나 하나님께는 택하심을 입은 보배로운 산돌이신 예수에게 나아와(to come to: προσέρχομαι)(벧전 2:4).

예수님이 승천하신 후, 하나님의 나라는 살아 있는 하나님의 말씀을 믿는 믿음으로 사는 하나님의 자녀들을 통해 계속된다. 즉, '하나님의 역사'는 지금도 하나님 말씀을 믿는 믿음으로 사는 하나님 나라의 시민들을 통해 계속되고 있다.⁷³ 하나님께서는 예수님 안에서 죄인들이 의인이 되게 하시고, 이 땅에서 그들의 삶의 안내자로서 영원한 말씀의 선물을 주셨다. 따라서 하나님이 자녀들에게 자신의 말씀을 주심은 경이로운 하나님의 은혜다.

셋째, 하나님 자녀들이 영원한 하나님의 말씀(벧전 1:23; 히 4:12)을 순종하는 것은 영원한 복이다. 하나님의 말씀 순종은 영원한 가치가 있다. 이는 하나님이 이 지상에서의 하나님 말씀 순종의 삶에 대한 영원한 복을 약속하셨기 때문이다. 사실상 말씀 순종은 하나님의 자녀들의 책임이자 동시에 특권이고 복이기도 하다.⁷⁴

을 보라.
72 TDNT, 6:684; EDNT, 3:164; BDGA, 878.
73 ST, 93.
74 우리가 하나님의 말씀을 믿고 순종하는 것에 대해서 제3권 『믿음의 나라』에서 자세히

보이지 아니하시는 하나님께서 보이는 말씀인 성경을 주신 것은 참으로 경이롭다. 우리는 성경에 있는 하나님의 말씀을 삶의 모든 영역에 기준으로 삼을 수 있다. 이면에서 성경은 세상의 잘못된 지식에 대해서도 자유할 수 있게 해 준다.

자비로우신 하나님께서는 성경을 주신 것만이 아니라, 하나님 말씀을 순종하는 자들을 기쁨으로 만나 주신다. 즉, 우리가 하나님의 말씀을 믿음으로 만날 때, 하나님을 만날 수 있게 해 주신 것이다. 이는 성령님이 우리의 연약함을 도와주시는 은혜의 역사이기도 하다.

> 이와 같이 성령도 우리 연약함을 도우시나니 우리가 마땅히 빌 바를 알지 못하나 오직 성령이 말할 수 없는 탄식으로 우리를 위하여 친히 간구하시느니라 마음을 감찰하시는 이가 성령의 생각을 아시나니 이는 성령이 하나님의 뜻대로 성도를 위하여 간구하심이니라 (롬 8:26-27).

우리가 삶 속에서 어찌할 바를 모를 때에도 성령님은 약속의 말씀을 통해 보이지 아니하시는 하나님을 만나게 해 주신다. 즉, 우리의 삶에 어려움이 다가올 때도 우리가 하나님의 말씀에 순종하면, 성령님께서 말씀이 우리의 힘과 위로가 되고 삶의 돌파구가 되게 하신다(롬 8:26-27, 28-39; 고후 5:14; 요일 2:18-19). 이는 성령님의 은혜 역사다. 성령님께서 우리의 말씀 순종을 통해 하나님을 만나게 해 주시기 때문이다. 한 번 성령님의 역사로 사랑의 하나님을 만나면 예수님을 사랑하게 되고, 주신 말씀도 사랑하게 된다.

다룰 것이다.

예수님의 사랑을 받은 하나님 나라의 자녀들은 예수님을 사랑하기에 말씀에 순종하기 시작한다. 세상 사람들이 하찮게 보는 일들까지 주 안에서 믿음으로 말씀 순종을 한다. 그리고 말씀 순종의 복이 무엇인지 점점 알게 된다. 말씀에 순종하며 무시로 깨어 기도하는 삶은 점점 주님의 기쁨으로 살면서 하나님께 영광을 돌리게 된다(고전 10:31; 고후 5:14; 엡 5:22-6:9, 6:19-20). 또한, 말씀 순종의 복을 알면 알수록 주님의 사랑으로 모든 일을 주께 하듯 하게 된다(엡 5:22, 6:7; 골 3:23).

> 그런즉 너희가 먹든지 마시든지 무엇을 하든지 다 하나님의 영광을 위하여 하라 (고전 10:31).
>
> 그리스도의 사랑이 우리를 강권하시는도다 우리가 생각건대 한 사람이 모든 사람을 대신하여 죽었은즉 모든 사람이 죽은 것이라 (고후 5:14).
>
> 무슨 일을 하든지 마음을 다하여 주께 하듯 하고 사람에게 하듯 하지 말라 (골 3:23).

이 본문들(고전 10:31; 고후 5:14; 골 3:23)은 하나님의 말씀을 순종하는 삶에 대해서 말한다. 즉, 성령님은 이러한 삶에 다양하고 많은 유익과 복을 부여하신다. 우리가 말씀을 순종할 때 하나님의 말씀은 우리에게 감사와 기쁨과 평강의 근원이 된다.[75] 지상에서 이보다 더한 복은 없다. 우리가 말씀 순종을 하고 기도하면 할수록 거룩하신 하나님의 형상을 닮아 가는 복도 임하게 된다(딤전 4:5). 하나님은 이러한 복된 삶을 세상에 하나님 나

---

75 감사(빌 4:6; 골 2:7, 3:15, 3:16; 살전 5:18.), 기쁨(롬 15:13; 고후 7:4; 골 1:11; 요일 1:4.), 평강(롬 1:7, 2:10, 14:17, 15:13; 고후 13:11; 빌 4:7, 9; 살후 3:16; 히 12:11; 벧후 3:14; 계 1:5).

라를 나타내시고 영광을 받으시는 데 사용하신다.

앞으로 이 "칭의와 하나님 나라 시리즈"에 나타날 하나님 나라를 표로 표현해 보면 아래 표와 같다. 우리는 『언약의 나라』에서 하나님 나라의 기초법인 언약의 말씀에 대해서 볼 것이고, 『칭의의 나라』에서는 하나님 나라 입성의 조건에 대해서 그리고 마지막으로 『믿음의 나라』에서는 하나님 나라 시민의 삶에 대해서 살펴볼 것이다. 우리가 하나님 나라를 말할 때 언약과 칭의와 믿음은 절대 빼놓을 수 없다. 우리는 하나님 나라를 언약과 칭의와 믿음으로 더 잘 이해할 수 있게 될 것이다.

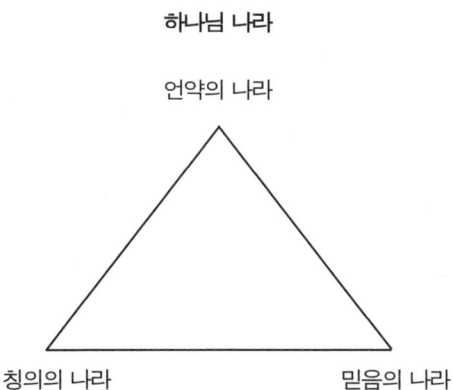

주제 색인

ㄱ

가설적 이론(hypothetical theory) 76

가죽 옷 235

감사 47, 104, 112, 115, 132, 145, 167, 197, 214, 215, 249, 275, 279, 285, 299, 314, 346

거룩(거룩함, holiness) 97, 98, 131, 142, 146, 171, 177, 183, 193, 202, 212, 213, 215, 247, 276, 277, 278, 279, 280, 282, 283, 284, 285, 286, 287, 288, 289, 290, 291, 292, 293, 294, 295, 296, 297, 298, 299, 306, 310, 313, 319, 337, 346

계몽주의 87, 302, 303

계보 135, 136, 160

고난 43, 186, 208, 230, 231, 241, 257, 259, 269, 332, 336

공로 66, 68, 71, 72, 73, 74, 75, 76, 78, 85, 86, 87, 98, 122, 146, 171, 172, 193, 195, 199, 206, 214, 219, 227, 251, 252, 306
    예수님 76, 171, 193, 227, 306
    인간 68, 73, 74, 171, 206, 251

적당한 공로(congruous merit) 적당한 공로를 보라

합당한 공로(condign merit), 합당한 공로를 보라

공로적 행위 66, 68, 73, 74

공로주의 73, 74, 75, 78, 85, 86, 87, 122, 171, 172, 219, 252

교회 47, 57, 65, 66, 67, 68, 69, 71, 72, 73, 74, 75, 76, 83, 122, 123, 124, 140, 141, 170, 171, 178, 193, 254, 264, 303, 333, 334, 335, 336, 337, 338, 339, 341

구속 41, 43, 44, 49, 50, 52, 54, 57, 58, 59, 61, 62, 63, 67, 82, 96, 104, 129, 130, 131, 143, 144, 145, 147, 169, 171, 172, 173, 175, 176, 181, 187, 192, 193, 194, 195, 199, 201, 202, 208, 211, 213, 224, 234, 237, 238, 239, 240, 241, 247, 254, 257, 272, 273, 280, 283, 291, 295, 305, 314, 316, 318, 319, 321, 323, 326, 327, 328, 329, 330, 332, 333, 335, 336, 342

구속 사역(redemptive work) 43, 50,
    52, 58, 62, 63, 96, 104, 129,
    173, 199, 208, 211, 224, 237,
    239, 240, 247, 257, 291, 305,
    314, 316, 318, 321, 323, 326,
    327, 328, 330, 332, 336, 342
구속 언약 147, 181, 201, 202, 234,
    237, 257
구속 언약의 중보자 234
구속 역사(redemptive history) 41, 54,
    82, 169, 171, 172, 187, 193,
    208, 211, 237, 238, 239, 240,
    241, 272, 329, 332, 333, 335
구속주(Redeemer) 41, 59, 145, 175,
    187, 329, 330
구원 42, 43, 47, 49, 50, 51, 52, 53,
    55, 57, 58, 59, 60, 61, 62, 63,
    65, 67, 68, 69, 70, 71, 73, 76,
    79, 82, 83, 87, 90, 92, 97, 98,
    99, 109, 110, 112, 113, 117,
    118, 121, 122, 128, 133, 135,
    140, 141, 147, 151, 153, 154,
    155, 156, 163, 165, 166, 167,
    168, 169, 170, 171, 172, 176,
    181, 184, 186, 187, 189, 196,
    197, 198, 202, 210, 212, 214,
    219, 220, 222, 232, 253, 254,
    256, 257, 258, 260, 262, 269,
    272, 284, 285, 286, 287, 288,
    290, 293, 294, 295, 297, 309,
    311, 312, 317, 320, 321, 322,
    323, 326, 327, 329, 331, 332,
    333, 339
구원 계획 82, 133

구원론 51, 57, 62, 68, 69, 70, 73, 76,
    83, 90, 122, 153, 171, 172,
    220, 323, 327
구원의 복음 50-52
구원의 선물 339
구원하는 믿음(a saving faith) 257
구원하시는 은혜(a saving grace) 258
구원하시는 의 하나님의 의를 보라
그레샴 메이첸(Gresham Machen),
    222(각주, 36), 233(각주, 51)
기도 88, 132, 249, 308, 310, 346
기독교 강요 100, 219, 220, 249, 251
기쁨 42, 44, 47, 217, 345, 346

ㄴ

내재적 의(indwelling grace) 67, 86,
    87, 102, 171
내재하는 은혜(indwelling
    righteousness) 69, 72, 75, 77,
    78
노아 146, 154, 155, 156, 157, 159,
    167, 181, 182, 185, 187, 193,
    196, 210
노아 언약 146, 154, 155, 156, 157,
    167, 181, 182, 185, 187, 193,
    210
노아의 방주 155, 156
노아 홍수 157, 210

ㄷ

다메섹 도상 260
다양성(통일성) 50, 58, 102, 245
다윗 142, 146, 151, 159, 161, 167, 174, 175, 176, 177, 178, 179, 180, 181, 182, 185, 187, 196, 226
다윗 언약 146, 167, 174, 175, 176, 177, 180, 181, 182, 185, 187, 196
다윗의 뿌리 177, 178
대가 50, 58, 108, 144, 151, 194, 304, 323
대속 208, 266
대제사장 185, 229, 268
대표자 41, 55, 62, 73, 90, 91, 93, 112, 139, 144, 147, 148, 149, 150, 151, 153, 155, 156, 159, 165, 171, 173, 175, 177, 181, 182, 186, 187, 191, 195, 198, 203, 204, 206, 208, 221, 222, 223, 224, 228, 229, 233, 234, 235, 236, 237, 240, 243, 246, 268, 273, 279, 301, 311, 319, 328, 332, 334
   아담 91, 149, 191, 203, 204, 221, 222, 223, 233, 236, 240, 279, 319
   예수 41, 55, 93, 112, 144, 147, 150, 151, 153, 155, 156, 171, 175, 181, 187, 191, 195, 198, 203, 204, 206, 221, 228, 229, 234, 236, 240, 246, 268, 273, 319, 328, 332
도덕법 107, 111, 113, 114, 115, 118, 122, 125, 127
두려움 43, 341

ㄹ

라이트(N. T. Wright) 57(각주, 39), 62(각주, 52), 67(각주, 57), 89(각주, 1), 92(각주, 2), 121(각주, 37), 222(각주, 36), 261(각주, 88)
루터(Martin Luther) 76, 77, 78, 122, 171(각주, 93), 219(각주, 32), 241(각주, 62), 253(각주, 77), 257(각주 79)
리더보스(Herman Ridderbos) 57(각주, 40), 172(각주, 96)

ㅁ

말씀 41, 45, 46, 47, 49, 54, 59, 64, 69, 70, 72, 76, 78, 79, 81, 82, 83, 85, 86, 88, 91, 92, 93, 94, 95, 96, 97, 98, 99, 101, 102, 103, 104, 105, 106, 108, 109, 111, 113, 114, 115, 116, 117, 118, 119, 120, 121, 122, 123, 124, 125, 126, 127, 128, 129, 130, 131, 132, 133, 134, 135, 136, 137, 138, 139, 140, 141, 142, 143, 144, 145, 146, 147, 148, 149, 150, 151, 152, 153, 156, 158, 160, 162, 163, 164, 165, 167, 168, 170, 171, 173, 174, 175, 179, 182, 183, 184,

188, 189, 190, 195, 196, 197, 198, 202, 203, 204, 208, 210, 212, 216, 217, 236, 239, 241, 242, 243, 244, 245, 249, 250, 251, 256, 257, 258, 259, 268, 270, 271, 272, 274, 275, 276, 281, 286, 287, 289, 295, 299, 301, 304, 305, 308, 310, 314, 315, 316, 317, 318, 319, 320, 321, 322, 327, 328, 329, 330, 331, 333, 335, 338, 340, 342, 343, 344, 345, 346, 347

순종 76, 79, 83, 88, 91, 92, 95, 96, 97, 98, 99, 101, 102, 103, 105, 109, 113, 115, 116, 118, 119, 120, 122, 129, 130, 131, 134, 136, 137, 141, 143, 144, 145, 146, 147, 148, 149, 151, 152, 153, 160, 167, 168, 170, 173, 182, 184, 189, 190, 195, 197, 204, 217, 241, 271,

메시아 62, 79, 99, 110, 127, 129, 133, 142, 143, 146, 148, 150, 153, 154, 156, 158, 159, 160, 163, 164, 170, 174, 175, 176, 177, 178, 179, 180, 181, 186, 191, 196, 198, 208, 226, 227, 228, 229, 230, 231, 238, 239, 264, 268, 270, 273, 320, 323, 333, 334, 335

멜기세덱 185, 268

모세 43, 55, 56, 61, 63, 78, 83, 90, 94, 95, 103, 104, 105, 106, 107, 108, 109, 110, 112, 113, 114, 115, 118, 119, 120, 121,
122, 123, 125, 126, 127, 129, 130, 132, 138, 139, 140, 141, 142, 143, 146, 157, 158, 159, 160, 161, 166, 167, 168, 169, 170, 171, 172, 173, 174, 175, 181, 182, 183, 184, 185, 186, 187, 188, 191, 192, 193, 196, 204, 223, 227, 228, 229, 230, 231, 232, 233, 235, 238, 239, 240, 244, 260, 262, 264, 265, 267, 269, 299

모세 언약 55, 56, 61, 78, 83, 107, 146, 157, 161, 166, 167, 168, 169, 171, 172, 173, 174, 175, 181, 182, 183, 184, 185, 186, 187, 188, 191, 192, 193, 204, 223, 227, 228, 229, 230, 235, 238, 240, 244, 260, 264, 269

모세 율법 43, 61, 63, 83, 90, 94, 95, 103, 104, 105, 106, 107, 108, 109, 110, 112, 113, 114, 115, 118, 119, 120, 121, 122, 123, 125, 126, 127, 129, 130, 132, 139, 140, 141, 142, 158, 159, 160, 167, 168, 169, 170, 184, 185, 188, 227, 230, 231, 232, 233, 262, 265, 267, 299

도덕법 도덕법을 보라
사회법(재판법) 사회법을 보라
제사법(의식법) 제사법을 보라

몽학선생 173

믿음 44, 45, 46, 47, 51, 54, 55, 56, 57, 58, 59, 60, 61, 62, 78, 80, 82, 86, 90, 99, 100, 105, 110, 112, 123, 126, 127, 129, 130,

131, 132, 155, 159, 161, 162,
163, 164, 165, 166, 167, 169,
170, 171, 172, 173, 174, 175,
179, 180, 183, 184, 186, 191,
195, 200, 202, 206, 208, 209,
210, 211, 213, 216, 217, 220,
225, 226, 227, 228, 235, 238,
240, 242, 243, 244, 250, 251,
252, 253, 254, 255, 256, 257,
258, 259, 260, 261, 262, 263,
264, 265, 266, 267, 268, 269,
270, 271, 272, 273, 274, 275,
276, 284, 285, 289, 292, 293,
294, 295, 296, 298, 299, 308,
309, 312, 313, 314, 315, 316,
317, 319, 320, 321, 322, 323,
324, 327, 329, 330, 333, 338,
339, 340, 341, 342, 343, 344,
345, 346, 347
  실제적 믿음 240
  정의 251, 267
믿음-의(faith-righteousness) 78, 161,
170, 171, 172, 174, 183, 191,
227, 244, 257
믿음의 반응 255, 272, 317, 327
믿음의 순종 308, 317, 319, 327

ㅂ

바리새인 95, 115, 116, 137, 172,
260, 322
바벨탑 157
바빙크(Herman Bavinck) 257(각주
81), 289(각주, 125), 291(각
주, 126)

바울 50, 55, 56, 57, 58, 59, 60, 61,
62, 67, 79, 80, 82, 89, 90, 92,
96, 99, 109, 114, 121, 122,
123, 124, 125, 126, 130, 140,
141, 142, 143, 151, 152, 160,
161, 162, 164, 166, 167, 170,
174, 179, 180, 182, 183, 184,
188, 189, 190, 191, 192, 193,
194, 201, 204, 205, 208, 209,
213, 215, 216, 217, 222, 225,
226, 233, 234, 235, 236, 238,
243, 244, 245, 246, 247, 249,
254, 255, 259, 260, 261, 263,
264, 265, 266, 267, 280, 281,
283, 284, 285, 286, 287, 288,
293, 295, 296, 297, 303, 304,
305, 307, 308
법적 선언 61, 248, 272
베드로 47, 178, 179, 294, 296
변화
  성품 변화 성품 변화를 보라
  신분 변화 신분 변화를 보라
보상(reward) 66, 71, 73, 74, 82, 87,
172, 219
보스(Gerhardus Vos) 57, 172, 325(각
주, 17)
복음 42, 49
  복음의 말씀 41, 164, 165, 342,
343
  은혜의 복음 312
  정의 42, 49, 52, 56, 57, 58, 59, 61,
62, 117, 118
복음 전파 45

부자 청년 117, 119, 120, 321, 322
부활 42, 52, 55, 94, 95, 135, 138,
139, 142, 155, 178, 196, 208,
209, 210, 214, 260, 329, 338
불순종 43, 85, 91, 103, 113, 127,
149, 151, 152, 153, 154, 168,
189, 192, 203, 205, 221, 233,
300, 319
불의 43, 149, 151, 153, 154, 177,
188, 190, 193, 204, 205, 228,
256
빛의 나라 177, 249

ㅅ

사단 43, 47
사랑 44, 45, 46, 47, 48, 49, 52, 58,
67, 79, 102, 103, 104, 106,
107, 109, 111, 112, 113, 114,
115, 118, 119, 120, 121, 122,
125, 126, 127, 128, 129, 130,
131, 132, 133, 141, 145, 146,
155, 165, 168, 173, 174, 177,
184, 195, 197, 202, 206, 216,
217, 229, 248, 250, 258, 274,
275, 281, 285, 287, 293, 314,
315, 317, 319, 322, 329, 337,
339, 345, 346
삼위일체 48, 52, 136, 147, 201, 202,
207, 234, 243, 273, 289, 311,
319, 336
새로운 피조물 212, 272, 290, 309
새 사람 44, 212, 213, 281, 282, 290,
292, 293, 296, 297, 305, 309

새 언약 41, 55, 62, 90, 93, 97, 112,
139, 144, 145, 147, 148, 149,
150, 151, 152, 153, 154, 155,
156, 157, 158, 159, 165, 167,
168, 171, 172, 173, 174, 175,
177, 178, 180, 181, 182, 183,
184, 185, 186, 187, 188, 191,
192, 193, 195, 196, 203, 204,
205, 206, 208, 211, 221, 222,
223, 231, 233, 234, 235, 236,
237, 240, 241, 244, 264, 268,
269, 271, 273, 309, 311, 319,
328, 331, 332, 341
　새 언약의 대표자 41, 55, 62, 93,
112, 139, 144, 147, 148, 150,
151, 153, 155, 156, 158, 159,
171, 175, 177, 181, 182, 187,
191, 195, 203, 204, 206, 222,
234, 236, 240, 268, 273, 311,
319, 328, 332
　새 언약의 중보자 97, 205, 231,
233, 241, 268, 341
생명 44, 47, 52, 53, 54, 99, 118, 152,
195, 204, 206, 209, 213, 235,
250, 282, 292, 329, 331
생명의 빛 44
서기관 95, 115, 116, 137, 172
서로 사랑 146, 274, 293
선물 194
선악과 66, 92, 149, 203, 223
선지자 57, 82, 94, 95, 99, 108, 112,
116, 119, 126, 136, 138, 139,
140, 141, 142, 169, 230, 233,
238, 255, 263, 328, 334

선한 사마리아 119, 120
선(선함, goodness) 277, 278, 279,
　　　280, 282, 285, 286, 287, 288,
　　　289, 290, 292, 293, 294, 295,
　　　296, 297, 298, 299
성령님 11, 30, 31, 32, 39, 44, 45, 46,
　　　47, 54, 60, 61, 122, 131, 132,
　　　145, 178, 184, 202, 205, 206,
　　　207, 208, 210, 211, 213, 214,
　　　215, 216, 217, 237, 240, 242,
　　　243, 246, 247, 248, 250, 253,
　　　254, 255, 256, 257, 258, 259,
　　　272, 273, 274, 275, 276, 284,
　　　286, 289, 293, 295, 297, 298,
　　　308, 309, 310, 311, 312, 313,
　　　314, 315, 320, 330, 331, 332,
　　　336, 337, 338, 339, 340, 343,
　　　345, 346
　　역사 46, 132, 184, 202, 205, 206,
　　　　207, 211, 214, 215, 242, 243,
　　　　247, 253, 255, 257, 258, 272,
　　　　276, 284, 331, 332, 336, 339,
　　　　340, 345
　　열매 47, 132
성만찬 192, 208, 210, 214
성육신 142, 151, 156, 157, 207, 211,
　　　231
성품 변화 290, 291, 299, 306
성화 50, 75, 144, 201, 205, 211, 214,
　　　215, 216, 236, 251, 258, 272,
　　　276, 290, 291, 296, 299, 309,
　　　313, 327
성화의 믿음 251, 258, 313

성화케 하시는 은혜(a sanctifying grace) 258
세례 51, 93, 115, 134, 137, 155, 207,
　　　208, 209, 210, 211, 214, 236,
　　　330, 337
소망 44, 126, 127, 129, 195, 200, 333
속죄 23, 50, 58, 92, 144, 228, 229,
　　　239, 247, 266, 268, 323
속죄 제물 228, 229, 266, 268
순종 41, 43, 50, 55, 56, 58, 60, 61,
　　　63, 68, 74, 76, 79, 80, 83, 85,
　　　86, 87, 88, 89, 90, 91, 92, 93,
　　　94, 95, 96, 97, 98, 99, 100,
　　　101, 102, 103, 104, 105, 106,
　　　109, 110, 111, 112, 113, 114,
　　　115, 116, 117, 118, 119, 120,
　　　121, 122, 123, 124, 125, 127,
　　　128, 129, 130, 131, 132, 133,
　　　134, 135, 136, 137, 138, 139,
　　　140, 141, 143, 144, 145, 146,
　　　147, 148, 149, 150, 151, 152,
　　　153, 154, 155, 156, 157, 158,
　　　159, 160, 161, 162, 163, 164,
　　　165, 166, 167, 168, 169, 170,
　　　171, 172, 173, 174, 175, 177,
　　　178, 180, 181, 182, 183, 184,
　　　185, 186, 187, 188, 189, 190,
　　　191, 192, 193, 194, 195, 196,
　　　197, 198, 199, 200, 201, 203,
　　　204, 205, 206, 208, 209, 210,
　　　211, 214, 216, 217, 218, 221,
　　　223, 224, 229, 231, 232, 233,
　　　234, 235, 236, 237, 238, 240,
　　　241, 243, 244, 246, 247, 249,

251, 252, 255, 256, 258, 259,
262, 268, 269, 271, 272, 274,
275, 289, 295, 300, 302, 304,
305, 308, 309, 311, 313, 314,
315, 317, 319, 323, 327, 328,
331, 332, 341, 342, 343, 344,
345, 346
능동적 순종 87, 115(각주, 31)
수동적 순종 87, 115(각주, 31)
예수 그리스도 예수 그리스도를
보라
완전한 순종 완전한 순종을 보라
스콜라주의신학 81, 219(각주, 32)
승리 50, 92, 144, 193, 299, 336, 337,
338, 339
승천 42, 135, 138, 178, 196, 328,
337, 338, 344
시편 95, 138, 139, 140, 141, 142,
174, 178, 179, 180, 229
신분 변화 291, 310, 314
신성 132, 136, 137, 139, 219, 321,
328, 329, 330, 338
심판 49, 52, 53, 63, 83, 87, 90, 97,
110, 112, 113, 125, 149, 150,
151, 153, 154, 156, 157, 158,
159, 168, 169, 172, 187, 189,
190, 195, 204, 222, 229, 230,
231, 249, 319, 322, 323, 341
심판하시는 의 83, 87, 90, 97, 110,
112, 113, 125, 149, 150, 151,
153, 154, 156, 157, 158, 159,
168, 169, 172, 204, 222, 229,
231

십계명 107, 113, 117, 118
십자가 88, 89, 90, 91, 92, 93, 94, 95,
96, 97, 99, 105, 106, 108, 109,
110, 111, 112, 113, 114, 115,
127, 128, 129, 130, 134, 135,
138, 148, 150, 151, 153, 154,
155, 157, 158, 159, 160, 164,
168, 173, 177, 179, 184, 196,
197, 208, 209, 214, 228, 229,
230, 231, 239, 240, 245, 270,
300, 304, 305, 329, 342
형벌 43, 83, 89, 91, 92, 97, 106,
107, 108, 109, 112, 113, 115,
128, 130, 150, 151, 154, 158,
168, 172, 173, 190, 224, 227,
229, 230, 231, 238, 239, 245,
249, 301, 304, 305, 319
십자가 순종 88, 89, 90, 91, 92, 93,
94, 95, 96, 97, 105, 106, 109,
110, 111, 112, 113, 114, 115,
127, 128, 129, 130, 148, 150,
151, 154, 157, 158, 160, 168,
173, 184, 197, 229, 304, 342
씨(descendants) 142, 155, 159, 176,
178, 181, 227

○

아담 42, 43, 44, 54, 55, 63, 65, 66,
67, 68, 69, 70, 74, 76, 77, 84,
85, 90, 91, 92, 93, 113, 122,
125, 127, 129, 135, 146, 148,
149, 150, 151, 152, 153, 154,
156, 157, 161, 167, 168, 170,
174, 181, 182, 185, 187, 188,

189, 190, 191, 192, 193, 196,
202, 203, 204, 205, 211, 212,
221, 222, 223, 224, 226, 229,
230, 233, 234, 235, 236, 238,
240, 243, 244, 277, 278, 279,
280, 288, 289, 290, 291, 296,
297, 299, 300, 301, 302, 304,
305, 307, 309, 319
대표자(모든 인류) 대표자 아담
  을 보라
불순종 43, 91, 113, 127, 152, 205,
  221, 300
죄 65, 68, 69, 84, 150, 222, 223,
  224, 233, 278, 296, 297, 319
창조 202
타락 42, 43, 63, 65, 68, 70, 76, 77,
  84, 85, 91, 92, 150, 204, 277,
  278, 288, 291, 300, 309, 319
아담 언약 65, 70, 84, 91, 146, 148,
  149, 150, 151, 152, 153, 154,
  156, 157, 167, 168, 181, 182,
  185, 187, 191, 192, 193, 202,
  204, 211, 221, 222, 223, 229,
  230, 233, 235, 236, 238, 240,
  244, 277, 300, 305, 307, 319
아담의 의 65, 68
아담의 자손 91, 154, 161
아브라함 55, 61, 62, 90, 135, 142,
  146, 157, 158, 159, 160, 161,
  162, 163, 164, 165, 166, 167,
  180, 181, 182, 183, 184, 185,
  186, 187, 191, 193, 196, 221,
  223, 224, 225, 226, 227, 233,
  235, 239, 244, 253, 256, 257,

262, 263, 264, 265, 266, 267,
268
아브라함 언약 55, 61, 62, 90, 146,
  157, 160, 161, 165, 166, 167,
  180, 181, 182, 183, 185, 186,
  187, 191, 193, 221, 223, 224,
  225, 226, 233, 235, 244, 262,
  263, 264, 265, 268
아브라함의 믿음 162, 163, 164,
  165, 166, 263, 264, 265, 266,
  267
앨리스터 맥그래스(Alister E.
  McGrath), 80(각주, 77),
  241(각주, 62)
어거스틴(Augustine of Hippo), 220
어둠의 나라 177, 249
어린 양 158, 176, 185, 238
언약 41, 42, 44, 48, 49, 52, 55, 56,
  57, 60, 61, 62, 65, 67, 70, 76,
  78, 83, 84, 85, 88, 90, 91, 92,
  93, 97, 98, 100, 104, 107, 112,
  122, 134, 138, 139, 141, 142,
  144, 145, 146, 147, 148, 149,
  150, 151, 152, 153, 154, 155,
  156, 157, 158, 159, 160, 161,
  162, 165, 166, 167, 168, 169,
  170, 171, 172, 173, 174, 175,
  176, 177, 178, 180, 181, 182,
  183, 184, 185, 186, 187, 188,
  191, 192, 193, 195, 196, 197,
  198, 199, 200, 201, 202, 203,
  204, 205, 206, 207, 208, 210,
  211, 212, 216, 217, 221, 222,
  223, 224, 225, 226, 227, 228,

229, 230, 231, 233, 234, 235, 236, 237, 238, 240, 241, 243, 244, 246, 248, 256, 257, 259, 260, 261, 262, 263, 264, 265, 267, 268, 269, 270, 271, 272, 273, 277, 279, 290, 299, 300, 301, 304, 305, 307, 309, 311, 316, 319, 328, 329, 330, 331, 332, 334, 335, 341, 342, 343, 347

언약의 나라 41, 65, 78, 83, 84, 90, 107, 149, 154, 157, 170, 175, 210, 212, 217, 256, 277, 316, 347

언약적 대표자(covenantal representative) 90, 148, 151, 173, 198, 203, 204, 208, 223, 224, 229, 246, 279, 334

언약적·법적 대표주의 203

언약적 섭리 260

언약 파괴자 44, 91, 212, 223, 290, 301, 309

에덴동산 223

연합 80, 87, 100, 101, 127, 146, 155, 162, 198, 199, 200, 201, 202, 203, 204, 205, 206, 207, 208, 209, 210, 211, 213, 214, 215, 216, 217, 218, 219, 221, 226, 233, 234, 237, 242, 251, 263, 272, 280, 282, 283, 312
  실제적 연합 18, 201, 207, 208, 209, 211, 216
  아담 안(아담과의 연합) 42, 43, 44, 55, 91, 93, 122, 129, 149, 150, 151, 170, 174, 188, 189, 190, 203, 205, 211, 212, 221, 223, 224, 233, 234, 240, 244, 277, 278, 279, 280, 289, 290, 302, 304, 305, 307, 308, 309
  예수님 안 42, 43, 44, 46, 58, 59, 60, 61, 62, 80, 103, 104, 106, 109, 122, 123, 127, 129, 131, 145, 146, 151, 153, 155, 161, 162, 166, 174, 177, 183, 194, 195, 198, 199, 200, 201, 202, 205, 206, 209, 210, 211, 212, 213, 214, 215, 216, 217, 218, 221, 222, 224, 226, 227, 234, 235, 236, 237, 238, 239, 240, 241, 242, 243, 244, 245, 246, 247, 248, 249, 250, 259, 266, 267, 269, 271, 272, 273, 274, 275, 277, 278, 279, 280, 281, 282, 283, 284, 285, 286, 287, 288, 289, 290, 291, 292, 293, 294, 295, 296, 297, 298, 302, 304, 305, 306, 309, 311, 312, 313, 333, 336, 342, 343, 344
  예수님 안에 하나 된 연합 18, 211
  언약적·법적 연합 201, 203, 204, 205, 206, 207
  정의 200-201

영생 42, 50, 52, 53, 54, 58, 59, 60, 61, 73, 99, 117, 118, 119, 120, 126, 165, 169, 184, 192, 254, 257, 287, 312, 321, 322, 327, 338, 340

영생의 복음 52-54

영원성 54, 316, 317, 324, 328, 340

예루살렘교회 140, 141
예수 그리스도 42, 46, 47, 48, 50,
　　52, 53, 54, 55, 56, 57, 58, 59,
　　60, 62, 63, 67, 69, 77, 79, 80,
　　83, 84, 85, 87, 88, 89, 96, 98,
　　99, 100, 101, 105, 112, 117,
　　126, 127, 128, 129, 130, 135,
　　142, 148, 151, 152, 153, 154,
　　156, 157, 158, 159, 160, 163,
　　165, 169, 171, 172, 173, 179,
　　180, 184, 185, 186, 187, 191,
　　192, 193, 194, 195, 198, 199,
　　200, 201, 202, 203, 204, 207,
　　208, 209, 210, 211, 214, 215,
　　218, 219, 220, 222, 224, 228,
　　230, 232, 233, 234, 236, 239,
　　241, 247, 251, 254, 255, 263,
　　270, 271, 273, 284, 291, 292,
　　293, 295, 296, 301, 310, 318,
　　320, 321, 326, 327, 328, 331,
　　333, 338, 340, 341, 342
　만족 73, 86, 87, 90, 98, 105, 110,
　　111, 113, 117, 121, 130, 140,
　　144, 148, 150, 152, 153, 159,
　　162, 164, 170, 172, 187, 191,
　　196, 197, 204, 231, 232, 242,
　　249, 269
　사랑 45, 46, 104, 109, 131, 274,
　　346
　사회법 107, 351
　새 언약의 대표자 새 언약의 대표
　　자를 보라
　성육신 성육신을 보라
　순종 순종을 보라
　신성 신성을 보라
　완전한 순종 완전한 순종을 보라

인성 인성을 보라
　탄생 135, 136, 138, 146
　재림 193, 321, 323, 324, 325, 326,
　　327, 332
　직분(선지자, 제사장, 왕) 328
　초림 95, 323, 324, 332
예수님 안 연합을 보라
예수님의 의 60. 61, 84, 86, 97, 98,
　　100, 101, 115, 126, 137, 195,
　　205, 214, 220, 222, 231, 232,
　　238, 246, 272, 296, 331, 344
옛 사람 109, 209, 212, 290, 309
오시앤더(Osiander), 219(각주, 32)
오직 그리스도로만 80, 86, 193, 259
오직 말씀으로만 86
오직 믿음으로만 56, 61, 80, 86,
　　127, 155, 173, 180, 235, 251,
　　252, 256, 261, 263, 267, 271,
　　272, 312, 324, 341
오직 성경으로만 259
오직 은혜로만 41, 80, 86, 121, 123,
　　127, 152, 155, 161, 165, 167,
　　171, 180, 182, 183, 184, 186,
　　192, 198, 205, 206, 215, 227,
　　252, 256, 259, 263, 271, 272,
　　312, 323
완전한 말씀 순종 83, 96, 98, 102,
　　134, 143, 144, 145, 146, 151,
　　152, 182, 195, 204, 241, 274
완전한 순종 41, 50, 55, 56, 60, 61,
　　63, 68, 74, 79, 80, 83, 89, 91,
　　94, 95, 96, 97, 98, 99, 100,

101, 102, 103, 105, 106, 111,
113, 114, 115, 116, 117, 120,
121, 122, 123, 124, 125, 127,
128, 129, 130, 131, 132, 133,
134, 135, 138, 140, 141, 143,
144, 145, 146, 147, 148, 149,
150, 151, 152, 153, 154, 155,
156, 157, 159, 160, 161, 162,
163, 164, 165, 166, 167, 168,
169, 171, 172, 173, 174, 175,
177, 178, 180, 181, 182, 183,
184, 185, 186, 187, 188, 191,
192, 194, 195, 196, 197, 198,
199, 200, 201, 204, 205, 206,
208, 209, 210, 211, 214, 216,
218, 221, 223, 224, 229, 232,
233, 234, 235, 236, 237, 238,
240, 241, 243, 244, 246, 251,
252, 255, 256, 258, 259, 262,
268, 269, 271, 272, 289, 300,
302, 305, 309, 311, 313, 327,
332, 341, 342, 343
  넓은 의미 102, 132, 133, 134,
  141, 145, 146, 163, 167, 168,
  169, 173, 180, 181, 196, 197,
  198
  완전한 순종의 삶 94, 123, 134,
  140, 143, 144, 145, 146, 156,
  180, 192, 196, 208
  은혜와 언약들 146, 180, 196
  좁은 의미(모세 율법 중심) 103,
  105, 113, 114, 116, 123, 124,
  127, 128, 129, 130, 168, 184,
  197, 198
완전한 의 47, 59, 60, 63, 64, 69, 77,
78, 80, 85, 98, 99, 101, 105,
111, 113, 117, 121, 127, 128,
130, 131, 146, 152, 153, 155,
162, 169, 172, 173, 174, 192,
195, 196, 198, 199, 200, 202,
204, 205, 210, 212, 214, 218,
219, 221, 223, 224, 226, 227,
229, 230, 232, 236, 237, 238,
239, 240, 241, 242, 243, 244,
246, 248, 249, 252, 254, 255,
256, 258, 262, 263, 267, 271,
272, 274, 301, 309, 311, 312,
343
  선물 111, 152, 195, 234, 244, 247,
  248, 249, 252, 257, 272, 275,
  292
완전한 의의 전가 18, 127, 153, 155,
162, 199, 218, 219, 226, 232,
237, 238, 239, 240, 241, 242,
244, 248, 263, 267, 272
요셉 135
용서 9, 43, 84, 85, 86, 87, 89, 90, 91,
92, 93, 96, 97, 99, 100, 101,
108, 110, 111, 112, 113, 114,
121, 123, 125, 129, 132, 143,
155, 172, 207, 214, 219, 220,
227, 238, 239, 293, 300, 301,
304, 343
우리 밖에서(outside of us, extra nos)
77(각주, 93), 98, 171, 232
우리 밖의 의(alien righteousness) 77,
86
우리 안의 은혜 72
우리 안의 의 72, 77, 86

원의(original righteousness) 63, 65, 66, 68, 69, 74, 76, 277

원죄 64, 65, 66, 67, 68, 70, 73, 74, 75, 76, 78, 80, 148, 150, 153, 189, 226, 240, 299, 300, 301, 302, 307

원죄론 64, 65, 67, 68, 70, 73, 75, 76, 78, 80, 189

원초적 오염(original pollution) 301, 307

원초적 죄책(original guilt) 301, 307

웨스트민스터 신앙고백서(1646) 86(각주, 85), 220(각주, 34)

유대인 140, 179, 182, 188, 189, 190, 195, 260, 267, 282

유대주의(Judaism) 140, 183

육신 132, 139, 160, 165, 249, 253, 286, 297, 307, 308

율법 43, 55, 56, 57, 61, 63, 81, 82, 83, 87, 88, 90, 91, 94, 95, 99, 103, 104, 105, 106, 107, 108, 109, 110, 111, 112, 113, 114, 115, 116, 117, 118, 119, 120, 121, 122, 123, 124, 125, 126, 127, 128, 129, 130, 132, 133, 135, 138, 139, 140, 141, 142, 143, 145, 146, 158, 159, 160, 161, 166, 167, 168, 169, 170, 171, 172, 173, 174, 176, 182, 183, 184, 185, 186, 187, 188, 189, 190, 191, 192, 197, 198, 227, 228, 229, 230, 231, 232, 233, 235, 238, 249, 253, 255,
257, 259, 260, 262, 263, 265, 267, 268, 269, 275, 285, 286, 297, 299, 304

율법의 마침 55, 61, 105, 171, 172, 255

율법 순종의 말씀 130, 168

율법신학 182, 260

율법의 요구 119, 121, 127, 128, 129, 130, 132, 139, 145, 286, 297

율법의 요약 115, 118, 120, 125, 126

율법의 의 61

율법의 저주 61, 109, 172

율법의 행위 121, 122, 167, 168, 170, 171, 173, 174, 182, 184, 191, 253

율법 형벌의 말씀 130, 168

율법사 118, 119

은혜 41, 44, 45, 46, 48, 49, 51, 52, 55, 57, 58, 59, 60, 62, 63, 66, 67, 68, 69, 70, 71, 72, 73, 74, 75, 77, 78, 79, 80, 85, 86, 87, 90, 92, 97, 98, 100, 101, 104, 109, 121, 122, 123, 127, 130, 134, 138, 145, 146, 147, 148, 149, 152, 153, 154, 155, 156, 157, 158, 159, 160, 161, 163, 164, 165, 166, 167, 168, 169, 171, 172, 173, 174, 175, 179, 180, 181, 182, 183, 184, 185, 186, 187, 188, 189, 190, 191, 192, 193, 194, 195, 196, 197, 198, 199, 200, 201, 202, 204, 205, 206, 208, 210, 211, 213,

214, 215, 216, 217, 218, 220,
224, 225, 226, 227, 230, 233,
234, 235, 236, 237, 239, 240,
241, 242, 243, 247, 248, 252,
254, 255, 256, 257, 258, 259,
260, 262, 263, 264, 265, 266,
267, 268, 269, 271, 272, 274,
276, 287, 288, 289, 292, 295,
296, 300, 303, 304, 305, 311,
312, 313, 314, 315, 318, 319,
320, 322, 323, 324, 326, 334,
341, 342, 343, 344, 345
　내재하는 은혜 내재하는 은혜를
　　보라
　은혜의 선물 46, 257, 258, 292,
　　313, 320
　은혜신학 220, 260
　하나님 은혜의 법 204, 256, 257
은혜 언약 49, 90, 147, 148, 156, 166,
167, 173, 181, 188, 191, 201,
202, 237
　은혜 언약의 당사자 148, 173,
　　181, 191
은혜의 법 204, 256, 257
은혜의 증가 73, 74, 171
의(의로움, righteousness) 65, 131,
247, 277, 278, 280, 282, 283,
284, 286, 287, 289, 290, 292,
296, 297, 298, 299
　내재적 의 내재적 의를 보라
　선물 111, 152, 195, 234, 244, 247,
　　248, 249, 252, 257, 272, 275,
　　292
　모든 의 93, 98, 115, 117, 137,
　　140, 207

완전한 의 완전한 의를 보라
원의 원의를 보라
의의 한 행동 99, 152, 204, 235
행위-의(works-righteousness) 행
　위-의를 보라
의인 6, 11, 29, 32, 43, 44, 46, 59, 61,
62, 82, 83, 97, 111, 114, 124,
152, 155, 163, 169, 183, 186,
189, 190, 192, 205, 217, 227,
234, 235, 236, 237, 250, 261,
262, 269, 273, 275, 282, 285,
293, 312, 341, 342, 344
이삭 158, 159, 160, 165, 166, 184,
224
이성 64, 65, 70, 81, 123, 196, 197,
201, 260, 278, 288
　이성의 능력(rational ability) 64, 65,
　　70, 197, 201
　훼손된 이성의 능력 288
이신칭의 56, 66, 72, 87, 162, 165,
241, 251, 256, 261, 263, 272,
312, 313, 칭의의 믿음도 보
라
이웃 사랑 106, 107, 111, 113, 114,
115, 118, 119, 120, 121, 125,
126, 127, 128, 129, 130, 132,
141, 168, 173, 174, 184, 197,
229, 275, 287
이중 전가 전가를 보라
인간의 능력(human ability) 64, 67,
68, 69, 70, 72, 75, 292, 303,
306
인류 42, 43, 49, 91, 119, 148, 149,

150, 151, 157, 181, 189, 191,
192, 197, 203, 204, 205, 211,
212, 221, 222, 223, 224, 233,
234, 236, 240, 243, 277, 279,
290, 302, 303, 304, 307, 309,
319, 323, 332, 333, 338

인본주의 302, 303

인성 136, 137, 139, 144, 321, 328,
329, 330, 338

인자 101, 136, 137, 139, 208, 324

일반 은총(일반 은혜, common grace)
288

ㅈ

자연적 능력(natural ability) 66, 70

자연적 의(natural righteousness) 65,
66, 68, 69, 70, 72

자유의지 69, 72, 302

자유주의신학 64, 70, 72, 73, 81

자유함 304, 306

자율적 이성 64

재앙 43(각주, 10), 107

재판법 107

저주 43, 61, 68, 109, 110, 111, 112,
149, 171, 172, 183, 190, 204,
223, 229, 235, 249, 343

적당한 공로(congruous merit) 74

전가 61, 68, 69, 80, 84, 85, 86, 87,
90, 100, 101, 102, 127, 153,
155, 161, 162, 198, 199, 200,
203, 204, 206, 213, 214, 215,
218, 219, 220, 221, 222, 223,
224, 225, 226, 227, 228, 229,
230, 231, 232, 233, 234, 235,
236, 237, 238, 239, 240, 241,
242, 243, 244, 245, 246, 247,
248, 251, 262, 263, 264, 265,
266, 267, 271, 272, 295, 296,
299, 302, 304, 307, 308, 312
실제적 전가 221, 237, 240, 241,
242, 244, 248
언약적·법적 전가 162, 221, 222,
223, 224, 225, 226, 227, 230,
233, 234, 235, 236, 237, 263
예수님 안의 전가 221, 242, 243,
244, 245, 246, 247, 248
옷의 비유 232, 233, 245, 296
완전한 순종의 전가 68, 101, 102,
221, 223, 244, 246
이중 전가 84, 85, 101, 218, 222,
223, 230, 235, 246
정의 221, 225
죄의 전가 204, 222, 224, 226,
228, 229, 230, 231, 233, 235,
238, 240, 245, 246

절망 126, 195

제사법 106, 107, 108, 110, 111, 112,
125, 127, 158, 159, 185, 187,
227, 228, 229, 230, 238, 239,
240

조나단 에드워즈(Jonathan Edwards)
102(각주, 17), 219(각주, 32)

종교개혁 8, 63, 66, 68, 69, 70, 71,
76, 78, 80, 81, 83, 84, 85, 86,
87, 89, 90, 96, 97, 99, 101,
121, 122, 171, 196, 199, 205,

218, 219, 251, 253, 254, 301
종교개혁자 8, 66, 68, 69, 70, 71, 76,
　　78, 80, 81, 83, 84, 85, 86, 90,
　　96, 97, 99, 101, 121(각주, 37),
　　122, 171, 199, 205, 218, 219,
　　253(각주, 77), 254, 301(각주,
　　134)
죄
　실제적 죄(본 죄) 150
　죄 사함(죄 용서) 43, 45, 55, 75,
　　92, 110, 143, 158, 159, 180,
　　193, 207, 208, 284, 300, 303
　죄의 노예 43, 177, 205
　죄에서 자유 41, 205, 302, 303,
　　304, 305, 306
　죄 오염(pollution) 149, 150, 241,
　　286, 295, 297, 299, 300, 301,
　　306, 307, 308, 309, 326, 327,
　　343
　정의 299-300
　죄책(guilt) 112, 149, 249, 286,
　　297, 299, 300, 301, 302, 304,
　　305, 306, 307, 309, 314, 326,
　　327, 343
　죄 된 본성(sinful nature) 150, 242,
　　286, 297, 299, 308, 310, 314
　죄 된 습관 46, 297, 308, 343
　죄인 42, 43, 49, 52, 54, 55, 58, 60,
　　63, 64, 65, 68, 69, 73, 74, 77,
　　78, 79, 82, 83, 84, 85, 88, 89,
　　90, 91, 93, 94, 96, 97, 98, 99,
　　101, 102, 105, 106, 108, 109,
　　110, 112, 113, 114, 115, 117,
　　118, 121, 122, 124, 125, 127,
　　128, 129, 130, 132, 134, 137,
　　138, 142, 143, 144, 145, 146,
　　148, 149, 150, 152, 153, 154,
　　156, 157, 159, 160, 162, 165,
　　166, 168, 169, 170, 172, 173,
　　177, 180, 181, 182, 184, 185,
　　186, 187, 188, 189, 190, 192,
　　194, 195, 196, 197, 198, 200,
　　201, 202, 204, 205, 206, 207,
　　208, 209, 211, 214, 216, 218,
　　219, 220, 223, 224, 225, 227,
　　228, 230, 231, 235, 236, 237,
　　238, 239, 240, 241, 242, 243,
　　246, 247, 248, 250, 251, 252,
　　253, 256, 257, 259, 262, 266,
　　269, 272, 273, 274, 278, 284,
　　291, 292, 302, 305, 306, 309,
　　311, 312, 318, 319, 320, 323,
　　332, 338, 342, 344
죗값 92, 106, 112, 154, 300, 305
중세(로마) 신학 63, 64, 66, 67, 68,
　　69, 70, 71, 72, 73, 75, 76, 77,
　　78, 85, 86, 102, 148, 153
지식 46, 123, 141, 143, 189, 212,
　　213, 232, 243, 244, 246, 247,
　　249, 250, 251, 253, 254, 258,
　　274, 276, 278, 279, 280, 281,
　　282, 288, 289, 290, 292, 293,
　　294, 295, 296, 297, 298, 299,
　　327, 343, 345
　사랑의 지식 250
　생명의 지식 250
지혜 75, 81, 88, 131, 133, 197, 212,
　　247, 248, 278, 279, 280, 281,
　　282, 283, 288, 289, 290, 292,

293, 294, 295, 296, 297, 298, 299, 311, 319, 330

진리 50, 53, 58, 64, 70, 72, 75, 76, 81, 119, 123, 127, 189, 212, 228, 244, 245, 248, 256, 258, 265, 282, 284, 285, 293, 300, 301, 305, 314, 340

ㅊ

창세 전 48, 136, 144, 202, 203, 204, 234, 237, 241, 243, 311

창조 41, 65, 66, 67, 68, 135, 147, 174, 176, 178, 202, 247, 281, 288, 293, 296, 316, 317, 318, 319, 330, 332

창조주 41, 135, 176, 178, 330

책임성 100, 148, 255, 281, 294, 295, 308, 310

천국의 비밀 197

천국 입성 95, 116, 117, 118, 137

초대 교회 123, 140, 170

축도 193, 194

출애굽 43

칠십인역(LXX), 260, 261, 193(각주, 120), 261(각주, 88, 89), 264(각주, 94)

칭의론 50, 55, 57, 62, 63, 64, 67, 68, 69, 72, 73, 74, 75, 76, 77, 78, 80, 81, 84, 85, 86, 87, 90, 96, 97, 121, 122, 123, 124, 140, 141, 148, 166, 171, 219, 220, 222, 259, 266, 327, 328

칭의(의롭다 하심, justification) 40, 42, 48, 62, 63, 64, 80, 81, 84, 85, 88, 89, 90, 99, 119, 120, 128, 130, 134, 140, 151, 153, 162, 175, 179, 194, 196, 204, 205, 218, 219, 220, 222, 227, 232, 240, 251, 252, 277, 278, 280
  정의 40, 80

칭의의 믿음(a saving faith) 58, 162, 251, 252, 253, 254, 255, 256, 257, 258, 259, 260, 261, 262, 263, 264, 265, 266, 267, 268, 269, 270, 271, 272, 313
  언약적·법적 칭의의 믿음 259, 260, 261, 262, 263, 267, 268, 269, 270, 271, 272
  이신칭의 이신칭의를 보라

칭의의 복음 41, 42, 43, 44, 45, 46, 47, 48, 55, 56, 58, 61, 62, 182, 185, 194, 195, 311, 312
  정의 55

칭의의 선물 247, 252, 257, 275

ㅋ

칼빈(John Calvin) 78(각주, 72), 84(각주 82), 98(각주, 7), 100-101, 101(각주, 15), 101(각주, 18), 152(각주, 67), 202(각주, 2), 205(각주, 10), 218(각주, 31), 219(각주, 32), 247(각주, 71), 249(각주, 73, 74), 253(각주, 77)

크로위(Brandon Crowe) 289(각주,

124)

ㅌ

타락 26, 27, 42, 43, 63, 65, 66, 68, 69, 70, 74, 75, 76, 77, 84, 85, 91, 92, 150, 157, 161, 167, 187, 204, 277, 278, 279, 288, 291, 296, 300, 309, 319, 320

토마스 아퀴나스(Thomas Aquinas) 16, 71, 73, 74, 78

통일성(다양성) 5, 10, 23, 24, 50, 58, 102, 245, 332

트렌트 종교회의 75

ㅍ

판단 22, 28, 64, 76, 171, 190, 196, 256, 258

판단의 기준 22, 64, 76, 256, 258

프랑스 혁명 302

프레임(John Frame) 329(각주, 28)

ㅎ

하나님
    삼위일체 삼위일체를 보라
    하나님의 약속 46, 133, 137, 142, 147, 156, 216, 227, 239, 243, 256, 268, 274, 313
    영원성 영원성을 보라
    하나님의 지혜 248, 281, 292, 293, 296
    진노 43, 97, 99, 107, 108, 109, 110, 128, 153, 154, 158, 171, 190, 227, 228, 229, 230, 231, 239, 343

하나님 나라 41, 42, 43, 44, 45, 46, 47, 49, 62, 78, 81, 99, 100, 103, 107, 117, 146, 157, 163, 165, 174, 175, 176, 177, 178, 180, 187, 193, 197, 206, 207, 217, 230, 248, 249, 259, 291, 311, 316, 317, 318, 319, 320, 321, 322, 323, 324, 325, 326, 327, 328, 329, 330, 331, 332, 333, 334, 335, 336, 337, 338, 339, 340, 341, 342, 344, 346, 347

하나님 사랑 79, 106, 107, 111, 113, 114, 115, 118, 119, 120, 121, 122, 125, 126, 127, 128, 129, 130, 132, 141, 168, 173, 184, 197, 206, 229, 248, 275, 287, 317

하나님의 눈 165, 220, 246, 294

하나님의 말씀 41, 64, 70, 78, 85, 88, 91, 103, 123, 132, 133, 136, 142, 143, 148, 171, 188, 189, 202, 212, 217, 242, 243, 244, 256, 257, 259, 268, 274, 275, 281, 289, 295, 299, 301, 316, 329, 331, 340, 342, 343, 344, 345, 346

하나님의 백성 166, 186, 334, 337

하나님의 선물 51, 58, 165, 254, 291

하나님의 속성 106, 289, 294, 299, 316

하나님의 은혜 44, 45, 49, 57, 58, 60, 63, 66, 67, 68, 70, 71, 75, 77, 78, 79, 85, 87, 98, 100, 101, 121, 122, 127, 130, 146, 148, 153, 156, 157, 159, 160, 161, 163, 164, 165, 166, 167, 168, 169, 171, 172, 179, 181, 183, 184, 185, 186, 187, 188, 189, 190, 191, 193, 194, 195, 196, 197, 199, 201, 206, 213, 214, 215, 216, 217, 218, 220, 225, 226, 227, 230, 234, 235, 236, 237, 239, 240, 243, 247, 254, 256, 257, 259, 263, 264, 265, 266, 267, 269, 271, 272, 274, 287, 288, 300, 303, 304, 312, 313, 314, 315, 319, 320, 322, 326, 342, 343, 344

하나님의 은혜로의 칭의의 믿음(a justifying faith) 313

하나님의 의 46, 48, 55, 56, 57, 59, 60, 61, 62, 63, 67, 78, 81, 82, 83, 84, 90, 92, 97, 98, 99, 104, 105, 106, 111, 112, 114, 121, 123, 126, 128, 130, 138, 144, 148, 150, 152, 154, 168, 169, 170, 171, 172, 173, 174, 182, 186, 187, 189, 190, 191, 192, 193, 196, 197, 198, 202, 204, 219, 227, 231, 232, 239, 246, 250, 255, 256, 261, 262, 263, 269, 272, 273, 274, 275, 276, 288, 289, 299, 312, 316, 317, 328, 331

구원의 기준 63, 82, 83, 90, 170, 171
구원하시는 의 83, 87, 151, 153, 155, 156, 168, 169, 222, 262
다스리시는 법적 기준 82, 83
선한 삶의 기준 82, 90
심판하시는 의 심판하시는 의를 보라

하나님의 전신갑주 47

하나님 형상 9, 11, 19, 30, 39, 64, 65, 70, 132, 149, 204, 236, 242, 276, 277, 278, 279, 280, 283, 284, 288, 289, 290, 291, 292, 293, 294, 295, 296, 297, 298, 299, 300, 310, 313, 314, 319
넓은 의미 278, 279, 280, 288, 290
도덕적 탁월성 278, 280, 282, 283, 285, 286, 287, 288, 290, 294
성장 31
전인격적 의미 277, 279, 283, 298
좁은 의미 278, 279, 280, 282, 288, 290, 298
지적 탁월성 70, 280, 281, 282, 283
형상 회복 70, 132, 149, 242, 276, 277, 278, 279, 280, 283, 284, 288, 289, 290, 291, 292, 293, 294, 295, 296, 297, 298, 299, 300, 310, 313, 314, 319
훼손 64, 65, 68, 69, 70, 74, 75, 204, 277, 278, 279, 280, 281, 282, 283, 284, 287, 288, 289, 290, 291, 292, 293, 297, 298,

299, 309, 313, 319
하이델베르그 교리 문답(1653)
101(각주, 16), 220(각주, 34)
합당한 공로(condign merit) 72, 74
행위-의(works-righteousness) 73, 74, 75, 78, 170, 171, 174, 183, 220, 227
현대 신학 64, 65, 70, 73, 81, 123, 153
현재성 19, 30, 320, 321, 322, 323, 325, 327, 329, 331, 339, 341, 342
호크마(Anthony A. Hoekema) 201(각주, 1), 213(각주, 24)
홍수 심판 154, 156
화목 50, 57, 58, 130, 144, 228, 229, 245, 323, 343
확신 41, 206, 211, 213, 249, 256, 274, 288, 317, 320, 343
회개 175, 190, 207, 308, 318
훼손된 원의 68, 69
희생 50, 52, 58, 96, 144, 145, 154, 194, 202, 248, 249, 319, 323, 328
희생 제물 108, 154, 157, 158, 159, 185, 223, 224, 227, 228, 230, 238, 240, 268, 341

성경 색인

창세기

2:15-17 92, 203

2:16-17 223

2:16-18 108

3:1-7 203

3:7-8 223

3:15 150, 155, 187

3:16-17 150

3:21 224, 229, 236

6:5-7 154

6:11-12 278

6:11-13 154

6:22 156

8:20 154

9:11 156

9:26-27 156

10:21-31 157, 159

11:10-26 157, 159

11:27-12:1 157

12:1-2 157

15장 158-159, 161

15:5-7 157

15:6 157, 160, 215, 265

15:9-11 157

15:11 158

15:11-21 224

15:12-16 158

15:17 158

15:18-21 158

17:4-7 157, 227

22장 158-159, 161, 224

22:16-17 159

22:16-18 159

22:17 160

22:17-18 227

출애굽기

20:1-17 107

21:1-23:13 107

25:1-30:38 107

레위기

1:1-8:36 107

16:1-34 107

16:6-22 229

16:14-19 228

16:15-22 227

16:20-22 228

민수기

15:1-31 107

16:22 107

25:3 228

25:13 228

신명기

27:26 183-184

사무엘상

8:7 175

12:12 175

열왕기상

8:46 107

열왕기하

14:6 43

역대상

17:11-14 174, 176

17:14 175, 180

역대하

6:36 107

19:10 43, 107

시편

2:7 142

16:10 142

20:9 175

23:1 178

24:8 175

24:10 176

29:10 176

32:1 179-180

84:3 176

90:1-2 26

95:3 176

98:1-3 269

110:1 178-179

전도서

5:6 107

이사야

6:5 176

24:5 212

33:22 176

43:15 176, 178

44:6 176

53장 230-231

53:4-6 231
53:11 232
55:3 142
55:6-9 32
61장 320
61:10 232, 238
64:6 232
64:5 107

예레미야

10:10 176
26:43 43
46:18 176
48:15 176

예레미야애가

4:22 43

에스겔

11:19 253
36:26-27 253

호세아

9:7 43

하박국

2:4 262

스가랴

14:9 176

14:16 176
14:17 176

마태복음

1:1 160
1:1-17 135, 146
1:21 52, 305
1:22-23 136
3:14-15 207
3:15 93, 115, 125, 137, 208
4:13-14 136
4:23 42, 49
5:13-16 46
5:17 95, 108, 123, 135, 139-142
5:17-20 116-119, 125, 137-138
5:19-20 95
5:20 117, 137
6:33 24, 48, 177, 331, 342
7:12 139-141
9:15 318, 325
9:35 49, 318
10:7 49
10:28 43
11:11 318, 325
11:12 45
12:32 324-325, 332
13:16-17 318, 325
16:18 177

성경 색인 371

16:18-19 47, 334
16:28 340
19:16-17 118, 287
19:16-22 117-121, 125-126
19:23-30 322
19:25 137
19:25-26 119, 121
22:34-40 115, 118-119
22:37-40 119
22:44 179
23:13 318, 325
23:22 42
24:14 318
24:37-39 154
25:31 137, 329
26:28 110
28:1 210
28:18-20 42, 176, 328-329, 330, 337-340, 342

마가복음

1:15 318, 321-322, 325
10:15 318, 325
10:17-31 321
10:23 321
10:23-31 321-322
10:25-26 321, 325
10:26 321
10:30 321
10:38 208
10:38-45 208
10:45 208
12:28-34 115, 118
12:36 179
16:16 51

누가복음

1:79 44
3:23-38 135, 146
4:16-22 320
4:18 306
8:1 318
8:10-15 46
8:15 333
10:25-27 115, 118, 287
10:25-37 119-121, 125-126
10:27 120
12:21 325
16:16 139-141
17:20-21 322
17:21 318, 325
17:26-27 154
18:18-30 322
19:38 340
20:42 179
22:29 338

22:30 137
24:25-27 138
24:27 142
24:44 95, 135, 138, 139-140, 142
24:44-45 139
24:44-49 139

요한복음

1:1-2 28, 178, 340
1:1-3 135, 146
1:4 53
1:4-5 44
1:29 158, 229, 238, 305
1:36 229, 238
1:45 139-141
3:3-5 322
3:3-8 321
3:15-16 52-53, 339
3:16 52, 112, 123, 255, 320
3:16-18 321
3:16-21 322
3:17-18 112
3:36 52
4:10 257
5:24 52, 44
6:40, 47 52
7:42 176
8:12 44

8:31-32 282, 305
8:32 306
8:34 43
8:36 305
10:14-15 178
10:18 135
12:36 44
12:49 135
13:34-35 146
14:1 44
14:6 53, 282, 305
14:7 282
14:13-14 45
14:16-17 330
14:20 340
14:27 44
15:1-10 47
15:7 340
15:12 146
15:16 45
15:17 146
15:26 282
16:13 282
16:22 44
16:23-24 45
17:3 53-54, 320, 322-323, 339, 340
17:4-5 144, 328
17:17 282

17:19 282, 289, 296

17:23-24 48

19:30 94

21:1-23 139

사도행전

1:3 318

1:8 45, 47

2장 338

2:34-36 178-179

2:36 112

2:38 257

7:49 42, 137

8:4 343

8:12 318

8:20 257

9:1-18 260

11:7 257

13장 141

13:5 142

13:15 141

13:15-39 143

13:16-39 179

13:17 142

13:27 142

13:20-23 142

13:23 142

13:27 142

13:29 142

13:33-35 142

13:33-37 142

13:36 142

13:38-39 143

13:39 142, 179

15장 141

15:1 140

15:1-20 140

15:1-21 141

15:4-5 140

15:7 343

15:20 141

16:31 51, 255

19:8 318

20:25 318

22:3-4 123

26:18 43-44, 177

28:23 318

28:31 318

로마서

1-6장 254

1:16-17 45, 47, 57

1:17 32, 44, 46, 47-48, 82, 123, 132, 170, 172, 174, 193, 205, 217, 250, 255, 258, 269, 273, 275, 285, 292, 293, 295, 312-313, 331, 339

1:17-18　274
1:17-6:11　303
1:18　108, 190
1:18-32　189
1:18-3:20　126, 167, 188
1:18-3:31　161
1:32　190
2-5장　191
2:1-16　150
2:1-3:20　189
2:5　190
2:5-6　190
2:12　190
2:12-3:31　191
2:13　111, 114, 124, 126, 189, 229
2:14　190
2:14-3:2　189
2:23-24　190
2:23-3:19　189-190
2:27　190
3장　262, 264
3-5장　285
3:5　112, 183, 190
3:5-9　190
3:9　190
3:9-10　171, 190
3:9-12　124
3:10　161, 189-190

3:10-12　190
3:12　190
3:13-16　190
3:17　190
3:19　190
3:19-20　190
3:20　43, 108-109, 123, 126, 170, 171, 174, 191
3:20-21　170, 174
3:20-22　184
3:20-24　123
3:21　82
3:21-22　48, 57, 99, 111, 112, 117, 126, 128, 169, 172, 183, 193, 205, 255, 262, 285, 331
3:21-24　47
3:21-26　57, 255
3:21-31　160
3:22　55-56
3:23　130
3:23-24　44
3:23-26　130, 110
3:24　194, 201, 213-214, 238
3:25-26　112
3:26　56, 57, 127
3:26-27　261
3:27　226, 252, 256, 312
3:28　56, 170, 172, 174, 251, 256, 312

성경 색인 375

3:30 172, 174, 252, 312
4장 151, 162-164, 191, 226-227,
　　　233, 245, 262-267, 269
4-5장 234
4:1-3 160
4:3 157, 225-226, 263-264, 266, 271
4:3-6 223
4:4 55
4:5 56, 172, 174
4:4-5 161
4:5-6 226
4:5-8 180-181
4:6 225
4:7 151
4:7-8 159, 265
4:8-11 225
4:9 56, 226, 266
4:11 56, 226
4:11-12 266
4:13 161, 191, 255
4:14-16 226
4:15 108
4:16 166
4:22 266
4:22-24 225
4:23 266
4:23-24 226
4:23-25 265, 271

4:24 166, 266
4:24-25 241
4:25 305
5장 204, 233
5:1 56-57, 172, 174, 256
5:1-2 257
5:5 44, 132, 206, 322, 340
5:9 97, 110
5:12 150, 223, 234, 307
5:12-17 152, 192
5:12-21 191, 203, 223, 233, 244, 307
5:13-14 192, 204
5:15-17 195, 247-248
5:15-19 192
5:16 257
5:16-17 291
5:17 257, 292
5:18-19 152, 204-205, 235, 152, 192
5:19 97, 178, 234
5:19-21 192
5:20 192, 204
5:21 60, 59, 192
6~8장 285
6:1-10 208, 244
6:1-11 155, 209, 305
6:3-4 209
6:3-5 239
6:4-10 209

6:5-7 209-210
6:6 109, 43-44, 112
6:11 215, 243, 217, 244
6:12 43
6:15 303, 306
6:15-23 305
6:18 303, 285, 306
6:19-22 285
6:20 43
6:23 214
7:1-25 304
7:12 124, 171, 189
7:14-25 286
7:16 285
7:18 307-308
8:1-2 205, 214, 256, 286
8:1-4 123
8:3 112
8:4 132, 285-286, 297,
8:13 307
8:13-14 286, 308
8:14 132
8:26-27 345
8:26-30 343
8:28-39 345
8:29 295, 310
8:31-39 112, 343
8:35-38 45

8:35-39 48, 329
8:37 131, 217, 250
8:37-39 206
9:30 255
10:4 105, 172, 255, 55, 61, 239, 255
10:6 56
10:8 257
10:9 51
10:9-10 256, 239, 255, 322
10:10 55, 59
11:32 266
13:8-10 126, 123
14:17 177
15:14 289, 292
15:16 314
16:12 216
16:20 43, 193

고린도전서

1:2 314
1:3 193
1:4 218
1:18 110
1:24 279, 282, 292-293
1:30 131, 280, 282-283, 214, 287, 295, 314
1:30-31 247, 44, 249, 279, 289, 291-293
1:31 216

성경 색인 377

2:9 281, 253
5:21 110
6:11 111, 214, 215, 279, 284, 287, 291, 292
6:20 331
10:16-17 214
10:31 331, 346
11:25 192
13:13 44
15:1-5 52
15:10 257
15:22 203-204, 302, 307
15:24-28 339
15:49 310
15:56 43
16:14 217
16:23-24 193

고린도후서

1:2 193
1:20 147
1:22 253, 322, 340
2:15 331
4:4 310
4:6 44
4:10 53
5:14 345-346
5:17 44, 212

5:19 245
5:19-21 246
5:21 239, 246, 266, 331
6:10 44
9:8 218
10:17 216
11:10 282

갈라디아서

1:11-24 260
2:15-21 235
2:16 170, 172, 173, 174, 184, 251, 256, 312
3~4장 61
3:1-5 235
3:1-4:31 183-184
3:2 184, 257
3:5 184, 257
3:5-6 253
3:6-7 266
3:6-9 184, 235
3:8 56, 167
3:8-9 257, 268
3:10 183
3:10-11 128, 183, 184
3:10-13 184, 235
3:11 56
3:13 229

3:14 184, 213, 235, 256-257

3:15-16 235

3:16 184, 257

3:17-19 184

3:17-25 235

3:18 167, 183-184, 235, 257-258

3:19 257

3:21 184, 257

3:22 258

3:23-24 184

3:24 56, 172, 173, 174, 251, 256, 312

3:26-27 293, 296

3:26-29 235

3:27 211, 236, 238

3:29 184, 257

4:1-7 235

4:4-5 184

4:19 310

4:21 184, 235

4:22 184

4:22-31 235

4:28 184

5:1-14 235

5:13-14 285

5:14 123, 132

5:14-16 275

5:16 297

5:16-24 47

5:22-23 132

에베소서

1:3-4 218

1:4 202, 234, 247

1:11 202

1:13 282, 343

1:15-19 253

1:20-23 334-335, 338, 339

1:22-23 335

2:4-7 213

2:5-10 257

2:8 257

2:8-9 132, 165, 213, 247, 253, 254, 255, 271, 292, 312

2:12-13 200

2:15 44

2:16 112

2:20 334, 338

3:7 247, 257

3:9 234

3:10-11 335

3:11 202

3:11-12 202

3:14-19 274

3:17 340

4:7-8 247

4:8 257

4:21 282

4:22 44

4:23-24 279, 282, 293, 305

4:24 44, 212, 282, 291-292, 295, 314

4:26-27 47

4:32 293

5:1-2 293

5:8 46, 177, 216

5:8-9 331

5:11 47

5:22 346

5:22-6:9 346

5:26-27 335

6:7 346

6:10-20 47, 275

6:11 45

6:13 217

6:19-20 346

빌립보서

1:6 256, 258

2:8 109

2:9-11 339

2:12-13 339

3:5 123, 260

3:9 56, 123, 252

4:4 249

4:4-8 314

4:6 217

4:6-7 47

4:12 217

4:19 257

골로새서

1:2 194

1:5 343

1:9-12 310

1:13 43, 177

1:15 310

1:20 110, 112

1:21 253

1:22 110

1:27-29 310

2:3 295

2:12 210, 214

2:15 110

3:5-6 108

3:9 44

3:8-10 47

3:10 279, 282, 292-293, 295, 297, 310

3:12-17 47

3:10 24, 44, 281, 293, 296

3:23 218, 346

4:18 194

데살로니가전서

1:3 44

5:5 46

5:8 44

5:16-18 249

데살로니가후서

2:13 285, 286-287, 289, 296, 314

디모데전서

1:9 43

1:14 216

2:4 282

4:5 48, 346

4:15 217

6:12 47

6:15 176, 340

6:21 194

디모데후서

1:1 213

1:9 20, 213, 314

2:1-2 218

2:8 176

2:15 282

3:16-17 338

4:5 217

4:7 47

디도서

1:15-16 287, 303

3:7 291

3:15 194

히브리서

1:8 137

2:2 43

2:9 110

2:12 45

4:12 340, 344

4:16 42

5:8 186, 269

6:13-7:10 185, 268

6:13-7:28 268

6:13-10:39 185

7:11-28 185, 268

7:24-25 176

8:1 42, 137, 329, 339

8:1-2 338

8:1-10:39 185, 268

8:8 185, 268

8:10 26

8:13 185, 268

9:1 268

9:11-22 185

9:12 268

9:15 185, 268

9:18 185

10:1-2 269

10:9 268

10:10 291, 296

10:19-22 342-343

10:35 274

10:35-36 275

10:38-39 163, 186, 269, 342-343

10:39 163

11장 162-164, 185, 262, 267-271, 341

11:1-2 162, 268, 269,

11:6 274, 313

11:7 154

11:39-40 164, 270

12장 341

12:1 341

12:1-2 164, 270, 338

12:2 137, 176, 329

12:22 341

12:22-24 341

12:24 268, 341

12:28 341

13:8 180

13:12-13 271

13:14-21 271

13:18 217

13:20 178

야고보서

1:17 247

4:7-8 45

베드로전서

1:1 47

1:19 229, 239

1:25 343

1:20 234

1:23 344

1:25 343

2:1 314

2:2 294

2:4 344

2:4-12 344

2:9 43, 177

2:24 155

3:12 155

3:18 155

3:20-21 210

3:20-22 154

4:18 155

베드로후서

1:1 155, 254

2:5 154, 155, 210

2:7-8 155

3:5-6 154

3:13 155

3:13-14 155

요한일서

1:5 44

1:9-10 255

2:1 330

2:4 282

2:5 44

2:12 45

2:18-19 345

3:10 44

4:7-12 44

4:18 44

5:4 250

5:4-5 131, 275

5:7 282

요한삼서

1:3 282

요한계시록

1:5 305

1:6 336

1:9 336

1:18 42

2:1-3:22 336, 338

3:7 180

3:20 253

3:21 42, 137

4:9 42

4:10 137

4:10-11 54

5:1 42

5:5 178

5:8-10 54

5:10 336

7:11 54

7:15 42

11:6 54

11:15 340

11:17 340

12-19장 336

12:5 137

15:3 340

14:7 54

17:14 176, 340

19:4 54, 137

19:16 176, 340

20:11 42, 137

21-22장 337

21:1-4 337

21:5 329

21:7 24

22:3 54, 137

22:16 178

CLC 도서 안내

언약의 나라
(칭의와 하나님 나라 시리즈 1)

강철홍 지음 | 신국판 무선 | 312면

하나님의 나라는 하나님의 언약으로 세워졌다는 것을 살펴보며, 다음과 같은 질문에 대한 답을 탐구한다.
'성경에 나타난 하나님의 언약이란 무엇인가?'
'하나님께서 왜 언약을 주셨나?'
'하나님 나라에 입성하는 자는 누구인가?'
하나님 나라는 영원한 약속의 말씀으로 세워진 언약의 나라이다. 그러므로 복음의 말씀을 믿는 순간 누구든지 영원한 하나님 나라에 입성한다. 하나님 나라의 시민으로서 우리에게 가장 중요한 것은 영원히 변치 않는 하나님 말씀이다.

CLC 도서 안내

믿음의 나라
(칭의와 하나님 나라 시리즈 3)

강철홍 지음 | 신국판 무선 | 428면

하나님의 나라는 언약의 말씀과 예수님을 믿는 믿음 위에 세워진 나라임을 살펴본다. 특히, 다음과 같은 질문에 대한 답을 탐구한다.
'믿음이란 무엇인가?'
'하나님은 왜 믿음을 주셨나?'
'믿음으로 산다는 것은 무엇인가?'
믿음 생활에서 제일 중요한 것은 변화이다. 하나님의 자녀들은 말씀대로 의롭고 거룩하시고 선하신 하나님의 형상을 따라 자라가야 한다. 이 성장은 특별한 권리이자 책임이며, 마음과 행동의 실제적 변화이다.